평생교육프로그램개발론

평생교육프로그램개발론

배장오 · 진서현 · 정지수 저

서현사

머리말

"지지위지지 부지위부지 시지야(知之爲知之 不知爲不知 是知也)."

논어 제2편 위정(爲政)에 나오는 구절로, 공자가 제자 유(由)에게 안다는 것이 무엇인지에 대해 설명한 말이다. 아는 것은 안다고 하고 모르는 것은 모른다고 하는 것이 곧 아는 것이라고 새기는 것이 옳다.

45년간의 교직생활을 마감하고, 평소에 읽고 싶었던 책들을 읽으면서 새삼스럽게 이 말을 떠올린 시간이 있었다. 나처럼 전공이 교육학이라고 말하는 사람들에게 있어서 가르친다는 것은 그저 단편적인 지식의 전수 그 이상의 것임이 확실하다. 여기서 '그 이상의 것'이라고 말하는 것은 학생들이 자신의 지(知)를 정확히 파악하는 경지에 도달할 수 있도록 충실히 조력했느냐에 생각이 머물러서다. 그런데, 그 답이 신통치 않다는 점에 막연한 죄송함을 느끼고 있을 때에 제자들에게서 《평생교육프로그램개발론》의 공동 집필 제안이 왔다. 처음엔 고사하다가 함께하기로 생각을 바꾼 것은 현직에 있을 때에 완벽한 조력을 못했으니, 이런 기회를 통해서라도 마음의 빚을 조금은 갚자는 생각에서였다.

집필을 마음먹고 난 후에는 기획단계에서부터 필자들 간에 많은 의견교환의 시간들을 가졌다. 혼자서 쓰는 저서와 달리 세 사람이 각기 분담을 하므로 고려해야 할 점이 많았다. 더욱이 교육대상이 비교적 등질(等質)집단이라고 할 수 있는 학령기의 학생들이 아니라 연령, 직업, 학력 그리고 생활환경이 다양한 성인을 대상으로 한다는 점은 시종일관 견지해야 할 입장으로 정리하여 서로를 채근하며 지내왔다.

《평생교육프로그램개발론》은 전체를 3부 13장으로 구성하였다. 제1부 평생교육 프로그램 개발의 이해에서는 제1장 평생교육과 프로그램의 관계, 제2장 평생교육 프로그램 개발의 기초 그리고 제3장 평생교육 프로그램 개발의 이론과 모형으로 정리하였다. 제1부에서는 평생교육의 개념과 특성을 확인한 후에 평생교육 활동에서의 프로그램이 갖는 의미와 그 유형에 관한 논의에 이어 평생교육 프로그램 개발의 의미, 기본성격, 개발 시 유의점, 철학적 기초 그리고 평생교육법적 토대 등을 탐색하였다. 뿐만 아니라, 평생교육 프로그램 개발에 영향을 미치는 이론과 개발의 접근방법, 통합적 절차 그리고 개발모형에 관한 내용 등을 안내하였다.

제2부는 평생교육 프로그램 개발의 실제 부분으로 제4장 평생교육 프로그램의 기획, 제5장 평생교육 프로그램의 요구분석 및 우선순위 결정, 제6장 평생교육 프로그램의 목적 및 목표설정, 제7장 평생교육 프로그램의 내용선정 및 조직, 제8장 운용자원의 확보 및 배분, 제9장 평생교육 프로그램의 홍보 및 마케팅, 제10장 평생교육 프로그램의 운영 그리고 제11장 평생교육 프로그램의 평가로 정리하였다. 특히, 교육의 과정(過程)으로 논의되고 있는 목표설정 → 내용의 선정 및 조직 → 교수·학습활동 → 평가 단계로 이어지는 차례를 주축으로 하면서 평생교육만의 특수성을 살린 요구분석 및 우선순위 결정, 자원의 확보 및 배분 그리고 프로그램의 홍보 단계를 추가함으로써 평생교육 현장에서 프로그램 개발과정에서 거쳐야 할 절차를 가능한 한 망라하려고 애썼다.

제3부는 평생교육 프로그램 개발 및 운영사례 부분인데, 제12장 평생교육 프로그램 개발사례와 제13장 평생교육 프로그램 운영사례를 제시함으로써 평생교육 현장에서 프로그램을 개발할 때 지켜야 절차에 관한 안내에 만전을 기하는 한편, 다문화가정 학생들을 위한 역사교육 프로그램을 실제로 운영한 사례를 통해 프로그램 개발자나 운영자에게 충실한 참고자료의 예시가 될 수 있도록 하였다.

마지막으로, 출판업계의 어려운 여건에도 불구하고 《평생교육프로그램개발론》의 출판을 격려해 준 서현사 조재성 사장님과 김 과장님을 비롯한 편집부 여러분의 수고에 감사드린다. 아울러 열과 성을 다해 집필과 교정을 함께한 제자들이면서 후배들이기도 한 진서현 박사와 정지수 원생에게도 감사의 마음을 전한다.

2018년 5월

공저자 대표 **배장오**

차 례

제2부 평생교육 프로그램 개발의 실제

제3부 평생교육 프로그램 개발 및 운영사례

제1부

평생교육 프로그램 개발의 이해

제1장_ 평생교육과 프로그램의 관계
제2장_ 평생교육 프로그램 개발의 기초
제3장_ 평생교육 프로그램 개발의 이론과 모형

제1장

평생교육과 프로그램의 관계

1. 평생교육의 개념 및 특성
2. 평생교육 프로그램의 의미
3. 평생교육 프로그램의 유형
4. 평생교육과 평생교육 프로그램

1. 평생교육의 개념 및 특성

평생교육(lifelong education)이라는 용어는 1965년 12월, 프랑스 파리에서 개최된 성인교육발전국제위원회에서 당시 성인교육부장이었던 P. Lengrand의 주도하에 '평생교육에 대하여'라는 논의가 이루어진 때부터 세계적으로 사용되었다. 이처럼 평생교육에 대한 본격적인 논의가 시작된 것은 그렇게 오래 전의 일이 아니다.

한국에서 평생교육은 사회교육(social education)과 동의어로 인식되어 왔다. 또한 평생교육의 의미가 매우 다양하게 정의되어 왔는데, 이를 가리켜 한준상(1995)은 개념을 정의하는 학자마다 개인의 관점이나 국가의 사회적 배경이 다르기 때문이라고 했다. 뿐만 아니라, 평생교육과 관련한 유사 용어들-이를테면 사회교육, 생애교육, 계속교육, 비형식교육, 성인교육 그리고 순환교육 등-은 평생교육의 의미를 더 모호하게 한다. 평생교육의 의미는 용어 자체에 그 의미가 함축되어 있듯이, 한 인간의 삶 전체와 교육을 관련시킨 것이므로 실로 다양하게 논의되고 있다. 한 개인의 삶 전체 과정 또는 발달 단계와 관련된 것이면서, 다른 한편으로는 평생토록 관여하는 생활 영역 전체를 가늠하는 포괄적인 의미이기 때문이다.

평생교육의 의미를 알아보기 위해서는 평생교육을 주창한 Lengrand과 평생학습을 주장한 R. M. Dave의 견해를 살펴볼 필요가 있다.

Lengrand(1970)은 평생교육을 인간의 통합적 성장에 주안점을 두고, 삶의 각 단계에서 훈련과 학습을 통해 서로 융화되고 조화를 이루어 갈등요소의 해소를 돕는 노력이라고 했다. 또한 삶의 모든 상황에서 필요한 학습을 영속적으로 연결시키는 교육의 조건을 마련함으로써 개인이 자기완성을 이룰 수 있도록 하는 것으로 규정했다. 결국, 그가 제시한 평생교육의 원리는 첫째, 교육의 전과정을 통한 활성화, 둘째, 개인의 전생애를 통한 계속적인 교육, 셋째, 통합적인 연결조직의 필요 그리고 마지막으로 생의 전기간을 통한 수직적 통합과 개인생활 및 사회생활을 포함하는 수평적 통합이다.

Dave(1976)는 평생교육을 개인과 집단성원 모두의 삶의 질을 향상시키기 위해 한 사람의 생애를 통한 개인적·사회적·직업적 발달을 이루는 과정이라고 주장했다.

한편, 국내의 여러 학자들도 평생교육의 의미를 나름대로 제시하고 있는데, 이들의 논의를 개관하면 다음(배장오, 2013)과 같다.

김종서(1996)는 평생교육을 인간의 삶의 질 향상이라는 이념 추구를 위해 태교에서부터 시작하여 유아교육, 아동교육, 청년교육, 성인전기교육, 성인후기교육, 노인교육을 수직적으로 통합한 교육과 가정교육, 사회교육, 학교교육을 수평적으로 통합한 교육을 총칭한다고 했다. 또한 개인의 잠재 능력의 신장과 사회발전에 참여하는 능력의 개발을 목적으로 한다고 정의하였다.

정지웅 · 김지자(1986)는 평생교육이란 한마디로 모태로부터 또는 태어나면서부터 죽을 때까지 평생을 두고 행해지는 교육으로 '교육'이라는 용어와 다를 것이 없다고 주장했다.

장진호(1985)는 평생교육의 내용과 실제를 중심으로 개념을 정의하고 있다는 평가를 받고 있다. 그는 개인이 전생애를 통하여 능동적으로 계속 학습할 기회를 포착함으로써 인간성의 조화로운 발달을 꾀하고, 변화하는 현대생활에 슬기롭게 대처하고 창조적으로 개척해 나갈 수 있는 지식과 기능을 익히며, 다른 사람과 더불어 공동체의 복지를 증진시키는 인간화교육을 의미하는 것이라고 정의하였다.

평생교육의 의미를 통해 학교교육과 사회교육을 개편하여 강화하자는 주장을 한 유네스코한국위원회(1973)의 〈평생교육발전세미나보고서〉에 따르면, 평생교육이란 문자 그대로 평생을 통한 계속적인 교육을 의미한다. 급변하는 현대사회에서는 대상 연령층과 기간이 한정된 학교교육과 교육적인 상태로 조직화되지 못한 사회교육의 기능을 개편 · 강화해야 하는데, 한 사회가 가지고 있는 교육자원을 효율화함으로써 교육역량의 극대화를 지향하려는 노력을 의미하는 것이다.

이렇듯, 평생교육의 개념을 한 개인의 삶과 관련하여 생각하면 교육과 동의어로 간주할 만큼 포괄적이고, 목표에 있어서는 개인의 자아실현은 물론 사회발전의 능력 신장으로까지 확대할 수 있는 특성을 지니고 있다. 따라서 평생교육은 통합적이고 적극적인 성격을 띤 생애교육이라고 하겠다.

평생교육 본래의 개념을 기초로 하고, 국내외의 많은 학자들이 내린 평생교육의 정의를 참고하여 배장오(2013)는 평생교육의 의미를 '유기체인 인간에게 모태로부터 죽을 때까지의 전생애를 두고 행동의 변화를 유발시키고자 언제, 어디서나 제공되는 제교육 활동'이라고 정의한 바 있다.

평생교육이 한 인간의 전생애에 걸친 교육이라는 측면이 개념 정의에서 강조되고 있지만, 이러한 종적인 개념만으로 그 특성을 논하는 일이 현실적으로는 여의치 않다. 그 이유는 현행 평생교육법에서 한계를 짓고 있는 평생교육의 변위가 '학교 외(外) 교육'에 국한하고 있기 때문이다. 따라서 평생교육의 특성을 논할 때는 편의상 아동기와 청소년기를 지난 성인에게 국한할 수밖에 없다. 이런 측면에서 유네스코(UNESCO: United Nation Educational, Scientific, and Cultural Organization, 국제연합교육과학문화기구)에서는 평생교육의 특성을 학교교육과는 달리, 정규학교에 다니지 아니하는 근로 청소년과 성인들의 이익과 욕구 충족을 위해 조직적으로 교육 프로그램을 제공하는 것이라고 했다.

김남선(2001)은 성인을 대상으로 한 평생교육은 학교교육과 다르다고 하면서, 평생교육의 특성을 논의하기 위해 UNESCO가 건의한 평생교육의 내용을 살펴볼 것을 주장했는데, 그 내용은 다음과 같다.

- 시민 · 정치 · 직업단체와 산학협동교육의 제활동은 특히 각 단체의 의사결정 과정에서 개인이 사회의 업무관리에 효과적으로 참여함으로써 개인의 생활과 근무조건의 변화에 필요한 독립성과 비판적 판단력을 기른다.
- 직업기술교육은 일반적으로 직업의 변화, 범위 그리고 근로생활에 대한 비판적인 이해를 갖도록 구성되어야 한다. 그리고 직업기술교육을 교양 및 시민교육과 통합하는 것이 필요하다.
- 문화의 발전 및 예술적인 가치나 활동에 대한 이해를 돕고, 동시에 각 개인이나 집단의 표현능력을 개방시켜 새로운 가치나 활동을 강조하는 데에 목적을 두어야 한다.
- 성별, 인종별, 출신지역별, 문화, 연령, 사회적 지위, 경험 그리고 학력 등으로 평생교육의 참여를 제한하지 않아야 한다.
- 여성들을 위한 평생교육은 사회생활에 기여하도록 현대의 사회운동과 통합시키되, 다음의 네 가지 사항에 유의해야 한다.
  - 각 사회에서 남녀평등의 조건 정립

- 사회 각 영역에 산재되어 있는 선입견으로부터의 탈피
- 여성들이 완전한 개인으로 존재하기 위한 조건으로 시민적 · 직업적 · 심리적 · 문화적 그리고 경제적 자율성을 획득하는 일
- 여러 사회의 여성지위와 여성운동에 대한 지식

• 농촌주민을 위한 평생교육은 생활수준의 향상을 위해 강제함이 없이 개인 · 단체와 관련하여 기술적인 절차와 방법을 사용한다. 또한 개인이나 집단의 고립을 종식시키며, 전체 농촌인구를 대상으로 하는 새로운 생활방법에 대한 교육을 계획해야 한다.
• 빈약한 자원이나 제한된 교육 또는 지역사회의 생활참여가 제한되어 있어서 사회적응이 어려운 집단 및 문맹자를 위한 성인교육은 기본적 지식인 읽기 · 쓰기 · 셈하기를 비롯해 자연과 사회현상에 관한 기초적인 지식 습득을 도와야 한다. 뿐만 아니라, 생산적인 활동에의 참여와 자각 그리고 건강 · 위생문제에 대한 이해, 가정관리, 자녀양육 및 지역사회의 생활참여를 자율적으로 증대하는 일 등이다.
• 적절한 수준의 일반교육을 받지 못한 청소년들을 위해서는 직업교육과 함께 사회의 제문제와 사회적 책임을 이해하는 능력을 발달시키는 교육을 강조한다.
• 사회 · 경제적인 이유로 요청되는 교육과 함께 자격이나 면허를 취득하지 못한 성인들을 위해 이에 필요한 교육을 실시해야 한다.
• 신체적 · 정신적인 장애를 지닌 성인을 위해서 장애를 극복할 수 있고, 필요한 지식과 기능을 습득하여 사회생활 및 직업생활을 위한 전문적인 자질을 가질 수 있도록 교육한다.
• 실업자를 위한 평생교육은 그들의 전문적인 자질을 취업에 적합하도록 수정 · 보완하는 동시에, 그들의 사회 · 경제적 위치를 비판적으로 이해하는 것을 도와야 한다.
• 노인을 위한 평생교육은 첫째, 현대의 제문제와 젊은 세대에 대한 바른 이해, 둘째, 여가선용과 건강증진 및 생활의 의미 발견, 셋째, 정년퇴직에 직면하는 제문제와 정년퇴직자의 권익, 넷째, 정년퇴직자의 계속적인 지역사회 생활과 재직 중에 이루지 못했던 지적 분야의 활동을 돕는 일 등을

중심으로 계획되어져야 한다.

한편, R. Skager & R. H. Dave(1977)는 성인을 대상으로 한 평생교육의 특성을 전체성, 통합성, 융통성, 민주화, 교육가능성, 조작적 양식 그리고 삶의 질과 학습 등 일곱 가지로 제시하고 있다.

평생교육은 계층, 인종 그리고 국가를 초월하여 이루어지는 교육활동이므로 그 특성도 매우 포괄적이다. 이를테면, 평생교육의 내용에 초점을 맞춘 특성과 방법에 초점을 맞출 때의 특성이 다를 수 있으며, 시대·사회·문화적인 배경에 따른 각각의 특성을 고려할 수도 있다. 그러나 평생교육의 보편성에 근거하여 일반적인 특성을 논의하면 다음(배장오, 2013)과 같다.

첫째, 사회화(socialization)의 보완적 특성이 있다. 인간의 사회화 기관은 대체로 가족, 또래집단, 학교 그리고 대중매체로 분류된다. 그러나 사회화 기관의 영향을 받으면서 성장한 사람이라도, 그 사회에 적응할 수 있는 충분한 능력을 다 갖추었다고 할 수는 없다. 더욱이 수동적 의미의 적응단계를 넘어 보다 적극적으로 사회를 개조하려면 이에 앞서 충분한 사회화가 요구된다. 그러므로 개인은 평생교육을 통해 자신에게 미진한 영역의 직업기술, 교양 그리고 시민으로서의 자질을 보완해 나갈 수 있는 것이다.

둘째, 올바른 민주주의 학습의 계기가 된다. 학교교육 활동이 형식적인 교육이라고 한다면, 평생교육은 비형식적인 색채가 짙다. 학교교육 현장에는 학습력이 뛰어난 학생과 그렇지 못한 학생 간에 우열이 생기고, 그 결과 학급이나 학교사회에서 진정한 의미의 평등이 이루어지지 않는다. 그러나 평생교육은 재학시절의 학업성적과 연관되지 않으므로 진정한 의미의 교육의 기회균등을 향유할 수 있게 된다.

셋째, 현실지향적인 특성이 있다. 학교교육 활동을 위해 선정된 교수·학습경험은 학생들이 성인이 되었을 때를 대비하는 미래지향적인 것이다. 그러나 평생교육의 내용은 미래를 준비하기보다는 지금 당장 활용할 수 있는 것에 초점을 두고 있다. 성인학습자를 평생교육에 참여하게 하려면, 지식이나 기술에 관한 내용뿐만 아니라, 교양교육까지도 현실적으로 유용해야 하기 때문이다.

넷째, 학습자의 자발성과 자기주도성이 부각된다. 학교의 교육활동은 교육목표의 설정부터 교육활동 결과의 평가까지 순환관계에 있지만, 각 단계는 교사 주도하에 이루어진다. 그러나 성인을 대상으로 하는 평생교육의 경우는 학교교육 활동과 차이가 있다. 평생교육 활동의 경우에는 학교교육의 경우처럼 다른 사람에 의해 강요를 받거나, 하기 싫어도 분위기에 밀려서 어쩔 수 없이 학습활동에 참여하는 경우가 거의 없다. 성인의 평생교육 활동참여는 자발적이고, 그 결과 학습자의 자기주도적 학습도 가능하게 된다.

2. 평생교육 프로그램의 의미

프로그램(program)의 사전적 의미는 '앞으로 할 일의 절차나 방법 따위를 미리 헤아려 적은 표로서 연극이나 방송 등의 진행차례나 진행목록'(네이버 국어사전, 2017.08.01.)이며, 앞으로 일어날 일에 대한 예정이나 계획 등을 정리한 일종의 체계표라고 할 수 있다. 그러므로 프로그램 속에는 특정한 일의 순서나 실천이 포함되어 있고, 평생교육이라는 다소 추상적인 개념이 프로그램화라는 과정을 거침으로써 보다 구체적인 내용과 절차 및 방법이 설계되는 것이다.

원래 프로그램이란 용어의 어원은 라틴어의 'Pro'와 'Graphein'의 합성어로서 미리(before)와 써놓은 것(to write)의 의미가 결합된 것이다. 예정된 활동의 순서나 계획을 미리 짜놓은 것이라고 할 수 있다. 프로그램 용어는 17세기부터 문헌에 등장하고 있으며, 처음에는 주로 운동회의 순서나 음악회의 연주곡목 순서 등을 짜놓은 것이라는 의미로 사용되었다. 그러다가 1920년대에 라디오가 개발되면서 방송시간표를 일컫는 말로 사용되었으며, 컴퓨터가 발달하면서부터는 컴퓨터가 수행하는-순서에 따라 한 번에 하나씩 실행되는 명령어로 구성된-절차를 나타내는 의미로 사용되기도 했다(김용현 외 3, 2017).

프로그램의 사전적 의미와 어원으로 구명한 의미에 이어 오늘날의 정보화 시대의 의미까지를 개관했지만, 이러한 개념정의에 더하여 교육과 관련한 프로그램이라고 하면 몇 가지 함축적 의미를 내포하고 있다고 이성호(2009)는 주장했다.

첫째, 교육 프로그램은 조직화된 지식의 모음을 의미한다. 교육 프로그램을 교수자의 입장에서 교육내용적 측면으로 접근하면, 학습자들이 배워야 할 내용으로 조직화된 지식을 모아놓은 교재, 교과, 개요, 교수자 지침서를 의미하는 것으로 규정할 수 있다. 이러한 입장은 교육 프로그램에 대한 가장 고전적인 정의로 보수적인 교육철학을 갖고 있는 사람들에게 보편적으로 받아들여져 왔다. 그러나 프로그램을 이렇게 지식의 완성된 형체로 생각하고 보니, 교육을 실제로 담당하는 사람이나 배우는 학습자들이 많은 혼란과 어려움을 느끼게 되었다. 폭발적으로 지식이 늘어나고, 그 지식의 새로운 분야가 나타나기 시작하면서 어떤 지식이 필수적인 지식인가를 결정하기 점점 어려워진 것이다. 또한 학습자보다는 전문가와 교수자의 입장을 지나치게 강조함으로써 규범적이고 폐쇄적인 특성이 부각되었다.

둘째, 교육 프로그램은 학습경험을 의미한다. 학습자의 입장에서 교육내용적 측면으로 접근하는 학자들은 교수자의 입장에서만 교육 프로그램을 바라보려는 전통적인 사고를 비판하고 있다. 즉, 학습자 입장에서의 경험이 교육 프로그램의 실체적인 내용이 되어야 한다고 주장한다. 교육 프로그램은 우리가 살고 있는 삶을 개척하려는 의도로 선택되어야 하고, 지역사회에서 주민들의 삶의 요구에 부합되도록 구성되어야 한다는 것이다. 따라서 교육 프로그램이란 교수자와 전문가에 의해 사전에 학습내용이 학습자에게 일방적으로 주어지는 내용이 아니라, 학습활동 속에서 학습자 개인이 갖는 교육적 경험과 체험의 의미를 지닌다고 보고 있다.

셋째, 교육 프로그램은 의도적인 계획을 의미한다. 교육 프로그램을 단순히 내용적인 측면에서만 생각할 것이 아니라, 그것을 실제로 어떻게 운용하느냐에 관심을 두고 접근하는 것이다. 즉, 학습자가 배워야 할 학습내용이나 학습자의 체험에 초점을 두는 것이 아니라, 교수자의 입장에서 교육 프로그램의 사전계획성을 강조하였다. 교육 프로그램을 학습을 위한 교수자들의 하나의 의도적인 활동계획으로 접근하면, 공식적인 문서로서의 의미를 지니게 된다. 다시 말하면, 교육 프로그램은 공공적 활동계획서로서 이는 그것을 개발하여 제공하는 측면과 그것을 받아들여 소비하고 사용하는 측면 간의 검증된 약속으로서의 특징을 지니는 것이다.

넷째, 교육 프로그램은 학습결과를 의미한다. 교육 프로그램을 학습자의 입장에서 교육운용적 측면으로 접근하면, 학습자의 행동변화나 학습결과를 의미하는 것으로 규정할 수 있다. 일정한 기간 동안 학습활동을 전개한 결과로서 학습자 개인의 행동변화나 조직과 지역사회의 변화 등 기대하는 결과를 의미한다.

결국, 교육 프로그램을 이러한 네 가지 의미－조직화된 지식의 모음, 학습경험, 의도적 계획, 학습결과－를 포함하는 것으로 상정할 때, 총체적인 학습내용의 사전계획과 기대하는 결과라고 정의할 수 있다.

이처럼 교육활동과 관련한 프로그램의 네 가지 의미에 비추어 볼 때, 평생교육 프로그램은 평생교육을 주도하는 기관에서 개발하는 학습내용이 된다. 그러나 현실적으로는 학교교육에서 언급되고 있는 교육과정(curriculum)과 혼용되기도 한다. 이와 관련해서 김진화 외 2인(2012)은 프로그램을 교육적 의미로 규정하면 커리큘럼이 되고, 평생교육적 의미를 부여하면 프로그램이 된다고 하였다.

교육적 의미에서 프로그램은 단순히 시간순서에 따라 진행된 사건이나 활동만을 의미하지 않고, 학습자의 실존적 가치를 인정함으로써 그 이상의 포괄적 의미를 함축하고 있다. 교육과정이란 학교교육 체계에서 주로 사용되어 온 용어로서, 학습자가 사전에 설정해 놓은 목표를 향해 일정한 변화를 유발할 수 있도록 교수자와 전문가가 제공하는 지식, 정보 그리고 기술 등 관련 내용을 체계화시켜 놓은 것을 의미한다. 이런 맥락에서 김진화 외 2인(2012)은 다음의 <표 1-1>에서 보는 바와 같이, 교육과정의 의미를 '차원'과 '측면'으로 구분하여 가로축의 '차원'은 교수차원과 학습차원으로, 세로축의

〈표 1-1〉 교육과정의 의미 분류

측면 \ 차원	교수차원	학습차원
내용측면	지식 · 정보 · 기술	경험 · 체험
행위측면	계획 · 설계	변화 · 결과

*출처; 김진화 외 2(2012). 평생교육 프로그램 운영과 자료개발. 고양: 서현사. p.23.

'측면'은 내용측면과 행위측면으로 분류한 바 있다. 교육적 의미에서의 교육과정은 첫째, 체계화된 지식과 정보 및 기술, 둘째, 학습자의 경험과 체험, 셋째, 교수자의 교육내용의 계획과 설계, 넷째, 학습자의 행동변화와 학습결과라는 것이다.

교육과정의 의미를 차원과 측면으로 분류한 결과만 보더라도 학교교육의 교육과정은 평생교육 프로그램과는 달리 매우 규범적이고 필수적인 성격을 띠고 있어서 형식과 내용 면에서 선택의 폭이나 융통성이 제한적이다. 반면, 평생교육의 경우에는 그 형식과 내용의 측면에서 한층 선택적이고 융통성이 강한 성격을 띠고 있다고 할 수 있다. 이런 특성으로 인해 평생교육의 경우, 교육과정(curriculum)이라는 용어보다 프로그램(program)이라는 용어가 주로 사용된다고 하겠다. 평생교육에서 프로그램이라는 용어를 주로 사용하는 이유를 김진화 외 2인(2012)은 "전통적으로 지식과 교재를 강조하는 내용 중심적 성격과 학습자의 자발적인 선택을 제한하는 규범적·폐쇄적인 성격이 강한 교육과정이라는 용어를 평생교육 현장에서 그대로 사용하기에는 부적절하기 때문이라고 설명하고 있다.

다음으로, 평생교육적 의미에서의 프로그램이라는 용어는 교육내용과 학습경험을 중시하는 '커리큘럼(curriculum)'이나 '코스(course)'와 유사하지만, 그 내용과 형식 면에서는 다른 점이 많다. 또한 순서와 활동이 강조되는 '프로젝트(project)', '활동계획(plan of action)', '교육활동 일정표(calendar of educational activity)'와도 다르다. 우리가 평생교육 프로그램이라는 용어를 사용하는 것은 전통 학교 중심 교육학의 커리큘럼과 구별하기 위한 용어의 편의성 차원에서만이 아니다. 이제 프로그램이라는 용어는 교육내용과 학습자의 체험에 초점을 맞추고 있는 교육과정의 개념과 순서와 활동만을 강조하는 활동계획의 개념을 유기적으로 재형성한 평생교육학의 고유한 개념으로 정착되었다. 고유한 개념으로 정착한 평생교육에서의 프로그램이란 용어의 개념은 어원상 다차원적인 것이라고 주장(김진화, 2001)했다. 그리고 프로그램의 다차원적인 개념을 언어철학적 입장에서 다섯 가지 형태로 프로그램 용어를 분석했는데, 첫째는 체제(system)를 의미하고, 둘째는 계획과정에서 동사(verb)의 의미를 수행하는 기획(planning)의 의미이다. 셋째는 기획을 통해 완성된 결과로서의 계획

(plan)을 의미한다. 넷째는 문서(document)를 의미하며, 다섯째는 수행(performance)이나 활동(activity)을 의미한다. 이렇게 다섯 가지로 프로그램의 용어를 분석하고 이를 평생교육이 이루어지는 상황에 적용해 보면, 어원적으로 프로그램이란 ① 일종의 활동(activity)이고 ② 위계화되고 순서화된 활동내용과 계속적인 절차이며 ③ 모든 활동이 한 개 이상의 아이템(item)이나 사건(event)과 조합되어 있음을 뜻하고 ④ 모든 아이템과 사건들이 일정한 목표를 가지고 있으며 ⑤ 모든 활동과정에서 하나의 사건과 다른 사건들이 서로 관련되어 있는 하나의 네트워크적인 특성을 가지고 있다고 할 수 있을 것이다.

이처럼 평생교육 프로그램은 그 내용과 형식은 물론, 프로그램의 단위와 범위도 일정하지 않고 다양하다. 뿐만 아니라 프로그램 속에 포함된 교육내용, 교육활동, 교육방법 등이 하나의 체제(system)처럼 유기적인 상호관계를 형성하고 있다고 하겠다.

3. 평생교육 프로그램의 유형

평생교육 프로그램의 유형은 학자들에 따라 다양하게 분류되고 있다. 기영화(2009)는 프로그램의 개발주체, 개발목적 그리고 개발용도에 따라 분류했고, 김용현 외 3인(2017)은 개발주체, 개발목적, 개발용도 그리고 구성범위에 따라 분류한 바 있다. 이에, 이들의 분류체계를 중심으로 유형화하고자 한다.

1) 프로그램의 개발주체에 따른 분류

프로그램 개발의 주체가 누구인가에 따라 학습목표나 내용, 대상 등 프로그램의 성격은 달라지는데, 프로그램 개발의 주체는 국가와 기관, 학습자 개인을 상정할 수 있다.

국가 프로그램은 정부가 주체가 되어 국민들의 의식함양과 평생교육의 활성화를 위해 실행되며 정책적인 성격을 띤다. 국가사회 공동체의 단결이나 사회통합, 공민성의 계발 등 집단의식화를 촉진시키는 프로그램 위주로 개발된다고 볼 수 있다.

기관이나 조직 프로그램은 평생교육기관이나 기업체 등의 조직이 주체가 되어 기관의 이념이나 목적을 달성하기 위해 실행되며, 기관의 특성에 따라 다양한 프로그램 개발이 가능하다. 공공기관이나 직업훈련기관, 시민단체, 종교단체, 언론기관, 기업체 등에서 개발된 프로그램으로 대부분 내용 중심으로 구성되어 있다.

학습자 개인이나 개인과 기관에 의해 공동으로 개발된 프로그램은 학습자 위주의 문제해결 프로그램이 대부분이다. 퇴직 후 노후문제를 해결하기 위한 퇴직준비교육이나 자녀문제를 해결하기 위한 부모교육 프로그램 등은 특정 문제를 해결하기 위해 개인과 기관이 협력하여 개발된 프로그램이라고 할 수 있다.

2) 프로그램의 개발목적에 따른 분류

P. G. Boyle(1982)은 프로그램의 유형을 개발목적에 따라 세 가지로 구분한 바 있다. 즉, 프로그램을 개발할 당시의 목적에 따라 개발형 프로그램, 기관형 프로그램 그리고 정보형 프로그램으로 분류한 것이다.

개발형 프로그램은 개인이나 지역사회의 중요한 문제가 무엇인지를 파악하고 그것을 해결하는 데에 도움을 주기 위해 개발된 프로그램이다. 이 프로그램의 목적은 개인이나 지역사회의 현안문제 해결에 있기 때문에, 특정 문제가 프로그램의 목표로 전환되고 프로그램 개발의 전과정에 학습자의 참여가 중요시된다.

기관형 프로그램은 평생교육기관에 의해 제도적으로 만들어진 프로그램이다. 학습자들의 교육참여를 제도화화는 데에 그 목적이 있으며, 대부분 전일제로 운영되는 전문교육 프로그램으로 구성된다. 이 프로그램은 학습자들의 요구로부터 프로그램이 개발되는 것이 아니라, 해당 분야의 전문가나 기관에 의해 제도적으로 만들어지기 때문에 학습자들의 역할은 수동적이고 그 내용 역시 지식전달에 초점을 두고 있다.

정보형 프로그램은 특정 사람들에게 정보를 제공하기 위해 개발된 프로그램이다. 정보형 프로그램은 새로운 연구결과나 법령 등에 대한 정보를 널리 파급시키기 위해 개발된 프로그램으로, 개발된 내용을 즉시 사용하며 평가나 피드백 없이 운영된다는 특징이 있다.

3) 프로그램의 용도에 따른 분류

평생교육 프로그램은 특정 상황에서 사용할 것을 전제로 개발하는 것이므로 쓰임새에 따라 분류하는 유형도 있을 수 있다. 기영화(2009)는 직업교육용, 문해교육용, 지역사회교육용 등으로 구분하여 제시하고 있는데, 그 중에서 직업교육용만을 안내하기로 한다. 직업교육 프로그램들은 조직의 극대화, 즉 이윤추구를 목적으로 피고용자들을 재교육시키거나 취업 및 전업을 목적으로 한다. 조직의 효율성 극대화를 목적으로 하는 경우에 자주 활용되는 프로그램 개발모델 몇 가지를 소개하면 다음(기영화, 2009)과 같다.

(1) 특정활동 모델(CEM)

L. Nadler의 특정활동 모델(Critical Events Model: CEM)은 조직 내·외부의 변화에 유연하게 반응하는 모델로, 특정 기업의 사원교육에 주로 사용된다. 이 모형은 먼저 조직의 요구분석으로부터 시작하여 직무구체화로 진행된다. 조직 내에는 많은 직무가 있고 이들 직무들은 서로 연관되어 있기 때문에 각 직무에 따른 업무를 서로의 동의하에 구체화시키는 중요한 작업이 필요하다. 이를 위해 관련 직원들 간에 직무관련 정보를 주고받아 업무를 표준화시키고, 그 결과를 가지고 업무분석표를 작성한다. 이렇게 함으로써 동료나 관리자, 감독자, 전문가의 분석과 업무일지로부터 얻어진 정보를 분석하고, 직무를 분석할 수 있게 된다. 직무문석 결과는 평가와 피드백 과정을 거쳐 학습자의 요구를 진단할 때 사용된다. 요구진단은 개인에 초점을 두고, 개인의 업무수행 능력과 업무분석표에 제시된 직무 간의 차이를 발견하는 것이다.

Nadler의 모형에서 조직의 요구진단과 직무분석이 결여되면 개인의 요구사정은 이루어질 수 없게 된다. 학습자 요구분석은 실제 직업에 종사하고 있는 개인들의 요구이므로, 잠재적 학습자를 관찰하거나 혹은 질문지를 사용하여 요구에 관한 정보를 얻기도 하고, 감독자의 관찰이나 판단, 생산량이나 생산기록을 통해 자료를 얻기도 한다. Nadler(1982)에 따르면, 이때 요구는 다음과 같은 공식으로 가정하여 성인교육자는 P와 KD를 비교한 결과를 매우 상세하게 기록함으로써 학습자 자신의 요구를 파악할 수 있다고 한다.

요구(Need) = 개인의 표준 직무수행(P) – 잠재적 학습자의 최근 지식(KD)

프로그램의 목표는 조직의 요구와 학습자의 요구, 직무분석 결과 등을 기초로 결정된다. 목표는 훈련 프로그램과 관련된 조직의 일반목표와 학습목표를 포함해야 하고, 목표행동과 조건, 기준 등이 명확히 기술되어야 한다. 훈련내용과 학습자의 특성을 고려하여 교육과정과 교수법을 선정하고 자료를 수집하여 훈련을 실시한다.

이러한 각각의 과정은 각 단계별 평가를 수반하며, 그 결과는 피드백된다. Nadler의 특정활동 모델은 특히 각 단계마다 평가와 피드백이 수반되어 변화에 민감하므로, 프로그램 개발자는 각각의 상황에 이를 변형시켜 사용해야 한다.

(2) 기초능력 모델(CBM)

Nadler의 특정활동 모델이 조직을 기본단위로 한 조직 내 훈련을 위한 모델인 반면, Blank의 기초능력 모델(Competency Based Model: CBM)은 직업훈련소에서 많이 사용되는 모델이다. 이 모델은 직업을 얻기 위한 수단으로서의 교육을 일차 목표로 하는 다양한 조직에 적용될 수 있다. Blank는 인간을 양질의 교육과 충분한 시간이 주어지면 모든 지식을 습득할 수 있는 능력을 갖춘 존재로 가정하고, 일반적인 훈련 프로그램 개발을 위해 ① 세부직종 선택 및 파악 ② 학습자 입학요건 확인 ③ 업무확인 및 검증 ④ 직무분석 및 필수지식 파악 ⑤ 수행목표 작성 ⑥ 수행목표와 직무연계 ⑦ 수행력 시험지 개발 ⑧ 필기시험 ⑨ 학습안내서 작성 ⑩ 학습안내서 시험운영 ⑪ 학습관리안 개발 ⑫ 교육훈련 실시 및 평가 등 열두 가지 과제를 제시했다.

Blank의 모델은 직업에 대한 구체적인 묘사로부터 시작된다. 따라서 구직자가 원하는 직업과 고용가능성 그리고 직업에서 요구되는 필수적인 기술에 대해 먼저 조사한다. 다음으로 직업의 업무조건이나 기술장비에 대한 조사,

요구되는 특수기술과 훈련수준, 면허증 소지 여부에 대한 구체적인 분석이 실시된다. 또한 학습자가 직업에 종사하기 위해 필요한 선결요건을 규정하여 직무를 정한다. 직무분석을 통해 정해진 업무와 필수지식을 기초로 하여 직무에 종사하기 위해 필요한 모든 지식이 정해진다. 그리고 난 후 실제훈련의 최종적인 목표를 정하게 되는 것이다.

최종적인 목표는 대부분 지식과 기술의 습득으로, 직업훈련을 받고난 후 예시되어야 할 행동에 대한 정확한 묘사라고 할 수 있다. 훈련참가자는 훈련목표와 습득과제 간에 우선순위를 정하고, 강사는 학습자의 현재 능력을 조사한다. 이 활동은 각 학습자가 능력에 따라 적절한 훈련을 받게 하며, 강사가 마지막 평가자료로 사용하기 위해서이다. 학습자의 현재 능력을 측정하기 위해 실기시험과 함께 필기시험도 실시되며, 그 결과 학습지도안이 작성된다.

학습지도안에는 업무분석, 목표진술, 실행목표, 자아진단방법, 필기시험, 실기시험 등의 내용이 구체적으로 제시되어야 한다. 이 지도안에 따라 훈련 프로그램이 실시되며, 훈련생의 기술습득 여부를 시험하기 위해 현장실습도 실시된다. 그 결과에 따라 학습지도안은 수정 또는 재조정되고, 훈련 프로그램 관리를 위해 물리적 환경이나 학습장소 등이 배치된 후 프로그램이 실시 및 평가된다.

(3) 전문직 계속교육

C. O. Houle(1980)은 약 17개의 전문직을 연구한 결과, 일정 기간의 전문교육을 수료한 후 전문직업에 종사하는 사람들은 그들의 업무를 수행하는 동안 끊임없는 사회·경제적 변화로 인해 새로운 업무책임이 주어지고, 이를 실행하기 위해 계속교육의 필요성을 제기했다.

그의 모델은 전문직종에 종사하고 해당 직업을 지속시키는 과정을 묘사하고 있다. 일반적으로 전문직은 대학 등 전문 교육기관을 통해 그 직업에 요구되는 기초적인 능력을 습득하게 된다. 그리고 직업의 입문과정으로 인턴이나 실습을 통해 현장의 기술을 익힌다. 직업에 종사한 후에는 외부로부터 혹은 개인의 요구에 의해 새로운 학습이 요구되는데, 예컨대 직급의 변화나 업무의 변화가 그 경우이다. 변화된 업무는 새로운 학습을 요구하고, 학습을 통해 습득된 지식은 어느 정도 지속되는데, 새로운 변화에 부딪힐 때마다 새로운 학습이 다시 요구된다. 이렇게 전문직 계속교육은 순환되는 것이다.

특히, 미국간호사협회는 보다 실천적이고 현장 중심적인 모델을 개발했는데, ① 조직과 프로그램의 철학 고려 ② 프로그램의 장·단기목표 설정 ③ 프로그램의 구성요소 결정 ④ 정책결정 ⑤ 조직구조 결정, 자원 선택, 담당자의 역할과 책임 결정, 의사통로 수립 ⑥ 요구진단(조직·집단·개인의 요구) ⑦ 프로그램 목표 설정 ⑧ 프로그램 평가 ⑨ 환경 및 물적자원 파악 ⑩ 자료기록 체제 개발 ⑪ 예산편성 ⑫ 활동계획 결정 ⑬ 전문가의 자문 ⑭ 실행 ⑮ 총평가 ⑯ 수정의 과정으로 구성되어 있다.

4) 프로그램의 구성범위에 따른 분류

평생교육 프로그램을 구성범위에 따라 분류하면 단일 프로그램, 연속 프로그램, 통합 프로그램 그리고 종합 프로그램 등으로 나눌 수 있다.

단일 프로그램은 하나의 학습목표를 달성하기 위해 개발된 프로그램으로 비교적 짧은 시간에 단순 교육활동으로 구성된다. 일회적인 용도로 개발되어 운영되는 봉사활동 프로그램, 견학 프로그램, 레크리에이션 활동 프로그램 등이 여기에 속한다.

연속 프로그램은 큰 주제 하나를 여러 개의 내용으로 나누어 여러 번 연속적으로 운영하도록 개발된 프로그램이다. 앞뒤 프로그램은 서로 연관되어 있으며 점차 심화되는 형태로 개발되는데, 비교적 장기간에 걸쳐 운영된다. 따라서 이 프로그램은 전문적인 내용에 적합하다고 할 수 있다.

통합 프로그램은 한 주제에서 세분화된 비슷한 성격의 여러 활동을 하나로 묶어서 개발한 프로그램을 말한다. 각 활동의 기본적인 성격은 그대로 유지하면서 관련된 내용만 통합하는 형태로 개발된다. 이를테면, 환경오염과 관련된 프로그램을 개발할 경우에 수질오염, 대기오염, 토양오염 등 서로 비슷한 성격의 학습활동을 하나로 묶어서 프로그램을 개발하게 된다. 학습자들의 경험 속에서 비슷한 성격의 여러 활동이 함께 이루어짐으로써 학습목표가 달성되도록 프로그램이 개발되는 것이다.

종합 프로그램은 성격이 다른 여러 영역의 학습활동을 한 곳에 모아 종합적으로 전개하는 프로그램을 말한다. 성격이 다른 여러 악기가 함께 어우러진 교향악단의 협연과 같이 다양한 학습활동을 통해 전인적인 인격형성이나 종합적인 기능발달을 목표로 한 프로그램을 개발할 때 적절하다.

4. 평생교육과 평생교육 프로그램

평생교육법 제2조(정의) 제①항에 의하면 "평생교육이란 학교의 정규 교육과정을 제외한 학력보완교육, 성인기초·문자해독교육, 직업능력향상교육, 인문교양교육, 문화예술교육, 시민참여교육 등을 포함하는 모든 형태의 조직적인 교육활동을 말한다"라고 규정하고 있다. 이는 평생교육기관이 학령기 외의 성인을 대상으로 평생교육을 실시할 때 어떤 프로그램을 개발하여 실제로 운영해야 하는지를 잘 말해주고 있는 것이다. 그러므로 평생교육기관에서 평생교육을 실천하기 위해서는 평생교육 프로그램을 빼고는 논할 수 없다. 그 이유는 평생교육 프로그램이 평생교육기관에서 학습자와 고객에게 제공하고 있는 것이기 때문이다. 따라서 평생교육 프로그램은 평생교육기관이 가지고 있는 중요한 자산 중 하나이며, 떼려야 뗄 수 없는 불가분의 관계라고 할 수 있다. 이처럼 중요한 위치에 서 있는 평생교육 프로그램은 평생교육기관의 이념과 가치를 반영한 문화적 자산인 동시에, 지역주민들에게 제공하는 서비스 품목이며, 평생교육기관에서 실시하는 사업 품목으로서의 성격을 지니는 것이다. 이와 관련하여 김진화(2001)는 좀 더 구체적으로 다음과 같이 설명하고 있다.

첫째, 평생교육 프로그램은 평생교육기관의 이념과 가치를 반영한 문화적 자산의 성격을 지닌다. 그 이유는 프로그램 개발이 진공상태에서 이루어지는 가치중립적인 활동이 결코 아니기 때문이다(Brockett & Hiemstra, 1998). 평생교육기관이 지향하는 이념, 평생교육 실천가가 지향하는 가치, 학습자가 가지고 있는 가치 그리고 특정 사회가 지향하는 가치 등이 평생교육 프로그램에 영향을 미친다. 박성정(2004)은 대학평생교육이 소속 대학의 이념과 특성을 반영한 평생교육원의 특성화가 어느 정도 진행되고 있을 뿐만 아니라 대학이 교육적으로 무엇을 지향하느냐에 따라 대학 평생교육원의 교육방향도 영향을 받는다고 했다. 따라서 대학 평생교육 프로그램은 대학 평생교육의 지향하는 이념과 가치를 반영한 구체화된 실체라고 하겠다.

둘째, 평생교육 프로그램은 지역주민들에게 제공하는 서비스 품목이다. 평생교육기관에서 이루어지는 프로그램의 기본적인 성격은 그 대상이 개인학습자에게 한정되지 않고 집단과 지역사회도 그 대상으로 한다(김진화, 2001). 한편, 평생교육 프로그램 개발은 평생교육기관의 적응기제이며, 변화창출 전략이다(Long, 1983). 즉, 평생교육 프로그램은 평생교육기관의 '교육적 응답'인 동시에 새로운 변화창출을 위한 '교육적 대안제시'이다(김진화 · 정지웅, 1997). 따라서 평생교육 프로그램은 학습자가 변화하는 사회에 적응할 수 있도록 지원하며, 이러한 과정을 통해 기관의 정체성이 확립되고 끊임없이 변화하는 외부의 도전과 위기를 극복해 나갈 수 있도록 지원한다(김진화, 2001). 이를 종합해 보면, 평생교육 프로그램은 시대적 요구와 지역주민들의 요구를 반영하여 교육적 대안을 제시하고 교육적 응답을 실현하는 것으로, 지역과 지역주민들에게 서비스 품목으로 작용할 수 있음을 뜻한다. 따라서 대학 평생교육은 대학 내의 학생들로 한정된 대상에게만 제공하는 것이 아니라, 지역사회 차원에서 지역주민들을 대상으로 더욱 확대시켜야 할 것이다.

셋째, 평생교육 프로그램은 평생교육기관의 사업품목이다. 평생교육기관의 평생교육 관련 사업을 실시하기 위해서는 프로그램 형태의 구체적인 실체로 나타난다. 예를 들어, 현재 국가정책사업으로 실시하고 있는 평생학습계좌제나 평생학습중심대학사업은 사업목적을 실현하기 위하여 프로그램이 개발 및 운영되고 있다. 따라서 평생교육 프로그램은 각 분야에서 활발하게 이루어지는 사업품목 중의 하나라고 볼 수 있다.

앞에서도 언급했듯이 평생교육기관과 평생교육 프로그램은 분리될 수 없는 불가분의 관계를 가지고 있다. 평생교육기관은 다양한 평생교육 프로그램을 통해 기관의 정체성 및 성과를 확인하고, 평생학습자가 평생교육 프로그램을 보고 기관에 접근하기 때문이다. 평생교육기관과 교육 프로그램의 관계를 김진화(2012)는 다음과 같이 정리하고 있다.

첫째, 평생교육 프로그램은 현대사회에서 필요로 하는 지식과 정보로서의 가치가 새롭게 재조명되고 있다. 또한 현대인의 문화생활 및 활동과 밀접한 관련이 있는 유용한 문화콘텐츠로 확산되면서 이를 학습자의 요구에 맞게 보다 쉽고 빠르게 제공해야 하는 평생교육기관의 시대적 책무성과 연계되고 되어 있다.

둘째, 평생교육기관은 변화하는 사회에 대한 현대인의 요구와 필요를 충족시키기 위해 평생교육 프로그램을 대안으로 제시함과 동시에 평생교육기관은 현대인이 평생교육 프로그램을 통해 새로운 변화를 창출하도록 지원한다.

셋째, 평생교육 프로그램은 시대적 지적 자산이자 문화콘텐츠로 최근 그 종류와 수가 급속히 증대되면서 평생교육기관의 특성을 반영하는 중요한 속성으로 정착되고 있다.

넷째, 다양한 종류의 평생교육 프로그램은 고객이자 수요자인 현대인이 자신이 원하는 시점에서 각자의 필요와 요구에 맞게 즉시 활용될 수 있도록 평생교육 프로그램의 목적과 내용을 체계적으로 분류하고 범주화시켜 그 정보가치를 향상시킴으로써 학습자에게 활용성을 높여 주어야 하는 평생교육기관의 새로운 기능을 부각시키고 있다.

제2장

평생교육 프로그램 개발의 기초

1. 평생교육 프로그램 개발의 의미

한국은 열린교육사회·평생학습사회의 실현을 정책의 기조로 삼고, 각종 성인교육활동을 장려해 오고 있다. 여기서 말하는 성인교육에 투입하여 사용하는 교육재료가 평생교육 프로그램이고, 이 프로그램의 기획단계에서부터 시작해서 마지막 평가단계에까지 이르는 일련의 활동을 프로그램 개발이라고 한다.

프로그램 개발(program development)의 뜻을 담고 있는 용어들 중에는 프로그래밍(programing), 프로그램 계획(program planning) 그리고 프로그램 구안(program building) 등 다양한데, 어느 경우든지 학교교육에서 주로 사용하고 있는 커리큘럼(curriculum: 교육과정) 개발과 차이를 두지 않고 그대로 사용하는 경우들이 많았다(김진화, 2012). 그러나 대부분의 경우에는 커리큘럼 개발보다는 프로그램 개발, 프로그램 계획, 프로그램 설계 등의 용어가 많이 쓰이고 있다. 이 중에서도 특히 프로그램 개발이란 용어를 가장 많이 사용하고 있어서 본고에서도 프로그램 개발이라는 용어를 사용하기로 한다. 뿐만 아니라, 이러한 평생교육 프로그램 개발의 의미를 보다 구체적으로 파악하기 위한 방편으로 김진화(2012)가 분류한 영역-구조적·절차적·행위적·현상적 측면-으로 구분하여 논구하기로 한다.

1) 구조적 측면에서 본 평생교육 프로그램 개발의 의미

구조적 측면에서의 프로그램 개발의 개념은 어디까지를 프로그램 개발로 규정할 것인가와 관계가 있다. 협의의 프로그램 개발의 개념은 프로그램 계획으로만 이해될 수도 있지만, T. J. Kowalski(1988)에 의하면 많은 관련 문헌들 속에서 프로그램 개발은 보다 광의적으로 '프로그램 계획'과 '프로그램 운영'을 포함하고 있음을 확인할 수 있다고 했다. 심지어 프로그램을 실시하고 운영한 후에 프로그램에 대한 총괄적인 평가까지 포함시키는 경우도 있다. 이처럼 프로그램 개발은 프로그램 계획이나 프로그램 설계 이상의 개념을 함의하고 있는 것이다. 또한 E. J. Boone(1985)은 프로그램 설계는 교육목적, 내용 또는 경험, 조직 및 평가를 다루는 기술만을 강조하지만, 프로그램 개발은 프로그램을 계획 · 설계 · 시행 · 평가하는 수단과 방법까지를 포괄하는 광의의 개념으로 규정되는 것이 일반적이라고 주장하기도 했다.

이에, 본고에서는 김진화(2012)의 주장과 같이 프로그램 개발의 범위를 프로그램 기획(program planning), 프로그램 설계(program design), 프로그램 마케팅(program marketing), 프로그램 실행(program implementation) 그리고 프로그램 평가(program evaluation) 등을 포함하여 규정하기로 한다. 즉, 프로그램 개발이란 이상적인 교육활동의 조직과 운영을 기본으로 하는 실천적 연구행위로서, 잠재적 학습고객과 평생교육기관의 공동의 노력을 통해 정보와 자원(resources)을 획득하고, 이를 일정한 절차에 따라 적절한 순서대로 프로그램을 설계하며, 해당 프로그램을 학습자에게 제공하여 최종적으로 그 효과를 평가한 후, 프로그램을 개정하는 일련의 과정(김진화, 2012)을 말한다.

2) 절차적 측면에서 본 평생교육 프로그램 개발의 의미

프로그램 개발은 광범위한 영역과 사건, 절차를 포함하고 있는 복합적인 성격을 띠고 있다고 H. B. Long(1983)은 주장한 바 있다. 이런 견해에서 볼 때, 평생교육 프로그램 개발이란 프로그램 개발자가 평생교육 프로그램을 효과적으로 개발하기 위해 프로그램을 기획하고 시행하며 평가하는 모든 활동의 순서나 차례로 규정되는 일련의 과정이라고 할 수 있다. 또한 남정걸(1994)은 프로그램 개발의 범위를 개발과정과 전개과정으로 분류하고, 개발과정에는 계획단계와 조직단계가, 전개과정에는 시행단계와 평가단계가 포함된다고 보았다. 이러한 규정들은 프로그램 개발의 범위와 영역을 고려하여 절차적 측면에서 프로그램 개발을 정의한 것이라고 할 수 있다. 즉, 프로그램 개발이란 프로그램 개발자가 프로그램 개발의 준비과정에서부터 최종적인 평가 및 개정단계에 이르기까지 매우 광범위한 영역과 사전, 절차를 하나씩 밟아 나가는 것이다. 따라서 프로그램 개발자에게는 각 절차와 단계들을 체계적으로 이해하고 실천할 수 있는 능력이 요구(김진화, 2012)된다.

3) 행위적 측면에서 본 평생교육 프로그램 개발의 의미

행위적 측면에서의 프로그램 개발이란 프로그램 개발자의 역할과 행위에 초점을 맞춰 프로그램을 창출해 내는 협동적·실천적 연구행위로 규정(김진화, 2012)된다. 이러한 견해는 J. Forester(1989)가 행위적 측면에서 정의한 계획의 개념을 살펴봄으로써 프로그램 개발의 의미를 이해하는 데에 도움이 된다. 그는 계획이란 "기술적·합리적으로 순서화된 절차를 말하며, 논리적으로 종합적인 과정 혹은 일을 재빨리 처리해 나가는 정치과정"을 말한다고 했다. 여기서 주목할 점은 계획행위가 일종의 정치적 과정이라는 사실이다.

M. F. Klein(1991)은 프로그램 개발과정에서 이루어지는 프로그램 개발에 참여한 사람들의 영향력과 권한 및 권력에 의해 승자와 패자가 엄연히 존재하는 투쟁의 장(場)으로 비춰질 수 있음을 지적한 바 있다. 이런 정의와 맥락을 같이하여 R. M. Cevero & A. L. Wilson(1994)은 프로그램 개발이 이루어지는 조직체적 맥락을 강조하면서 "프로그램 개발자과 권력관계에 의해 구조화된 조직체적 상황 속에서 관심사를 협상하는 사회적 활동"으로 규정했다. 이는 프로그램 개발과정에서 프로그램 개발자의 사회적 책임성에 대한 문제를 제기하고, 프로그램 개발과정에서 프로그램 개발자가 취하는 실제 행동을 권력(power)과 관심사(interests), 협상(negotiation) 그리고 책임성(responsibility)이라는 새로운 개념을 도입함으로써 프로그램 개발자의 실제적 행동을 중심으로 한 프로그램 개발의 개념이다. 그러므로 프로그램 개발은 평생교육사들이 행하는 사회적 실천행위를 의미하며, 이는 평생교육사가 새로운 세상을 만들어 가는 교육적 노력이라고 할 수 있다.

4) 현상적 측면에서 본 평생교육 프로그램 개발의 의미

현상적 측면에서의 프로그램 개발이란 학습자와 교수자 사이의 상호작용의 내용을 창출, 선정, 조직 및 개발하는 행위를 일컫는다. 여기서 학습자와 교수자의 상호작용 내용은 학습자의 성장과 발달은 물론, 그들의 문제해결에 실질적으로 도움이 되는 유용한 지식과 정보를 의미(김진화, 2012)한다. 이러한 지식과 정보를 창출하고, 이 중에서 프로그램 속에 포함시킬 내용을 합리적으로 선정하며, 이를 논리적으로 조직함으로써 하나의 매체화된 자료로 개발하는 것을 프로그램 개발이라고 할 수 있다.

2. 평생교육 프로그램 개발의 기본성격 및 개발 시 유의점

평생교육 프로그램 개발에 종사하는 개발자가 평생교육 프로그램을 개발하는 행위의 기본성격이 어떤 것인지를 이해하고 개발작업에 임할 때 비로소 시행착오를 최소화할 수 있을 것이다. 이와 관련하여 김진화(2012)는 평생교육 프로그램 개발의 기본성격을 여섯 가지로 제시하고 있다.

첫째, 프로그램 개발은 평생교육기관의 적용기제이며 변화창출 전략(Long, 1983)이다. 구체적으로는 평생교육기관에서 행해지는 프로그램 개발이 변화하는 사회에 대한 평생교육기관의 교육적 대응이며, 동시에 평생교육기관이 새로운 변화창출을 시도하기 위한 교육적 대안의 제시라고 할 수 있다. 평생교육기관은 끊임없이 변화하는 사회의 변화양상과 학습자의 요구 및 필요에 적응해야 하는데, 이러한 교육적 적응기제가 바로 평생교육기관이 갖고 있는 교육 프로그램이다. 또한 평생교육기관은 단순히 변화에 대해 수동적으로 대응하는 실체가 아니라, 새로운 변화를 창출하는 데 적극적으로 노력해야 한다. 이는 교육의 사명이며, 또한 평생교육기관의 역할인 것이다.

둘째, 평생교육에서 프로그램 개발은 개인 성인학습자, 학습자 집단 그리고 지역사회의 변화를 지향한다. 프로그램 개발자의 노력이 지향하는 것은 바로 이 세 가지의 체제를 변화시키는 데 있다. 단순히 학습자 개인의 행동변화에만 관심을 기울여서는 안 된다. 전술한 바와 같이 평생교육의 대상, 즉 프로그램의 수혜자가 학습자 개인뿐만 아니라 집단 및 지역사회를 포함하고 있음을 고려해야 한다. 개인 학습자와 학습자 집단의 경우, 그들의 지식과 기술 및 태도의 변화에 초점이 맞춰지고, 지역사회의 경우는 소속되어 있는 모든 구성원들과 지역사회의 변화를 지향한다. 지역사회의 모든 구성원은 어느 면에서 지역사회가 추구하는 그 목적과 일치할 수도 있다. 따라서 지역사회뿐만 아니라 구성원들의 신념이나 태도, 목표에 관심을 집중시키는 것도 중요하다. 지역사회 내에서 계획된 변화를 성공적으로 달성하기 위해서는 평생교육기관과 지역사회 및 학습자 집단의 리더 그리고 지역사회 구성원들 간의 통합적인 노력이 필요하다.

셋째, 프로그램 개발은 계획적인 집단적 의사결정 과정이다. 프로그램 개발과정에 참여한 경험이 있는 프로그램 개발자라면 이러한 지적에 대해 쉽게 동의할 것이다. 프로그램 개발의 범위를 어느 정도까지 할 것인가, 프로그램 개발에 참여시킬 잠재적 학습고객의 대표들은 몇 몇 정도가 적당할 것인가, 요구분석을 통해 파악된 내용들 중에서 우선순위를 어떻게 결정하여 그 요구를 프로그램에 포함시킬 것인가, 프로그램을 운영하기 위해 그 활동 전략을 어느 정도까지 구체화시킬 것인가, 그리고 프로그램 결과에 대한 평가준거를 무엇으로 할 것인가 등 결정해야 할 제반 내용들은 연속적인 의사결정 과정임이 틀림없다. 따라서 프로그램 개발에 관여하는 프로그램 개발자는 각 단계에서 바람직한 결정을 내리기 위해 의사결정원리를 잘 알고 있어야 하겠다.

넷째, 프로그램 개발은 학습자의 교육요구를 확인·사정·분석하기 위해 평생교육기관과 학습자 및 그들의 대표가 참여하는 공동의 노력이다. 평생교육은 학습자의 자발적 참여를 전제로 하기 때문에, 프로그램 개발자는 학습자의 자발적인 참여를 유도하기 위해 각별한 노력을 기울여야 한다. 특히, 가장 우선되어야 할 것은 프로그램을 개발하는 동안 잠재적 고객집단을 참여시켜 프로그램에 학습자의 요구와 필요를 반영시킬 뿐만 아니라, 개발된 프로그램에 그들의 자발적인 참여를 촉진시켜 나가야 한다. 또한 프로그램 개발은 프로그램 개발자 한 개인의 노력만으로 이루어지는 것이 아니다. 이는 평생교육기관이 잠재적 고객의 요구와 필요를 무시한 채, 프로그램을 개발해서는 학습자의 자발적인 참여를 기대하기 어렵기 때문이다.

다섯째, 프로그램 개발은 여러 계층의 사람들이 복잡한 절차와 단계에 공동으로 참여하는 집단활동으로서 하나의 체제(system)로 간주될 수 있다. 여기에서 체제란 프로그램 개발과 관련된 다양한 개념들과 과정들로 구성된 각 부분들이 하나의 통합적인 전체를 형성하기 위해 서로 관련되어 있고, 질서정연하게 연결되어 있는 것을 뜻한다. 실제로 프로그램 개발과정에는 프로그램 기획, 프로그램 설계, 프로그램 운영, 프로그램 평가 및 프로그램 개정 등과 같은 주요 하위과정들이 있고, 이 하위과정 역시 다양한 단계와 조치들로 구성되어 있다. 따라서 프로그램 개발자는 프로그램 개발이 총체적인 체제라는 사실을 인식할 필요가 있다.

여섯째, 프로그램 개발은 평생교육기관이 피드백을 획득하는 주요 수단이 된다는 사실이다. 그러한 피드백의 활용은 평생교육기관을 변화시키고 환경 변화에 적응할 수 있도록 할 뿐만 아니라, 조직체의 재생을 위한 토대를 형성하는 데에도 도움이 된다.

한편, 이러한 기본성격을 염두하고서도 평생교육 프로그램 개발과정에는 예측하지 못한 제한요인들이 나타날 수 있다. 이와 관련하여 김용현 외 3인(2017)은 평생교육 프로그램 개발 시 유의점을 세 가지 제한요인들로 구분하여 제시하고 있다. 첫째, 환경적 제한요인에는 잠재적 학습자의 낮은 의식 수준, 평생교육 제공자들 간의 네트워크 부족, 평생교육기관들 간의 심한 경쟁 그리고 평생학습에 대한 학습자들의 부정적인 시각이 포함된다. 둘째, 평생교육기관의 제한요인에는 평생교육기관의 속성(기관의 사명, 이념, 조직의 전통과 역사·문화적 요소), 평생교육에 대한 기관 내부의 인식 부족, 재정자원의 부족, 평생교육 수행을 위한 시설의 부적합, 평생교육 가치에 대한 좁은 시각 그리고 프로그램 제공의 이기적인 동기가 해당한다. 셋째, 개발과정상의 제한요인에는 예산 부족, 프로그래머의 전문성 부족, 프로그램을 개발하기 위한 시간상의 제약 그리고 개발과정에 참여한 사람들 간의 갈등이 포함된다.

3. 평생교육 프로그램 개발의 철학적 기초

철학이 인생에 관한 지혜를 탐구하는 학문이라는 사실만으로 평생교육 프로그램 개발의 기초로 언급되는 것은 아니다. 철학은 사회의 제현상을 부분이 아닌 전체적 관조를 특성으로 하기 때문이다. 철학의 전체성 안에는 인간의 삶 자체를 연구의 대상에 포함하고 있다. 이러한 측면에서 볼 때, 평생교육 프로그램 개발의 철학적 기초 탐색은 바람직한 방향설정과 탐구를 위해 필요 불가결한 사고과정이라고 하겠다. 더욱이 교육현상을 고유의 대상으로 하는 전문적인 연구가 이루어지기 전인 근대 이전에는 교육도 철학의 한 분야로 논의되어졌던 점을 감안하면, 평생교육 프로그램 개발의 철학적 기초에 관한 고찰은 큰 의미를 더한다.

이에, 본 절에서는 교육철학을 토대로 하여 평생교육 프로그램 개발 관련 철학을 정리하되, J. L. Elias & S. B. Merriam(1982)이 제시한 내용과 권대봉(2002)이 논의한 내용을 중심으로 고찰하고자 한다.

1) 자유주의와 평생교육 프로그램 개발

자유주의의 대부분이 어린이와 청소년교육에 초점을 두고 있긴 하지만, 자유주의 교육의 특성은 평생교육 프로그램에도 적용 가능하다. 자유주의에 입각한 평생교육은 초등·중등·대학교육 그리고 그 이후의 교육에서 최고 수준에 속하는 교육으로 인식되고 있다. 자유주의에서 가장 중시하고 있는 교과는 교양교육인데, 이는 평생교육의 전분야에서 활용될 수 있는 기본적인 교육과정으로 이해할 수 있다. 특히, 자유주의 교육관이 인격도야와 진리탐구를 강조하고 있다는 점에서 그 의미가 더욱 크다고 할 수 있다.

E. Z. Friedenberg는 〈인문주의 교육과 실패에 대한 두려움(1956)〉이라는 논문에서 자유주의의 평생교육 프로그램 개발에 대한 기여를 다음의 네 가지로 정리·제시한 바 있다. 첫째, 자유주의는 인간에게 자유의 가치를 가르치고, 그 가치를 활용할 수 있는 능력을 갖춘 사람이 되도록 도와준다. 둘째, 자유주의는 성인들이 주체와 객체 간의 차이, 즉 성인이 직접 경험한 사실과 그 사실에 대한 성인들의 감정 간에 차이가 발생할 때 그 차이에 대해 적절하게 반응하도록 도와준다. 셋째, 자유주의는 인간경험의 범주를 확대시킴으로써 인간이 반응할 수 있는 영역을 넓혀준다. 넷째, 자유주의는 시민의 자질 향상, 여가선용, 자아관 개선, 인간 존엄성의 지각 등의 목적에도 기여한다.

이상에서 살펴본 바와 같이 자유주의는 인간의 지속적인 성장과 개발 가능성에 대해 확신하고 있다. 반면, 교수방법 면에서 인간의 자발성을 과소평가하고, 교사의 절대적인 위치와 영향력을 강조하는 입장을 취함으로써 평생교육의 이념과 배치(背馳)되는 점이 있다는 비판을 받고 있다. 그럼에도 불구하고 자유주의에서 중요시하는 교양, 인문 그리고 인간본성 등은 평생교육의 교육목적 및 과정에 영향을 미치고 있으며, 앞으로도 계속 영향을 미칠 것이다.

2) 진보주의와 평생교육 프로그램 개발

진보주의는 아동교육뿐만 아니라, 성인교육에도 많은 영향을 준 교육운동이다. 진보주의는 직업을 위한 실용적인 훈련, 경험에 의한 학습, 과학적인 연구, 지역사회의 참여 그리고 사회 문제에의 대응 등을 강조한다. 이는 새로운 형태의 일반교육과 성인교육의 발전에서 잘 나타나고 있다. 특히, M. S. Knowles(1977)는 "새로운 사상이 교육사상에 주입되었는데, 이는 학문적인 교과에 대한 강조에서 농업 · 정치 · 사회 · 도덕적인 문제 등 인생문제와 관련을 갖는 모든 사람들을 위해 봉사하는 새로운 대학의 역할개념을 포괄하려는 방향으로 변했다"라고 주장한 바 있다. 성인직업교육, 대학확장교육, 시민권교육, 가족교육, 부모교육, 사회행동을 위한 교육 등 여러 형태의 성인교육은 진보주의 이상을 바탕으로 시작되었다. 특히, 요구와 흥미, 과학적 방법, 문제해결 방법, 경험의 강조, 실용적 목적, 사회책임 등의 원칙은 진보주의 사상을 바탕으로 하고 있는 것들이다.

진보주의 교육이 평생교육 프로그램 개발에 영향을 미치는 주요한 교육원리들을 살펴보면, 첫째, 진보주의는 인문주의 교과학습활동뿐만 아니라 사회화(socialization)와 문명화(enculturation) 등을 포함한다. 진보주의에서는 기존 학교교육의 제한된 범위에서 벗어나 가치, 태도, 지식 그리고 기술습득을 위해 사회가 인정하는 모든 행위를 교과에 포함시켰는데, 이런 의미에서 교육의 범위가 확장되었다고 할 수 있다. 뿐만 아니라 가정, 직장, 학교, 교회, 지역사회 등의 많은 교육기관이 포함되었다.

둘째, 진보주의는 학습자의 경험과 상호작용을 교육의 개념에 포함시킴으로써 학습자 중심의 교육관을 설정했다. 학습자의 흥미, 경험 그리고 요구 등을 교육의 기본적인 사항으로 가정하고, 이에 따라 교육할 것을 주장한 것이다. 이러한 진보주의적인 관점은 평생교육 프로그램 개발에서도 동일하게 유지된다. 특히, 성인교육 프로그램에서는 학습자의 흥미에 대한 요구조사를 프로그램 구성의 첫 단계로 설정해 놓고 있다.

셋째, 진보주의에서는 경험주의 학습방법을 중시함과 동시에 학생들의 경험을 실제적인 방법으로 제공하고, 학습자 중심의 교육을 실시하기 위해 문제해결 방법(problem-solving method)을 선호한다. 문제해결 방법은 문제해결을 위해 문제를 명료화하고, 이 명료화된 문제에 대해 가정을 설정한 후, 경험적인 증거들을 수집하여 앞에서 설정한 가정을 검증하는 절차를 거친다. 이러한 문제해결 방법은 평생교육의 여러 프로그램에서 수용될 수 있다. 특히, 산업교육 분야에는 문제중심 학습(problem-based learning: PBL)과 같은 유형이 사용되는데, 현재 기본적인 성인 교수방법의 하나로 인정되고 있다.

이상에서 살펴본 바와 같이 진보주의 교육원리들은 평생교육 프로그램 개발의 이론과 실제에서 구체적으로 활용되고 있다. 그러나 진보주의의 평생교육에 대한 영향은 결코 긍정적이지만은 않다. 즉, 지나치게 학습자의 경험을 중시한 나머지 기본교과에 대해 등한시하는 태도를 가져올 뿐만 아니라, 교사의 역할에 대해서도 충분한 관심을 두지 않았다는 비판을 받고 있다.

3) 행동주의와 평생교육 프로그램 개발

평생교육 프로그램 개발에 대한 행동주의의 영향 또한 적지 않다. 행동주의에 의하면, 교육은 교수목표 설정을 통한 교수체제의 체계화, 교수과정에서의 강화나 조작적 조건화 등의 방법을 통한 효과적인 교수방법의 사용, 교육의 책무성 강조 그리고 능력 위주의 절대평가 등 새로운 모습들을 보여주었다. 행동주의가 평생교육 프로그램 개발에 미친 영향은 두 가지로 논의된다.

첫째, 학생들의 개인차를 인정하고, 학생이 능력을 습득하는 데에 소요되는 시간을 융통성 있게 조정하는 능력 위주의 교육은 자기주도적 학습을 위한 이상적인 수단이 된다. 특히, 능력을 구체화시키는 학습은 정식 수업에서부터 인생경험이나 직업경험에 이르기까지 다양한 방법에 의해 이루어진다. 이러한 능력 위주의 교육은 성인직업교육, 계속교육 그리고 문해교육 등에 널리 응용되고 있다.

성인직업교육은 성인들의 능력, 즉 교육을 통해 성취되는 성인들의 능력 향상에 초점을 두고 있다. 최근의 직업교육은 학교와 일터 간의 연계 강화, 실제적 경험의 제공, 각종 자격증 제도와의 연계 그리고 평생교육으로서의 지속적인 직업교육의 필요성 등이 증가되고 있다. 이러한 경향에서 직업교육의 목적은 학습자들의 현실적인 요구, 즉 직업세계에서 필요한 기술습득이라고 할 수 있다. 직업교육에서는 특정 기술을 습득하기 위해 요구되는 기술

수행 수준을 설정하고, 이를 절대평가하는 방식이 필수불가결한 사항이다. 이러한 직업교육의 특징은 바로 능력 위주의 교육이라고 할 수 있다.

능력 위주의 교육은 산업교육 분야에서도 활용되고 있다. 산업교육의 궁극적인 목적은 산업교육 활동을 통해 기업의 효과성과 효율성을 제고하고, 기업의 생존력을 강화시킬 뿐만 아니라, 기업 구성원의 개인적 성장 및 발전을 통한 자아실현에 있다. 이러한 목표를 달성하기 위해 산업교육은 구체적으로 학습자의 지식, 기술 및 태도상의 변화를 목적으로 한 특정 프로그램을 제공하고, 그 결과를 평가함으로써 차후에 수정작업을 실시한다. 이 과정에서 학습자들이 일정수준 이상의 교육효과를 발생시키는지에 대한 절대평가를 실시하게 된다. 또한, 산업교육은 교육 프로그램의 효과성을 높이기 위해 다양한 교수방법과 능력 위주의 교육을 실시하고 있다.

둘째, 행동주의의 학습원칙을 기반으로 한 개별화 수업이나 개인별 처방수업은 Knowles의 자기주도적 학습(self-directed learning)과 맞물려 있다. 행동주의를 통해 개발된 교수방법으로는 프로그램 학습, 컴퓨터 보조수업, 완전학습, 개별화 수업 그리고 개인별 처방수업 등이 있다. 이러한 학습들은 개인의 능력차를 인정하고, 자신들의 능력과 학습속도에 따라 학습을 진행하며, 평가 역시 개인에 따라 다르게 실시된다. 이러한 개별화 전략과 일맥상통하는 것이 바로 Knowles의 자기주도적 학습이다.

Knowles는 《자기주도적 학습(self-directed learning, 1975)》에서 "학습자 스스로 자신이 수행하려고 하는 행동, 즉 교육목표와 교육평가 그리고 일련의 교육과정과 방법들을 자기 자신이 결정해야 한다"라고 주장했다. 특히, 성인은 이러한 자기주도성이 강한 학습자이기 때문에 성인교육 분야에서 Knowles의 자기주도성은 이미 널리 받아들여지고 있다.

4) 인본주의와 평생교육 프로그램 개발

인본주의 철학은 교육에 대해 지대한 영향을 미쳤는데, 평생교육 프로그램 개발 측면에 미친 영향도 크다. C. H. Patterson(1973)은 인본주의 교육에는 크게 두 가지 측면이 존재한다고 지적했다. 첫째, 인본주의 교육에서의 교육방법은 인간적인 방법, 즉 학습자들의 요구에 의해 교과목이 결정되고 학습이 조장된다. 둘째, 인본주의 교육은 학습자들이 자신들의 감성적인 측면을 개발하도록 유도한다. 즉, 학습자 자신의 지적 능력을 개발하는 수준에서 그치는 것이 아니라, 타인과의 관계에서 타인과 자기 자신을 이해하는 교육이 이루어져야 한다는 것이다. 이러한 측면에서 볼 때, 인본주의 교육은 학습자 중심 교육이며 학습활동은 발견을 통해 이루어지는 과정이다.

인본주의 교육이 학습자 중심 교육이라는 점 때문에 평생교육 프로그램과도 매우 밀접한 관계를 갖는다. 개인의 자율성, 개체성 그리고 자아실현 등을 중시하는 인본주의는 학습자 중심의 교육을 강조하고 있다. 따라서 교육은 교수자보다는 학습자 자신의 활동을 통해 이루어지고, 교수자는 촉진자로서의 역할을 수행하게 된다. 이러한 측면에서 볼 때, 개인들의 자아실현을 목적으로 필요에 따라 이루어지는 평생교육 프로그램은 바로 학습자 중심이어야 한다.

인본주의 측면에서의 평생교육 프로그램 이론들은 Knowles에 의해 강력하게 신봉되었다. 그는 인본주의를 성인교육에 접목시켜 앤드라고지(andragogy)라는 용어를 만들었다. 앤드라고지는 아동교육에 상반되는 개념으로 성인교육이라고 해석되기도 하지만, 단지 성인교육만을 뜻하기보다는 평생교육적 차원에서 아동교육까지 포함하는 의미로 받아들여지기도 한다. 앤드라고지에서 강조하는 가정은 ① 인간의 자아개념 ② 인간은 자신만의 독특한 경험을 축적하고 있다는 점 ③ 생애발전 단계에 따라 독특한 학습과제 또는 발전과업이 존재한다는 점 ④ 성인들은 미래보다는 현재의 즉각적인 지식의 적용을 선호한다는 점 등이다. 이러한 가정들은 인본주의의 주요 개념들을 성인교육의 측면에까지 확장시킨 것이라고 할 수 있다.

5) 급진주의와 평생교육 프로그램 개발

급진주의는 주로 공교육 제도에 관심을 가지고 이를 비판했는데, 이러한 비판과 제안점들은 평생교육 프로그램 개발에도 적용 가능하다. 성인교육기관의 증가에 대한 급진주의 교육의 탈학교적 입장과 가족구조나 유아의 양육방식에 대한 변화를 주장하는 프로이드 좌파의 제안은 평생교육으로서의 가정교육에 대한 시사점과 평생교육 프로그램의 한 부분으로서의 학교교육에 대한 비판적 시각 등으로 제시될 수 있다.

P. Freire는 문해교육의 방법을 통해 성인교육에 접근했는데, 단지 제3세계 뿐만 아니라 미국여성, 흑인 그리고 아메리카 원주민에 대한 교육에까지 영향을 미쳤다. 이러한 Freire의 문해교육은 억압받는 계층을 대상으로 했기 때문에 교육의 중립성 문제와도 결부된다. 즉, 그는 교육이 특정계층의 가치와 목적에 기여하도록 기능한다고 가정했는데, 이 가정은 교육이 중립성을 갖는다는 서구 교육사상에 대한 도전이었다.

한편, I. Illich는 무정부주의자들의 입장에 서서 학교교육의 철폐를 주장했다. 그는 학교교육이 고도의 산업화와 소비화 사회의 유지를 위한 중심적인 역할을 수행한다고 보고, 이런 학교교육을 철폐하자는 탈학교론을 주장했다. Illich는 《탈학교론(deschooling society, 1971)》에서 학교교육을 대체하는 학습망(learning network)의 개념을 네 가지로 제시한 바 있다. 첫 번째 학습망은 텔레비전, 라디오, 책 등과 같은 매체를 통해 교육자료를 제공하는 것이다. 두 번째 학습망은 학습하기를 원하는 기술을 가진 전문가와 학습자가 직접 만남을 통해 학습을 발생시키는 것이다. 세 번째 학습망은 공동의 관심을 갖고 있는 동료들끼리 결속을 맺고, 컴퓨터를 매체로 하여 서로 정보를 교환하는 것이다. 네 번째 학습망은 학습자 스스로 과업을 설정하고, 설정된 과업의 성취를 위해 교육을 실시하는 독립적인 교육자 체제이다. 이러한 Illich의 학습망 개념은 학습자 중심으로 교육이 이루어지고, 학습자 자신들의 요구를 반영하는 평생교육 프로그램 개발의 유형과도 관련된다.

그러나 급진주의 성인교육은 실제로 그리 큰 영향을 미치지 못했다. 성인교육자들은 사회 수준에서의 변화와 개혁보다는 개인의 발전에 더 큰 관심을 갖고 있었기 때문에, 급진주의 교육사상이 성인교육학자들에 의해 수용되는 데에는 한계가 있기 때문이다. 그럼에도 불구하고 급진주의의 사회전반에 걸친 거시적 개혁사상과 장기적 안목은 성인교육학자들이 갖기 쉬운 단기적 시각과 사회병리에 대한 비판적 태도에 대해 대안을 제시하고 있다.

6) 분석철학과 평생교육 프로그램 개발

평생교육 프로그램과 개발과 관련해서 분석철학에서는 Lawson과 Paterson이 가장 중요한 연구를 했다. 특히 Lawson은 성인교육의 발전에도 불구하고 성인교육에 대한 분석이 미흡하다고 지적하면서 성인교육은 일반교육과 구별되는 특수한 개념을 가지고 있고, 이러한 특수개념에 대한 분석이 필요하다고 주장했다.

Paterson과 Lawson은 성인교육의 언어적 측면에서의 분석에 초점을 맞추고 있다. Paterson은 성인은 어린이보다 나이가 더 많기 때문에 정신적·감정적인 측면에서 발전하는 존재로 파악되는 규범적인 존재라고 분석했다. 그는 성인교육을 인문주의 성인교육으로만 제한하고 그 이외의 교육은 성인교육이 아니라고 봄으로써, 직업교육이나 여가교육과 같은 교육들을 성인교육에서 배제시켰다. Lawson은 '성인들을 위한 교육'을 성인들이 참여하는 모든 형태의 교육이라고 주장했는데, 성인교육은 Paterson과 마찬가지로 인문주의 성인교육으로 제한했다. 이러한 Paterson과 Lawson의 정의는 성인교육을 인문주의 교육으로 한정함으로써, 기술교육이나 기타 평생교육 프로그램 개발에서 이루어지고 있는 다양한 성인교육 프로그램을 성인교육의 범주에서 배제하는 한계점을 지니고 있다.

성인교육의 목표에 대한 분석에 있어서도 Paterson은 성인교육을 인문주의 성인교육으로 제한함으로써 감성적·기술적인 부분에 대한 목표를 배제했다. 따라서 수학, 역사학, 언어, 도덕 등과 같은 인문학문들이 성인교육의 교과목으로 인정되었다. 이에 반해 Lawson은 기술교육을 성인교육에 포함시킴으로써 Paterson보다는 확장된 성인교육을 제시했다.

분석철학은 그 자체가 언어분석에 치중한 나머지 실제적인 측면에서 평생교육 프로그램 개발의 발전이나 문제해결에 직접적인 공헌을 하지 못한 것으로 평가된다. 그러나 분석철학이 교육학의 과학화를 표방하는 만큼, 성인교육에서도 불명확한 용어의 사용이나 언어의 부정확성과 관련되어 기존의 성인교육이론에 대한 하나의 도전일 뿐만 아니라, 성인교육의 발전에 긍정적인 기여를 할 것으로 기대한다.

7) 포스트모더니즘과 평생교육 프로그램 개발

포스트모더니즘은 사회·정치·경제·문화적으로 격렬한 변화 속에서 상실되어 가는 가치에 대한 새로운 대안책 역할을 수행한다. 뿐만 아니라, 과

거의 담론 속에서 무시되었거나 거부되어 왔던 것들에 대한 새로운 가능성을 제시하고 있다. 이러한 포스트모더니즘은 평생교육 프로그램 개발에 있어서도 새로운 의미를 부여하고 있다.

첫째, 포스트모더니즘의 소서사적(小敍事的) 지식관과 평생교육 프로그램 개발 간의 관계이다. 포스트모더니즘은 소서사적 지식관을 내포하고 있다. 포스트모더니즘은 환경문제 · 여성문제 · 인종문제 · 빈곤문제 · 평화문제 등 다양한 주제들을 담론의 대상으로 제시하고 있는데, 이러한 소서사적 지식관의 교육에 대한 영향은 무시할 수 없다. 다시 말해 교육에서 과거에 중요시되어 왔던 인지적 · 인문주의적 측면과 함께 기술 · 정서 · 윤리 · 미적 측면들이 모두 중요하게 다루어져야 한다는 것이다.

이러한 소서사적 지식관은 평생교육 프로그램 개발과도 관련이 있다. 평생교육 프로그램은 인지적 측면뿐만 아니라, 인생의 단계에 따른 욕구에 부합하는 다양한 지식을 전달해야 한다. 따라서 포스트모더니즘은 인지적 측면을 강조하는 교육에 대한 대안으로서 평생교육 프로그램 개발의 근거를 제공하고 있는 것이다.

둘째, 포스트모더니즘의 다원성 원리와 평생교육 프로그램 개발 간의 관계이다. 포스트모더니즘은 다양성을 인정하고 있는데, 이는 다양한 형태의 교육이 이루어져야 한다는 것을 뜻한다. 박성정(1995)에 의하면, 이러한 다양성의 논리에서는 학교교육이라는 획일화된 교육제도를 통해서만 교육이 가능하다는 사고가 배격될 수밖에 없다고 하였다.

포스트모던 사회에서는 획일화되고 표준화된 근대의 모든 가치와 제도의 지배로부터 정치, 경제, 문화 등의 모든 영역에서 보다 다원화된 가치를 찾고, 그것을 추구하려는 움직임이 대두되고 있다. 이러한 움직임은 교육영역에서도 분권화된 통제, 교육적 결정 사항에서의 다양한 계층의 요구 반영, 사회교육의 활성화 그리고 성인들의 교육에 대한 요구 등 다양한 평생교육적 측면에서의 요구들로 대변된다. 따라서 포스트모더니즘의 다원성의 원리는 학교교육에 대한 대안적인 측면으로 평생교육 프로그램 개발의 활성화에 대한 논리적인 근거를 제공하고 있다.

또한 포스트모더니즘의 다원성은 교육방법에서의 다원성에도 영향을 미친다. 대안교육, 실험교육 등과 같이 여러 가지 교육방법을 인정하는 것이 바로 포스트모더니즘이다. 어느 한 가지 교육방법에 의해 교육을 받는다는 것은 개인들의 차별화된 욕구와 특성을 배격하는 일이 될 수밖에 없다. 연령, 상황, 지역 그리고 성별 등 인간의 모든 조건에 상관없이 교육을 제공하는 평생교육이 이러한 다양한 교육방법을 사용하는 것은 당연하다.

포스트모더니즘은 아직도 진행되고 있는 현상을 이해하는 하나의 틀이기 때문에 계속 변화하는 속성을 가지고 있다. 이러한 이유로 포스트모더니즘과 평생교육 프로그램 개발 간의 관계를 정립시킨다는 것이 아직은 시기상조이다. 또한, 포스트모던 사회는 인간의 정체성 혼란, 극단적 이기주의, 정신적 빈곤, 세속주의와 같은 병폐를 가지고 있다. 따라서 평생교육 프로그램은 이러한 병폐에 대해 또 다른 도전을 받아야 하고, 이러한 도전을 해결할 수 있는 평생교육 프로그램 개발의 필요성은 포스트모더니즘이 던지는 또 하나의 질문이 된다.

4. 평생교육 프로그램의 평생교육법적 토대

평생교육 프로그램은 평생교육기관을 운영하는 자나 평생교육기관에 종사하는 종사자가 임의로 개발하거나 이를 실행하는 것이 아니다. 법적·제도적 뒷받침에 힘입어 이를 시행할 수 있는 성질의 것이다. 이에, 평생교육법의 구성체계를 개관한 후, 김용현 외 3인(2017)의 자료를 바탕으로 평생교육법에 평생교육 프로그램 개발과 관련하여 다양한 내용이 제시되고 있는 점을 분석해 보고자 한다.

현행 〈평생교육법〉은 8개 장, 총 46조로 구성되어 있으며, 부칙이 1개 조로 되어 있다. 제1장은 총칙, 제2장은 평생교육진흥기본계획 등, 제3장은 평생교육진흥원 등, 제4장은 평생교육사, 제5장 평생교육기관, 제6장 문자해득교육, 제7장 평생학습결과의 관리·인정 그리고 제8장은 보칙으로 구성되어 있는데, 2016년 5월 29일 법률 제14160호로 일부 개정된 평생교육법의 주요 내용을 살펴보면 <표 2-1>과 같다.

〈표 2-1〉 평생교육법의 주요 내용

장 (명칭)	조	주 요 내 용	비고
제 1 장 (총 칙)	제1조	목적 - 평생교육에 관한 사항을 정함	
	제2조	정의 - 평생교육, 평생교육기관, 문자해득교육 등의 용어를 정의함	
	제3조	다른 법률과의 관계 - 다른 법률에 특별한 규정이 있는 경우를 제외하고는 이 법을 적용함	
	제4조	평생교육의 이념 - 모든 국민은 평생교육의 기회를 균등하게 보장받음 外 3항	
	제5조	국가 및 지방자치단체의 임무 - 모든 국민에게 평생교육 기회가 부여될 수 있도록 평생교육진흥정책의 수립·추진하여야 함 外 2항	
	제6조	교육과정 등 - 평생교육의 교육과정·방법·시간 등에 관하여 평생교육을 실시하는 자가 정하되, 학습자의 필요와 실용성을 존중해야 함	
	제7조	공공시설의 이용 - 평생교육을 실시하는 자는 평생교육을 위하여 공공시설을 그 본래의 용도에 지장이 없는 범위 안에서 법령으로 정하는 바에 따라 이용할 수 있음 外 1항	
	제8조	학습휴가 및 학습비 지원 - 국가·지방자치단체와 공공기관의 장 또는 각종 사업의 경영자는 소속 직원의 평생학습 기회를 확대하기 위하여 각종 지원을 할 수 있음	
제 2 장 (평생교육진흥 기본계획 등)	제9조	평생교육진흥기본계획의 수립 - 교육부장관은 5년마다 평생교육진흥기본계획(이하 "기본계획"이라 한다)을 수립해야 함 外 2항	
	제10조	평생교육진흥위원회의 설치 - 평생교육진흥정책에 관한 주요사항을 심의하기 위해 교육부장관 소속으로 평생교육진흥위원회(이하 "진흥위원회"라 한다)를 둠 外 4항	
	제11조	연도별 평생교육진흥시행계획의 수립·시행 - 시·도지사는 기본계획에 따라 연도별 평생교육진흥시행계획(이하 "시행계획"이라 한다)을 수립·시행하여야 함	
	제12조	시·도평생교육협의회 - 시행계획의 수립·시행에	

-계속-		필요한 사항을 심의하기 위하여 시·도지사 소속으로 시·도평생교육협의회(이하 "시·도협의회"라 한다)를 둠 外 4항	
	제13조	관계 행정기관의 장 등의 협조 - 교육부장관은 기본계획을 수립하기 위하여 필요하다고 인정하는 때에는 관계 행정기관이나 그 밖의 기관 또는 단체의 장에게 관련 자료를 요청할 수 있음 外 2항	
	제14조	시·군·자치구평생교육협의회 - 시·군 및 자치구에는 지역주민을 위한 평생교육의 실시와 관련되는 사업간 조정 및 유관기관 간 협력 증진을 위하여 시·군·자치구평생교육협의회(이하 "시·군·구협의회"라 한다)를 둠 外 3항	
	제15조	평생학습도시 - 국가는 지역사회의 평생교육 활성화를 위하여 시·군 및 자치구를 대상으로 평생학습도시를 지정 및 지원할 수 있음 外 3항	
	제16조	경비보조 및 지원 - 국가 및 지방자치단체는 이 법과 다른 법령으로 정하는 바에 따라 평생교육진흥사업을 실시 또는 지원할 수 있음 外 1항	
	제17조	지도 및 지원 - 국가 및 지방자치단체는 평생교육기관의 요청이 있는 때에는 그 기관의 평생교육활동을 지도 또는 지원할 수 있음 外 1항	
	제18조	평생교육 통계조사 등 - 교육부장관 및 시·도지사는 평생교육의 실시 및 지원에 관한 현황 등 기초자료를 조사하고 이와 관련된 통계를 공개하여야 함 外 1항	
제 3 장 (평생교육 진흥원 등)	제19조	국가평생교육진흥원 - 국가는 평생교육진흥과 관련된 업무를 지원하기 위하여 국가평생교육진흥원(이하 "진흥원"이라 한다)을 설립함 外 7항	
	제19조의 2	국가장애인평생교육진흥센터 - 국가는 장애인의 평생교육진흥과 관련된 업무를 지원하기 위하여 국가장애인평생교육진흥센터(이하 "장애인평생교육진흥센터"라 한다)를 둠 外 2항	
	제20조	시·도평생교육진흥원의 운영 - 시·도지사는 대통령령으로 정하는 바에 따라 시·도평생교육진흥원을 설치 또는 지정·운영할 수 있음 外 1항	
	제20조의 2	장애인평생교육시설 등의 설치 - 국가·지방자치단체 및 시·도교육감은 관할 구역 안의 장애인	

-계속-		을 대상으로 평생교육 프로그램 운영과 평생교육 기회를 제공하기 위하여 장애인 평생교육시설을 설치 또는 지정·운영할 수 있음 外 2항	
	제21조	시·군·구평생학습관 등의 설치·운영 등 - 시·도교육감은 관할 구역 안의 주민을 대상으로 평생교육 프로그램 운영과 평생교육 기회를 제공하기 위하여 평생학습관을 설치 또는 지정·운영해야 함 外 3항	
	제21조의 2	장애인 평생교육과정 - 「유아교육법」 제2조 제2호에 따른 유치원 및 「초·중등교육법」 제2조에 따른 학교의 장은 해당 학교의 교육환경을 고려하여 「장애인복지법」 제2조에 따른 장애인의 계속교육을 위한 장애인 평생교육과정을 설치·운영할 수 있음 外 3항	
	제21조의 3	읍·면·동 평생학습센터의 운영 - 시장·군수·자치구의 구청장은 읍·면·동별로 주민을 대상으로 하여 평생교육프로그램을 운영하고 상담을 제공하는 평생학습센터를 설치하거나 지정하여 운영할 수 있음 外 1항	
	제22조	정보화 관련 평생교육의 진흥 - 국가 및 지방자치단체는 각급학교·민간단체·기업 등과 연계하여 교육의 정보화와 이와 관련된 평생교육과정의 개발을 위하여 노력하여야 함 外 1항	
	제23조	학습계좌 - 교육부장관은 국민의 평생교육을 촉진하고 인적자원의 개발·관리를 위하여 학습계좌를 도입·운영할 수 있도록 노력하여야 함 外 4항	
제 4 장 (평생교육사)	제24조	평생교육사 - 교육부장관은 평생교육 전문인력을 양성하기 위하여 일정한 자에게 평생교육사의 자격을 부여함 外 4항	
	제24조의 2	평생교육사의 자격취소 - 교육부장관은 평생교육사가 일정한 경우 그 자격을 취소하여야 함	
	제25조	평생교육사 양성기관 - 교육부장관은 대통령령으로 정하는 바에 따라 평생교육기관을 평생교육사 양성기관으로 지정할 수 있음	
	제26조	평생교육사의 배치 및 채용 - 평생교육기관에는 평생교육 전문인력 양성에 따른 평생교육사를 배치하여야 함 外 3항	

-계속-	제27조	평생교육사 채용에 대한 경비보조 - 국가 및 지방자치단체는 평생교육 프로그램 운영 및 평생교육사 채용에 사용되는 경비 등을 보조할 수 있음	
제 5 장 (평생교육 기관)	제28조	평생교육기관의 설치자 - 평생교육기관의 설치자는 다양한 평생교육 프로그램을 실시하여 지역사회 주민을 위한 평생교육에 기여하여야 함 外 4항	
	제29조	학교의 평생교육 - 「초·중등교육법」 및 「고등교육법」에 따른 각급학교의 장은 평생교육을 실시함에 있어서 평생교육의 이념에 따라 교육과정과 방법을 수요자 관점으로 개발·시행하도록 하며, 학교를 중심으로 공동체 및 지역문화 개발에 노력해야 함 外 3항	
	제30조	학교부설 평생교육시설 - 각급학교의 장은 학생·학부모와 지역 주민을 대상으로 교양의 증진 또는 직업교육을 위한 평생교육시설을 설치·운영할 수 있음 外 2항	
	제31조	학교 형태의 평생교육시설 - 학교 형태의 평생교육시설을 설치·운영하고자 하는 자는 대통령령으로 정하는 시설·설비를 갖추어 교육감에게 등록해야 함 外 7항	
	제32조	사내대학 형태의 평생교육시설 - 대통령령으로 정하는 규모 이상의 사업장의 경영자는 교육부장관의 인가를 받아 전문대학 또는 대학졸업자와 동등한 학력·학위가 인정되는 평생교육시설을 설치·운영할 수 있음 外 4항	
	제33조	원격대학 형태의 평생교육시설 - 누구든지 정보통신매체를 이용하여 특정 또는 불특정 다수인에게 원격교육을 실시하거나 다양한 정보를 제공하는 등의 평생교육을 실시할 수 있음 外 5항	
	제34조	준용 규정 - 제33조 제3항에 따른 원격대학 형태의 평생교육시설을 설치·운영하는 자와 그 시설에 대하여는 「사립학교법」 제28조·제29조·제31조·제70조를 준용함	
	제35조	사업장 부설 평생교육시설 - 대통령령으로 정하는 규모 이상 사업장의 경영자는 해당 사업장의 고객 등을 대상으로 하는 평생교육시설을 설치·운영할 수 있음 外 1항	

-계속-	第36조	시민사회단체 부설 평생교육시설 - 시민사회단체는 상호 유기적인 협조체제를 구축하고 공공시설 및 민간시설 등 유휴시설을 활용하여 해당 시민사회단체의 목적에 부합하는 평생교육과정을 운영하도록 노력하여야 함 外 2항	
	第37조	언론기관 부설 평생교육시설 - 신문·방송 등 언론기관을 경영하는 자는 해당 언론매체를 통하여 다양한 평생교육 프로그램을 방영하는 등 국민의 평생교육진흥에 기여하여야 함 外 2항	
	第38조	지식·인력개발 관련 평생교육시설 - 국가 및 지방자치단체는 지식정보의 제공과 교육훈련을 통한 인력개발을 주된 내용으로 하는 지식·인력개발사업을 진흥·육성하여야 함 外 2항	
	第38조의 2	평생교육시설의 변경인가·변경등록 등 - 제31조부터 제33조까지, 제35조부터 제38조까지의 규정에 따라 평생교육시설 인가를 받거나 등록·신고를 한 자가 인가 또는 등록·신고한 사항을 변경하고자 하는 때에는 대통령령으로 정하는 바에 따라 변경인가를 받거나 변경등록·변경신고를 하여야 함 外 1항	
제 6 장 (문해교육)	第39조	문해교육의 실시 등 - 국가 및 지방자치단체는 성인의 사회생활에 필요한 문자해득능력 등 기초능력을 높이기 위하여 노력하여야 함 外 2항	
	第39조의 2	문해교육센터 설치 등 - 국가는 문해교육의 활성화를 위하여 진흥원에 국가문해교육센터를 둠 外 2항	
	第40조	문해교육 프로그램의 교육과정 등 - 문해교육 프로그램을 이수한 자에 대하여는 그에 상응하는 학력을 인정하되, 교육과정 편성 및 학력인정 절차 등에 필요한 사항은 대통령령으로 정함	
	第40조의 2	문해교육종합정보시스템 구축·운영 등 - 교육부장관은 문해교육의 효율적 지원을 위하여 문해교육종합정보시스템을 구축·운영할 수 있음 外 2항	
제 7 장 (평생학습 결과의 관리 · 인정)	第41조	학점·학력 등의 인정 - 이 법에 따라 학력이 인정되는 평생교육과정 외에 이 법 또는 다른 법령의 규정에 따른 평생교육과정을 이수한 자는 「학점인행등에관한법률」로 정하는 바에 따라 학점 또는 학력을 인정받을 수 있음 外 2항	

제 8 장 (보 칙)	제42조	행정처분 - 교육부장관 또는 교육감은 평생교육시설의 설치자가 일정한 경우 그 시설의 설치인가 또는 등록을 취소하거나 평생교육과정을 폐쇄할 수 있고 1년 이내의 기간을 정하여 평생교육과정의 전부 또는 일부에 대한 운영의 정지를 명할 수 있다. 다만, 제1호 및 제4호의 경우에는 그 인가 또는 등록을 취소하여야 함 外 1항	
	제42조의 2	지도·감독 - 교육부장관 또는 교육감은 이 법에 따라 설치 인가·지정을 하거나 등록 또는 신고를 받은 평생교육시설의 회계 관리 및 운영 실태 등을 지도·감독할 수 있음 外 1항	
	제43조	청문 - 교육부장관 또는 교육감은 제42조 제1항에에 따라 인가 또는 등록을 취소하고자 하는 경우에는 청문을 실시하여야 함	
	제44조	권한의 위임 및 위탁 - 교육부장관은 이 법에 따른 권한의 일부를 대통령령으로 정하는 바에 따라 교육감에게 위임할 수 있음 外 2항	
	제45조	유사 명칭의 사용 금지 - 이 법에 따른 진흥위원회·진흥원·평생학습센터·국가문해교육센터 및 시·도문해교육센터가 아니면 이와 비슷한 명칭을 사용하지 못함	
	제45조의 2	벌칙 - 제31조 제2항에 따른 학력인정 평생교육시설을 설치·운영하는 자가 일정한 경우 2년 이하의 징역 또는 2천만원 이하의 벌금에 처함	
	제46조	과태료 - 일정한 과태료 요건에 해당하는 자에게는 500만 원 이하의 과태료를 부과함 外 4항	
부 칙 [2007.12.14 제8676호]	제1조	시행일 - 이 법은 공포 후 2개월이 경과한 날부터 시행함	
	제2조	시행일에 관한 경과조치 - 부칙 제1조 단서에 따라 제33조 제5항이 시행되기 전까지는 종전의 제22조 제4항을 적용함	
	제3조	학력인정 시설에 관한 경과조치 - 이 법 시행 전 종전의 제20조 제2항에 따라 학력이 인정되는 시설로 지정된 평생교육시설에 대하여는 종전의 규정에 따름	
	제4조	시·도교육감의 평생교육 업무에 관한 경과조치 - 시·도교육감은 「지방교육자치에관한법률」 제20조 제8호에 따라 시·도교육감이 이 법 시행 전부터	

		수행하여 온 평생교육과 관련된 업무를 계속하여 수행함 外 1항
	제5조	고등기술학교 전공과를 평생교육시설로 전환하는 데 따른 적용례 및 경과조치 - 제31조 제4항은 「초·중등교육법」 제54조 제4항에 따라 전공과를 설치·운영하는 고등기술학교에 한하여 적용함 外 1항
	제6조	이 법의 시행을 위한 준비행위 - 이 법에 따라 평생교육진흥원을 설립하기 위하여 하는 준비행위는 이 법 시행 전에 할 수 있음
	제7조	설립준비 - 교육인적자원부장관은 평생교육진흥원의 설립에 관한 사무를 관장하게 하기 위하여 설립준비위원회(이하 "위원회"라 한다)를 구성함 外 4항
	제8조	공무원 파견 - 교육인적자원부장관은 평생교육진흥원장의 요청이 있는 경우에는 그 소속공무원을 2009년 12월 31일까지 평생교육진흥원에 파견함
-계속-	제9조	권리·의무의 승계 등 - 이 법 시행 당시 종전의 제13조 제1항 및 제2항에 따른 한국교육개발원 평생교육센터와 관련된 한국교육 개발원의 권리·의무는 평생교육진흥원의 설립등기와 동시에 평생교육진흥원이 포괄 승계함 外 3항
	제10조	사회교육 시설에 관한 경과조치 - 이 법 시행 당시 종전의 「사회교육법」에 따라 설치된 사회교육 시설은 이 법에 따라 설치된 평생교육시설로 봄
	제11조	사회교육 이수자에 대한 경과조치 - 이 법 시행 당시 종전의 「사회교육법」에 따라 사회교육과정을 이수한 자는 이 법에 따른 평생교육과정을 이수한 것으로 봄
	제12조	학력인정에 관한 경과조치 - 이 법 시행 당시 종전의 「사회교육법」에 따른 사회교육과정을 이수하여 중학교 또는 고등학교 졸업자와 동등한 학력이 있다고 인정된 자는 각각 이 법에 따른 평생교육과정을 이수하여 해당 학력이 인정된 자로 봄
	제13조	사회교육전문요원에 관한 경과조치 - 이 법 시행 당시 종전의 「사회교육법」에 따라 사회교육전문요원의 자격을 취득한 자는 이 법에 따라 평생교육사의 자격을 취득한 것으로 봄

-계속-	제14조	처분 등에 관한 일반적 경과조치 - 이 법 시행 당시 종전의 규정에 따른 행정기관의 행위나 행정기관에 대한 행위는 그에 해당하는 이 법에 따른 행정기관의 행위나 행정기관에 대한 행위로 봄	
	제15조	다른 법률의 개정 - 독학에 의한 학위취득에 관한 법률 일부를 개정함 外 3항	
	제16조	다른 법령과의 관계 - 이 법 시행 당시 다른 법령에서 종전의 「평생교육법」을 인용한 경우 이 법 중 그에 해당하는 규정이 있는 때에는 이 법의 해당 규정을 인용한 것으로 봄	
부칙 [2008.2.29 제8852호 (정부조직법)]	제1조	시행일 - 법은 공포한 날부터 시행함	
	제2조 ~제5조	생략	
	제6조	다른 법률의 개정 - ①부터 <100>까지 생략/	
	제6조	<101> 평생교육법 일부를 다음과 같이 개정한다 (제9조 제1항·제3항, 제10조 제1항·제4항, 제13조 제1항, 제15조 제4항, 제18조 제1항, 제19조 제6항, 제24조 제1항 각 호 외의 부분, 제25조 제1항·제2항, 제32조 제1항·제4항, 제33조 제2항 전단 및 후단, 제33조 제3항 전단 및 후단, 제33조 제4항, 제42조 각 호 외의 부분 본문, 제43조 및 제44조 중 "교육인적자원부장관"을 각각 "교육과학기술부장관"으로 함)/ <102>부터 <760>까지 생략	
	제7조	생략	
부 칙 [2009.5.8 제9641호 (정부조직법)]	제1조	시행일 - 이 법은 공포 후 3개월 경과한 날부터 시행함	
부 칙 [2011.7.25 제10915호]	제1조	시행일 - 이 법은 공포한 날부터 시행함	
부 칙 [2013.3.23 제11690호 (정부조직법)]	제1조	시행일 - ① 이 법은 공포한 날부터 시행함 ② 생략	
	제2조 ~제5조	생략	
	제6조	다른 법률의 개정 - ①부터 <69>까지 생략/	

-계속-	-계속-	<70> 평생교육법 일부를 다음과 같이 개정함(제9조 제1항·제3항, 제10조 제1항·제4항, 제13조 제1항, 제15조 제4항, 제18조 제1항, 제19조 제6항, 제23조 제1항·제2항, 같은 조 제3항 각 호 외의 부분 본문, 같은 조 제4항, 제24조 제1항 각 호 외의 각 부분, 같은 조 제5항, 제25조 제1항·제2항, 제32조 제1항·제4항, 제33조 제2항 전단·후단, 같은 조 제3항 전단·후단, 같은 조 제4항, 제42조 각 호 외의 부분 본문, 제43조 및 제44조 중 "교육과학기술부장관"을 각각 "교육부장관"으로 함. 제24조 제1항 제1호부터 제3호까지 및 같은 조 제5항 중 "교육과학기술부령"을 각각 "교육부령"으로 함. 제31조 제4항 전단 중 "교육인적자원부장관"을 "교육부장관"으로 함)/ <71>부터 <710>까지 생략	
	제7조	생략	
부 칙 [2013.5.22 제11770호]	제1조	시행일 - 이 법은 공포 후 6개월이 경과한 날부터 시행함	
	제2조	평생교육사 자격증 교부·재교부 위탁에 관한 적용례 - 제44조 제2항 제1호의 개정규정 중 평생교육사 자격증의 교부·재교부에 관한 사항은 2014년 1월 1일 이후 최초로 교부·재교부하는 것부터 적용함	
부 칙 [2013.12.30 제12130호]	제1조	시행일 - 이 법은 공포 후 6개월이 경과한 날부터 시행함	
	제2조	국가평생교육진흥원으로의 명칭 변경에 따른 다른 법령과의 관계 - 이 법 시행 당시 다른 법령에서 "평생교육진흥원"을 인용한 경우에는 "국가평생교육진흥원"을 인용한 것으로 봄	
부 칙 [2014.1.28 제12339호]	-	이 법은 공포한 날부터 시행함. 다만, 제45조의 개정규정은 공포 후 1년이 경과한 날부터 시행함	
부 칙 [2015.3.27 제13228호]	제1조	시행일 - 이 법은 공포 후 1년이 경과한 날부터 시행함	
	제2조	회계처리에 관한 적용례 – 제31조 제8항의 개정규정은 이 법 시행 후 최초로 도래하는 평생교육시설의 회계연도부터 적용함	

부 칙 [2015.3.27 제13248호 (무형문화재 보전 및 진흥에 관한 법률)]	제1조	시행일 - 이 법은 공포 후 1년이 경과한 날부터 시행함
	제2조 ~제5조	생략
	제6조	다른 법률의 개정 - ①부터 ⑥까지 생략/ ⑦ 평생교육법 일부를 다음과 같이 개정함. 제41조 제2항 제4호를 다음과 같이 한다(4. 「무형문화재 보전 및 진흥에 관한 법률」에 따라 인정된 국가무형문화재의 보유자와 그 전수교육을 받은 사람)/ ⑧ 생략
	제7조	생략
부 칙 [2016.2.3 제13945호]	제1조	시행일 - 이 법은 공포 후 6개월이 경과한 날부터 시행함
	제2조	과태료 부과에 관한 적용례 – 제46조 제1항 제1호의 2의 개정규정은 이 법 시행 후 최초로 제28조 제4항의 개정규정에 따른 학습비 반환사유가 발생한 경우부터 적용함
부 칙 [2016.5.29 제14160호]	제1조	시행일 - 이 법은 공포 후 1년이 경과한 날부터 시행한다. 다만 제24조, 제24조의2 및 제43조의 개정규정은 공포 후 3개월이 경과한 날부터 시행함
	제2조	금치산자 등에 대한 경과조치 – 제28조 제2항 제1호의 개정규정에 따른 피성년후견인 또는 피한정후견인에는 법률 제10429호 민법 일부개정법률 부칙 제2조에 따라 금치산 또는 한정치산 선고의 효력이 유지되는 사람을 포함하는 것으로 봄
	제3조	장애인평생교육시설에 관한 경과조치 - 이 법 시행 당시 종전의 「장애인 등에 대한 특수교육법」 제34조 제2항에 따라 교육감에게 등록한 장애인평생교육시설은 제20조의2 제2항의 개정규정에 따라 교육감에게 등록한 것으로 봄
	제4조	다른 법률의 개정 - 장애인 등에 대한 특수교육법 일부를 개정함

*출처; 2013년에 개정된 〈평생교육법〉의 내용을 표로 재구성한 배장오(2013)의 《평생교육개론》 pp.272~280 내용과 법률 제14160호(2016.05.29. 일부 개정)의 내용을 참고하여 전재함.

이상에서 개관한 〈평생교육법〉은 평생교육의 특성과 평생학습이론을 충실히 반영하고 있다는 평가와 함께 평생교육 프로그램 개발과 관련해서는 다양한 방향을 제시하고 있다(김용현 외 3, 2017)고 할 수 있다.

첫째, 평생교육법 제4조(평생교육의 이념) 제2항에서는 "평생교육은 학습자의 자유로운 참여와 자발적인 학습을 기초로 이루어져야 한다"라고 규정함으로써 학습자 중심과 자기주도적 학습을 보장하고 있다. 이는 평생교육의 특성에서 강조한 자기주도적 학습자와 자율성 증진의 필요성을 반영하고 있는 것이다.

둘째, 평생교육방법과 관련하여 평생교육법 제6조(교육과정 등)은 "평생교육의 과정·방법·시간 등에 관하여 이 법과 다른 법령에 특별한 규정이 있는 경우를 제외하고는 이를 실시하는 자가 정하되, 학습자의 필요와 실용성을 존중하여야 한다"라고 규정하고 있다. 여기서의 대원칙은 학습자의 필요와 실용성에 기초하여 평생교육을 실시하는 자가 정하도록 하고 있다는 점이다. 이는 또한 평생교육단체와 기관이 개설하고 있거나 개설하고자 하는 프로그램에 대해 요구분석, 학습목표의 설정, 프로그램의 시행과 평가 등 전과정에 걸쳐 학습자를 존중하는 여러 가지 방법과 기법의 개발 및 동원이 필수적이라는 점을 강조하고 있는 것이다.

셋째, 2007년 개정된 평생교육법에서는 평생교육진흥원을 설립(법 제19조 제1항)하도록 하고, 평생교육진흥원의 주요 업무 중 하나로 "평생교육 프로그램 개발의 지원(법 제19조 제4항 3호)"을 지정하고 있다. 시·도지사가 설치·운영하는 시·도평생교육진흥원(법 제20조 제1항)에서도 "평생교육 프로그램 운영(법 제20조 제2항 3호)"을 실시하거나 지원할 수 있도록 국가 및 지방자치단체에게 의무를 부과하고 있다. 특히, 그동안 대부분의 평생교육기관이 규모와 재정의 영세성으로 인해 질 높은 프로그램 개발과 제공에 미진했음을 감안한다면, 앞으로 평생교육진흥원과 시·도평생교육진흥원에서 교육부 등 중앙정부와 지방정부에서 충분한 재정지원을 받아 다양한 대상과 영역에 대한 프로그램을 개발하고, 이를 평생교육기관과 각급학교에 제공함으로써 국민의 평생학습에 대한 만족도와 참여가 제고되기를 기대해 본다.

넷째, 각종 평생교육기관과 평생교육 프로그램을 시행하고 있는 각급학교에서 학습자들의 다양한 학습욕구를 충족시키는 프로그램을 개발 및 운영하기 위해서는 평생교육 분야의 전문가인 평생교육사의 배치와 고용이 필수적이다. 이의 중요성을 감안하여 2007년 개정된 평생교육법에서는 종전의 사회교육법이나 1999년에 제정된 평생교육법보다 더욱 강화된 평생교육사의 배치대상과 배치기준을 규정하고 있다.

〈표 2-2〉 평생교육사 배치대상 기관 및 배치기준(평생교육법 제22조 관련)

배치대상 기관	배치기준
1. 평생교육진흥원, 시ㆍ도평생교육진흥원	ㆍ1급 평생교육사 1명 이상을 포함한 5명 이상
2. 시ㆍ군ㆍ구평생학습관	ㆍ정규직원 20명 이상: 1급 또는 2급 평생교육사 1명을 포함한 2명 이상 ㆍ정규직원 20명 미만: 1급 또는 2급 평생교육사 1명 이상
3. 법 제30조에서 제37조까지의 규정에 따른 평생교육시설, 「학점인정 등에 관한 법률」, 제3조 제1항에 따라 평가인정을 받은 학습과정을 운영하는 교육훈련기관 및 법 제2조 제2호 다목의 시설ㆍ법인 또는 단체	ㆍ평생교육사 1명 이상

*출처; 김용현 외 3(2017). 평생교육 프로그램 개발론. 파주: 양서원. p.34.

이에 더하여 2007년 개정된 평생교육법 제26조(평생교육사의 배치 및 채용) 제2항에서는 “유아교육법, 초ㆍ중등교육법, 고등교육법에 따른 유치원 및 학교의 장은 평생교육 프로그램을 운영함에 있어서 필요한 경우에 평생교육사를 채용할 수 있다”라고 규정하고 있다. 아울러 제27조(평생교육사 채용에 따른 경비보조)는 “국가 및 지방자치단체는 제26조 제2항에 따른 평생교육 프로그램 운영 및 평생교육사 채용에 사용되는 경비 등을 보조할 수 있다”라고 규정함으로써 각급학교에 평생교육사 채용이 활성화될 것으로 전망된다. 따라서 현직교사로 과거의 사회교육전문요원 또는 평생교육사 자격증을 획득했거나 앞으로 평생교육사 자격증 프로그램을 이수하고자 하는 교사들의 전문성 활용 기회가 확대될 것이다. 뿐만 아니라, 평생교육사가 각급학교에 채용됨에 따라 그동안 교원사회에서 잡무로 홀대받아 오던 학교의 평생교육 프로그램의 질이 더욱 확보될 것으로 기대된다.

다섯째, 평생교육사 양성과 관련해서 평생교육법 시행령 제16조 제2항 및 시행령 별표 1에서 규정하고 있는 평생교육 관련 과목으로 '평생교육 프로그램 개발론'이 평생교육론, 평생교육방법론, 평생교육경영론 및 평생교육실습(4주간)과 함께 필수과목으로 지정되었으며, 취득학점도 평생교육사의 전문성 제고 차원에서 종전의 2학점에서 3학점으로 강화되었다. 또한 평생교육법 시행령 제18조 및 시행령 별표 1에 따른 평생교육사 1~3급의 승급과정에 대한 이수과목은 교육부장관이 정하도록 하고 있다. 따라서 개정된 평생교육법의 입법취지에 따라 교육과 연구가 더욱 활성화됨으로써 평생교육 프로그램 분야에 대한 학문적 발전과 지원이 기대되고 있다.

제3장

평생교육 프로그램 개발의 이론과 모형

1. 평생교육 프로그램 개발의 이론
2. 평생교육 프로그램 개발의 접근방법
3. 평생교육 프로그램 개발의 통합적 절차
4. 평생교육 프로그램 개발의 모형

1. 평생교육 프로그램 개발의 이론

이론을 일반적으로 설명할 때는 특정의 현상이나 대상의 존재방식 그리고 변화에 관한 원리를 함축적으로 설명해 주는 논리체계라고 할 수 있다. 이런 경우에는 사상에 대해 기술·설명·예언해 주는 제반 진술들의 모둠이라고 하겠다. 그러므로 평생교육 프로그램의 개발 이론 역시 논리적 실증주의에 근거해서 개발의 합리적 절차와 원리에 대한 규범적 성격을 띤다고 할 것이다. 이와 관련하여 김진화(2012)는 전통적 합리성 이론, 맥락적 상호작용 이론, 체제접근 이론, 계획실천 행위이론 그리고 비판적 실천이론으로 설명하고 있다. 김용현 외 3인(2017)은 전통적 합리성 이론, 순환적 개발 이론, 역동적 상호작용 이론 그리고 비판적 실천이론으로 설명했으며, 최은수 외 6인(2016)은 전통적 합리성 이론, 맥락적 상호작용 이론, 순환적 개발 이론, 체제 이론, 비판적 실천 이론 그리고 계획실천 이론으로 나누어 제시하고 있다.

이에, 본 절에서는 이들이 제시한 평생교육 프로그램 개발의 이론을 토대로 전통적 합리성 이론, 맥락적 상호작용 이론, 체제접근 이론, 계획실천 이론, 비판적 실천 이론 그리고 순환적 개발 이론에 관해 탐색하고자 한다.

1) 전통적 합리성 이론

평생교육 프로그램 개발의 이론적 출발은 R. Tyler의 전통적 합리성 이론이다. Tyler(1949)는 프로그램 개발과정을 네 가지 핵심질문에 대한 대답을 차례로 확인하는 과정으로 보았다. 그가 제시한 네 가지 핵심질문은 첫째, 학교는 어떤 교육목적을 추구해야 하는가, 둘째, 교육목적을 달성하기 위해 어떤 학습경험이 제공되어야 하는가, 셋째, 학습경험은 어떻게 효율적으로 조직할 수 있는가, 넷째, 교육목표 달성 여부를 확인하는 평가는 어떻게 수행되는가이다. 전통적 합리성 이론에 바탕을 둔 Tyler의 프로그램 개발모형을 그림으로 나타내면 [그림 3-1]과 같다.

전통적 합리성 이론은 선형적 접근방법으로 교육 프로그램 개발절차에 초점을 맞춘 가장 오래되고 지배적인 이론 중의 하나로서 첫째, 교육목적 및 목표 설정, 둘째, 학습경험 선정 및 조직, 셋째, 교수·학습활동, 넷째, 교육

평가 등 크게 4단계로 구분할 수 있다.

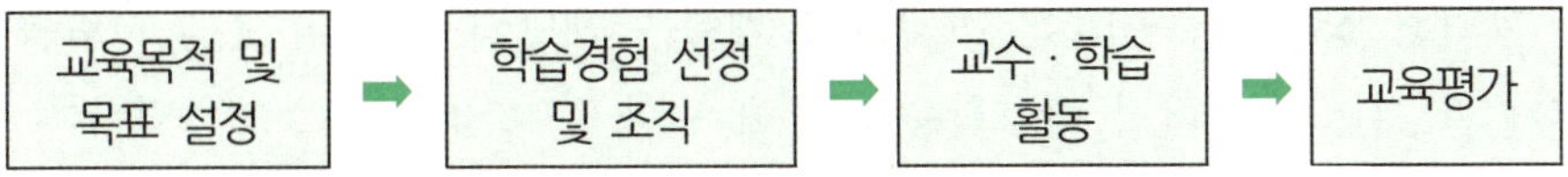

[그림 3-1] Tyler의 프로그램 개발모형

*출처; 최은수 외 6(2016). 평생교육 프로그램 개발론. 고양: 공동체. p.42.

이러한 전통적 합리성 이론의 가장 큰 특징은 목적지향적이라는 점이다. 그러므로 프로그램 개발에서 학습목표 설정이 중요한 관심사이고, 학습내용은 목표를 달성하기 위한 수단으로 간주된다. 다시 말해, 이 이론은 바라는 결과(목표)와 결과에 도달하기 위한 수단(학습경험)과, 이 수단이 목표를 성취했는지 결정하는 과정(평가)을 주로 기술하고 있다. 그래서 H. B. Long(1983)은 이 이론을 '수단-결과 모델(mean-ends model)'이라고도 불렀다.

전통적 합리성 이론은 학습목표를 명확하게 하고, 학습내용과 활동을 학습목표에 근거하여 체계적으로 구성하며, 학습목표에 따라 학습성과를 평가해야 한다는 논리적 · 단계적인 절차를 제시했다는 점에서 높은 평가를 받고 있다. 그러나 프로그램 개발과정을 지나치게 단순화시킴으로써 유연성이 부족하다는 비판도 받고 있다. 또한 교수과정과 학습과정은 예측이 불가능한 역동적인 상호작용 과정이며, 교수자들은 프로그램을 개발할 때 논리적 단계를 따르기보다는 이미 알고 있는 내용으로부터 출발한다는 측면에서 적용에 한계가 있다.

2) 맥락적 상호작용 이론

맥락적 상호작용 이론은 교육과정 개발이나 프로그램 개발이 실제로는 직선적인 절차나 단계를 따르지 않는다는 점에서 출발한다고 김용현 외 3인(2017)은 설명하고 있다. 즉, 교육과정 개발이나 프로그램 개발은 어느 요소에서나 시작할 수 있고, 어떤 순서로 진행되어도 무방하다는 것이다. 교육프로그램 개발에서 중요한 것은 학습목표에 따라 미리 결정된 지식보다는 학습자의 요구이다. 따라서 학습목표에서 학습내용이 결정되는 것이 아니라,

반대로 학습내용에서 학습목표가 결정되어야 하며, 학습목표 설정보다 학습내용에 초점을 두어야 한다.

맥락적 상호작용 이론은 프로그램 개발을 개발에 참여한 모든 사람들이 신중한 토론과 맥락적 상호작용을 통해 순환적·합의적으로 개발되어야 한다고 보고 있다. 프로그램 개발과정에서는 프로그램 개발자, 학습자 그리고 조직 간의 합의가 필수적이며, 프로그램은 한 사람의 프로그램 개발에 의해 만들어지기보다는 오히려 서로 많은 영향을 미치고 다양한 이해관계를 가진 사람들에 의해 만들어진다. 따라서 이 이론에서는 유연성의 확보를 프로그램을 개발할 때 강조하고 있다. 프로그램 개발에 있어서 학습목표는 반드시 행동적인 용어로 진술되어야 한다는 강박관념에서 벗어나야 하며, 프로그램을 개발하는 절차로 순서에 구애받지 않고 융통성 있게 진행되어야 한다고 주장한다. 맥락적 상호작용 이론의 대표적인 학자로는 D. F. Walker와 M. Skilbeck을 들 수 있다.

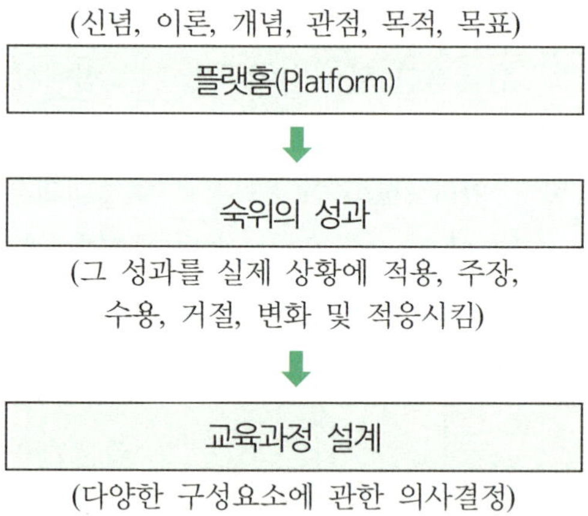

[그림 3-2] Walker의 프로그램 개발과정

*출처; 김용현 외 3(2017). 평생교육 프로그램 개발론. 파주: 양서원. p.63.

Walker(1971)에 의하면, 프로그램 개발자들은 프로그램을 개발할 때 이미 품고 있던 아이디어, 가치 및 개념 등의 신념과 가치체계에서 출발한다고 보았는데, 이를 플랫폼이라고 불렀다. 이 이론에 따르면 프로그램 개발과정은

[그림 3-2]과 같이 플랫폼(Platform), 숙의(Deliberation), 설계(Design)의 3단계로 구성되어 있다. 숙의는 실제 프로그램이 설계되기 전에 상당한 정도의 기초 작업을 거치는 복잡하고 비규칙적인 상호작용 과정을 의미하고, 설계는 프로그램 개발과정의 여러 가지 구성요소에 관해 의사결정을 내리는 과정을 말한다.

한편, Skilbeck(1984)은 프로그램 개발과정을 [그림 3-3]과 같이 5단계로 설명하고 있다. 이 5단계는 어느 단계에서나 계획을 시작할 수 있고, 정해진 순서가 있는 것이 아니며, 서로 다른 단계를 동시에 고려해도 무방하다. 이 모형은 다소 혼란스럽게 이해될 수도 있지만, 프로그램 개발에 있어 수단-목적식의 분석을 전제하지 않는다. 프로그램 개발에 있어서 구성요소와 개발과정의 여러 측면들을 충분히 고려하고, 그 과정을 하나의 유기적인 전체로 파악하며 추진할 것을 권장하고 있다.

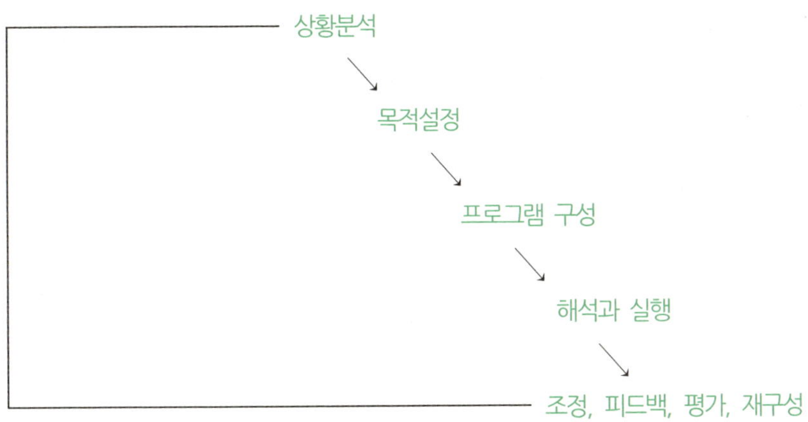

[그림 3-3] Skilbeck의 프로그램 개발과정

*출처; 김용현 외 3(2017). 평생교육 프로그램 개발론. 파주: 양서원. p.64.

맥락적 상호작용 이론은 프로그램 개발에 있어서 상당한 융통성을 부여해 줌으로써 보다 현실적이고 프로그램 개발의 실제를 잘 반영했다는 긍정적인 평가를 받고 있다. 그러나 이 이론은 프로그램 개발의 추진방향을 정확하게 제시하지 않음으로 인해 개발자들이 해야 할 일을 명확하게 인식하지 못하고 혼란스러워 할 수 있으며, 논리적인 절차를 따르지 않아 시간낭비가 클 수 있다는 단점이 있다.

3) 체제접근 이론

체제접근 이론은 1959년에 L. v. Bertalaniffy가 "general system theory"를 발표한 이후 사회과학의 거의 모든 분야에 적용·활용되고 있다. 어원적으로 체제란 여러 부분이 하나로 결합하여 생긴 전체를 의미한다. 즉, 전체의 목표를 달성하기 위해 여러 구성요소들이 각기 독립성을 지니고 상호의존성과 상호작용성을 가지면서 외부환경과 영향을 주고받는 집합체를 말한다. 체제접근 이론은 프로그램 개발의 과정에 필요한 관련 요소와 맥락에 초점이 맞춰진다. 맥락적 상호작용 이론과 비교해 볼 때, 체제 이론은 프로그램 개발자에 대한 관심보다는 프로그램 개발에 필요한 요소와 맥락을 강조하고 있다고 김진화(2012)는 설명하고 있다.

이 이론이 평생교육 프로그램 개발에 적용되기 시작한 것은 C. O. Houle의 모델이라고 할 수 있다. Houle(1972)은 기관체제와 고객체제라는 두 체제 간의 상호의존적이고 상호작용적인 관계를 통해 프로그램을 개발하는 원리를 제시했다. 그 후 E. J. Boone(1985)이 프로그램 개발을 하나의 체제로 간주하고 수많은 개념과 단계로 이루어진 하위체제들이 상호작용함으로써 프로그램 개발의 과정이 순환적이고 통합적인 단계로 이루어진다고을 주장한 바 있다. 이 때문에 Boone의 이론은 총체적 체제적 접근(holistic system approach)이라는 용어로 표현되고 있다.

또한 T. J. Kowalski(1988)는 평생교육 프로그램 개발을 위한 체제모델을 [그림 3-4]와 같이 도식화시켜 보다 명확하고 가시적으로 보여 주었다. 그가 제시한 개념적 체제 이론 모형은 투입 - 과정 - 산출이라는 기본 메커니즘으로 이루어져 있다. 투입의 요소로는 환경, 조직, 개인 등 세 가지를 규정하고, 각 요소를 다시 가치(value)와 요구(need)로 구분하며, 프로그램 개발과정에서 투입될 요소로 환경적 가치·조직적 가치·개인적 가치와 환경적 요구·조직적 요구·개인적 요구를 명시했다.

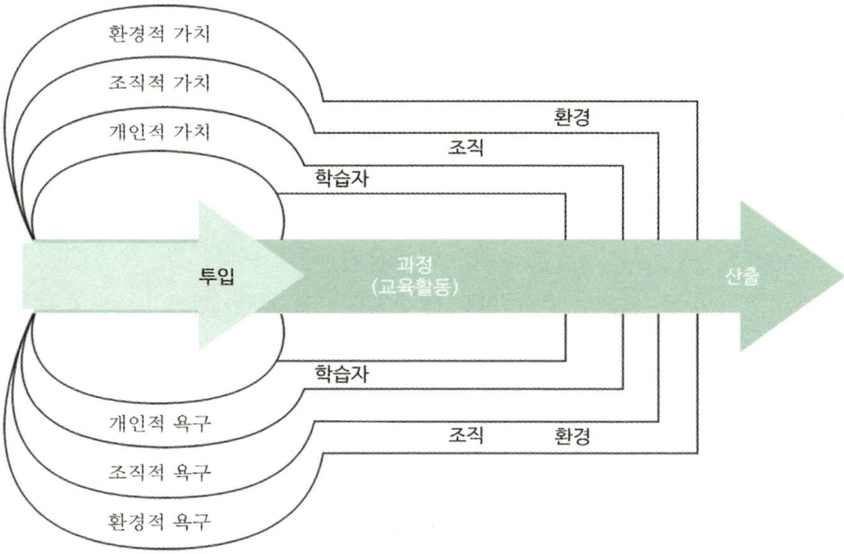

[그림 3-4] Kowalski의 프로그램 개발과정

*출처; 김용현 외 3(2017). 평생교육 프로그램 개발론. 파주: 양서원. p.69.

Boone(1985)에 의하면, 체제이론에서는 프로그램 개발이 평생교육기관을 둘러싼 사회적 · 기능적 맥락과 변화를 요구하는 사회 · 문화적 맥락 속에서 이루어짐을 전제로 한다. 따라서 체제이론에서 프로그램 개발자는 프로그램 개발이 이루어지는 맥락 속에서 경쟁적인 다양한 대안 중에 최선의 것을 하나 선택해야 하는 역할을 담당해야 한다. 즉, 프로그램을 개발하는 과정에서 도출되는 대안들 중에서 보다 효율적이고 효과적인 의사결정을 내릴 수 있도록 하는 것이 바로 체제이론이다.

4) 계획실천 이론

계획실천 이론은 프로그램 개발과정에서 개발자가 외부의 압력이나 요구에 대해 어떤 행동을 취하는지에 관심이 있는 이론이다. R. M. Cevero & A. L. Wilson(1994)은 프로그램 개발과정에서 이해관계자들이 가지고 있는 상이한 이해의 협상과정을 프로그램 개발의 핵심으로 보았다. 이들의 계획실천 이론 모형을 그림으로 나타내면 [그림 3-5]와 같다.

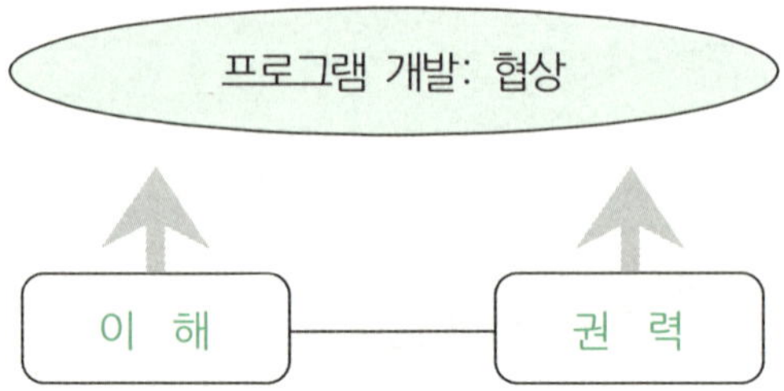

[그림 3-5] 계획실천 이론 모형

*출처; 최은수 외 6(2016). 평생교육 프로그램 개발론. 고양: 공동체. p.50.

Cevero & Wilson의 계획실천 이론 모형에서 논의의 중심축은 권력(power), 이해(interest) 그리고 협상(negotiation)이라고 김한별 외 2인(2010)은 설명하고 있다. 여기서 '권력'이란 행위자가 자신의 의지와 관심에 따라 행동할 수 있는 가능성을 의미한다. 특정 이해관계자가 프로그램 개발에서 보다 우월한 권력을 행사하거나 또는 다른 이해관계자들로부터 인정을 받을수록, 자신들이 선호하는 목표, 내용, 형식으로 프로그램 개발에 대한 기대 가능성이 커지게 된다는 것이다. 그리고 '이해'는 이해관계자 집단들이 각자의 사회적 지위와 역할에 따른 기대 또는 관심사항이다. 다양한 이해관계자들의 이해들이 모종의 방식으로 조합·구현된 것이 바로 프로그램인 것이다. 마지막으로 '협상'은 프로그램 개발활동의 가장 핵심적인 활동이다. 협상활동을 통해 이해관계자들의 상이한 이해들을 적절하게 조합하게 된다. 즉, 이해관계자들이 프로그램 개발 이전에 가지고 있던 이해의 내용과 형식은 협상과정을 통해 조정 또는 변형되어 하나의 프로그램을 구성하는 핵심가치로 구현되는 것이다.

Cevero & Wilson의 계획실천 이론은 이해관계자들의 권력관계에 따라 상이한 이해가 협상되는 점에 주목하여 정치적 접근으로 불리기도 한다. 또한 프로그램 개발자는 이해관계자 집단의 기대와 요구가 공평하게 개발과정에서 반영되도록 해야 한다. 특히, 현장에서 프로그램을 개발해 본 전문가들은 계획실천 이론에 대해 공감할 것이라고 윤옥한(2014)은 언급한 바 있다. 그리고 그 이유를 프로그램이 외부의 관여 없이 잘 개발되어 그 결과를 제공하는 경우도 있지만, 프로그램의 개발결과 또는 개발과정 중 다양한 의사결정과정에서 갈등을 경험하기 때문이라고 하였다. 그러므로 프로그램 개발자에게는 다양한 갈등을 조정 및 협상해 나가는 역량이 필요하다. 또한 프로그램 개발자는 개발과정에서 민주적·합리적인 방법으로 프로그램을 개발해 나가야 한다는 점을 이 이론에서는 강조하고 있다.

5) 비판적 실천 이론

비판적 실천 이론은 지금까지의 전통적 합리성 이론, 순환적 개발 이론, 맥락적 상호적용 이론이 프로그램 개발과정상에서 나타나는 권력관계나 정치적인 요소를 간과했다는 비판에서 출발한다. 프로그램 개발과정은 결코 중립적이거나 탈가치적인 과정이 아니며, 정치적 의도는 사회적 이데올로기로부터 분리되어 진공상태에서 만들어지지 않는다는 것이다. 비판적 실천 이론은 전형적인 절차나 단계에 따라 프로그램이 개발되는 것이 아니라, 교수자와 학습자의 대화를 통해 상호작용하는 과정 그 자체를 프로그램 개발과정으로 규정한다고 김용현 외 3인(2017)은 설명한 바 있다.

비판적 실천 이론의 대표적인 학자는 P. Freire이다. 그는 브라질 북동부 지역에서 가난하고 억압받는 농민들을 대상으로 문해교육을 실시했는데, 그의 교육사상은 그의 저서 《Pedagogy of the Oppressed(1970)》에 잘 나타나 있다. Freire는 억압받는 농민들에게 비판적인 의식화교육을 통해 '억압으로부터의 자유'와 '인간주의적 해방'을 도모하고자 했다. 그리고 인간은 현실세계를 객관적으로 의식하고 변형시킬 수 있는 주체적인 존재이며, 성찰(Reflection)과 실천(Practice)을 통해 비판적 실천(Praxis)에 이를 수 있는 존재로 보았다.

Freire에 의하면, 모든 인간은 자유를 실천하는 존재론적 소명을 갖고 있는데, 이러한 존재론적 소명을 왜곡하는 억압된 질서는 대화를 통한 비판의식으로 극복될 수 있다고 주장한다. 교육은 역사적 조건과 사회정치적 제약 속에서 삶을 영위하는 개인 간의 상호작용이며, 인간화와 인간해방을 위해 기여해야 한다고 강조(문종철, 1986)하고 있다.

또한 Freire는 학습자가 그들의 세계에 대해 의문을 제기하고 분석하여 비판적으로 실천함으로써 억함의 문화로부터 해방될 수 있다고 보았다. 그는 이러한 교육활동을 "문제표출교육(Problem Posing Pedagogy)"이라고 지칭했다. 문제표출교육은 교수자가 주위 환경과 학습자에 대해 연구하고 자료를 수집 및 분석하는 과정에서 주제를 선정하여 학습자에게 제시되며, 학습자는 역사적·문화적 상황 속에서 자신의 사회현실을 이해하는 과정을 통해 사회적 문제를 도출하는 형태로 이루어진다. 교수자와 학습자는 대화를 통한 상호작용으로 사회현실을 성찰하고 비판적으로 실천하는 과정에서 의식화되고 억압된 문화로부터 해방될 수 있다고 보고 있다. 따라서 비판적 실천이론에서 프로그램 개발은 학습활동을 위한 준비과정이 아니라, 교수자와 학습자가 상호작용하는 학습활동 그 자체이며, 문해교육을 통해 억압된 현실을 깨우치고 해방되는 해방과정(김용현 외 3, 2017)이라고 볼 수 있다.

비판적 실천 이론의 큰 특징은 평생교육 프로그램 개발을 통한 변화의 대상을 개인학습자뿐만 아니라 사회적 구조까지 포함시켰다는 데에 있다. 그러나 교육을 통한 사회변화를 너무 낙관하고 있다는 지적을 받고 있다.

6) 순환적 개발 이론

기본적으로 전통적 합리성 이론을 연장해서 발전시킨 순환적 개발 이론은 전통적 합리성 이론과 맥락적 상호작용 이론을 절충한 형태를 띠고 있다. 이 이론은 본질적으로 논리적·계열적인 특성을 지니고 있지만, 교육과정 개발이나 프로그램 개발을 새로운 정보나 실제에 따라 항상 변화하는 지속적인 활동으로 보고 있다는 점에서 차이가 있다. 즉, 필요에 따라 반응하고 이 필요는 계속 생겨나며 그에 따라 교육과정이 끊임없이 수정되어 가는 것(김용현 외 3, 2017)이다.

순환적 개발 이론은 교육과정의 요소를 상호 관련적이고 의존적인 것으로 파악하고 있다. 그래서 교육과정 요소 간의 차이점이 분명하지 않고, 실제로 다양한 요소들 간의 긴밀한 상호작용을 강조한다. 그리고 상황분석이라는 새로운 요소를 교육과정에 도입했다.

순환적 개발 이론의 대표적 학자인 Nicholls 부부는 저서 《Developing a Curriculum: A Practical Guide(1978)》에서 상황분석을 강조함으로써 R. Tyler의 연구를 더욱 발전시켰다. 상황분석이란 교육과정 개발에 방해가 되는 요인들을 찾아내는 예비적 단계를 말한다. Nicholls 부부는 교육과정 개발과정에서 각 구성요소로 넘어가기 전에 교육과정에 대한 의사결정이 이루어지는 맥락이나 상황분석이 신중하게 이루어져야 한다고 주장했다. Nicholls 부부의 모형은 다음 [그림 3-6]에서 보는 바와 같이 ① 상황분석 ② 목표설정 ③ 내용선정 및 조직 ④ 방법선정 및 조직 ⑤ 평가 등 상호의존적인 5단계로 구성되어 있다.

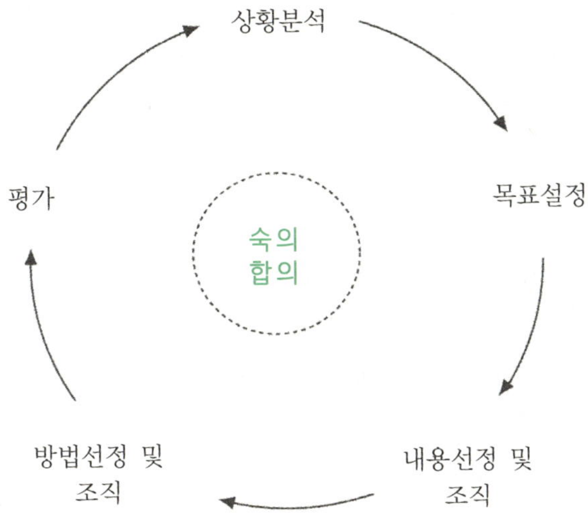

[그림 3-6] Nicholls 부부의 프로그램 개발 모형

*출처; 최은수 외 6(2016). 평생교육 프로그램 개발론. 고양: 공동체. p.61.

이러한 순환적 개발 이론은 상황분석을 프로그램 개발의 출발점으로 하고 있다. 프로그램 개발에 있어 상황분석 단계를 포함시킴으로써 교수자들이 주위의 환경과 학습자들의 요구에 보다 잘 대처할 수 있게 하였다. 그리고 상황분석으로 도출된 지식과 통찰을 활용하여 프로그램 개발에 전체적인 상황을 구성하는 모든 요인들을 진단·분석할 수 있게 했다. 뿐만 아니라 전통적 합리성 이론의 장점을 수용하면서 단점을 극복하고자 했다. 논리적·절차적 단계를 지니면서도 상황분석 단계를 도입함으로써 효과적인 목표가 설정될 수 있도록 한 것이다.

이 이론은 상황이 변화됨에 따라 프로그램 개발에 필요한 요소들이 바뀌게 된다는 점에서 매우 융통성을 지니고 있다. 각각의 요소들은 하나의 연속선상에 나타나며, 새로운 상황에 대처하고 변화하는 환경에 끊임없이 반응하는 특징을 갖고 있다. 또한 적용방법이 까다롭지 않아서 모든 상황에 적용하기가 유리하고, 교수자들이 직접 프로그램을 개발할 때 매우 적절하다는 장점을 갖고 있다. 그러나 이 이론은 일단 순환모형 내에서 개정의 필요성이 생기면, 각 요소들에 영향을 미칠 때까지 계속 순환되어야 한다는 단점이 있다. 또한 효과적인 상황분석을 위해서는 시간이 많이 소요될 뿐만 아니라, 대부분의 교수자들은 자신의 경험에서 생긴 직관에 의존하여 프로그램을 개발하는 경향이 있다는 점에서 한계가 있다.

2. 평생교육 프로그램 개발의 접근방법

평생교육 프로그램 개발의 접근방법이란, 프로그램 개발자가 프로그램을 개발할 때 일반적으로 거쳐야 할 단계와 절차이면서 일종의 형식과 전략 같은 것이다. 평생교육기관에서 프로그램을 개발할 때에는 다양한 접근방법을 상정해 볼 수 있는데, 최은수 외 6인(2016)은 선형적 접근방법, 비선형적 접근방법, 통합적 접근방법 그리고 비통합적 접근방법 등 네 가지 접근방법을 제시하고 있다. 또한 김용현 외 3인(2017)은 전자의 네 가지 접근방법에 체제분석적 접근방법을 더하여 다섯 가지의 접근방법을 제시한 바 있다. 한편, 김진화(2012)는 점증주의 접근, 기술공학적 접근, 체제적 접근, 참여적 접근, 경영관리의 접근, 인문주의 교육 접근, 자원활용 중심 계획 접근, 요구중심 계획 접근 그리고 직무분석 중심 프로그램 계획 접근 등 아홉 가지 형식과 전략을 제시했다.

이에, 본 절에서는 최은수 외 6인과 김용현 외 3인이 제시한 선형적 접근방법, 비선형적 접근방법, 통합적 접근방법, 비통합적 접근방법 그리고 체제분석적 접근방법으로 구분하여 탐색하고자 한다.

1) 선형적 접근방법

선형적 접근방법(Linear Approach)은 프로그램 개발과정을 단계별로 세분화하고, 이 세분화된 단계를 실행하여 프로그램 개발을 완성해 가는 방법이다. Tyler의 전통적 합리성 이론에 바탕을 두고 있으며, 프로그램을 개발하는 데 있어서 가장 보편적으로 사용되고 있다. 프로그램 개발단계와 방향성을 분명하게 제시하고, 단순하며 합리적이라는 점에서 평생교육 현장에서 많이 활용되었다. 이 접근방법의 일반적인 절차는 다음 [그림 3-7]과 같다.

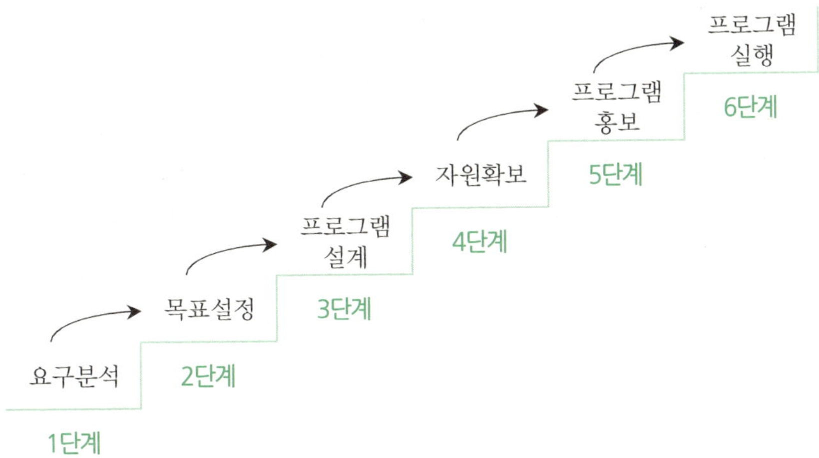

[그림 3-7] 프로그램 개발의 선형적 접근방법

*출처; 최은수 외 6(2016). 평생교육 프로그램 개발론. 고양: 공동체. p.52.

선형적 접근방법은 먼저 학습자와 기관, 지역사회의 교육적 요구를 분석하고, 분석된 요구를 바탕으로 프로그램의 학습목표를 설정하며, 학습목표를 달성하기 위해 필요한 학습내용과 방법을 선정 및 조직하는 설계과정을 거친다. 그리고 프로그램 실행에 필요한 자원과 예산을 확보하며, 프로그램을 홍보하고 실행하는 일련의 과정으로 구성되어 있다.

선형적 접근방법의 장점은 프로그램 개발의 논리적 경로를 제공하여 프로그램 개발경험이 없는 초보자들도 단계별 절차에 따라 쉽게 프로그램을 개발할 수 있다는 점이다. 그러나 급변하는 조직과 환경의 변화에 능동적으로 대처할 수 있는 융통성과 유연성이 떨어진다는 한계가 있다. 대부분의 조직이 실제로 역동성을 가지고 있어 논리적 경로에 따라 단계적 프로그램 개발이 어려울 수 있기 때문(이화정 외 2, 2005)이다.

2) 비선형적 접근방법

비선형적 접근방법(Non-linear Approach)은 선형적 접근법과는 달리 프로그램 개발과정이 절차적이고 단계적으로 진행되는 것이 아니라, 프로그램 개발자의 경험을 통해 여러 과정이 동시에 또는 순환적으로 진행된다. 이 접근방법은 맥락적 상황 이론에 기초한 것으로, 프로그램 개발자에 의해 상황에 따라 융통성 있게 조정이 가능하다는 특징이 있다. 따라서 프로그램 개발과정이 획일적인 단계를 거치는 것이 아니라, 개발자의 판단에 따라 어떤 단계의 활동은 생략되기도 하고, 동시에 몇 개의 절차가 함께 수행되기도 한다.

이러한 비선형적 접근방법은 프로그램 평가를 중심으로 프로그램 개발자가 각 단계마다 적절한 평가를 되풀이하며 개발이 진행되는데, 일반적인 절차는 다음 [그림 3-8]과 같다. 비선형적 접근방법은 시간과 노력, 비용의 절감을 꾀할 수 있으며, 변화에 유연하게 대처할 수 있다는 장점이 있다. 그러나 프로그램 개발에 상당한 능력과 전문성이 요구되기 때문에 선형적 접근방법

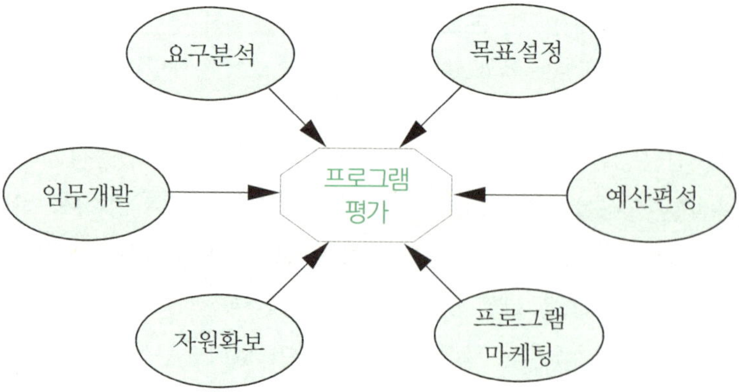

[그림 3-8] 프로그램 개발의 비선형적 접근방법

*출처; 최은수 외 6(2016). 평생교육 프로그램 개발론. 고양: 공동체. p.53.

에 비해 활용하기 어렵고, 비전문가나 초보 개발자보다는 경험이 풍부한 프로그램 개발자에게 적합하다.

3) 통합적 접근방법

통합적 접근방법(Integrated Approaches)은 프로그램 개발에 영향을 미치는 여러 요인들을 종합적으로 고려하는 방식으로, 체제분석 접근이라고도 부른다. 이 접근방법은 총체적이고 분석적이므로 프로그램 개발과정이 복잡하고 개발자의 전문적인 능력을 필요로 하지만, 다른 접근방법에 비해 계획오차(planning errors)를 최소화할 수 있는 장점이 있다고 김진화(2012)는 설명했다. 이 통합적 접근방법의 일반적인 절차를 도시화하면, [그림 3-9]와 같다.

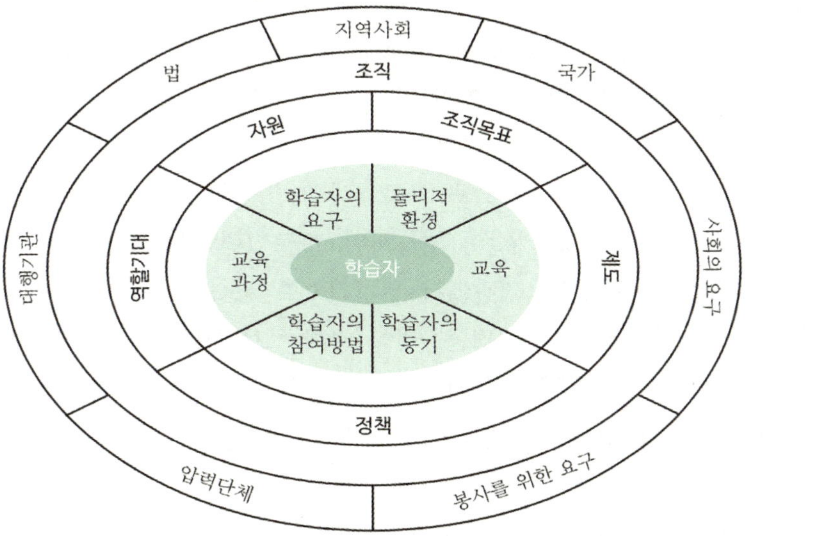

[그림 3-9] 프로그램 개발의 비선형적 접근방법

*출처; 최은수 외 6(2016). 평생교육 프로그램 개발론. 고양: 공동체. p.54.

통합적 접근방법은 프로그램 개발에서 학습자를 중심으로 그들과 관련된 다양한 요인-학습자의 요구, 물리적 환경, 학습자의 동기 등-을 고려하는 동시에, 프로그램을 사용하는 기관의 조직목표와 지원, 정책 등도 함께 반영한다는 특징이 있다. 이 통합적 접근방법은 일반적으로 ① 조직의 철학, 가치, 목표 확인 ② 조직의 구성요소 확인 ③ 조직 외부환경적 제약요건 확인 ④ 조직 내부의 제한점 확인 ⑤ 조직 외부환경의 요구와 가치 확인 ⑥ 조직 내적 요구와 가치 확인 ⑦ 학습자의 요구와 가치 확인 ⑧ 프로그램 목표 수립 ⑨ 기대되는 결과에 대한 정보수립 등의 절차와 활동으로 이루어진다.

통합적 접근방법은 학습자 체제와 사회적 맥락을 철저하게 분석함으로써 프로그램 개발이 광범위하고 많은 시간을 필요로 하지만, 가장 이상적인 프로그램 개발 접근방법이라고 할 수 있다. 그러나 정확한 분석 여부가 프로그램 개발을 성공하는 데 관건이 되므로, 개발자의 정확한 분석능력이 요구된다고 하겠다.

4) 비통합적 접근방법

비통합적 접근방법(Non-integrated Approach)은 프로그램을 새롭게 개발하기보다는 다른 평생기관들이 이미 개발하여 사용하고 있거나 새롭게 개발한 프로그램을 그대로 원용하여 활용하는 방법이다. 이런 측면에서 모방 중심적이라고 볼 수 있다. 그러므로 프로그램 개발자에게 특별한 지식이나 능력이 없더라도 프로그램 개발이 가능하며, 프로그램 개발과정에 학습자를 참여시키지 않고 평생교육기관에서 일방적으로 학습내용과 방법을 결정하게 된다. 이 접근방법은 다른 접근방법에 비해 프로그램의 각 요소들이 비교적 고립되어 있다는 특징을 갖는다.

비통합적 접근방법은 비전문가도 쉽게 프로그램을 개발할 수 있다는 장점이 있으며, 프로그램 개발에 따른 시간과 비용을 절감하고, 지역사회 여건과 학습자들의 특성이 유사한 경우에 모방한 프로그램과 비슷한 효과를 기대할 수도 있다. 그러나 학습자들의 교육적 요구를 분석하지 않음으로써 프로그램의 효과와 성공 여부가 불투명하고, 장기간 운영되는 프로그램이나 전문성을 요구하는 경우에 적용하는 데에 한계가 있다는 단점을 갖고 있다.

5) 체제분석 접근방법

체제분석 접근방법(System Analysis Approach)은 평생교육기관을 하나의 사회체제로 간주하고 프로그램 개발자가 학습자, 평생교육기관 그리고 환경 등과 상호작용을 통해 개발하는 것을 중시한다. 김진화(2012)에 의하면, 이 접근방법은 투입 - 과정(교육활동) - 산출이라는 기본적인 체제로 구성되어 있다. 프로그램 개발과정에서 환경과 조직, 그리고 학습자의 개인적 가치와 욕구를 동시에 고려하고, 프로그램 개발과정에서 나타나는 여러 가지 상황을 체계적으로 반영하는 것이 특징이다.

체제분석 접근방법은 교육 프로그램 개발을 미시적 관점에서 학습목표의 설정이나 학습내용 및 방법의 선정에 관심을 두기보다 거시적 관점에서 평생교육기관을 둘러싼 사회 · 문화적 맥락을 고려하여 다양한 요소들이 체계적으로 분석되고 효율적인 대안들이 신중하게 결정되어야 함을 보여준다.

3. 평생교육 프로그램 개발의 통합적 절차

본 장(章)의 1, 2절에서는 평생교육 프로그램 개발의 이론과 접근방법에 대해 구체적으로 살펴본 바 있다. 특정 개발이론의 토대 위에서 어떤 접근방법을 원용하더라도 평생교육 프로그램 개발절차는 체계적 · 일관적 · 순환적인 것이어야 한다. 평생교육 프로그램 개발을 기획하고 요구를 분석하여 우선순위를 결정하는 일에서부터 시작하여 평가단계에 이르기까지 유기적인 관계를 유지해야 하고, 평가결과는 피드백 절차를 통해 개발과 운영과정에 다시 반영되는 통합적 절차가 요구되는 것이다.

이런 일련의 통합적 절차를 김용현 외 3인(2017)은 ADDIE(Analysis, Design, Development, Implementation, Evaluation) 모형으로 설명하고 있고, 김진화(2012)는 기획 - 설계 - 마케팅 - 실행 - 평가의 과정을 제시하고 있는데, 본 절에서는 '기획 - 분석 - 개발 - 마케팅 - 실행 - 평가'의 절차로 나누어 탐색하고자 한다.

1) 프로그램의 기획

프로그램 기획단계는 프로그램 개발의 다섯 가지 하위과정 중에서 첫 번째 과정이다. 프로그램 개발 전문가가 미래의 교육활동을 위해 준비하는 미래지향적인 활동으로서, 프로그램과 관련된 상황을 분석하고 프로그램 개발의 기본방향을 설정하는 단계이다. 프로그램 개발에 참여하는 프로그램 개발 전문가가 프로그램 기획과정을 어느 정도 충실하게 준비하느냐에 따라 앞으로 산출될 프로그램의 질뿐만 아니라, 프로그램 개발이 체계적·논리적·객관적으로 이루어질 수 있게 된다. 이 때문에 프로그램 기획을 일컬어 프로그램 개발의 반석이라고도 한다.

프로그램 기획단계에는 프로그램 개발팀의 구성, 평생교육기관의 분석, 잠재적 학습자 분석, 프로그램 개발의 타당성 분석, 프로그램 개발의 기본방향 설정, 프로그램 아이디어 창출, 학습자의 요구 및 필요 분석, 우선순위 설정 등의 활동이 포함된다.

2) 프로그램의 분석

프로그램 분석단계는 프로그램 개발을 추진하기 위해 필요로 하는 다양한 요소들을 확인하고 도출하는 단계이다. 이 단계에서 이루어지는 요구 및 직무 분석은 학습고객의 필요와 흥미를 체계적이고 과학적으로 파악하는 데에 매우 중요한 과정이다. 요구 분석은 잠재적 학습고객의 필요와 관심, 흥미, 수요 등을 체계적·과학적으로 파악하는 과정을 의미하고, 직무 분석은 직무를 수행하는 데에 필요한 지식, 기술, 태도를 분석하고 그 내용에 관해 무엇을 할 수 있어야 하는가를 분석하는 과정을 말한다.

이 단계에서는 프로그램 개발의 필요성 검토 및 추진 여부 결정, 프로그램 개발팀 및 자문위원회의 구성, 기관 내부 및 외부의 환경 분석, 잠재적 학습자 분석, 학습요구 및 직무 분석, 학습요구의 우선순위 결정 등의 활동이 포함된다.

3) 프로그램의 개발

프로그램 개발단계는 전 단계에서 확인된 학습자의 요구 및 필요와 프로그램 개발의 기본방향에 맞게 프로그램의 목적과 목표를 설정하고, 이와 관련된 프로그램 내용을 선정·조직하며, 교육방법을 체계화시키고, 교육매체를 개발하는 단계를 말한다. 이 단계에서는 프로그램의 형태에 따라 접근방식이 달라지는데, 교육체계의 설계, 교육내용의 설계, 교육방법의 설계, 교육매체의 설계 등이 있다. 이 때문에 프로그램 설계는 가장 많은 노력과 인내가 필요하며, 가장 정교하게 이루어져야 하는 활동이다.

프로그램 설계단계에서는 프로그램 목적 및 목표의 설정, 프로그램 내용의 선정, 프로그램 내용의 계열화, 교육체계 설계, 교육내용 설계, 교육운영 설계, 교육매체 설계 등의 활동이 포함된다.

4) 프로그램의 마케팅

프로그램의 마케팅이란 프로그램에 잠재적 학습고객의 참여를 유도하고 촉진시키기 위해 취해지는 조치를 말한다. 프로그램 설계가 완료되면, 프로그램 개발 전문가는 잠재적 학습고객들의 참여를 유도하고 촉진하는 데에 관심을 기울여야 한다. 평생교육기관들은 프로그램에 고객의 참여를 유도하기 위해 여러 가지 조치를 취하게 되는데, 이를 포괄적으로 지칭하는 것이 바로 프로그램 마케팅이다. 프로그램 마케팅과 유사한 용어로는 협의적 의미의 진흥(promotion)과 리크루팅(recruiting), 광고, 홍보 등이 있는데, 이들의 공통점은 잠재적 학습자의 참여에 관심을 갖는다는 점이다.

프로그램 마케팅에는 잠재적 학습고객의 분할, 프로그램 마케팅 방법 및 기법의 결정, 프로그램 마케팅 자료 및 매체제작, 프로그램 마케팅의 실행 등의 활동이 포함된다.

5) 프로그램의 실행

프로그램 실행단계는 완성된 프로그램을 실제 적용하고 전개하는 단계를 의미한다. 설계가 완료된 프로그램은 실행 및 운영과정을 거치지 않으면 그

가치를 판단할 수 없다. 평생교육 프로그램의 실행은 컴퓨터 프로그램처럼 자동적으로 작동되는 것이 아니라, 프로그램에 관련된 학습자·교수자·운영요원 등 인간의 의도적인 노력에 의해 가능하다. 실제 평생교육 현장에서 프로그램의 실행은 교수자의 교수행위와 학습자의 학습행위 그리고 운영요원의 운영 및 관리행위가 있어야 가능한 것이다.

프로그램 실행단계에서는 학습자 관리(등록·학습·참여), 교육자 관리(섭외·교수·촉진), 교육자료 관리(교재·매뉴얼·매체), 자원확보 및 관리(물적자원과 시설관리) 등의 활동이 포함된다.

6) 프로그램의 평가

프로그램 평가단계는 일정기간 동안 실시된 평생교육 프로그램을 대상으로 하여 그것이 의도한 대로 잘 수행되었는지를 판단하는 과정을 일컫는다. 프로그램 개발 전문가는 프로그램을 완성한 후, 그것을 실행한 결과에 근거하여 지속적으로 프로그램을 개선해 나가야 할 것이다. 이 단계에서는 프로그램 평가의 목적 설정, 프로그램 평가영역 및 준거 설정, 프로그램 평가자료 및 도구개발, 프로그램 평가자료의 수집 및 분석, 프로그램 결과보고 및 개정 등의 활동이 포함된다.

이상에서 열거한 프로그램 개발의 통합적 절차를 도식화하면 [그림 3-10]과 같은데, 각 절차는 제2부에서 구체적으로 논의하게 된다.

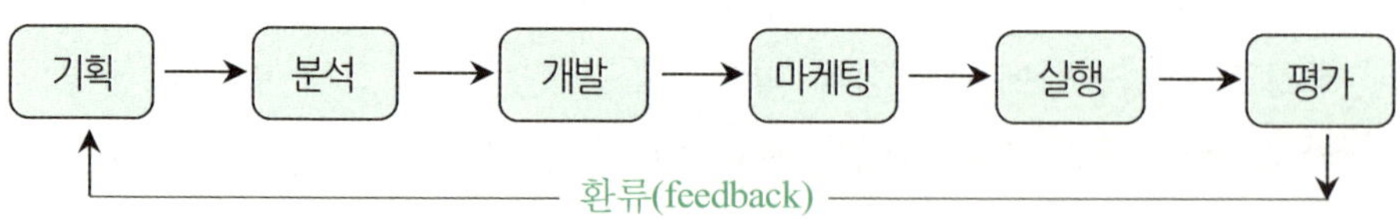

[그림 3-10] 프로그램 개발의 통합적 절차

*출처; 김용현 외 3(2017). 평생교육 프로그램 개발론. 파주: 양서원. p.71의 자료를 토대로 저자가 재구성함.

4. 평생교육 프로그램 개발의 모형

평생교육 프로그램의 개발모형은 프로그램 개발과정에서 일반적으로 따라야 할 지침이나 실제 적용 가능한 다양한 형식과 절차 등을 구조화한 것이다. 그러므로 프로그램의 개발에 관한 이론이나 학자들에 따라 개발모형 또한 매우 다양하게 제시되고 있다. 이에, 본 절에서는 프로그램 개발의 기본적 논리를 형성한 것으로 평가받고 있는 Tyler의 모형에 이어 확장교육모형에 해당되는 Boone의 모형과 Boyle의 모형을 살펴보고, 성인교육모형으로 분류되는 Houle의 모형, Knowles의 모형, Kowalski의 모형 및 Caffarella의 모형에 대해 고찰하기로 한다. 그리고 끝으로 프로그램 개발의 통합적 모형에 대해 탐색하게 된다.

1) Tyler의 모형

Tyler의 모형은 프로그램 개발의 기본적인 논리를 형성한 것으로 평가받고 있는데, 이 모형은 전통적 합리성 이론을 대표한다. 이는 교육학에서 가장 오래되고 전형적인 것으로서 교육과정 개발의 일반론적 모형을 지칭한다. Tyler(1949)는 교육과정 개발과정에 있어서 다음과 같이 몇 가지 원칙을 제안한 바 있다. 첫째, 교육 프로그램은 학습자의 요구에 기초를 두어야 한다. 둘째, 학습자의 요구를 결정하는 것은 경험적으로 가능하며, 이는 교육목표를 기술하는 기초가 된다. 셋째, 지식은 학습자의 밖에 있으며 학습자가 획득하는 것은 외부에 있는 것이다. 넷째, 목표는 학습경험을 조직화하는 데에 기초가 된다. 다섯째, 프로그램 개발과정은 단계적이다. 여섯째, 개별학습자에게 교육적 노력이 집중된다.

또한 Tyler는 다음의 네 가지 질문을 통해 교육과정 개발의 원리를 제시하였다. 첫째, 조직체가 달성하기 위해 추구하는 교육목적(목표)은 무엇인가, 둘째, 이러한 목표를 달성하는 데 어떠한 학습경험을 선정하고 조직할 것인가, 셋째, 효과적으로 교육활동(수업)을 어떻게 전개할 것인가, 그리고 넷째, 이러한 학습경험들의 효과가 어떻게 평가될 수 있는가 등이다.

이상의 질문이 교육과정의 개발과정에서 하는 역할을 정리해 보면, 먼저 "조직체가 달성하기 위해 추구하는 교육목적(목표)은 무엇인가"라는 질문은 교육목표를 규정하기 위해 ① 학습자 ② 학습자의 규준과 비교하여 성장된 학습차이 ③ 지역사회 및 개인의 흥미와 요구 ④ 현재생활 ⑤ 교과전문가를 고려해야 함을 강조하고 있다. 그리고 조직체의 교육철학이 조직체가 사회가치에 비추어 마땅히 수행해야 할 것이 무엇인가를 규정하며, 주어진 시간과 조직체의 현재 상황 속에서 학습될 수 있는 것이 무엇인가를 규정하게 된다. 교육목표를 규정한 후에는 교육목표를 진술하게 되는데, 진술은 학습자에게 요구되는 행동변화에 초점을 두고 있으며, 목표의 내용은 요구된 행동영역을 구체화시키고 있다. 특히, Tyler는 목표의 내용 속에서 어떤 행동이 탐색될 수 있는지를 구체화시키고 프로그램 목표의 총괄적인 실상을 부여주기 위해 내용이 한 축선상에 규정될 수 있고, 행동의 올림차 범위가 다른 축에 설정될 수 있다는 사실을 보여주는 격자(grid)를 제안했다.

다음으로 "이러한 목표를 달성하는 데 어떤 학습경험을 선정하고 조직할 것인가"의 질문에서 학습경험을 Tyler는 학습자 행동과 학습환경 간의 상호작용으로 보았다. 선택의 일반적 원리로 바라는 행동을 실행시키기 위해서는 기회가 제공되어야 하고, 만족은 행동결과로 얻어질 수 있으며, 바라는 반응이 가능하고, 많은 경험들이 모든 목표를 수행할 수 있으며, 하나의 경험은 다양한 결과에 도달할 수 있음을 제시하였다.

그리고 "효과적으로 교육활동(수업)을 어떻게 전개할 것인가"의 질문에서는 효과적인 교수 및 조직을 위해 학습경험을 조직하는 데 적용할 수 있는 개념들을 규정하고 있다. Tyler는 학습경험을 조직하는 방법으로는 수평적 측면과 수직적 측면을 고려해야 하고, 학습경험을 조직하는 데 있어서 필요한 준거로 계속성(contiuity), 계열성(sequence) 및 통합성(integration)을 지적했다.

끝으로 "학습경험의 효과가 어떻게 평가될 것인가"의 질문에서 Tyler는 평가에 대한 첫 번째 관심은 바라는 결과에 있고, 두 번째 관심은 커리큘럼의 강점과 약점에 대한 것이라고 했다. 그는 행동변화와 규준과 관련된 타당한 증거에 관심을 기울였는데, 특히 계속적인 평가(sequential evaluations)를 강조했다. 이 네 번째 질문에 대답하기 위해 Tyler가 추천한 절차는 특정 학습자 집단을 평가하는 과정에서 마땅히 해답이 이루어지는 질문사항에 반영된다.

2) Boone의 모형

Boone(1985)은 여러 학자들이 제시한 프로그램 개발 모형을 비교·분석하여 통합적인 프로그램 개발 모형을 제시함으로써 프로그램 개발의 일반화에 기여했다. 그는 프로그램 개발영역을 프로그램 기획, 프로그램 설계 및 실행, 그리고 프로그램 평가 등 3단계로 구분했는데, 이를 도식화하면 [그림 3-11]과 같다.

프로그램 기획		프로그램 설계·실행		프로그램 평가
조직체 생성과정	조직·고객연계	프로그램 설계	프로그램 실행	프로그램 개정
· 조직의 기능분석 –사명 –철학 –목표 · 조직의 구조분석 –역할 –관계 · 조직의 과정분석 –감독 –인력개발 –평가 · 프로그램 개발의 개념적 준거이해 · 지속적 조직 재생	· 고객분석, 맵핑, 연구 · 고객 대상 집단 확인 · 고객리더 확인 및 접촉 · 고객요구 공동분석	· 요구분석 결과의 거시적 요구로 전환 · 거시적 요구의 거시적 목표로 전환 · 교육전략, 학습활동의 구체화 · 프로그램의 거시적 결과 구체화	· 활동계획 수립 –요구의 학습 목표로 전환 –학습경험의 구체화 –학습경험 평가계획 · 실행전략 수립 · 마케팅 방법의 계획 · 학습자 모집계획 · 리더급 학습자 교육 · 교수·학습과정 · 평가, 강화	· 프로그램의 결과 확인 및 측정 · 프로그램의 투입 요소 평가 · 평가결과의 활용 –프로그램 개정, 조직체 재생 · 프로그램의 결과보고 –고객, 지원기관

[그림 3-11] Boone의 프로그램 개발 개념도

*출처; 김진화(2012). 평생교육 프로그램 개발론. 파주: 교육과학사. p.142.

확장교육모형으로 분류되는 Boone의 모형의 몇 가지 뚜렷한 특징을 김진화(2012)는 다음과 같이 설명하고 있다. 첫째, 각 단계마다 하부과정을 조직하고 있는 개념들이 설정되어 있고, 이 개념들은 몇 가지 가정과 철학적 이념을 토대로 구체적으로 설명되어 있다. 둘째, 프로그램 개발과정에서 교육기관과 학습자 체제의 연계를 강조하고 있다. 셋째, 각 단계별로 프로그램 개발자의 역할을 구체적으로 명시함으로써 프로그램 개발자가 갖추어야 할 능력과 자질을 쉽게 파악할 수 있도록 하였다.

3) Boyle의 모형

P. G. Boyle(1981)은 프로그램 개발을 이론, 분석, 실천 등을 포함하는 포괄적이고 종합적인 것으로 보았다. 또한 프로그램 개발을 계속교육 및 평생교육의 개념과 관련하여 평생학습을 위한 지속적인 요구충족을 위한 기회구조로 파악했다. Boone의 모형과 함께 확장교육모형으로 분류되는 Boyle의 프로그램 개발의 기본개념과 모형을 표로 제시하면 <표 3-1>과 같다.

〈표 3-1〉 Boyle의 프로그램 개발 기본개념과 모형

단계	기본개념
계획단계	1. 프로그램 개발에 대한 철학적 기초 확립 2. 학습자와 지역사회의 요구 및 문제상황 분석 3. 잠재적 고객의 참여 4. 잠재적 고객의 지적 및 사회적 발달수준 진단 5. 프로그램 목표설정을 위한 자료 분석 6. 기관 및 개인의 학습 저해요인 파악 7. 프로그램의 우선순위 설정기준 마련 8. 계획된 프로그램의 경직성 및 유연성 정도 분석 9. 공식적·비공식적 권력상황에 대한 정당화와 지원
설계 및 실행단계	10. 학습경험의 선택 및 조직 11. 교육방법, 기법 그리고 교육기자재에 따른 교수설계 12. 효과적인 홍보방법의 활용 13. 프로그램의 시행에 필요한 자원의 획득
평가단계	14. 프로그램의 결과에 대한 효과성 결정 15. 프로그램의 가치결정 및 보고

*출처; 최은수 외 6(2016). 평생교육 프로그램 개발론. 고양: 공동체. p.60. 재구성.

김진화(2012)에 의하면, Boyle의 프로그램 개발에 대한 관점과 범위는 몇 가지 뚜렷한 특징을 보이고 있다. 첫째, 확장교육에서 전통적으로 강조되어 왔던 지역사회 중심의 교육체제에서 벗어나 제한적인 교실 중심의 계속교육

과 평생교육의 개념에 프로그램 개발을 연결시켰다. 둘째, 프로그램 개발을 위한 실질적인 모델을 제시하기보다는 프로그램 개발에 기초가 되는 기본개념을 열다섯 가지로 제시했다. 이 개념들 중에서 처음 아홉 가지는 계획단계를, 다음의 네 가지는 설계 및 실행단계를 그리고 마지막 두 가지는 평가단계에 해당한다. 셋째, 프로그램 개발과정의 역동성을 독자들이 쉽게 인식할 수 있도록 도와주기 위해서 Boyle이 제시한 15개의 기본개념들과 실천국면들이 프로그램 상황에 따라 변한다는 사실을 프로그램 형태에 따라 다르게 제시했다. 이 각각의 프로그램을 개발형 프로그램, 제도형 프로그램 그리고 정보형 프로그램이라고 하는데, 이들 프로그램 유형에 따라 프로그램 개발자들이 수행해야 할 과업도 달라진다고 보았다. 넷째, 프로그램 개발을 거시적 차원과 미시적 차원으로 구분하여 제시했다.

4) Houle의 모형

C. O. Houle(1972)이 제시한 평생교육 프로그램 개발모형은 성인교육모형으로 분류되는데, 가장 큰 특징은 프로그램 개발의 계획단계에 초점을 두고 있다는 점이다. 특히, 그는 다음 일곱 가지 가정에 근거하여 프로그램 개발의 원리를 제시했다. 첫째, 어떤 학습장면이든지 구체적인 상황에서 발생하며, 그 사실에 의해 크게 영향을 받는다. 둘째, 교육활동의 분석이나 계획은 인간 경험의 실체와 끊임없는 변화에 근거를 두어야 한다. 셋째, 교육은 실천적 기술이다. 넷째, 교육은 작업적 기술이라기보다 협력적 기술이다. 다섯째, 교육활동의 계획이나 분석은 그 목적을 위해 복잡한 현실 속에서 이끌어 낸 정신(mind)을 일정 기간 동안 실행시키는 것이다. 여섯째, 교육활동의 계획이나 분석은 교육자, 학습자, 분석자 또는 이들의 공동 노력에 의해 행해질 수 있다. 일곱째, 교육설계는 사건의 연속물이 아니라 요소들 간의 복잡한 상호작용으로 가장 잘 이해된다.

이러한 가정하에 Houle은 프로그램 개발을 두 가지 차원에서 논의했다고 김진화(2012)는 언급하고 있다. 하나는 프로그램 개발이 일어나는 열한 가지 상황을 개인, 집단, 기관 그리고 대중매체 등으로 나누어 제시한 것이고, 다른 하나는 프로그램 설계가 이루어지는 의사결정 포인트를 7단계로 나누어 설명한 것이다. 먼저, 프로그램 개발이 일어나는 열한 가지 상황을 제시해 보면 다음과 같다.

• 개인
  - 상황1: 개인이 자신을 위한 교육활동을 설계한다.
  - 상황2: 개인 혹은 집단이 특정인을 위한 교육활동을 설계한다.

• 집단
  - 상황3: 집단이 자체를 위한 교육활동을 설계한다.
  - 상황4: 교수자 개인·집단이 학습집단을 위한 교육활동을 설계한다.
  - 상황5: 위원회가 대집단을 위한 교육활동을 설계한다.
  - 상황6: 다수 집단이 효율성을 높이기 위해 공동으로 교육활동을 설계한다.

• 기관
  - 상황7: 새로운 기관이 설립된다.
  - 상황8: 새로운 기관이 새로운 체재하에서 활동을 설계한다.
  - 상황9: 기관이 설정된 체재하에서 새로운 교육활동을 설계한다.
  - 상황10: 다수 기관이 효율성을 높이기 위해 교육활동을 설계한다.

• 대중
  - 상황11: 개인, 집단 및 기관이 대중을 위한 교육활동을 설계한다.

다음으로, Houle의 프로그램 개발모형을 도식화하면 [그림 3-12]와 같다. 그의 프로그램 개발모형에서 앞의 세 단계는 학습자의 시각에서 프로그램 개발을 보고 있고, 네 번째 단계에서는 학습체재(learning format)를 설계하기 위한 행정적인 행동을 강조한다. 다섯 번째 단계는 학습체재를 학습자의 생활유형과 조화시키는 시도로서, 프로그램 마케팅과 유사한 것이다. 즉, 학습활동과 학습자의 삶의 다양성 사이의 연계의 필요성을 구체적으로 인식시킨다는 점에서 상당히 주목할 만하다고 김진화(2012)는 밝혔다. Houle의 모형은 프로그램 개발의 상황과 의사결정 단계에 세심한 관심을 기울였다는 점을 특징으로 한다. 또한 각 단계의 설계는 학습활동과 학습자의 삶의 다양성이 조화되도록 하고 있다.

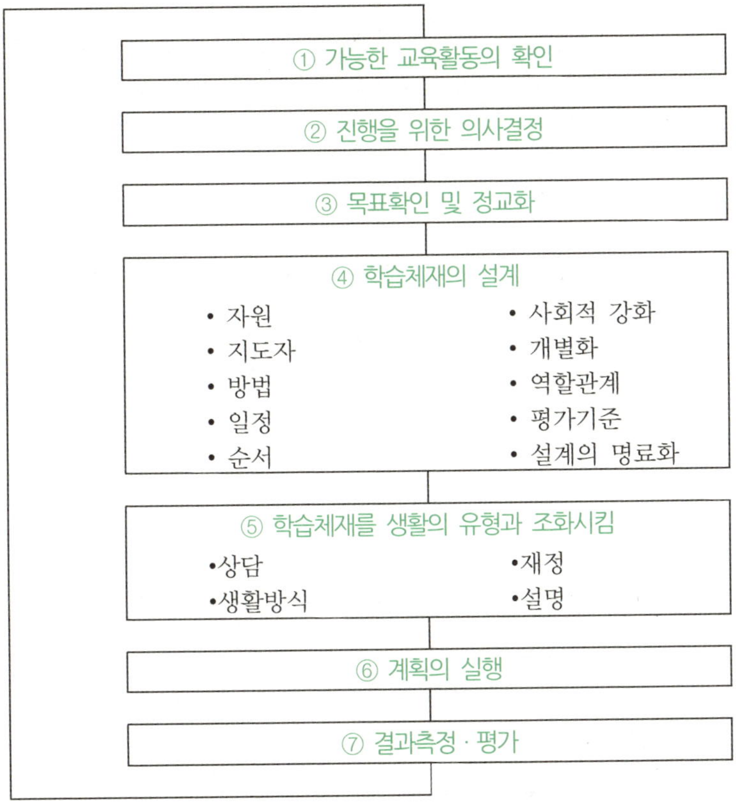

[그림 3-12] Houle의 프로그램 개발모형

*출처; 최은수 외 6(2016). 평생교육 프로그램 개발론. 고양: 공동체. p.57.

5) Knowles의 모형

Knowles(1980)은 네 가지 성인교육적 철학(andragogical philosophy)에 근거하여 프로그램 개발모델을 제시했다. 첫째, 성인들은 자기주도성(self-direction)을 가지고 있다. 둘째, 성인들의 경험(experience)은 학습자원(learning resource)으로 활용된다. 셋째, 사회적 발달과업(social-development tasks)에 따라 학습에 대한 준비도(readiness)가 형성된다. 넷째, 성인들은 학습한 것을 즉시 적용하기를 원한다. 이러한 가정들은 학습요구에 대한 자기진단 및 계획 그리고 학습활동에의 참여와 자기평가를 의미한다고 김진화(2012)는 설명하고 있다.

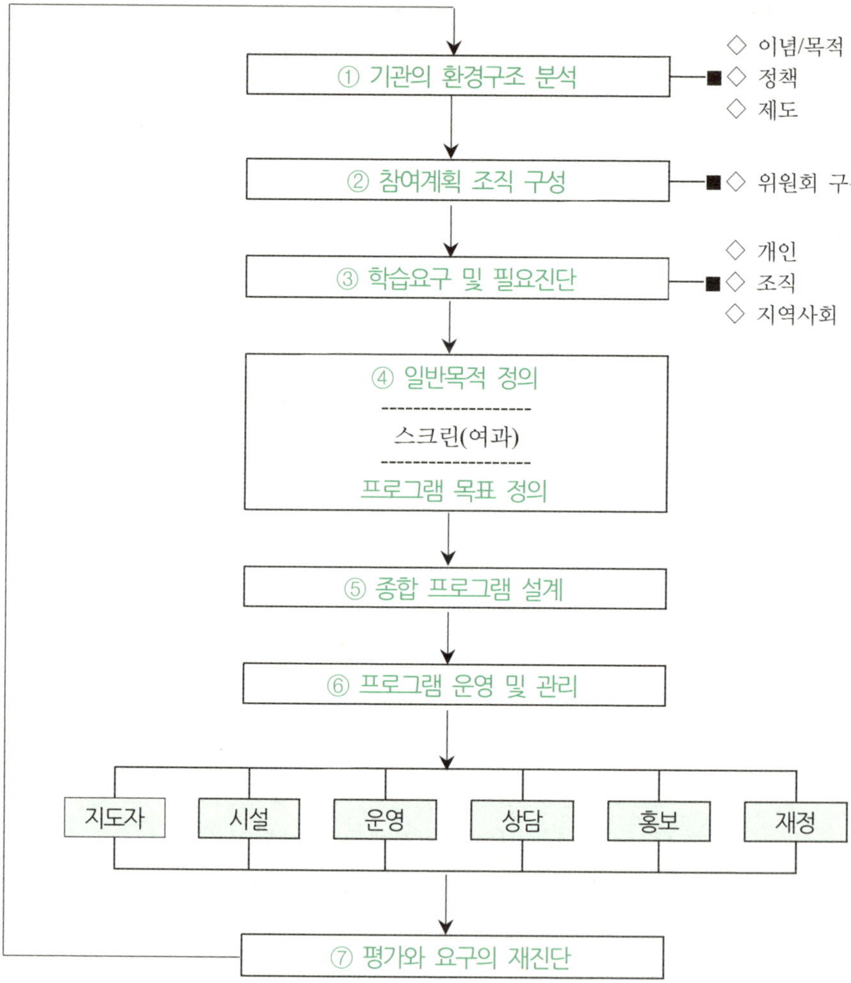

[그림 3-13] Knowles의 프로그램 개발모형

*출처; 최은수 외 6(2016). 평생교육 프로그램 개발론. 고양: 공동체. p.59. 재인용.

Knowles는 프로그램 개발과정을 성인교육의 원리 및 실행과 관련된 포괄적인 교육활동을 계획하기 위한 기제라고 보았는데, 성인교육모형으로 분류되는 그의 프로그램 개발모형은 7단계로 이루어진다. 1단계는 조직체의 환경 및 구조의 설정인데, 조직체의 목적과 정책기술 및 위원회 구조의 제도적인 메커니즘을 통해 일어난다. 2단계는 참여계획으로, 프로그램 위원회를 통해 일어난다. 3단계는 학습요구 및 필요진단으로, 개인 및 기관수준과 지역사회 수준에서 면접과 조사 등 다양한 방식으로 이루어진다. 4단계는 프로그램의 목표설정 단계인데, 잠재적 목표(potential objectives)가 교육적인 범주와 조작적인 범주로 분류되며, 이들은 기관의 철학과 가능성 및 개인의 흥미라는 여과장치를 통해 이 단계에서 최종적으로 선정되는 요구(surviving needs)만이 프로그램의 목표가 된다. 5단계는 종합적인 프로그램 설계단계로, 학습경험의 설계를 위한 단계이다. Knowles는 이 단계에서 예술의 관점에서 프로그램 목표를 활동유형으로 변화시킨다고 보았다. 6단계는 프로그램 운영 및 관리 단계로, 계획된 것을 관리하는 단계를 말한다. 이 단계에는 프로그램 운영자와 강사의 섭외, 시설의 운영 및 관리, 프로그램의 운영 및 감독, 교육적 상담, 프로그램 마케팅, 제정자금 운영 및 관리 등에 관한 내용을 포함하고 있다. 마지막으로 7단계는 평가단계로서, Knowles는 행동의 변화를 평가하기 위해서는 양적 기법이 적절하며, 자기발전의 평가를 위해서는 참여자 평가가 적절하다고 주장했다.

6) Kowalski의 모형

평생교육 프로그램 개발을 위한 체제모델을 도식화시켜 보다 명확하고 가시적으로 보여준 Kowalski(1988)는 평생교육기관에서 프로그램을 개발하기 위한 접근방법을 선형적 접근, 비선형적 접근, 통합적 접근, 비통합적 접근 그리고 체제적 접근 등 다섯 가지로 구분한 바 있다. 또한 이 다섯 가지 접근방법 중에서 프로그램 개발자는 비선형적 통합적 접근방법을 따르는 것이 가장 합리적이라고 제안했다. 그가 제시한 비선형적 통합적 접근방법은 프로그램 개발이 순환적인 사이클 형태를 보이며, 평생교육기관과 학습고객의 공동의 노력에 의해 이루어지고 있음을 강조한다.

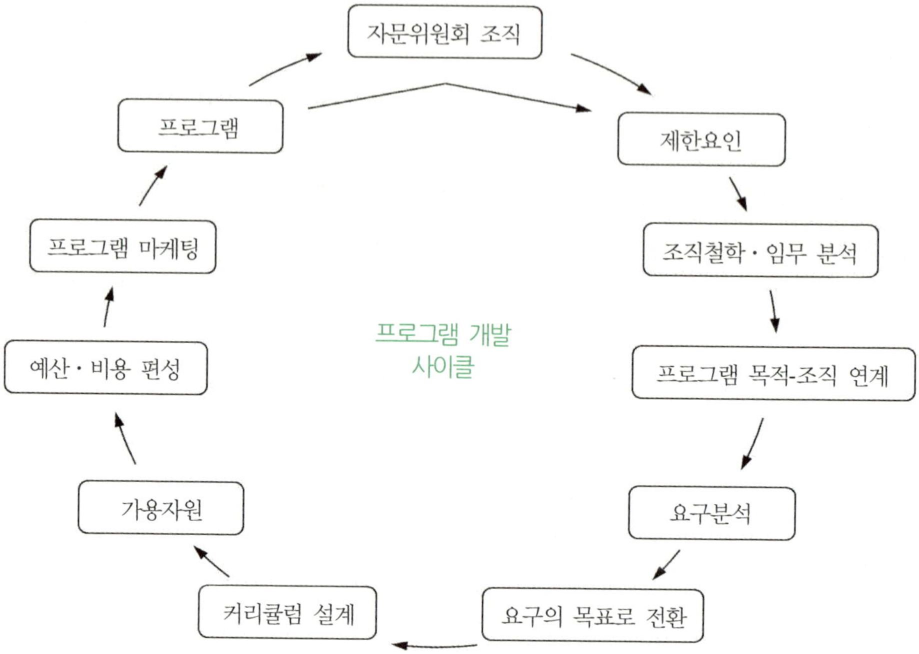

[그림 3-14] Kowalski의 프로그램 개발모형

*출처; 김진화(2012). 평생교육 프로그램 개발론. 파주: 교육과학사. p.148. 재인용.

Kowalski가 제시한 프로그램 개발모형은 성인교육모형으로 분류되는데, 그 구성요소로는 자문위원회 조직, 제한요인 확인, 조직의 철학 및 임무분석, 프로그램 목적과 조직의 연계, 요구분석, 요구의 목표로 전환, 커리큘럼 설계, 가용자원 확인, 예산 및 비용편성, 프로그램 마케팅 그리고 프로그램 평가 등이 있다.

7) Caffarella의 모형

프로그램 개발이 순차적인 활동이 아니라 다양한 요소가 중층적이고 복합적으로 이루어진 활동이라는 점을 반영한 R. S. Caffarella(2002)의 상호작용모형 역시 성인교육모형으로 분류된다. 그녀는 프로그램의 목적을 기획과정의 중요한 요소로 보았으며, 이 목적은 참여자들이 프로그램을 통해 학습할 것과 학습함으로써 발생할 변화를 반영하도록 진술되어야 한다고 믿었다. 또한 요구분석, 프로그램 내용설계, 홍보방법의 결정, 프로그램 실행계획의 수립, 평가방법의 결정 등의 활동들이 프로그램 개발에 효과적으로 실행되어야 한다고 보았다. 그러나 이러한 요소들의 실행구조는 반드시 선형적인 형태를 보이는 것이 아니며, 실행의 과정 또한 순차적이기보다는 프로그램의 개발조건과 개발자의 여건에 따라 다양하게 이루어짐을 강조(김한별 외 2, 2010)했다.

Caffarella의 프로그램 개발모형은 상황분석, 지원체제 수립, 프로그램 아이디어 확인, 프로그램 아이디어의 분류 및 우선순위 설정, 프로그램 목표 수립, 교수계획 수립, 학습전이계획 수립, 평가계획 수립, 프로그램 결과보고, 프로그램 형식 및 일정 결정, 예산 및 마케팅계획 수립, 시설 및 기자재 준비 등 열두 가지 주요활동을 거치게 되는데, [그림 3-15]와 같다.

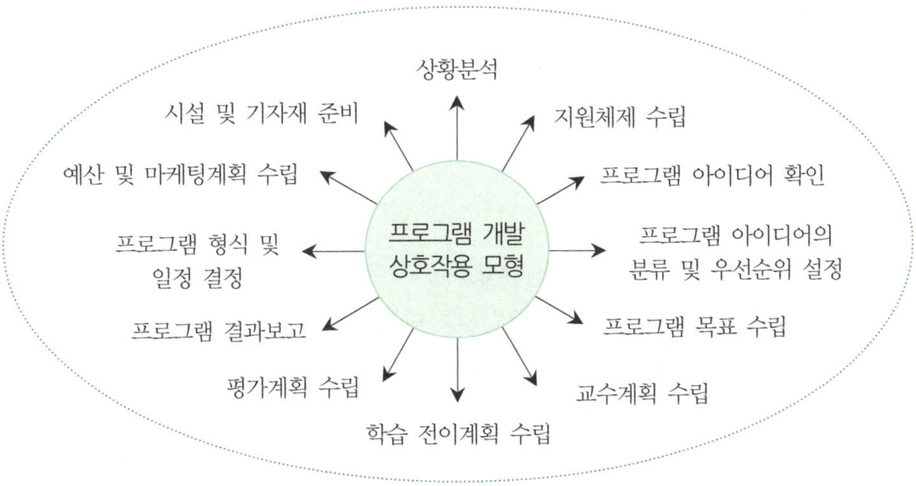

[그림 3-15] Caffarella의 프로그램 개발모형의 구성요소

*출처; 최은수 외 6(2016). 평생교육 프로그램 개발론. 고양: 공동체. p.63. 재인용.

특히, Caffarella의 상호작용 모형은 프로그램 개발에서 실무 담당자들이 필요한 지식을 효과적으로 제시하는 동시에, 현실에서 실제로 이루어지는 프로그램 개발과정을 이해하는 데에 효과적이다. 이 모형은 네 가지 전제를 바탕으로 하고 있는데, 첫째, 프로그램 개발과정은 선형적이지 않기 때문에 절대적인 첫 단계와 마지막 단계를 규정하지 않고, 개발자의 개발상황에 따라

모형에서 제시하는 열두 가지 활동을 적절한 순서로 수행하게 된다. 둘째, 프로그램 개발과정은 근본적으로 사람들이 담당하는 활동이므로, 개발자가 프로그램 개발에 개입하는 요소들을 효과적으로 조정·통제·협상해 내는 기술이 무엇보다도 강조된다. 셋째, 프로그램 개발과정은 사회적 활동이라서 상황적·사회문화적 요인에 영향을 받기 때문에 프로그램 개발의 타당성에 대한 논의 역시 상황적 요인과 문화적 가치요인이 결부되어 이루어져야 한다. 넷째, 프로그램 개발에 대한 논의는 프로그램 개발자의 실천을 개선할 수 있는 유용한 도구이자 지침이 되어야 한다. 따라서 프로그램 개발의 현실을 충분히 반영하면서 프로그램 개발에 유용한 가이드라인을 제공하는 모형이 강조된다. 그녀 또한 상호작용 모형의 핵심으로 현실적인 상황을 고려하면서 적용 가능성을 극대화한 유연성(flexibility)을 강조하고 있다.

김한별 외 2인(2010)에 의하면, 이러한 Caffarella의 상호작용 모형은 프로그램 개발의 현실을 이해할 수 있는 정보를 제공하려는 동시에, 어떻게 프로그램을 개발해야 하는가라는 질문에 대한 응답을 함께 고려하는 모형이다.

8) 통합모형

이상에서 설명한 여러 가지 평생교육 프로그램 개발모형을 토대로 김진화(2012)는 평생교육 현장에서 적용할 수 있는 프로그램 개발의 통합모형을 제시했다. 그는 프로그램 개발의 거시적 범위를 프로그램 기획, 프로그램 설계, 프로그램 마케팅, 프로그램 실행 그리고 프로그램 평가 등 5개 영역으로 설정하고, 다양한 절차를 [그림 3-16]과 같이 체계적으로 정리했다.

첫째, 프로그램 기획은 프로그램 개발자가 미래의 교육활동을 위해 준비하는 미래지향적인 활동으로써, 프로그램 관련 상황을 분석하고 프로그램 개발의 기본방향을 설정하는 단계이다. 이 단계에는 프로그램 개발팀 구성, 평생교육기관 분석, 잠재적 학습자 분석, 프로그램 개발의 기본방향 설정, 프로그램 아이디어 창출, 학습자의 요구 및 필요분석 그리고 우선순위 설정 등의 활동이 포함된다.

둘째, 프로그램 설계는 전 단계에서 확인된 학습자의 요구와 필요 그리고 프로그램 개발의 기본방향에 맞게 프로그램 목적과 목표진술, 프로그램 내용

선정, 프로그램 내용의 계열화, 교육체제 설계, 교육내용 설계, 교육운영 설계 그리고 교육매체 개발 등의 활동을 하는 단계이다.

셋째, 프로그램 마케팅은 프로그램에 잠재적 학습자의 참여를 유도하고 촉진시키는 단계이다. 이 단계에서는 잠재적 학습고객 분할, 프로그램 마케팅의 방법 및 기법 결정, 프로그램 마케팅 자료 및 매체제작 그리고 프로그램 마케팅의 실행 등의 활동이 포함된다.

넷째, 프로그램 실행은 완성된 프로그램을 현장에서 적용 및 전개하는 단계이다. 이 단계에서는 학습자 관리(등록 · 학습 · 참여), 교육자 관리(섭외 · 교수 · 촉진), 교육자료 관리(교재 · 매뉴얼 · 매체), 자원확보 및 관리(물적자원과 시설관리) 등의 활동이 포함된다.

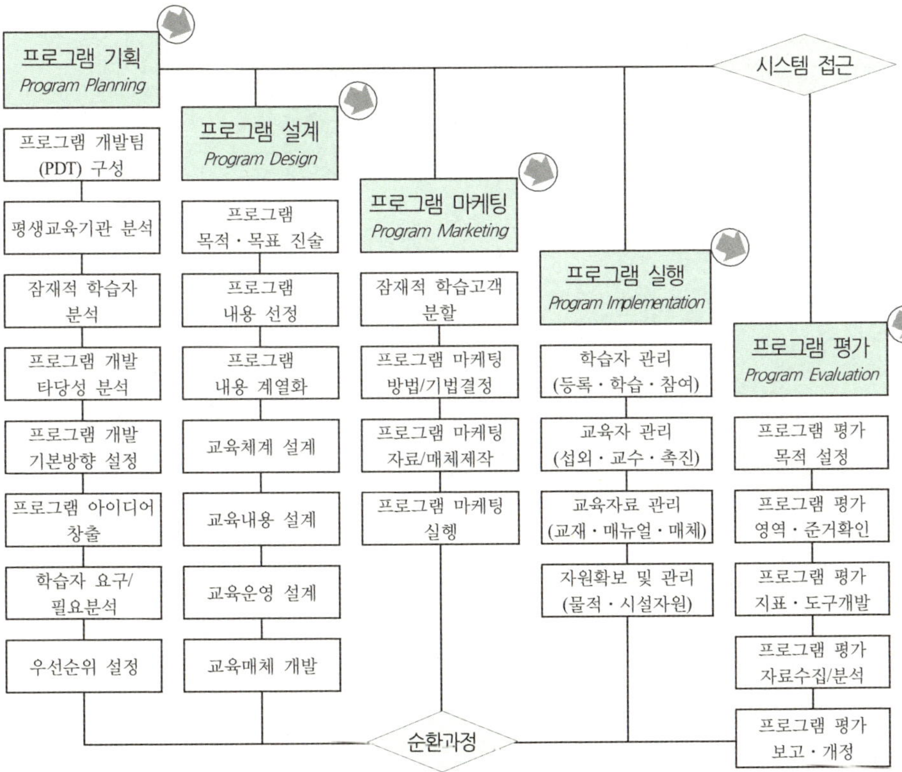

[그림 3-16] 김진화의 통합모형

*출처; 김진화(2012). 평생교육 프로그램 개발론. 파주: 교육과학사. p.164.

다섯째, 프로그램 평가는 일정기간 동안 실시된 프로그램이 의도한 대로 잘 수행되었는지를 판단하는 단계이다. 이 단계에서는 프로그램 평가목적의 설정, 프로그램 평가영역 및 준거 설정, 프로그램 평가자료 및 도구개발, 프로그램 평가자료의 수집 및 분석, 프로그램 결과보고 및 개정 등의 활동이 포함된다.

제 2 부

평생교육 프로그램 개발의 실제

제4장

평생교육 프로그램의 기획

1. 평생교육 프로그램 기획의 의미
2. 평생교육 프로그램 기획의 원리 및 과제
3. 평생교육 프로그램 기획의 효용과 한계
4. 평생교육 프로그램 기획의 과정과 개발팀의 구성

1. 평생교육 프로그램 기획의 의미

기획의 사전적 의미는 어떤 일의 전체적인 윤곽을 계획·설계하는 활동(네이버 국어사전, 2017.08.01.)이다. 교육학 사전에서는 기획을 계획수립의 과정이라고 했고, 계획은 기획과정을 통해 얻어진 결과물로 규정하고 있다. 보다 엄밀히 말해 기획이 어떤 목적을 달성하기 위한 미래에 관한 계속적인 과정이라고 한다면, 계획은 이러한 지적(知的) 과정의 산물이라고 할 수 있다. 본서(本書)에서는 기획을 계획보다 큰 개념으로 사용하고자 한다.

기획에 대해 학자들은 다소 다른 정의를 내리고 있는데, 그 핵심적 본질에 있어서는 대동소이하다. 대표적인 학자들이 제시한 기획의 개념을 진동섭 외 2인(2009)은 다음과 같이 소개하고 있다.

H. Fayol(1949)은 기획이란 미래를 예측하고 그것에 대비하는 활동으로 정의하고, 기획이 중요한 이유는 기대하는 조직의 성패를 좌우하는 요소인 목표 수준, 준수해야 할 과정, 그 과정상의 여러 단계 그리고 활용해야 할 수단 등에 관한 핵심정보를 포함하고 있기 때문이라고 보았다. L. Gulick(1937)은 기획이란 설정된 목표를 달성하기 위해 수행되어야 할 일과 그 일을 수행하는 방법을 개괄적으로 짜내는 것이라고 했다. H. A. Simon 외 2인(1950)은 기획이란 장래를 위한 제안, 제안된 대안의 평가 그리고 이러한 제안을 달성하기 위한 모든 방법과 관련된 행동으로 정의했다.

P. F. Drucker(1959)는 기획이란 현재의 당면한 기업가적 결정을 체계적으로 그리고 장래성에 대한 가능한 한 최선의 지식을 가지고 내리는 동시에, 이 결정을 수행하는 데 필요한 제노력을 체계적으로 조직하고, 이런 결정의 결과가 기대한 대로 나타나는가를 조직적·체계적인 피드백을 통해 확인하는 과정이라고 했다. Y. Dror(1963)는 기획이란 최적의 수단으로 목표를 성취하도록 하는 미래행동에 대한 일련의 결정을 준비하는 과정이라고 보았다. Dror의 정의에 의하면, 기획은 미래지향적이고 행동지향적이며 어떤 일을 설계하는 신중한 노력인 것이다. 또한 A. Waterston(1965)은 여러 사람의 정의를 종합하여 기획이란 "일정한 목표를 달성하기 위해 이용 가능한 최선의 방도를 선정하는 조직적이고도 지적(知的)인 시도"라고 했다.

그 외에도 N. Gilbert & H. Specht(1977)는 기획을 "계획을 수립하는 과정으로써, 대안적인 조치를 선택하는 데 있어서 통찰력, 체계적인 사고, 조사, 선호하는 가치의 적용 등을 통해 사회문제를 해결하고 미래에 일어날 사건의 과정을 통제하기 위한 의식적인 노력"이라고 했다.

이상에서 기획이 어떤 의미를 지니는지 그 개념을 정의한 여러 학자들의 의견을 탐색해 보았는데, 이를 토대로 본 절에서 구명하고자 하는 평생교육 프로그램의 기획이 어떤 의미인지를 살펴보기로 한다.

평생교육에서의 프로그램 기획(program planning)은 프로그램과 기획의 합성어라고 할 수 있다. 따라서 프로그램 기획의 의미를 제대로 파악하기 위해서는 기획의 의미를 먼저 살펴본 후, 프로그램과 기획을 통합적으로 이해할 필요가 있다고 김진화(2012)는 설명했다. 또 기획(企劃)과 유사하게 사용되는 용어로는 계획(計劃)과 발상(發想) 및 아이디어(idea)가 있는데, 이는 기획의 의미 속에 새로운 것을 창출해 낸다는 뜻이 내포되어 있어서라고 했다. 그래서 이 세 용어를 살펴보는 것은 큰 의미가 있다고 하겠다.

먼저, 기획과 계획의 의미를 비교하여 살펴보기로 한다. 일반적으로 영어권에서는 plan과 planning을 특별히 구별하지 않고 있으나, 한자권에서는 용어 자체가 따로 존재하듯 사실상 기획과 계획을 구분하여 사용하고 있다. 즉, 기획이란 '꾀함(企)을 세우다(劃)'라는 뜻인 데 반해, 계획은 '헤아림(計)을 세우다(劃)'라고 하여 궁극적인 의미가 다르다. 기획과 계획의 본질을 비교해 보면, 양자 사이에는 유사한 면과 그렇지 않은 면이 있다. 즉, 양자 간에는 어느 정도 공통부분을 공유하고 있지만, 사실상 기획은 계획이 아니고, 계획이 기획 그 자체는 아니라는 것이다. 김진화(2012)는 기획과 계획을 구분하여 기획은 목적과 방향을 설정하는 것과 관계가 깊고, 계획은 방법론적인 측면이 강조된다고 하면서 기획, 계획 그리고 발상의 의미를 [그림 4-1]에서 보듯이 창조성, 논리성 그리고 현실성이라는 세 가지 준거를 도입하여 설명했다.

[그림 4-1]에서 발상이란 개념은 창조성의 요소만을 포함한다. 즉 새롭고 혁신적 사상을 창출하는 행위를 의미한다. 그리고 계획이란 현실성과 논리성은 가지고 있으나, 창조성의 요소가 없는 상태를 일컫는다. 즉, 이미 알고 있는 내용을 실천 가능한 현실 여건을 고려하여 일정한 원칙에 의해 체계적

으로 만들어가는 것을 뜻한다. 반면에 기획은 창조성과 현실성, 논리성 모두를 겸비하고 있는 상태이다. 즉, 새롭고 혁신적인 사상을 현실적인 여건을 고려하여 체계적으로 만들어 나가는 행위를 말하는 것이다.

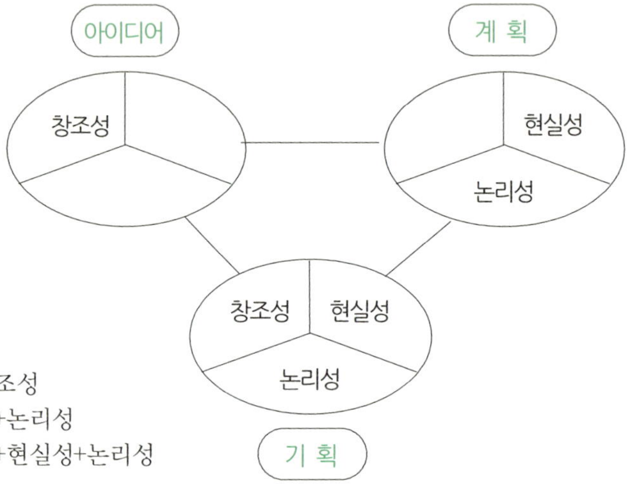

· 아이디어: 창조성
· 계획: 현실성+논리성
· 기획: 창조성+현실성+논리성

[그림 4-1] 기획, 계획, 발상의 관계

*출처; 김진화(2012). 평생교육 프로그램 개발론. 파주: 교육과학사. p.177. 재인용.

이상의 내용을 프로그램 개발상황에 적용해 보면, 프로그램 기획이란 프로그램 개발에서 무엇을 할 것인가, 프로그램을 왜 개발해야 하는가, 프로그램 개발을 통해 내놓을 혁신적인 결과물이 무엇인가 그리고 프로그램 개발을 어떻게 할 것인가를 체계적·논리적으로 추진하는 것을 의미(김진화, 2012)한다고 하겠다. 구체적으로 프로그램 기획은 프로그램 개발의 추진주체, 프로그램 개발의 상황분석, 학습자 분석, 프로그램 개발의 기본방향 설정 등이 포함되는 과정이다. 즉, [그림 4-2]에 제시한 것처럼, 평생교육 프로그램에서의 기획이란 개발주체, 상황분석, 학습고객 분석 그리고 프로그램 개발의 기본방향을 포함하는 개념인데, 학자들은 보다 다양한 정의를 제시하고 있다.

T. J. Kowalski(1988)는 평생교육 프로그램 개발에서 기획은 master plan으로서 미래지향적인 평생교육의 목표나 목적수립에 필요한 근거를 제공해 줄 수 있으며, 다른 조직의 기능과 발생 가능한 갈등의 소지를 줄여줄 수 있고,

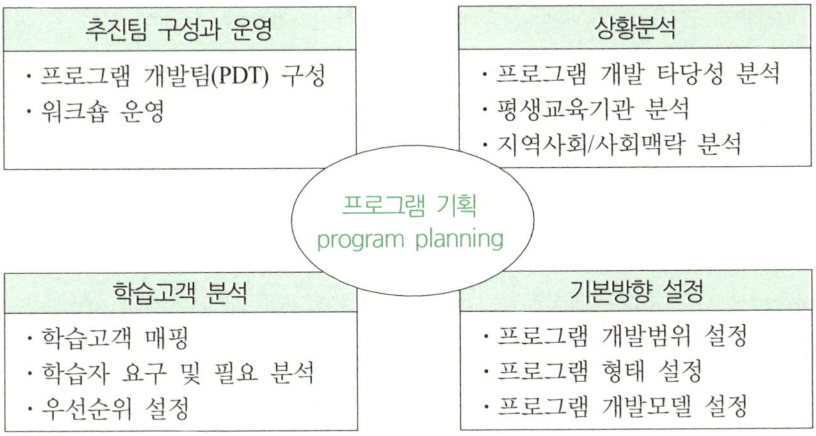

[그림 4-2] 프로그램 기획의 개념도

*출처; 김진화(2012). 평생교육 프로그램 개발론. 파주 교육과학사. p.177.

교육기관 경영 시에 필요한 판단의 잣대와 지표역할을 해 줄 수 있다고 지적했다. 그리고 R. A. Skidmore(1995)는 프로그램 기획이란 목적과 표적물을 기대하는 과정인 동시에 목적과 기대에 도달하기 위해 하나의 계획을 준비하는 과정이라고 주장했다. 또한 김영숙 외 3인(2002)은 프로그램 기획을 특정의 문제를 해결하고 미래의 사건들에 대한 경로를 통제하려는 의식적인 시도로서, 예견 · 체제적 사고 · 조사 그리고 우선순위의 결정을 통해 최종 대안을 선택해 나가는 의사결정과정이라고 보았다. 뿐만 아니라 정무성(2005)에 의하면, 프로그램 기획은 ① 특정 기간에 ② 프로그램 담당자들이 ③ 특정한 방법과 자원을 사용하여 ④ 특정한 사람들을 ⑤ 바람직한 상태로 이끌기 위해 사전에 마련된 구체적인 시도라고 했다.

결국, 기획단계에서는 프로그램을 왜 개발해야 하는가에 관심을 기울여야 하며, 프로그램 개발을 통해 내놓을 구체적인 결과물이 무엇인지를 결정해야 하는 것이다. 이러한 의미에서 평생교육 프로그램의 기획은 프로그램 개발의 기본방향을 설정하는 단계라고 할 수 있다. 평생교육 프로그램 기획은 타당성 분석을 통한 프로그램의 개발 여부 판단, 프로그램 개발팀 및 자문위원회의 구성 그리고 기관분석 · 지역사회 분석 · 잠재적 학습자 분석을 포함하는 상황 분석 등이 포함되는 활동이다.

이상에서 논의한 평생교육 프로그램 기획의 개념을 토대로 김진화(2012)는 Boone(1985)의 주장을 빌어 평생교육 프로그램 기획이 지니고 있는 기본적인 성격을 다섯 가지로 제시하고 있는데, 이러한 성격의 구명(究明)을 통해 평생교육 프로그램 개발 기획에 대한 이해의 폭을 넓힐 필요가 있다.

첫째, 프로그램 기획은 미래지향적인 활동이다. 이는 평생교육기관이 그 기관의 목적과 이념을 실천해 나가기 위한 교육 프로그램을 사전에 미리 준비하는 것으로, 현재 계획하여 추진하는 프로그램 개발이 바로 미래를 위한 준비과정이라는 뜻이다. 평생교육기관이 실행하고 운영하는 모든 조치들은 기획을 통해 가능하며, 사전에 준비하는 과정을 통해 미래의 불확실성을 줄일 수 있기 때문이다.

둘째, 프로그램 기획은 적극적이고 능동적인 행위이다. 이는 평생교육기관이 변화하는 사회에 대해 수동적으로 대처해 나가기보다 평생교육기관의 생존과 발전을 위해 적극적으로 취하는 조치가 바로 프로그램 개발이라는 의미이다. 즉, 평생교육기관이 취하는 프로그램 기획은 변화하는 사회에 대해 단순히 반응하는 수동적인 조치가 아니라, 능동적인 성격을 띠고 있는 것이다.

셋째, 프로그램 기획은 평생교육기관의 효율성 증대 기능을 수행한다. 이는 평생교육기관이 미래에 수행할 프로그램 운영에 대해 사전에 철저한 준비과정을 거침으로써 자원의 배분과 운영의 합리화를 통해 평생교육기관의 운영과 관리 면에서 효율성을 증대시킬 수 있다는 의미이다. 실제로 사전에 철저한 준비과정을 거쳐 개발된 프로그램과 즉흥적으로 구성된 프로그램을 운영하는 경우에 프로그램 운영의 효율성에는 상당한 차이가 있다.

넷째, 프로그램 기획은 관련 정보를 수집·분석하고 요구를 확인·사정·분석하는 연속적이며 단계적인 과정이다. 즉, 학습자에게 제공될 교육 프로그램은 단순히 몇몇 사람의 머릿속에서 고안된 것이 아니라, 많은 관련 정보와 학습자의 요구가 단계적으로 반영되는 과정을 반드시 거쳐야 하며 이를 통해 보다 질 좋은 프로그램을 개발할 수 있음을 의미한다.

다섯째, 프로그램 기획은 협동적인 성격을 가진다. 이는 프로그램 기획에 영향을 끼치는 제반 요소들을 반영하되, 특히 프로그램 개발과정에 영향을 끼치는 많은 사람들의 참여가 이루어져야 바람직하다는 것을 뜻한다.

2. 평생교육 프로그램 기획의 원리 및 과제

평생교육 프로그램 개발 전문가가 프로그램을 기획하는 과정에서 염두에 두어야 하는 것 중에는 프로그램 기획에 적용해야 할 원리와 원칙이 있고, 이들 원리와 원칙을 뒷받침하기 위한 프로그램 기획의 과제도 있다는 점이다. 이에 대해 김진화(2012)는 K. M. Yong(1977)의 주장을 근거로 일곱 가지 원리를 제시하고 있다. 첫째, 기획은 구체적인 목적과 목표를 달성하기 위해 인간 행동을 구체적이고 세밀하게 편성하는 데 관여해야 한다. 둘째, 기획은 단순한 선형적 접근방법보다는 체제적 접근의 원리가 바람직하다. 셋째, 기획 과정에는 가급적 많은 사람들의 참여가 이루어져야 한다. 넷째, 기획은 개인의 독자적 노력보다는 협동과 공동의 노력으로 이루어져야 한다. 다섯째, 기획은 불확실성과 모호성을 명백히 하고, 방해되는 요소를 제거해야만 한다. 여섯째, 기획은 새로운 전망을 예측할 수 있는 기능적 역할을 수행해야 한다. 일곱째, 기획은 도구적 접근이기보다는 인본주의에 입각해서 추진되어야 한다.

이상의 원리들을 Boone(1985)은 크게 세 가지 원칙－① 계획된 변화(planning change) ② 연결(linkage) ③ 민주원칙(democracy)－으로 분류했는데, 김진화(2012)는 여기에 전이(transition)를 더하여 평생교육 프로그램 기획의 원칙을 네 가지로 제시하고 있다. 뿐만 아니라 오세덕 외 3인(2008)은 효과적인 기획을 위한 상호 보완적인 성격의 원칙으로 열 가지를 제시하고, 이를 준수할 것을 주장하고 있다. 이들을 모두 종합하여 정리하면 다음과 같다.

첫째, 계획된 변화란 프로그램 기획행위 속에는 평생교육 학습자에게서 의도적인 변화를 유발하려는 원리가 반영되어 있음을 뜻한다. 즉, 프로그램 기획은 교육이 실시되기 전에 어떤 변화가 학습자에게서 일어나야 하는지에 대한 목표를 명확히 설정해야 하는 것이다. 그런데 프로그램 기획과정에서의 목표설정은 전문가나 교수자만의 개인적 노력이기보다는 Benne(1961)의 지적처럼 상호 목표설정을 통한 변화과정이 강조(김진화, 2012. 재인용)되어야 한다. 그러므로 평생교육기관과 학습고객 간의 공동 노력의 협동적 측면이 필요하다고 할 수 있다.

둘째, 연결의 원칙은 두 개의 사회체제, 즉 학습고객 집단과 평생교육기관

간의 긴밀한 상호작용을 의미한다. Loomis(1959)에 의하면, 최소한 두 개의 사회체제의 요소들이 어떤 방법으로든지 단일체제로 기능하도록 하기 위해 연결시키는 과정으로 체제적 결합(unitary systems)을 규정(김진화, 2012. 재인용)한 바 있다. 이런 원칙은 프로그램 개발과정이 요구확인·사정·분석에 의해 학습자가 직접 또는 간접적으로 참여하여 평생교육기관과 잠재적 학습고객 집단 사이에 결합이 이루어져야 함을 강조하는 것이다.

셋째, 민주성이란 프로그램 개발이 연속적 의사결정과정의 관점에서 그러한 의사결정과정이 평생교육기관 내부는 물론, 잠재적 학습자의 개방적이고 자유로운 참여를 통한 민주적 의사결정이 이루어져야 함을 강조하는 매우 중요한 원칙을 말한다.

넷째, 전이란 프로그램 개발자의 가치관, 지식 그리고 방법론이 평생교육기관과 관련된 학습자 및 관련 집단에 의해 해석되고 이해될 수 있는 준거틀 속에 제시되어야만 하며, 프로그램 개발자가 평생교육기관과 관련된 학습자 집단이 속해있는 사회·문화적 환경과 사회구성원인 학습자의 사회·문화적 특성을 이해하고 해석할 수 있어야 함을 의미한다. 즉, 프로그램 개발자와 성인학습자가 서로 정보를 수용·교환하는 상태에서 협동적 계획(collaboration planning)이 이루어지는 것이 보다 바람직하다는 것이다.

다섯째, 목적성이란 기획이 목표를 성취하기 위한 노력의 과정이므로 반드시 목적의식이 수반되어야 한다는 의미이다. 기획의 구체적인 목표는 과단성있고 통합된 기획의 수립을 용이하게 해 주며, 비생산적이고 방만한 작업을 막아줌으로써 경제적·능률적인 행동을 기대할 수 있게 해 준다. 또한 효과적인 업무목적과 그 기준은 세부계획의 지표로 활용되며, 운영상의 통제를 위한 불가결한 조건으로 기능함으로써 계획상의 성과를 확보할 수 있도록 운영과정을 통제하는 데 필요하다.

여섯째, 간결성이란 기획과정에서 수립된 계획이 명확할 뿐만 아니라 간결하게 표현되어야 함을 뜻한다.

일곱째, 평생교육의 환경은 극히 유동적이기 때문에 수립될 때까지의 상황이나 미래의 예측에 기반을 두는 계획이 예측했던 것과 달라지는 것이 일반적이다. 따라서 이런 점을 고려하여 계획은 변화하는 상황에 적절히 대응할 수 있고, 아울러 집행기관의 창의성을 충분히 활용할 수 있도록 해야 하는데, 이를 탄력성으로 설명할 수 있다.

여덟째, 계획이 소기의 효과를 달성하기 위해서는 안정성을 가져야 한다. 안정성이 높은 계획일수록 더욱 효과적이며 경제적인데, 수집된 정보의 양과 질, 예측의 정확성이 풍부하고 높을수록 계획은 안정적이라고 할 수 있다. 그러나 인간 능력의 한계로 미래를 완벽하게 예측할 수는 없으며 불의의 사태가 일어날 수 있으므로, 이를 보완하기 위해서는 적절한 탄력성도 갖추어야 한다.

아홉째, 기획은 미래에 대한 정확한 예측에 기반을 두어야 한다. 미래에 대한 철저한 예측에 입각한 기획은 가장 현실적인 기획이 되고, 기획의 진가는 이러한 예측의 정확성 여하에 달려 있는 것이다.

열째, 포괄성이란 기획에 필요한 제반 요소가 빠짐없이 포함되어 있어야 함을 뜻한다. 즉, 계획안이 집행단계에 진입했을 때에 인적자원, 물적자원, 시설 및 재정의 부족 등으로 인한 차질이 초래되지 않도록 사전에 충분한 포괄적 검토가 이루어져야 한다는 것이다.

열한째, 균형성은 모든 계획은 관련된 다른 계획 및 사업과 적절한 균형 및 조화를 이루어야 할 뿐만 아니라, 동일계획 내에서는 목표와 목표달성을 위한 소요자원과의 관계에서나 또는 기타의 제반 중요요소 간에 상호 균형과 조화가 이루어져야 함을 의미한다.

열두째, 새로운 계획을 수립했을 때에는 반드시 새로운 인적자원, 물적자원, 재정, 권한 및 조직 등을 요구하게 되는데, 현재 사용 가능한 것을 최대한 활용함으로써 추가로 동원될 것은 최소한에 그쳐야 하며, 이는 경제성으로 표현할 수 있다.

열셋째, 필요성이란 기획이 정당한 이유에 근거를 둔 필요한 것이어야 한다는 의미이다. 인적자원, 물적자원 및 예산 등은 기획 자체에서 요구될 뿐만 아니라 이의 집행과정에서도 마찬가지로 요구되므로 불필요한 계획이나 필요하더라도 기획이 주는 이익 이상의 대가가 요구되는 계획은 수립하지 말아야 한다.

열넷째, 계획이란 가장 큰 것에서부터 시작하여 구체화 과정을 통해 점차 작은 계획을 파생시켜 나간다. 이처럼 하나의 기본계획으로부터 여러 가지 계획들이 파생되는 현상을 계획의 계층화(hierarchy of plans) 또는 계획의 계층성이라고 한다. 그러나 계획의 계층화는 반드시 하향적으로만 이루어지는 것이 아니라, 때로는 상향적으로 이루어지기도 한다.

3. 평생교육 프로그램 기획의 효용과 한계

평생교육을 수행하고 있는 기관은 규모의 크고 작음이나 주관하는 수준이 국가든 지방자치단체든지를 무론하고, 평생교육 프로그램에 대한 기획을 해야 한다. 이는 행정과 경영을 효과적·효율적으로 수행하기 위해 필수 요소이기 때문이다. 특히, 공공기관이나 개인이 운영하는 사(私)기업체에서 기획을 맡은 부서에 우수한 인재들을 투입하여 해당 업체의 목표와 비전을 세우는 역할을 하게 하는 것만 봐도 기획의 중요성을 충분히 납득할 수 있다. 이러한 활동이 결국 기획의 효용성을 수용하고 있음이라고 강변할 수 있는데, 평생교육 프로그램의 기획활동에 대한 효용성을 보다 구체적으로 고찰하면 다음(권영성·이성복, 1999; 진동섭 외 2, 2009)과 같다.

첫째, 프로그램의 기획은 지휘의 수단이다. 기획은 행정이나 경영의 과정 중 제일 처음 행해지는 활동이다. 기획은 불확실성을 지닌 환경에 대처하고 주어진 목표를 달성하는 데에 있어서 필수적으로 요구되는 조직 내 주의집중을 가능하게 한다. 조직의 지도자는 조직의 목표달성에 가장 큰 관심을 가질 수밖에 없는데, 기획은 바로 이러한 목표에 대해 집중함으로써 조직을 전반적으로 지휘할 수 있게 된다. 특히, 조직의 업무가 복잡하고 통합적 의사결정을 할 필요가 있는 대규모 조직일수록 기획은 해당 조직이 목적의식을 뚜렷이 하고 체계적인 활동을 전개하는 데에 기여한다. 효과적인 기획을 통해 조직의 지도자는 조직 내 복합적인 제요소와 힘이 조직의 목표를 향해 조화롭게 움직여 가도록 하는 지휘권을 발휘할 수 있다.

둘째, 프로그램의 기획은 미래의 대비활동이다. 미래는 변화, 혁신 그리고 기타 예측할 수 없는 것으로 가득 차 있는 미지의 세계이다. 그러므로 기획가는 미래에 대한 전망이 있어야만 전략적 변화를 요하는 사태가 발생하고 있음을 신속하게 알아차릴 수 있다. 기획은 필요한 경우에 적절한 시기가 올 때까지 의사결정을 유보하게 함으로써 모험을 최대한 피하게 해 주기도 한다. 또한 고도의 확실성이 예측되는 미래상황에 대해서도 목표달성을 위한 여러 가지 대안을 탐색하고, 그 가운데 최선의 것을 선택하도록 하는 데에 도움을 준다. 기획의 유용성 중의 하나는 바로 미래에 발생할 가능성이 높은 사태를 전망하고, 이에 대처하는 전략을 준비한다는 데에 있다. 요컨대, 여러 가지 미래 시나리오를 토대로 대체 가능한 계획과 전략을 수립하여 예측하지 못한 사태가 발생하더라도 기습당할 가능성을 감소시켜 준다.

셋째, 프로그램의 기획은 합리성 제고 활동이다. 기획은 여러 가지 대안 가운데 가장 합리적인 대안을 선택함으로써 경비를 절약하고 비생산적 업무활동을 억제하는 효과가 있다. 기획은 일반적으로 단편적 활동보다는 종합적인 활동을 대상으로 하기 때문에 업무의 흐름을 보다 균형 있게 하며, 잘못된 길로 갈 가능성을 감소시켜 준다. 효과적인 기획은 즉흥적인 판단에 의한 위험성을 배제하고 예측 가능한 행동의 지속성을 확보해 준다. 기획은 초기의 계획수립을 위한 경비뿐만 아니라 의도하는 활동 전반에 소요되는 경비를 종합적으로 고려해 준다. 또한 조직의 목표달성을 위해 꼭 필요한 업무만을 수행하도록 함으로써 계획된 활동을 종료하는 데에 소요되는 전체 시간을 단축시킬 뿐만 아니라, 각 업무소요별 착수시기와 완료시기를 사전에 인지할 수 있게 한다. 미래에 대한 불확실성으로 인해 기획이 실패하더라도 기획이 없는 것보다는 기획이 있을 때, 노력과 비용의 절감을 가져올 수 있다. 최근 들어 관리과학의 발전에 힘입어 기획에 있어서의 합리성을 제고시키기 위한 각종 첨단기법들이 활용되고 있다.

넷째, 프로그램의 기획은 효과적인 성과측정 활동이다. 기획은 일정 공간과 시간 내에 수행되어야 할 업무를 보다 뚜렷하게 확정해 준다. 또한 기획은 업무단위나 개인별로 업무성과를 정확하게 측정하는 데에 도움을 준다. 이러한 성과측정 기준으로서의 기획은 구성원의 의욕을 북돋아 주고 의사소통을 촉진시켜 주기 때문에 결과적으로 효과적인 업무수행의 역량을 증가시키는 데에도 기여한다고 할 수 있다.

다섯째, 프로그램의 기획은 가용자원의 효율적인 사용을 촉진한다. 기획은 일정 기간 동안 조직 내 가용자원을 가장 효율적으로 사용하도록 하는 데에 도움을 준다. 기획을 통해 조직 내 단합된 분위기를 형성하고 의사소통을 원활하게 함으로써 업무내용과 흐름을 잘 알지 못한 채 일하는 경우와 달리, 조직 내 가용자원이 효율적으로 활용될 뿐만 아니라 소요경비가 절약되는 결과를 가져온다.

여섯째, 프로그램의 기획은 프로그램 운영상황을 명확히 파악할 수 있게 한다. 기획을 통해 조직의 책임자는 조직 내의 전반적인 업무내용과 흐름을 일목요연하게 파악하게 된다. 또한 기획은 조직 내의 중요한 관계를 알고 각 분야별 업무활동을 이해하며 행정활동을 뒷받침하고 있는 토대를 평가하는 데에도 도움을 준다.

일곱째, 프로그램의 기획은 효과적인 통제의 수단이 된다. 조직의 목표를 결정하고 목표달성을 위한 행동노선을 수립하는 것은 조직과 개인의 실적을 측정 · 평가하는 데에 필수적이다. 특히, 명시적으로 진술된 조직목표는 조직평가의 가장 객관적인 기준이 된다. 기획은 바로 이러한 과정을 전반적으로 다룬다는 점에서 조직을 효과적으로 통제하는 수단을 제공한다. 평생교육기관의 행정과 경영에 있어서 기획과 통제는 본질적 기능에 속하는 동시에, 양자 간에 밀접한 관계가 있다. 통제란 조직의 제활동이 미리 짜인 계획과 일치하는지를 확인하는 기능이므로, 계획이 존재하지 않는다면 효과적인 통제는 불가능하다고 할 수 있다.

이상에서 평생교육기관이 프로그램을 기획할 때, 다양한 효용적 가치가 있음을 확인했으나, 기획 그 자체도 완전한 것일 수는 없다. 이러한 기획의 속성 때문에 기획의 한계점이 지적되기도 하는데, 이를 구체적으로 고찰하면 다음(김종철, 1982; 권영성 · 이성복, 1999)과 같다.

첫째, 프로그램 기획은 미래예측의 어려움이 있다. 프로그램 기획은 미래에 관한 활동이다. 따라서 평생교육기관의 설립배경이나 규모를 막론하고 프로그램 기획의 유용성은 미래를 얼마나 정확하게 예측하느냐에 달려 있다고 해도 과언이 아니다. 예컨대, 정부의 경제사회개발계획이나 매년 기본운영계획을 수립할 때는 계획기간에 있어서 정치 · 경제 · 사회 · 외교 등 각 분야에 걸친 미래 전망과 가정에 기초하고 있다. 문제는 미래상황을 정확하게 예측하는 것이 매우 어렵다는 데 있다. 계획을 집행해 나가는 과정에서 당초 가정한 상황과 현저하게 다른 상황이 전개된다면 그만큼 계획의 가치는 감소되는 것이다. 어쩌면 미래에 대해 정확하게 예측하지 못하는 것은 인간의 지혜의 한계에 기인하는지도 모른다. 그럼에도 불구하고 기획가는 가능한 한 자료의 수집과 통계처리에 정확성을 기함으로써 신뢰성 있는 미래를 예측하도록 노력해야 할 것이다.

둘째, 프로그램 기획에 대한 인식부족의 문제이다. 기획에 대한 조직 구성원의 이해가 부족하거나 구성원 간에 기획에 대한 인식이 현저하게 다를 때 계획의 집행과정에서 저항에 부딪힐 가능성이 높다. 일반적으로 조직의 상위계층으로 올라갈수록 기획을 조직의 발전을 위한 전략이나 의사결정 수단으로 인식하고 있는 반면, 하위계층에 속하는 사람일수록 기획이란 상관들의 통제목적을 위해 미래의 사업계획을 설계하는 효용성이 없는 것으로 보고 있다. 후자의 경우, 특히 기획과정에서 구성원의 참여가 부족할 때 발생한다. 기획이란 단순히 중앙의 지시와 통제 수단이 아니며, 하나하나의 계획을 그저 합쳐놓은 것 이상의 것임을 조직 구성원들에게 주지시킬 필요가 있다.

셋째, 프로그램 기획에 대한 지식과 기술의 부족 문제이다. 기획의 문제 가운데 하나는 목표를 실현하는 수단을 발견하기가 그리 용이하지 않다는 데에 있다. 일반적으로 최적의 대안을 선택하기 위해 다양한 가능성을 탐색하고 각각의 장단점을 비교하기는 하지만, 선택된 최종의 대안이 최선이라는 보장을 하기란 쉽지 않다. 이는 기획과 기획의 대상이 되는 영역에 대한 전문지식이나 기술이 아직 부족하기 때문이기도 하고, 근본적으로는 인간 지성에 한계가 있기 때문이기도 하다. 이는 특히 계량화가 곤란한 교육 영역의 기획을 하는 경우 더욱 두드러지게 나타난다. 따라서 때로는 최종 대안의 선택에 있어서 과학적 합리성보다는 민주적 토론과 타협이 더 중요한 것으로 인식되기도 한다.

넷째, 프로그램 기획에 대한 계획수립 및 운영을 위한 비용의 문제이다. 기획은 시간을 필요로 할 뿐만 아니라 인력 및 적절한 설비 등 물적자원을 필요로 한다. 일반적으로 기획으로 얻는 이익보다 요구되는 비용이 더 많다는 불평이 나오는 것도 이 때문이다. 경제발전계획을 집행하는 데에도 막대한 예산이 소요된다. 후진국의 경우, 아무리 훌륭한 계획을 수립해 놓았다고 해도 재정의 뒷받침이 없어 계획이 문서로만 남아있는 경우도 허다하다. 이 경우, 국제기구에 원조를 요청하거나 차관을 들여와 문제를 해결하기도 한다. 계획을 준비하고 시행하는 데에 소요되는 비용과 계획을 시행한 결과로 얻을 수 있는 이익은 매우 현실적이면서도 둘 다 측정하는 것이 그리 쉽지 않다. 그러나 계획의 수립과 집행에 들인 비용보다 그 결과로 얻는 이득이 클 것이라는 전제가 충족되어야만 기획의 효용성과 존재 이유가 보장된다고 하겠다.

다섯째, 프로그램 기획의 비융통성 문제이다. 기획은 행정과 경영의 융통성을 지배하는 경향이 있다. 계획이 상세하고 광범위할수록 조직의 운영은 더욱 경직성을 띠게 마련이다. 조직의 최고 책임자는 일단 세부계획을 작성해 놓으면 안도감과 타성에 빠져 상황여건의 변화에 대해 무감각해지기 쉽고, 계획의 수정에 대해서도 의욕이 감소하는 경향을 보인다. 이러한 기획의 비탄력성은 한번 이루어진 결정을 변경하기 싫어하는 심리적 저항에도 기인한다. 즉, 기획은 힘든 업무이고, 똑같은 일을 반복한다는 것은 흥미 없는 일이며, 결정이 된 이후에 새롭고 객관적인 견해를 갖는 것 또한 어렵다고 느끼는 것이다. 일부 권위적인 기획가와 행정가의 경우, 처음 생각했던 것을 수정하는 일이 체면을 손상하는 것이라는 생각을 하기도 한다. 그러나 계획이란 변화하기 위해 존재하는 것이라는 생각을 가질 필요가 있다.

여섯째, 프로그램 기획은 개인적 창의성의 위축을 초래할 수 있다. 기획이 세부 활동까지 규제하게 되면, 일선 업무 담당자들의 개인적 창의성을 위축시키게 된다. 이런 현상은 특히 많은 표준방법 및 절차가 중앙집권적으로 결정되는 대규모 조직에서 두드러지게 나타난다. 이렇게 되면 조직 구성원들은 기계로 전락하여 모든 업무수행에 타율적으로 대처하고 무사안일해질 가능성이 있다. 따라서 일선 실무자들이 자기업무와 관련된 결정에 대해 의견을 제시할 기회를 열어놓는 것이 중요하다. 기획과정에 개인적 창의성을 투입하기 위해서는 참여기획(participatory planning)의 아이디어를 활용할 필요가 있다. 그리고 가능한 한 계획을 엄격한 규칙이나 규정으로 만드는 것이 아니라, 권고적 성격의 안내지침으로 두어야 할 것이다.

4. 평생교육 프로그램 기획의 과정과 개발팀의 구성

1) 평생교육 프로그램 기획의 과정

평생교육 프로그램 기획의 과정은 일종의 절차적 문제이다. 절차적 문제로서의 기획의 과정은 학자에 따라 다양한 형태로 나누어 논의되고 있는데, J. D. Millett(1947)은 기획의 과정을 ① 목표의 설정 ② 현황의 측정 ③ 계획의 설계 등 3단계로 나누고 있고, 경영학자인 H. Koontz & C. O'Donnell (1959)는 ① 목표의 설정 ② 기획 가정의 설정 ③ 각종 대안의 모색과 시험 ④ 각종 대안의 평가 ⑤ 행동노선의 선택 ⑥ 필요한 부수적 계획의 수립 등 6단계로 나누고 있다. 권영찬(1967)은 여러 학자들의 견해를 종합하여 기획의 과정을 ① 목표의 설정 ② 상황의 분석과 판단 ③ 기획 가정의 설정 ④ 대안의 작성과 비교평가 ⑤ 최종안의 선택 ⑥ 필요한 제(諸)파생계획의 수립 등 6단계로 나누고 있다.

평생교육 프로그램 기획의 과정 또한 상기한 일반 기획의 과정에 준할 수 있다. 그러나 평생교육 프로그램의 특수성을 감안하여 평생교육 프로그램 기획의 절차를 모색해야 할 것이다. 일반적인 교육기획의 과정을 보다 상세하게 분석하여 제시한 것은 1958년 6월에 Washington에서 개최된 미주종합교육세미나에서였다고 김창걸(1985)은 설명하고 있다. 여기에서 제시된 교육기획의 과정은 다음과 같은데, 평생교육 프로그램 기획 역시 이러한 과정의 틀 안에서 진행될 수 있다고 본다.

(1) 사전활동

- 종합교육계획의 수립을 책임질 기술봉사기관을 정식으로 설치한다.
- 다음과 같은 사항을 고려하여 계획수립의 주요목적을 결정한다.
  - 국가의 문화 · 사회 · 경제발전을 위한 교육의 기능
  - 질적 · 양적 양면에 걸쳐 국가의 교육적 필요 충족도
  - 국가의 교육적 필요 충족을 위한 개혁 또는 개선의 가능성
  - 현행 교육법 중 개혁이나 개선을 요하는 점

- 국가의 교육적 필요를 충족시키기 위한 교육사업의 확장과 개선에 관한 공적·사적 재정부담 능력
- 보다 효율적인 교육행정을 위한 개선점

- 계획목표, 필수조건 및 집행자가 해야 할 일의 절차에 관한 업무안내서를 작성한다.
- 민주적 참여를 위한 제(諸)협의회, 회합 및 선전운동을 개최한다.
- 전단계에 걸친 계획의 요소와 절차 및 기술을 결정하고 조정한다.

(2) 요소계획의 수립과정

① 제1단계: 계획의 기초(起草)

- 문화, 사회, 정치, 경제 및 재정의 현황조사: 교육과 관련 있는 전양상에 걸쳐야 하며, 새로운 연구조사 외에 이전의 모든 연구물을 수집해서 평가 및 참작해야 한다.
- 교육 현황조사: 교육의 목표와 결과, 교육행정, 교육과정 및 교수요목, 교직원 장학 및 행정직원, 학생, 교재, 학교건축, 교육재정 등에 대한 질적·양적 양상이 포함되어야 한다.
- 교육적 필요와 문제결정 및 가능한 해결방안 수립: 단기·중기 및 장기계획에서 취급되어야 할 교육적 필요와 양적 문제는 제(諸)조사결과와 교육의 주요목적에 따라 결정하되, 교육제도상에 있어서 발생지점, 우선순위, 단기·중기·장기의 구분에 의거하여 분류한다. 또한 개혁이 필요한 이유, 가능한 해결절차, 개혁을 단행하기 전에 실시되어야 할 실험이나 연구 등도 고려해야 한다.
- 목적과 수단을 명시해 주는 종합교육계획의 초안 작성: 시안에는 단기·중기·장기목표를 가진 교육정책의 수립이 포함되어야 한다. 뿐만 아니라 모든 수준에 걸친 교육봉사의 확충과 개혁, 교육제도의 재조직, 교육과정 및 교수요목의 개정, 새로운 교육과정과 교수요목에 따른 교직원 장학진 및 행정직원의 훈련, 모든 형태의 생활지도 사항의 수립·확장·개선, 교수법 개선, 학교에 대한 사회의 봉사사항 개발, 교과서 출판 및 시청각 교재·비품·시설 및 기타 용품·학교건물 등에 대한 교육학적

표준 설정, 교육연구 및 훈련의 소개와 권장, 문화단체와의 협동, 계획실시상에 필요한 행·재정수단에 관한 세밀한 연구 등도 포함해야 한다.

② 제2단계: 계획에 관한 협의와 채택

- 본 단계에서는 최대한의 공중참여와 지지를 비롯하여 재정확보에 관한 결정, 본 계획에 대치되는 입법사항 개정, 필요한 행정상의 개혁 및 본 계획수행에 필요한 직원훈련 등을 요청한다.
- 계획은 널리 선포되어야 하며, 여론조사를 실시하고 관심을 가진 집단이나 개인의 참여를 보장해기 위해 회합·강좌·세미나 등을 개최해야 한다.
- 계획안이 정부당국에 제출될 때는 국가적 권위자들이나 국제기구, 사(私)협회, 대의기구 및 언론기관에 의견을 요약하여 첨부해야 한다.
- 이 단계에서 계획안은 정부당국에 의해 채택된다.

③ 제3단계: 계획의 집행과 개정

- 계획은 실질적인 목표, 예산 및 세밀한 작업계획 등에 관한 치밀한 스케줄에 따라 실시되어야 한다.
- 계획의 집행기간 중 어떤 해결방안의 효율성을 조사하기 위해서는 실험과 검증이 필요하다. 계획은 실험 또는 시범기관이나 지역의 결과에 따라 평가되어야 한다.
- 이 기간 중 계획당국은 계획의 집행에 관해 기술적인 조언을 할 수 있다. 이때 계획당국이 취해야 할 행동절차를 비롯하여 교수안내, 예산 및 행정조치에 관해서는 사전에 의견서를 제출한다.
- 이 기간 중 계획의 세부내용을 개정하고, 예기치 못한 사태에 적응시키기 위해 수시로 평가를 해야 한다.

④ 제4단계: 평가와 후속계획의 수립

- 계획집행 기간 중에 실시한 평가활동 이외에 계획작성 시에 세워둔 준거에 따라 마지막에 전체 결과에 대한 평가를 실시한다.

- 계획에 대한 국내의 평가를 보충하기 위해 국제기구의 협력을 구하는 한편, 방법을 완전하게 만들고 경험을 공유하며 이득을 얻기 위해 다른 나라에서 얻은 결과와 비교해 보는 것도 바람직하다.
- 마지막으로 첫 번째 계획으로부터 얻은 경험과 결과 및 개정목표를 기초로 하여 일정년도 동안의 차기계획을 수립함으로써 새로운 시발점이 만들어져야 한다. 이 후속계획의 수립단계에서는 이전 계획이 성취한 결과와 새로운 환경과 기회에 비춰 새로운 계획을 채택하게 된다.

이상의 교육기획의 과정은 교육기획을 설정함에 있어서 실질적이며 구체적인 세밀한 절차와 내용이 제시되었다는 점에서 하나의 지침역할을 한다는 데에 그 의의가 있다고 하겠다.

2) 평생교육 프로그램 개발팀의 구성

평생교육 프로그램 개발은 협동적인 노력이며 집단적 의사결정과정이다. 프로그램 개발은 한 개인의 노력만으로 완성하기에는 어려운 과제이므로 프로그램 개발위원회나 프로그램 개발팀을 구성하여 추진하는 것이 바람직하다고 김진화(2012)는 제안하고 있다. 현실적으로도 거의 모든 프로그램은 한 개인에 의해 이루어지기보다는 집단적인 노력에 의해 완성되는데, 이와 관련하여 Walker & Soltis(1992)는 프로그램 개발의 형식을 거미와 개미에 비유하여 설명했다고 밝히고 있다. 거미식 프로그램 개발은 한 개인이 전문성을 발휘하여 제3자의 도움과 협조 없이 오직 혼자의 노력으로만 수행하는 형식을 말한다. 개미식 프로그램 개발이란 개미의 본성을 관찰해 보면 쉽게 짐작할 수 있다. 개미처럼 협동적으로 끊임없이 다양한 정보를 수집하여 최종적으로 완성된 결과물을 내 놓는다. 현실적으로 개미식 프로그램 개발은 우리에게 시사하는 바가 매우 크다.

이처럼 프로그램 개발팀을 구성하여 협동적인 노력과 집단적 의사결정 과정을 통해 프로그램을 개발하는 것은 너무나도 당연하다. 이와 관련하여 프로그램 개발팀의 구성 및 운영방법을 네 가지로 제안하면 다음(김진화, 2012)과 같다. 첫째, 프로그램 개발팀은 과정전문가, 현장전문가 혹은 내용전문가, 학습

설계전문가, 의사결정전문가, 협상전문가로서의 자질을 갖춘 사람들로 구성되어야 한다. 둘째, 프로그램 개발팀에 소속된 모든 사람들이 프로그램 개발의 전 과정을 함께 공유할 수 있도록 합의된 프로그램 개발 모델을 설정하여 각 단계에서 자신들이 수행해야 할 과제와 담당해야 할 역할을 분명히 인식할 수 있도록 해야 한다. 셋째, 프로그램 개발팀은 장차 프로그램의 고객이 될 잠재적 학습자와 프로그램 개발 지원자 및 이해 당사자들과 네트워크를 구축하고 수시로 접촉 가능할 수 있도록 조치를 강구해야 한다. 넷째, 프로그램 개발팀은 워크숍을 통해 프로그램 개발을 전개해 나가야 하므로 워크숍의 진행원칙과 원리를 잘 알고 있어야 한다.

또한 김진화(2012)는 프로그램 개발팀을 위한 워크숍(Workshop)의 진행원리에 대해 다음과 같이 안내하고 있다.

- 워크숍 그룹의 구성: 프로그램 개발팀은 과정전문가, 현장전문가 혹은 내용전문가, 교수·학습설계전문가, 의사결정전문가, 그리고 협상전문가로서의 자질을 갖춘 사람들로 구성한다. 워크숍은 원활한 집단활동을 위해 12명 내외로 구성한다.
- 워크숍 그룹 구성원의 역할: 프로그램 개발팀은 워크숍 진행에 적합하게 패널(12명 내외), 기록원(1-2명), 촉진자(1명)로 역할을 규정한다. 이때 패널은 주제에 적합한 아이디어를 창출해야 하며, 기록원은 워크숍에서 논의된 모든 내용을 빠짐없이 기록해야 한다. 또한 조력자는 활발한 의견이 표출될 수 있도록 워크숍의 분위기를 조장하고 워크숍 진행 중간에 논의되었던 내용을 요약 및 정리하여 제시해 주며, 다음 주제로 전환할 수 있도록 조장하는 역할을 한다.
- 워크숍의 진행 원칙: 한 사람의 일방적인 주도보다는 모든 패널의 적극적인 참여로 진행되어야 하며, 모든 패널은 자신의 생각과 의견을 적극적으로 표현해야 한다. 어떠한 내용의 아이디어도 존중되는 분위기여야 하고, 다른 사람의 인격을 손상시키는 언행을 해서는 안 된다. 기록원은 표출된 모든 아이디어를 빠짐없이 기록해야 하고, 워크숍이 어떠한 절차로 진행되는지 주의 깊게 관찰하고 기록해야 한다.

3) 평생교육 프로그램 개발 자문위원회의 구성

협동적 의사결정과정인 평생교육 프로그램 개발은 프로그램 개발팀 이외에도 프로그램 개발에 관심을 갖는 사람들의 도움이 절실히 요구되는 활동이다. 따라서 좋은 프로그램의 개발을 위해서는 다양한 영역의 전문가와 프로그램 개발과정에 도움을 줄 위원회를 구성하여 프로그램 개발팀이 접하지 못한 다양한 영역에서의 자문들을 필요로 할 수밖에 없다. 자문위원회는 다양한 배경을 가진 사람들로 구성되어야 한다고 김용현 외 3인(2017)은 제안한 바 있다. 일반적으로 자문위원은 지역의 자치단체장, 학교장 등 지역사회의 유지로 불리는 사람들을 선택하는 경우가 많다. 물론, 이들로부터 실질적인 도움을 얻을 수 있는 반면, 너무 바빠 적극적인 참여를 기대하기 어려운 경우도 있다. 그러므로 위원회를 조직할 때는 기관에 대해 열정적이고 상징적인 이미지를 갖는 사람들로 구성하는 것이 바람직하다.

만약, 프로그램 개발팀이 과정전문가, 현장전문가, 내용전문가, 의사결정전문가 그리고 교수·학습설계전문가로서의 자질과 능력을 갖춘 사람들로 구성되지 않았다면, 자문위원회 위원들을 이러한 자질과 능력을 갖춘 사람들로 구성해야 한다. 또한 자문내용의 내실화를 위해서는 형식적인 자문위원회가 되지 않도록 정례모임을 갖도록 하는 것이 바람직하다. 특히, 자문위원회 구성에서는 개발하려는 평생교육 프로그램의 잠재적 학습자를 자문위원으로 참여시키는 것도 필요하다. 예컨대, 노인관련 평생교육 프로그램 개발이라면 노인을 자문위원으로, 청소년 관련 평생교육 프로그램 개발이라면 청소년을 자문위원으로, 그리고 직장인 관련 평생교육 프로그램 개발이라면 직장인을 참여시켜 그들의 의견을 경청하면서 개발을 진행하는 것이다.

평생교육 프로그램 개발 자문위원회를 통해 얻을 수 있는 이점으로 김용현 외 3인(2017)은 다음과 같은 사항을 들고 있다. 첫째, 자문위원회는 지역사회의 다양한 집단의 이익과 의견을 대표하며, 지역사회의 요구와 문제를 확인해 준다. 때로는 평생교육 프로그램에 내포된 갈등을 예측하기도 한다. 둘째, 자문위원회가 평생교육 프로그램 개발에 참여함으로써 주민들은 자문위원회를 통해 자신들의 의사가 프로그램에 반영되었다는 생각을 하게 되어 프로그램에 대한 신뢰성을 갖게 된다. 셋째, 때로는 평생교육 프로그램에 필요한 편의시설 정보 및 인적자원의 목록도 제공해 준다. 넷째, 평생교육 프로그램 계획에 참신하고 창의적인 아이디어를 제공해 준다. 다섯째, 자문위원회는 개발 프로그램에 대해 종합적으로 평가하고 일반인에게 프로그램을 홍보하기도 한다.

제5장

평생교육 프로그램의 요구분석 및 우선순위 결정

1. 평생교육 프로그램 요구의 이해
2. 평생교육 프로그램 요구분석의 방법
3. 평생교육 프로그램 요구의 우선순위 및 의사결정 원리
4. 평생교육 프로그램 요구의 우선순위 및 의사결정 방법

1. 평생교육 프로그램 요구의 이해

평생교육 프로그램 개발에서의 요구는 개인, 조직이나 집단 그리고 사회에서 비롯된 다양한 필요에 교육적 행위가 작용함으로써 충족이 가능한 것을 일컫는 말이라고 할 수 있는데, 이에 대한 정의는 학자들마다 다양하게 제시하고 있다. 이를테면, 인간의 욕구를 5단계로 구분하여 욕구위계설을 주장한 A. H. Maslow, 욕구위계설에 학습의 욕구를 하나 더 추가해야 한다고 주장한 Child 그리고 Maslow와 Child의 욕구를 바탕으로 하여 기본적인 인간욕구와 교육욕구를 정리한 Knowles 등이다. 뿐만 아니라 가치의 문제를 인간의 욕구에 포함시킨 Monett, Atwood 그리고 Ellias 역시 요구분석과 관련하여 항상 언급되는 학자들이다.

이렇듯 학자들마다 다양하게 제시한 욕구의 의미를 정리해 보면 생물학적, 심리학적, 사회학적 그리고 교육학적으로 뜻하는 바에 약간씩 차이가 있다고 김진화(2012)는 주장하면서 다음과 같이 설명하고 있다.

생물학적 차원에서 욕구란 인간의 내분비를 통해 배고픔, 목마름, 상처, 성욕 등으로 일차적인 동기화(primary motivation)가 이루어진다. 이 때문에 이러한 생물학적 욕구는 충동(drives)이란 용어로 사용되고 있다. 충동은 신체의 일부분인 내분비선에서 다양한 충동물질을 위장과 생식기 등과 같은 신체의 특정 부분을 강하게 자극함으로써 발현된다.

다음으로, 심리학의 기본적인 시각은 인간이 왜 행동하는가에 대한 해답을 제시한다. 인간의 행동을 이해하기 위해 요구와 동기의 개념이 필요한데, 요구(need)란 한 인간이 특정 방향으로 행동할 수 있도록 기회를 창출하는 조건을 의미하고, 동기(motive)는 인간이 충족시키기 위해 행동할 수 있도록 하는 일종의 내적인 힘이라고 할 수 있다. 한 개인의 행동은 일정한 방향성이 있고, 지향하는 목적이 있기 때문에 심리학적 의미에서의 요구의 개념은 동기라는 용어로 대칭되는 경우가 많다고 H. B. Long(1983)은 지적했다. 이 심리학적 관점에서의 요구는 잠재성(potentials), 기대감(expectancies) 그리고 가치(value) 등 세 가지 구성요소를 가진다. 이 세 요소를 하나로 통합하면 동기의 개념을 보다 쉽게 이해할 수 있다. 인간은 일정한 목적을 가지고 행동하려고 하며(잠재성), 그러한 행동이 자신에게 무엇인가를 충족시켜 줄 것인가를 생각하며(기대감), 그러한 기대감이 어느 정도 만족되었는가(가치)를 판단하며 행동하게 된다. 즉, 인간이 취하는 일련의 행동양식을 설명할 수 있는 용어가 바로 동기라는 개념이다. 또한 R. J. Wlodkowski(1986)는 동기란 한 개인이 목표를 향해 움직이도록 하는 내적인 힘(internal force)이라고 주장하기도 했다. 이러한 동기는 학습과 매우 밀접한 관련이 있기도 하는데, 이 때문에 심리학적 의미에서 요구의 개념은 동기라는 용어로 표현되는 것이다.

한편, 교육적 차원에서 요구의 개념은 생물학적·심리학적 차원에서 규정되는 것과는 그 의미에 차이가 있다. 본질적으로 요구의 개념 속에는 필수요소(requirement)라는 의미가 포함되어 있는데, 이 때문에 반드시 필요로 하는 교육적 요소가 무엇인가에 초점이 맞춰진다는 것이다. 이러한 관점을 도식화하면 [그림 5-1]과 같다.

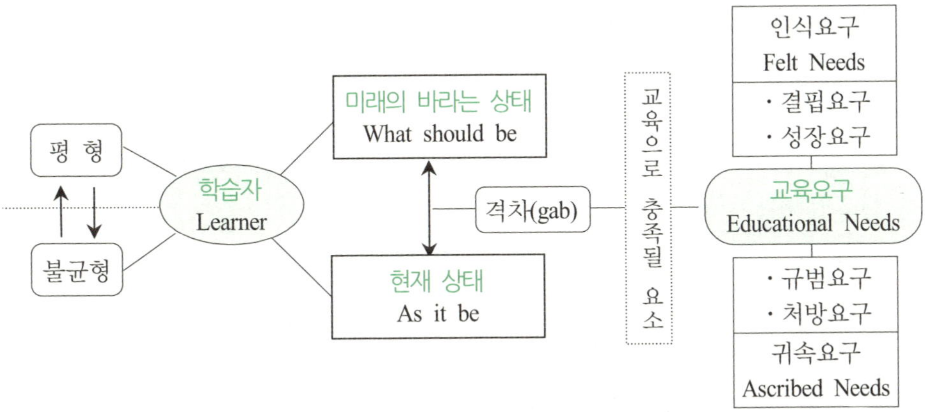

[그림 5-1] 프로그램 기획의 개념도

*출처; 김진화(2012). 평생교육 프로그램 개발론. 파주: 교육과학사. p.201.

구체적으로 교육요구(educational needs)란 학습자가 미래에 희망하는 바람직한 상태와 학습자가 처해있는 현재의 상태 사이의 격차 혹은 차이를 충족시킬 수 있는 교육적 요소를 말한다. 즉, 학습자가 보유하고 있는 현재의 능력(present competencies)과 바라는 능력(desire competencies) 사이의 격차로 인해 발현된 것을 교육적 행위로 해결될 수 있는 상태를 일컫는다.

이러한 교육요구는 누구에 의해 발현되느냐에 따라 크게 인식요구와 귀속요구로 대별할 수 있는데, 인식요구(felt needs)는 요구의 발현주체가 학습자 자신이다. 즉, 학습자가 자신이 필요로 하는 것이 무엇인지를 인식함으로써 발현되는 요구를 말한다. 이러한 인식요구에는 결핍요구(deficiency needs)와 성장요구(growth needs)가 있다. 결핍요구란 학습자 자신에게 아직까지 충족되지 않은 결핍요소가 무엇인지를 인식함으로써 발현되는 요구를 의미하고, 성장요구란 일정한 발달단계에 처해 있는 학습자가 자신에게 요청되는 발달과업이 무엇인지를 인식함으로써 발현되는 요구를 뜻한다.

이에 반해, 귀속요구(ascribed needs)란 요구의 발현주체가 학습자 외부의 전문체제인 경우이다. 학습자가 충족시켜야 할 교육요구를 제3자인 전문가나 외부의 권위적인 집단이 규정 및 제시함으로써 발현되는 요구를 일컫는다. 귀속요구에는 규범적 요구(normative needs)와 처방적 요구(prescriptive needs)가 있다. 규범적 요구는 학습자가 도달해야 할 수준이 외부 전문가나 여타 인증 및 자격기준에 의해 결정되는 경우를 말한다. 다시 말하면, 교육요구에 존재하는 격차나 차이는 학습자가 학습을 통해 반드시 도달해야 할 규범적인 상태로 여겨질 수 있다. 처방적 요구란 학습자가 직면하고 있는 과제나 문제점을 외부 전문가가 진단한 후, 그 문제점과 과제를 해결하기 위해 필요로 하는 처방적 요소를 뜻한다.

다음으로, 평생교육 프로그램 요구와 관련해서도 탐색해 볼 필요가 있다. R. S. Caffarella(1994)에 의하면, 최근 들어 프로그램 개발에서 교육요구라는 용어보다는 프로그램 요구(program needs)나 프로그램 아이디어(program idea)라는 용어를 사용하는 경우가 있다고 하였다. 그리고 그 이유를 학습자에게 필요하고 가치 있는 내용이 요구분석만으로 확인되는 것은 아니고, 요구분석 과정을 거치지 않고 프로그램 아이디어를 창출하는 것만으로도 가능하기 때문이라고 하였다. 실제로 Caffarella의 프로그램 개발모델에는 요구분석 단계가 없고, 대신 프로그램 아이디어의 창출단계가 포함되어 있다. 그리고 많은 프로그램 개발 중 학습자에 의해 발현된 요구보다는 제3자에 의해 발현된 요구를 프로그램 속에 포함시키는 경우가 많은데, 이때 제3자에 의해 발현된 요구는 규범요구 혹은 처방요구라고 한다. 이를 다른 말로 표현하면 프로그램 아이디어가 된다. 또한 직무분석을 통해 프로그램에 필요한 교육내용을 선정할 수도 있는데, 이는 학습자를 대상으로 하는 별도의 요구분석 과정을 거치지 않고 프로그램을 개발하는 경우이다. 이런 한계성 때문에 교육요구라는 개념을 보다 확장시켜 프로그램 개발의 상황에 적절한 용어로 프로그램 요구라는 용어를 사용하게 된 것이다.

즉, 프로그램 요구란 교육요구와 프로그램 아이디어 그리고 직무과제를 프로그램 개발과정 속에 반영시켜 나가는 것이다. 우리가 행하는 모든 요구분석의 목적은 프로그램의 요구를 파악하기 위해 수행된 것이라고 할 수 있는데, 이 때문에 Sandra(1998)는 프로그램 요구를 발견하는 일련의 과정을 가리켜 요구분석이라고 지적하기도 했다(김진화, 2012. 재인용).

이상에서 평생교육 프로그램의 요구분석이란 결국 프로그램의 요구를 발견하는 일련의 과정이라고 했는데, 실제로 평생교육 현장에서는 이와 같은 요구의 개념과 혼돈하여 사용하는 용어들도 많다. 이를테면 욕구, 필요, 흥미 그리고 수요 등이 있다.

욕구는 영어로 "need"라고 하며 심리학에서 주로 사용한다. 그러나 동일한 영어단어를 사용하면서도 사회학에서는 요구라는 용어를 쓰는 경향이 있다. 이 때문에 전통적으로 욕구란 심리학적 용어로 한 개인의 내적 바람이나 동기를 강조하며, 요구란 사회학적 용어로 한 개인의 내적 바람과 동기는 물론, 집단적·사회적 필요의 의미까지도 포함한다. 프로그램 개발 영역에서의 요구란 개인, 집단, 조직, 사회 등에 의해 발현된 다양한 요구와 필요를 교육적 행위를 통해 충족이 가능한 것으로 보고 있다.

필요는 학습자가 반드시 터득해야 할 내용과 학습자가 도달해야 할 일정한 수준을 학습자 개인이 자발적으로 인식하여 표출하는 것이 아니라, 학습자 외부체제, 즉 전문가 혹은 자격기준 등에 의해 발현되고 규정된 것을 말한다. 요컨대, 학습자가 스스로 발현한 것은 요구라고 하고, 외부 전문가에 의해 발현된 것은 필요라고 한다. 이 때문에 프로그램 개발 영역에서 '요구 및 필요분석'이라는 용어를 혼합하여 사용하기도 한다.

흥미는 영어로 "interest"라고 하는데, 어떤 것에 대해 관심을 가지게 되는 것을 말한다. 흥미는 잠재적 학습자가 프로그램에 참여하도록 동기화시키는 동인(動因)이 될 수는 있지만, 그들이 성장·발달하는 데 필요한 관련 지식, 기술 및 태도와 직접적으로 연계되어 있지 않다. 이 때문에 흥미의 수준을 교육요구의 범주에 포함시킬 것인가에 대해 논란의 여지가 많다. 실제로 프로그램 개발 영역에서 합리주의와 구조기능주의 관점에서는 흥미를 본질적 요구로 인정하지 않고 있으나, 구성주의 관점에서는 주체자인 한 개인이 특정 대상과 내용에 보이는 관심, 호기심, 선호도 등도 요구의 범주에 포함시키고 있다. 우리가 요구분석을 실시한다면서 조사하고 있는 설문지의 대다수는 구성주의 관점 또는 임파워먼트 접근에서는 요구분석이라고 할 수 있지만, 합리주의와 구조기능주의의 입장에서는 요구분석으로 인정되지 않는다.

수요는 영어로 "demand"라고 하는데, 사전적 의미로는 구매력이 뒷받침된 욕구를 뜻한다. 평생교육 프로그램을 하나의 서비스 상품으로 간주할 때 수요라는 용어는 개발된 프로그램에 등록하거나 참여하는 직접적 행위를 의미한다. 실제로 평생교육 현장에서 교육수요 조사라는 용어를 자주 접하게 된다. 즉, 프로그램 속에 어떤 내용이 포함되는 것이 좋다고 생각하는지, 이런 프로그램을 개발하는 것에 대해 어떻게 생각하는지, 혹시 참여할 의사가 있는지 등을 묻는 행위이다. 이는 엄밀히 말해 요구분석이라고는 할 수 없고, 오히려 프로그램 마케팅 영역에 포함된다고 하겠다. 그 이유는 이 조사행위가 교육요구의 본질적인 의미와는 상당한 차이가 있기 때문이다.

2. 평생교육 프로그램 요구분석의 방법

평생교육 프로그램의 요구분석을 위해서는 사전에 개략적인 계획을 세우고, 수립한 계획의 절차대로 진행하는 것이 시행착오를 최소화하고 원하는 자료도 얻을 수 있다. 우선 요구의 근거를 발현주체가 되는 사회, 조직 그리고 개인으로 구분함으로써 사회적 요구, 조직적 요구 그리고 개인적 요구로 대별한 후, 각 요구별 조사내용과 조사방법에 대한 계획을 세워야 한다. 이때 프로그램의 성격에 따라 조사내용은 조정이 될 수 있으므로, 조사방법과 관련하여 어떤 기법들이 있는지를 탐색해 볼 필요가 있다고 본다. 평생교육 현장에서 쉽게 적용할 수 있는 요구분석 방법을 김진화(2012)는 형식적 요구분석 기법과 비형식적 요구분석 기법으로 나누어 고찰한 바 있고, 최은수 외 6인(2016)은 프로그램 개발을 위한 기타 분석방법을 소개하고 있는데, 이들이 제시한 요구분석 기법을 살펴보기로 한다.

1) 평생교육 프로그램의 형식적 요구분석 기법

(1) 조사법

조사법은 서베이(survey) 기법이라고도 하는데, 학습자가 표현한 요구를 확인하는 기법으로 가장 널리 쓰이는 방법이다. 주로 잠재적 학습자 집단이 비교적 많고 널리 분포되어 있는 경우에 요구와 관련된 정보를 수집하기 위해 사용된다. 이 기법은 평생교육 프로그램 개발자들로 하여금 응답자들의 요구 경향이 비슷한 정보를 통합적으로 획득할 수 있게 할 뿐만 아니라, 비교적 쉽게 체계적인 방법으로 정보를 얻을 수 있다는 장점을 가지고 있다. 또한 얻을 수 있는 정보로는 요구를 충족시키는 데 유용한 자원, 요구가 표출되는 조건과 상황 그리고 학습자의 의견 · 신념 · 태도 · 실행수준 · 지식 및 수행능력 등이 포함된다.

서베이는 질문지법과 면접법 등 두 가지 방법으로 실시할 수 있다. 질문지법은 우편이나 분배형식을 통해 이루어지므로 응답자와 비교적 직접적인 접촉이 없더라도 정보를 얻을 수 있는 반면, 면접법은 응답자와 직접 대면하거나 전화로 질문에 응한 사람들과 질의응답 형식으로 이루어진다.

한편, S. M. Steele(1974)에 의하면, 일반적으로 서베이는 다음과 같이 9단계로 이루어지는 것이 바람직하다. 첫째, 서베이의 필요성을 결정한다. 둘째, 목적을 설정하고 필수적인 정보를 확인한다. 셋째, 기본계획서를 작성한다. 무엇을 해야 할지를 사전에 나열해 보는 것은 질문지 개발에 있어서 기초가 되며, 질문지를 개발한 후에는 사전에 작성된 목록과 비교해 본다. 넷째, 가능하다면 질문지를 개발하는 데 응답자를 참여시켜 검토하게 한다. 특히 적절한 주요 인사는 질문지의 의도를 확인하는 데에 도움이 되는데, 응답자가 정보를 줄 수 있는지 없는지를 고려해야 한다. 다섯째, 정보를 수집하는 방법들을 잘 파악하여 적절한 정보수집의 방법을 결정한다. 여섯째, 요구분석

도구를 설계한다. 이때 도구는 측정 후 해석을 명확히 할 수 있도록 구성해야 하며, 응답을 유도하거나 예상되는 답변을 지시하는 형태는 피해야 한다. 일곱째, 설계된 질문지는 예비 테스트 과정과 수정작업을 거쳐 보다 발전된 형태로 재창출시킨다. 여덟째, 응답자들에게 친밀감을 보이고 호의적으로 대답하도록 하는 데에 도움이 되도록 질문지의 안내문을 짧고 간략한 문장으로 작성한다. 아홉째, 요구분석 결과를 활용할 계획을 수립해 둔다.

(2) 관찰법

관찰법은 관찰자가 조사대상의 개인, 사회집단 또는 지역사회의 행동이나 사회현상을 현장에서 직접 보거나 들어서 필요한 정보나 상황을 정확히 알아내려는 방법이다. 이 관찰법에는 사람이 행하고 말하는 것을 관찰하는 방법과 사람들에게 자신과 타인의 행동에 대해 질문하게 하는 방법이 있다.

(3) 개별적 소개법

개별적 소개법(individual profile)은 요구를 개인적으로 결정하고 기록하는 데 이용되는 방법이다. 많은 다른 분석자료들은 여러 전문직에 이용될 수 있고, 여러 가지 주제와 내용에서 다양한 분석자료들을 얻을 수 있다. 이는 과업분석이나 직무분석과 유사하다고 할 수 있는데, 다음(김진화, 2012)은 그 예를 제시한 것이다.

> "우리 회사에서도 과거와는 달리 우리 부서(인재개발실)에 대해 사원들 사이에서 인식이 많이 바뀌고 있음을 알 수 있다. 사업장 내에서 교육을 실시한다는 것이 과거에는 잘 받아들여지지 않았으나, 최근에는 그렇지 않다. 우리나라가 선진국으로 진입하기 위해서는 인재를 양성하는 것이 매우 중요하기 때문이다. 따라서 우리 회사에서도 체계적으로 인재를 양성하려는 노력들이 시도되고 있다. 그런데 그동안 인재양성은 외국의 교육 프로그램을 그대로 번안하거나 외부에 의뢰하여 마련된 프로그램을 통해 이루어져 왔다. 이런 과정에서 현업의 현실이 무시된 내용이 많았던 것이 사실이다. 그래서 우리 회사에서는 최근 몇 년 동안 모든

직무와 직책에 대한 교육체계를 마련하려는 프로젝트를 수행해 오고 있다. 그러나 한 가지 문제는 이 프로젝트를 수행할 수 있는 사람을 찾기가 매우 어렵다는 것이다. 이러한 능력을 갖추고 있는 인재가 있으면 언제라도 데려다 쓰고 싶은 생각이 간절하다. 대학이든지 다른 컨설팅 회사든지 이런 능력을 키워줄 수 있는 프로그램이 있었으면 우리 부서에 있는 직원들을 보내고 싶다."

위에서 보는 바와 같이 한 개인의 말을 통해 기업체의 교육체계를 개발할 수 있는 사람이 필요함을 알 수 있다. 즉, 프로그램 개발의 영역이 매우 중요하며, 실제로 프로그램을 개발할 수 있는 요원들을 교육시키는 프로그램이 필요함을 발견할 수 있다.

(4) 결정적 사건분석법

결정적 사건분석법(critical incident approach)은 특정 직무나 직업을 가지고 있는 사람들을 위한 교육 프로그램을 개발하기 위한 요구분석 방법으로 활용된다. 즉, 특정한 일을 수행하는 데에 필요한 중요한 구성요소를 해당 직무에서 경험이 많거나 높은 지위에 있는 사람으로부터 보다 구체적 행동기록을 얻어내는 것이다. 이 과정을 통해 수집된 정보는 어떤 활동에 중요한 필요조건을 공식화할 수 있게 된다. 이 기법의 장점은 획득되는 정보가 단순히 인상이나 의견보다는 구체적인 자료를 제공한다는 점과 행위자의 관점에서 직무에 필요한 요건을 포괄적으로 제시해 준다는 데에 있다.

Keregero(1977)은 결정적 사건분석을 활용한 요구분석의 절차를 12단계로 제시하였다(김진화, 2012. 재인용). 첫째, 연구되어야 할 구체적인 직무군을 결정한다. 둘째, 관찰집단을 선정한다. 셋째, 결정적 사건의 적절한 사례를 수집한다. 넷째, 모든 사건들을 검증하여 구체적 기준을 충족시키지 못한 것은 제거한다. 다섯째, 행위자를 범주화시키기 위한 준거들을 결정한다. 여섯째, 결정적 사건에 포함된 중요한 행위자를 구별한다. 일곱째, 유사한 행위자가 가지고 있는 결정적 사건들을 포괄적 범주에 포함시킨다. 여덟째, 관련된 행위자의 포괄적 범주마다 서술적 주제를 명시한다. 아홉째, 행위자 집단을 포괄적 범주에 맞게 분류한다. 각각에 명칭을 부여하고 행위자를 다시 연구하여 재범주화한다. 열째, 결정적 사건 사례들을 임의대로 범주화함으로써 일치 여부를 파악한다. 열한째, 최종적으로 범주화된 결정적 행위자의 행동을 기초로 결정적 요구조건을 결정하고 기록한다. 열두째, 결정적 사건과 통제변인 사이의 관련성을 규명한다.

(5) 능력분석법

능력분석법(competency-based approaches)은 전문 직업인들을 위한 교육 프로그램을 설계하는 데 유용한 요구분석 기법이다. 이 방법은 해당 영역의 전문가가 반드시 가지고 있어야 할 최소한의 전문적 능력을 현재 전문 영역에 종사하고 있는 전문가로부터 정보를 얻는 형식을 취한다. 앞으로 전문가가 될 사람은 자신의 능력 수준에 대해 검증을 받게 되며, 전문가가 제공한 능력 수준과 비교하여 드러나는 차이, 즉 필요한 능력을 개발시키기 위해 교육 프로그램을 설계하는 형태를 따르게 된다.

(6) 델파이법

델파이법(delphi method)은 원래 미국의 Rand연구소에서 1950년대 초에 개발한 의견조사 방법이다. 전문가의 직관과 판단이 미래사건 또는 그 사건의 발생 가능성들을 예견하는 데에 효과적인 자원으로 구성될 수 있다는 인식에 기초를 두고, 목적이나 관점, 사항, 잠재적 요구들의 일치점을 얻기 위해 교육요구 분석에서 많이 활용하고 있다. 사람들이 모여서 의논하지 않고도, 또 질문지 조사가 갖고 있는 결함을 배제하면서 효과적으로 의견을 수렴할 수 있다.

델파이 방법의 기본적인 절차를 요구사정과 관련하여 나열해 보면, 첫째, 해당 교육 분야의 전문가 집단을 선정하여 조사대상을 구성한다. 둘째, 주요 교육과정의 목적 또는 문제구명과 열거를 위한 1차 질문지를 송부한다. 셋째, 1차 조사를 통해 구명되고 열거된 교육과정의 목적과 문제를 정리 및 재작성하여 다시 2차 질문지를 송부한다. 이때 해당 목적과 문제의 중요성, 필요도 또는 성취가능성 등의 기준에 따라 등위를 매겨 평가하도록 요청한다.

넷째, 2차 조사결과를 평균치 또는 4분 편차 등을 활용하여 통계처리하고, 그 결과를 토대로 3차 질문지를 재작성하여 다시 송부한다. 이때 조사대상자는 각각 자신의 지난 번 평점을 수정할 수 있는데, 수정 시에는 그 이유를 밝히도록 한다. 다섯째, 3차 조사결과를 통계적으로 다시 분석하고, 다수의 평정결과와 더불어 소수의견을 정리하여 제4차 질문지로 송부한 후, 평정의견 수정의 최후 기회를 제공한다.

이때 반드시 4회로 질문지 조사를 해야 하는 것은 아니다. 필요에 따라 혹은 합의되는 정도에 따라 두세 차례로 줄일 수도 있고, 또 몇 차례씩 계속 반복될 수도 있다. 요구사정에 있어서 델파이 방법은 여러 가지 다양한 집단의 교육적 요구를 추출해 낼 수 있다는 이점 때문에 많이 활용된다.

(7) 교차목적 행렬법

교차목적 행렬법(cross purpose matrix)은 요구분석에서 제시되는 여러 가지 목적에 대한 토론을 촉진시키는 절차이다. 이 방법에서는 평정을 하지 않고도 목적의 우선순위를 정할 수 있는데, 여러 가지 목적들을 행렬표 속에 제시한 다음, 토론과 숙고를 거쳐 다른 목적과의 상대적 가치를 결정(이성호, 1985)하게 된다.

이 교차목적 행렬법의 절차는 첫째, 평생교육기관이 추구해야 할 목적을 구명하고, 각각의 목적을 옹호해 주는 사람을 찾아낸다. 둘째, 그 목적이 해당 기관의 최우선 목적이 되고 또 필요한 활동을 하는 데에 충분한 시간이 주어진다면 옹호자는 언제쯤 그 목적이 성취될 수 있는지 가장 가능성 있는 날짜를 추정한다. 셋째, 모든 목적들의 성취 가능성 날짜들을 비교해서 가장 빠른 날짜의 목적부터 순서대로 행렬표에 종과 횡으로 배열한다. 넷째, 각 옹호자는 자신이 주장하는 목적에 대한 "이 목적이 100% 성취되면, 그것은 다른 목적의 성취에 어떤 영향을 미치게 될 것인가"라는 물음에 '++', '+', '○', '-', '- -'의 기호로 응답한다. '++'는 강한 긍정적 영향을, '+'는 긍정적 영향을 미치고, '○'는 영향을 끼치지 않으며, '-'는 부정적 영향을 미치고, '- -'는 강한 부정적 영향을 미친다. 다섯째, 각 목적의 옹호자는 네 번째 절차와 같은 방식으로 "이 목적(다른 사람이 주장하는 목적)이 100% 성취된다면, 나 자신의 목적에는 어떤 영향을 미칠 것인가"에 대한 응답을 한다. 여섯째, 이상의 반응을 행렬표에 작성한다. 일곱째, 응답이 다 기록된 다음에는 각 응답에 대한 주장과 상호 간의 토의와 협상을 전개함으로써 최종 결론에 도달하게 한다.

이 교차목적 행렬법은 다른 우선순위 결정방법들과 병행하여 사용하면 더욱 효과적이다. 특히, 최후에 남은 경쟁적인 몇 가지 소수 목적들 중 우선순위를 결정하는 데 어려움이 있을 때 활용하면 더욱 효과적이다.

(8) 큐(Q) 분류법

큐 분류법(Q-sort technique)은 W. Stephenson에 의해 고안된 방법으로, 보다 심층적인 통계적 분석을 통해 목적의 등위를 정하려고 할 때 사용된다. 이 방법의 기본적인 절차는 첫째, 목적에 대한 진술문들을 카드 한 장에 하나씩 적어 각 개인에게 나눠 준다. 둘째, 각 개인은 해당 카드에 기술된 목적에 대해 찬·반 정도에 따라 '적극 찬성'에서 '절대 반대'까지 카드를 분류하고, 분류된 카드에 10점에서 1점까지 일련번호를 매긴다. 이때 도저히 결정을 내리기 어려운 목적의 카드는 5점이나 6점처럼 중간 지점에 놓게 한다. 셋째, 주어지는 모든 사람의 점수를 각 카드별로 정리하여 표로 작성하고, 총점 등 기본적인 기술통계치를 산출한다. 넷째, 이 결과에 대해 상관계수나 변량분석 등의 통계처리를 실시한다.

이러한 큐(Q) 분류방법의 대표적인 목적은 우선순위를 결정하는 데에 있어서 통계적 분석을 통한 객관성을 확보할 수 있다는 장점을 가지고 있다. 뿐만 아니라 종속변인에 대한 각종 독립변인의 작용을 분석함으로써 여러 가지 목적 상호 간의 우선순위에 미치는 영향요인을 분석해 낼 수도 있다. 그러나 요구사정에서 목적의 우선순위를 결정할 때 많은 조사대상자들을 참여시켜야 하는 원리를 충족시키지 못한다는 단점도 가지고 있다. 그 이유는 큐 분류방법이 표본의 크기가 클 때에는 적합하지 않기 때문이다. 또한, 카드를 분류할 때, 앞서 분류한 카드가 다음에 분류될 카드의 위치에 영향을 미칠 가능성이 크다는 위험성도 있다.

이상에서 밝힌 여덟 가지 방법 외에도 추세분석법, 목적성취 영향요인 분석법, 시나리오 작성법 등 여러 가지가 있다. 그러나 무엇보다 중요한 것은 가능한 한 많은 사람들을 참여시켜 그들의 다양한 의견과 판단을 수렴하는 데 있다. 이렇게 함으로써 요구분석의 효율화를 기할 수 있는데, 이를 위해서는 다양한 기술적 방법들의 끊임없는 연구와 이들의 활용이 시도되어야 할 것이다.

2) 평생교육 프로그램의 비형식적 요구분석 기법

앞에서 언급한 형식적 기법들은 계획하는 데 상당한 시간과 자원을 필요로 한다. 이에 반해, 비형식적 기법은 프로그램 개발 전문가가 효과적인 프로그램을 개발하기 위해 일상생활 속에서 고객과 매일매일 접촉하면서 지속적인 대화를 통해 그들의 요구를 확인하는 것을 말한다. 이 때문에 비형식적 요구분석 기법을 Q & D 접근방법(quick and dirty approach)이라고도 하는데, 종류로는 비형식적 대화와 비활동적 측정기법 등 두 가지가 있다.

(1) 비형식적 대화

비형식적 대화(informal conversation)는 평생교육사가 일상생활 속에서 고객뿐만 아니라 동료들과 빈번한 접촉을 통해 고객의 요구와 관련된 많은 정보를 획득하는 것을 의미한다. 따라서 평생교육자는 지역사회 및 조직체 내에서 고객들의 최근 문제점이나 관심사항을 청취할 수 있도록 "청취할 수 있는 위치"에 있어야 한다. 때로는 모임 후 참석자의 반응, 투서함, 모임에서 제기된 문제들을 듣기 위해 신중히 행동할 필요도 있다. 이렇게 확인된 정보들은 특정 사람들과 대화를 하면서 보다 구체화되고 명확해 진다.

(2) 비활동적 측정

Webb et al.(1966)에 의하면, 면접이나 질문지 기법에 의해 획득될 수 있는 상당히 유용한 정보가 있을 수도 있다(김진화, 2012. 재인용). 당연히 이러한 자료들은 쉽게 관찰될 수 없는 속성을 가지고 있어서 정보를 획득하는 방법에 대해 설명하는 것이 불가능하다. 그러나 Webb 등은 물리적 흔적을 통해 과거의 행동을 조사하거나 보관된 기록문서를 살펴보거나 관찰 등의 방법들을 제안했는데, 이들은 우리에게 큰 도움이 된다.

3) 평생교육 프로그램 개발을 위한 기타 요구분석 기법

지금까지 평생교육 프로그램 개발의 요구분석 방법으로 큰 틀 안에서 형식적 분석기법과 비형식적 분석기법을 고찰했는데, 그 외에도 현존자료 분석이나 학습자 분석, 환경분석, 직무분석 그리고 기관분석 등의 분석방법이 존재한다. 이 중에서 현존자료 분석, 기관분석, 환경분석 그리고 직무분석에 대해 간략하게 안내하고자 한다.

(1) 현존자료 분석

현존자료 분석은 개발하고자 하는 내용과 관련된 현존자료를 분석하는 것이다. 이를 통해 실제 프로그램 개발과 관련된 내용에 대해 많은 아이디어를 얻을 수 있는데, 이를테면 교육과 관련된 교육체계도, 프로그램 일정표, 교재, 교안 컨설팅 자료 등을 검토하고 해당 기관을 분석하는 것이다. 판매실적 보고서나 고객 불만 보고서, 경영성과 보고서 등을 검토할 수도 있다.

(2) 기관분석

기관분석은 프로그램 개발을 의뢰한 기관에 대해 분석하는 것이다. 기관의 설립에서부터 비전, 미션, 경영전략, 경영방침, 주요 사업내용, 시설현환 등을 분석하게 되는데, 설립연도, 총 인원수, 매출액, 주요 사업분야, 경영철학, 조직도, 조직업무, 인사 및 교육제도 등도 함께 살펴볼 수 있다.

(3) 환경분석

환경분석은 프로그램을 개발하는 과정에 대한 여러 가지 상황을 분석하는 것인데, 가장 대표적인 방법은 SWOT(Strength, Weakness, Opportunities, Threats) 기법이다. 이는 대상의 강점과 약점을 확인하고, 외부환경의 기회적 요인과 위협적 요인을 규명하는 분석기법이다. 여기서 강점이란 해당 대상이 경쟁 대상과 비교하여 경쟁우위에 있는 요소를 말하고, 약점은 반대로 경쟁력이 떨어지는 요소를 말한다. 기회요인이란 해당 대상의 외부환경에서 유리한 기회요인을, 그리고 위협요인은 불리한 외부환경을 의미한다.

(4) 직무분석

직무분석은 평생교육의 영역 중 직무능력 향상을 위한 프로그램 개발을 위해 사용되는 기법이다. 즉, 한 직업인의 직업세계에서 그들이 수행해야 할 매우 구체적인 직무를 체계적으로 정리하고, 해당 직무에 필요한 다양한 요소들을 도출하여 제시하는 것이다. 따라서 직무를 수행하는 데에 필요한 지식, 기술 및 태도를 분석하고, 그 내용에 관하여 무엇을 할 수 있어야 하는가를 분석함으로써 교육 프로그램에 반영시키게 된다.

이상에서 살펴본 평생교육 프로그램의 요구분석 방법들을 통해 확인된 평생교육 프로그램 요구라고 해서 모두 다 프로그램으로 전환할 수는 없다. 따라서 평생교육기관의 가용자원과 주어진 교육시간 그리고 교육의 가능성 등을 고려하여 의사결정의 원리를 통해 우선순위를 설정해야 한다.

3. 평생교육 프로그램 요구의 우선순위 및 의사결정 원리

평생교육기관의 제반 자원은 제한적이다. 그 이유는 인적·물적자원과 재정적 자원이 일정 수준 확보되었다고 해도 평생교육 프로그램에 관한 잠재적 참여자들의 요구수준을 모두 충족시키기에는 역부족이기 때문이다. 그러므로 요구분석을 바탕으로 개발해야 할 프로그램에 우선순위를 매겨 순차적으로 개발해야 한다.

1) 프로그램 개발의 우선순위 결정

평생교육 프로그램 개발과 관련한 많은 아이디어와 요구 중에서 우선적으로 개발해야 할 것에 대해 의사결정의 원리를 적용하여 순차적으로 결정해 나가는 것이 우선순위 설정이라고 주장한 김진화(2012)는 우선순위 결정에 대해 다음과 같이 설명하고 있다.

우리가 접하는 모든 프로그램은 일정한 기준과 원리를 적용하여 우선순위 설정과정을 거쳐 완성된 최종 결과물이다. 실제 프로그램 개발과정에서는 아주 많은 정보들이 쏟아져 나오는데, 이 정보들이 초기에는 정리되지 않은 막연한 상태로 정제되지 않은 아이디어이며 요구, 요청, 문제에 불과하다. 이 정보들은 평생교육기관의 한정된 자원과 여건을 고려하여 일정 기준에 의해 여과과정을 거치게 되는데, 이 과정이 의사결정이며 우선순위 설정이다.

우선순위 설정이란 프로그램 개발과정에서 평생교육기관의 한정된 자원과 여건을 고려하여 가장 절실하고 가치 있는 요소를 선정하는 과정이라고 할 수 있다. 다시 말해, 평생교육기관이 가지고 있는 제반 자원-시간, 역량, 예산 등-을 고려하여 많은 아이디어와 요구 중에서 우선적으로 개발해야 할 것을 위계화하여 순차적으로 결정해 나가는 것을 일컫는다. 만일, 평생교육기관이 충분한 자원을 가지고 있다면 수많은 프로그램 아이디어와 요구 중에서 우선순위를 설정해야 할 부담이 없을 것이다. 그러나 현실적으로 모든 아이디어와 요구를 프로그램으로 개발할 만큼 충분한 자원을 가지고 있는 평생교육기관은 드물기 때문에 어떤 아이디어와 요구를 가장 먼저 개발할지를 결정해야만 한다.

우선순위 설정과 관련하여 학문적으로 연구를 수행한 대표적인 학자로는 Forest & Mulcahy, Knowles, Boyle, Scissons, Boone 그리고 Sork 등이 있다. L. Forest & S. Mulcahy(1976)는 최초로 미국 농과대학의 확장교육 상황에서 프로그램 개발 전문가들이 활용할 수 있는 우선순위 설정과정을 개발하여 제시하였다. T. J. Sork(1999)에 의하면, 우선순위 설정은 프로그램 개발의 과정에서 매우 중요한 절차로 간주되고 있다고 하였다. 이러한 우선순위 설정에서도 몇 가지 고려할 점이 있는데, 김영종(2004)은 다음 세 가지로 지적하고 있다.

첫째, 우선순위 결정의 주체에 관한 문제이다. 우선순위가 설정될 대상은 주로 서비스들이지만 기관이나 사회문제, 추구될 목적, 지역 혹은 인구집단들도 포함될 수 있다. 이들을 두고서 프로그램의 리더들이 우선순위를 결정하는 과정에 참여하게 된다.

둘째, 우선순위 결정의 접근방법에 관한 문제이다. 공식적인 우선순위 결정의 방식은 크게 두 가지로 나눌 수 있는데, 첫 번째는 '합의적 접근'이다. 이는 참여자들이 상호작용적인 집단과정을 통해 각종 지침들이나 규제를 검토하고, 이에 대한 토의를 거쳐 집단적 합의에 도달하는 방법이다. 두 번째는 '수량적 접근'으로 민주적 방식에 가깝다. 우선순위 결정에 참여하는 사람들은 각자 동등한 투표권을 가지며, 최종 의사결정 투표의 집계에 의해 결정이 이루어진다.

셋째, 우선순위 설정을 위한 기준에 관한 문제이다. 우선순위 설정 시에 필요한 기준에는 중요도, 효과성, 효율성, 필수성 등이 있다. 이는 문제나 목적들의 상대적 중요성을 파악하게 하고, 각종 서비스 대안들을 비교해 보기 위해 사용된다. 그러나 실제로 대부분의 우선순위 설정과정에서 이 모든 기준들이 엄밀하게 적용되기가 어렵다. 그 이유는 우선순위 설정과정이 정치적 차원에서의 영향을 받기 쉽고, 분석적으로 지향되어 있지 않은 비전문가들이 많이 참여하기 때문이다.

2) 프로그램 개발의 의사결정

평생교육 프로그램 개발은 단순히 평생교육 담당자가 따라야 할 절차를 규정해 주는 관점 즉 도구적·기술적 관점에서 논의될 수도 있으나, 다른 한편으로는 프로그램이 의사결정을 위한 공공의 정치과정이라는 관점에서 바라볼 필요가 있다고 주장한 김진화(2012)는 프로그램에 관한 의사결정이 교육활동 수준, 기관 수준 그리고 사회 수준이라는 세 가지 수준에서 이루어진다고 했다. 이러한 주장은 교육과정 개발에서는 Goodlad & Richterd가 대표적이며, 평생교육에서는 Cevero & Wilson, Pennington & Green이 있다. 특히 R. M. Cevero & A. L. Wilson(1994)은 "프로그램 계획실천 이론"을 주장하면서 프로그램 개발자의 역할과 그들이 속한 조직체의 상황을 강조했다.

그리고 프로그램 개발의 정의를 '프로그램 개발자 혹은 평생교육사가 조직체의 권력관계에 의해 구조화된 조직체적 상황 속에서 이해관계를 교섭하는 사회적 활동'으로 규정하였다. 이러한 규정은 J. Forester이 말한 것처럼 프로그램 개발이 일종의 "정치과정"이며 동시에 "집단적 의사결정과정"임을 보여주는 것이다. 예컨대, 우리는 요구분석을 통해 나온 학습자들의 요구를 모두 프로그램 내용에 포함시킬 수 없기 때문에 그 중에서 우선순위를 결정해야 하는 상황에 직면하게 된다. 이때 프로그램 개발자는 최종적으로 프로그램에 포함시킬 내용을 일정한 법칙이나 원리에 의해 결정해야만 하는데, 이것이 바로 의사결정행위라고 할 수 있다.

프로그램 개발자가 프로그램 개발에서 취하는 의사결정행위는 E. J. Boone(1985)의 지적대로 평생교육기관 차원에서 이루어지는 체제접근의 순차적 단계나 순차적 국면의 의사결정모델이 있고, 개인적 차원에서 이루어지는 개인의 선택을 위한 정신적 순환과정이 있다. 이 때문에 의사결정은 조직적 수준과 개인적 수준에서 이루어진다.

의사결정 수준이 조직과 개인으로 이원화될 수 있는 점과 아울러 의사결정은 일반적으로 정형화된 의사결정과 비정형화된 의사결정의 두 가지 유형으로 구분(김경희, 2011)할 수 있다. 정형화된 의사결정은 반복적으로 나타나고 해결해야 할 문제가 명확하거나 일반적인 상황하에서 이루어진다. 즉, 과거의 경험을 통해 지속적으로 검증된 사안에 대해 조직 내에 이미 개발되어 있는 여러 행정절차를 이용하여 의사결정을 하는 것이다. 반면, 새로운 사안이나 구조화되어 있지 않은 경우에는 비정형화된 의사결정을 하게 된다. 즉, 행정절차가 형성되어 있지 않은 경우에 이루어지는 것이다. 비정형화된 의사결정에서는 문제해결을 위해 사용할 수 있는 규칙이나 표준 운영절차가 조직 내에 축적되어 있지 않기 때문에 책임자의 판단과 직관, 창의성 등에 의존할 수밖에 없다. 또한 문제가 발생하고 나서 문제해결을 위한 의사결정이 이루어질 때부터 해결방안을 찾아야 하므로 정형화된 의사결정보다 해결방안을 찾기 위한 탐색활동이 더 많이 요구된다. 일반적인 조직에서는 상위계층으로 올라갈수록 비정형화된 의사결정의 비율이 증가한다.

4. 평생교육 프로그램 요구의 우선순위 및 의사결정 방법

1) 평생교육 프로그램 요구의 우선순위 결정

프로그램 요구의 우선순위 결정이란 요구분석을 통해 얻게 되는 수많은 요구와 아이디어들을 실시기관의 한정된 자원과 여건을 고려하여 일정한 기준에 따라 그 순위를 결정하는 것을 의미한다. 실시기관의 활용자원과 역량, 예산이 어떤 수준인가에 따라 우선적으로 개발해야 할 것을 위계화하여 순차적으로 결정해 나가야 하는데, 김용현 외 3인(2017)은 이를 우선순위 결정을 위한 단계로 명명하면서 모두 4단계로 구분하여 제시하고 있다.

(1) 1단계: 우선순위 결정에 참여할 사람을 누구로 할 것인지를 결정

1단계에서는 우선순위 결정에 참여할 사람을 선정하게 된다. 그 기준은 잠재적 고객이나 프로그램 참여자, 프로그램 참여자의 상사, 프로그램 실시기관의 관리자 및 경영자 등을 중심으로 결정한다.

(2) 2단계: 우선순위 결정을 위한 평가준거를 개발하여 결정

2단계에서는 우선순위 결정을 하기 위해 평가준거를 개발 및 결정해야 한는데, 이때 다음의 네 가지 준거 중에서 선택하여 적용할 수 있다.

• 평가준거1: 중요도
- 가장 중요한 것(6개월 내에 해결되어야 하는)
- 매우 중요한 것(내년도 안에 해결되어야 하는)
- 중요한 것(2차년도 안에 해결되어야 하는)
- 보통 수준의 것(다뤄져야 하지만 최우선 순위의 요구가 먼저 해결된 후 시간이나 자원의 여유가 있을 때)
- 중요하지 않은 것(다뤄질 필요가 없는)
- 필요하지 않은 것

• 평가준거2: 난이도

- 교육대상자가 현재 과제를 어느 정도 수행하고 있는가에 대해 '매우 잘 수행하는 것'(5점)에서부터 '전혀 수행하고 있지 않는 것'(1점)으로 표시
- 해당 과제를 수행하는 데 어려움은 없는가에 대해 교육대상자가 직무를 수행하여 목적을 달성하는 데 있어서 '전혀 어려움이 없는 것'(5점)에서부터 '어려움이 아주 많은 것'(1점)으로 표시

• 평가준거3: 빈도

- 해당 과제나 아이이어를 어느 정도 수행하는가에 대해 '매일매일 수행하는 것'(5점), '1년에 1~2번 수행하는 것'(2점), '몇 년에 한 번 수행하는 것'(1점)으로 표시

• 평가준거4: 교육필요도

- 교육대상자의 역할과 직무를 수행하는 데 있어서 해당 과제와 관련된 교육을 받으면 직무의 성공도가 높을 것으로 예상하는가에 대해 교육받기를 원하는 정도의 여부에 따라 '매우 필요할 것으로 예상함'(5점)에서부터 '교육 외의 다른 해결방안이 있거나 전혀 필요하지 않을 것으로 예상함'(1점)으로 표시

(3) 3단계: 우선순위 차트에 평가준거에 따라 아이디어를 기록

3단계에서는 평가준거에 따라 우선순위 차트에 여러 가지 아이디어를 기록하게 되는데, 우선순위 차트는 우선순위 결정에 참여한 개인의 수에 의해 우선순위를 결정할 때 유용하게 사용된다.

(4) 4단계: 아이디어를 채택

4단계에서는 3단계에서 기록한 각각의 아이디어에 대한 우선순위 점수를 합산하여 그 중 가장 높은 점수대의 아이디어를 채택하게 된다.

2) 평생교육 프로그램 개발의 의사결정

행정학사전(2009)에 의하면, 의사결정(decision making)이란 조직의 운영정책 및 주요 계획의 목표를 달성할 수 있는 대안 가운데 가장 바람직한 행동경로를 선택하는 과정을 말한다. 넓은 의미에서 의사결정은 조직 관리자가 조직의 목표를 달성하기 위한 총체적 과정을 뜻한다. 의사결정방법은 일반적으로 직관적 결정, 판단적 결정 그리고 문제해결적 결정 등 세 가지 방법으로 구분하여 설명할 수 있다고 김경희(2011)는 설명하고 있다. 직관적 결정은 합리성보다 감정, 즉 옳다거나 최선이라고 생각하는 것에 근거하여 결정하는 것을 말한다. 판단적 결정은 개인이 가지고 있는 지식이나 일상적이고 정해진 절차 속에서 일을 하는 가운데 얻어진 경험에 의해 결정하는 것이다. 문제해결적 결정은 결정해야 할 사안에 대해 정보를 수집·연구·분석 등의 합리적이고 과학적인 절차를 통해 이루어지는 의사결정이다.

이에, 평생교육 프로그램 개발과정을 기획과 의사결정의 과정으로 간주하고 프로그램 개발자가 수행하는 강조점에 따라 보다 세분화하면 합리모형, 만족모형, 점증모형, 혼합관조모형 그리고 쓰레기통 모형으로 구분할 수 있는데, 이들 모형이 곧 의사결정의 방법이 되겠다.

(1) 합리모형

합리모형(rational model)은 목표달성을 극대화하기 위해 의사결정에서 최대한의 합리성을 추구하는 규범적·이상적 접근방법이다. 즉, 인간은 이성과 합리성을 전제로 하여 결정하고 행동하며, 문제해결을 위한 대안을 체계적·포괄적으로 분석함으로써 가장 합리적인 최적의 대안을 선택하게 된다는 것이다.

합리모형의 가장 큰 특징은 정책결정의 과정이 문제의 인지, 대안의 탐색, 대안의 비교 그리고 대안의 선택이라는 행위가 단계적으로 진행된다는 데에 있다. 즉, 목표나 가치를 명확히 정의하고, 문제해결을 위해 가능한 한 모든 대안을 광범위하게 탐색하며, 모든 대안을 종합적으로 고려하여 설정할 목표에 가장 부합되는 결과를 가져올 대안을 최종 선택하는 과정으로 이루어진다. 그러나 인간의 능력이나 정보, 시간 및 비용의 제한성으로 인해 현실적으로 적용할 수 있는 가능성이 적기 때문에 제한된 부분에만 적용이 가능하다는 비판(오세덕 외 3, 2008)을 받고 있다.

합리모형에 따르면 프로그램 개발자는 표적집단의 욕구나 문제에 관심의 초점을 맞추고 달성해야 할 분명한 목표를 설정한 뒤, 해당 목표의 달성을 위한 최적의 대안을 선택하는 데에 상당한 노력을 기울이게 된다. 그러므로 합리모형의 프로그램 개발에서는 기술방법론적인 측면이 강조되고 프로그램 개발자는 전문 기술자로서의 역할수행이 요구된다고 황성철(2005)은 설명한 바 있다.

(2) 만족모형

만족모형(satisfying model)은 지나치게 객관성을 강조한 합리모형의 한계점을 극복하기 위해 고안된 의사결정모형이다. H. A. Simon과 J. March가 제시한 것으로, 합리모형에서와 같은 완전한 합리성이 아닌 제한된 합리성에 기초한다. 여기서 말하는 제한된 합리성이란 능력에 한계가 있는 현실적 인간이 도달할 수 있는 합리성을 뜻하는데, 바로 이 점이 만족모형의 전제가 된다. 즉, 만족모형의 전제는 인간의 능력에는 한계가 있다는 데에 있다. 그렇기 때문에 인간은 최적의 대안을 선택할 수 없으며, 따라서 정책결정자는 어느 정도 동의할 만한 차선의 대안을 선택하게 된다는 것이 이 모형의 핵심이다.

김진화(2012)에 의하면, 만족모형은 현실적·실증적 방법으로 의사결정자의 사회·심리적 측면을 중시하는 특징을 가지고 있다고 했다. 따라서 의사결정의 객관적 상황보다는 오히려 주관적 입장에서 의사결정자가 어떻게 행동하는가를 주시하고 있다. 그러나 만족모형은 개인적 의사결정을 설명하려는 의도에서 나온 것이기 때문에 그것을 그대로 조직의 의사결정에 적용시키기에는 조직이 개인의 단순한 합계가 아니라는 점에서 무리가 따른다는 지적(안해균, 1983; 오세덕 외 3, 2008)이 있다.

(3) 점증모형

점증모형(incremental model)은 가장 이상적인 모형인 합리모형의 한계를 비판하면서 등장했다. 이 모형을 주장한 C. E. Lindbloom(1959)에 의하면, 조직의 의사결정은 항상 합리적 방법으로 이루어지는 것이 아니라 현실을 인정하고 약간 향상된 대안을 선택하는 것이 일반적이다. 따라서 점증모형에서는 인간의 지적 능력의 한계와 의사결정 수단의 기술적 제한을 인정하고, 의사결정에서의 대안선택이 종래의 정책이나 결정의 점진적·부분적·순차적 수정 또는 약간의 향상으로 이루어진다고 본다. 즉, 점증모형에 의하면 합리모형은 달성하기 어렵기 때문에 포기될 수밖에 없으며, 대신 연속적·제한적 비교 또는 세부적 점증주의 전략에 의해 의사결정이 이루어진다고 오세덕 외 3인(2008)은 설명하고 있다.

점증모형에 따른 프로그램 개발과정을 설명하면, 프로그램 개발은 체계적 자료수집과 분석보다는 기존 프로그램에서 약간 향상되는 차원에서 일부 변형되거나 수정된 형태로 나타나는 것이 대부분(황성철, 2005)이다. 이런 점증모형은 주로 다원성을 가진 정치·사회적 구조와 사회적 안정성과 동일한 여건하에서 실효성을 거둘 수 있으나, 근본적으로 보수주의에 기반을 두고 있기 때문에 쇄신이나 혁신을 요하는 사회에는 적용하기 곤란하다는 한계(오세덕 외 3, 2008)가 있다.

(4) 혼합관조모형

혼합관조모형(Mixed Scanning Model)은 A. Erzioni에 의해 제안된 의사결정 모형이다. 즉 합리모형과 점증모형의 약점을 보완하여 전자의 이성적 요소와 후자의 현실적 보수적 장점을 적절히 혼합함으로써 의사결정이 이루어진다고 보는 입장이다. 따라서 기술적·규범적·처방적 모형이라고 할 수 있다.

이 모형은 기본적인 결정과 세부적인 결정으로 구분하고, 기본적인 것은 합리모형에 의해, 세부적인 것은 점증모형에 따라 정책결정을 하는 데에 그 핵심이 있다. 즉, 장기적인 전략이라고 할 수 있는 기본적인 결정을 하는 데에는 '합리적 접근'으로, 단기적인 전술이라고 할 수 있는 세부적인 결정은 기본적 결정의 범위 내에서 '점진적 방법'으로 하는 것이 가장 바람직한 정책결정의 방법이라는 것이다. 따라서 이 모형은 합리모형과 점증모형이 변증법적으로 합(合)해진 모형이라고 할 수 있으며, 장기적 전략과 단기적 전술을 구분하여 정책결정 방법을 달리하는 것이 장점(최은수 외 6, 2016)이다.

그러나 기본적인 결정과 세부적인 결정을 구별하기 위한 기준이 제시되어 있지 않을 뿐만 아니라, 실제로 이 모형이 제시하고 있는 순서와 접근방법에 따라 정책결정이 이루어지지 않고 있다는 비판을 받고 있다.

황성철(2005)에 의하면, 혼합관조모형에 의해 프로그램 개발을 시도하는 프로그램 개발자는 관료의 역할을 수행한다.

(5) 쓰레기통 모형

쓰레기통 모형(garbage can model)은 정책결정이 일정한 규칙에 따라 이루어지는 것이 아니라 문제, 해결책, 선택기회 그리고 참여자 등 4요소가 독자적으로 움직이다가 어떤 계기로 교차하여 결합하게 될 때 결정이 이루어진다고 본다. M. Cohen, J. March 그리고 J. Olsen 등은 의사결정 상황을 고도로 불확실한 상황으로 전제하고, 이러한 상황을 '조직화된 혼란상태'(organized anarchy)라고 규정했다. 이런 조직화된 혼란상태에서는 의사결정이 불합리하게 일어나게 되는데, 이 불합리성을 강조하기 위해 마치 쓰레기통에 아무렇게나 던져 넣은 쓰레기들이 뒤죽박죽으로 엉켜있는 모습과 같다고 해서 붙여진 것이다.

이 모형에는 문제성 있는 선호(problematic preferences), 불명확한 기술(unclear technology) 그리고 수시적 참여자(part-time participants)라는 세 가지 전제조건이 있다. 첫째, 문제성 있는 선호란 의사결정에 참여하는 사람들의 선호가 문제 있다는 것이다. 의사결정에 참여하는 사람들끼리 무엇을 선택하는 것이 바람직한지에 대해 합의가 없고, 참여자 중에 자신이 무엇을 좋아하는지조차 모르면서 의사결정에 참여하는 사람이 있음을 말한다. 둘째, 불명확한 기술이란 의사결정에서 달성하려는 목표와 이를 달성하기 위한 수단 사이에 존재하는 인과관계가 불명확하다는 것이다. 즉, 어떤 목표를 달성하기 위해 무엇을 수단으로 선택해야 하는지 잘 모르는 경우를 의미한다. 셋째, 수시적 참여자란 집단에 속한 개인이라도 문제의 성질에 따라 자신에게 중요한 문제인 경우에는 의사결정과정에 참여하지만 그렇지 않으면 참여하지 않는 현상과, 특정인이 어떤 동일한 문제해결을 위한 의사결정을 할 때 어느 때는 참여하고 다른 때는 불참할 수 있음을 지적한 것이다.

한편, 황성철(2005)은 쓰레기통 모형에 따라 교육복지 프로그램 개발과 기획과정을 설명하고 있다. 프로그램 개발과 기획은 현존하는 조직구조에서 조직의 문화와 규범적 맥락 그리고 조직구성원의 신념과 관심 등에 의해 영향을 받기 때문에 실제로 표적집단의 핵심적인 문제해결을 위한 새로운 프로그램의 창시나 기존 프로그램의 개혁은 요원한 일로 간주된다는 것이다. 현실적으로 각종 평생교육기관의 프로그램 관리자들은 기존 프로그램의 중요성, 예산의 한계, 인력부족에 따른 업무과중, 조직목표의 불확실성 등 현실적인 제약요건으로 인해 진정한 문제로부터 도피하거나 이를 간과하여 결국 기존의 문제가 있는 프로그램을 그대로 수행하거나 피상적인 프로그램의 수정 또는 기존 프로그램의 차용과 같은 형태로 프로그램이 개발될 수 있는 개연성이 매우 크다.

제6장

평생교육 프로그램의 목적 및 목표설정

1. 평생교육 프로그램의 목적과 목표
2. 평생교육 프로그램의 목적진술
3. 평생교육 프로그램의 목표분류
4. 평생교육 프로그램의 목표진술 방법

1. 평생교육 프로그램의 목적과 목표

의도적인 평생교육활동을 위해 프로그램을 개발할 때에 실질적인 최초 과정은 프로그램의 목표를 정하는 일이다. 요구분석과 우선순위 및 의사결정의 과정도 따지고 보면 프로그램의 목표를 정하기 위한 전(前)단계의 역할이기 때문이다. 이러한 프로그램의 목표설정은 후속단계와 과정들을 정하는 준거가 되므로, 프로그램의 개발과정에서 결코 생략할 수 없는 과정이다. 이처럼 중요한 단계의 프로그램 목표설정이 더러는 프로그램 목적이라는 용어와 혼용되어 개념규정에 혼란을 겪기도 해서, 이에 대한 개념을 명확히 할 필요가 있다.

프로그램 목적(program purpose)은 프로그램이 의도하는 바를 구체적으로 명시해 줌으로써 잠재적 참여자에게 선행적 기대감을 갖게 할 뿐만 아니라, 프로그램의 홍보에도 기여하게 된다. 또한 프로그램 실행과정에서 운영자에게 정체성을 갖게 하는 근거를 제공하며, 프로그램 운영과정에서 다양한 지원을 가능케 하기도 한다(김진화, 2012)고 할 때 교육목적(educational purpose)과도 같은 맥락에서 개념을 논할 수 있다. 일반적으로 교육목적은 평생교육기관의 이념을 대외적으로 드러냄으로써 평생교육기관의 성립근거와 정체성을 명확히 해 주는 기능을 갖는다. 또한 평생교육기관의 교육목적은 그 기관에 소속된 모든 구성원들을 하나의 공통된 관심사로 묶어주고, 그들이 적극적으로 역할을 수행할 수 있도록 방향을 제시하는 역할을 한다.

결국, 평생교육기관의 교육목적이든 프로그램 목적이든 간에 목적은 평생교육기관이 지향하는 궁극적인 교육이념을 구체화시켜 놓은 것으로 그 내용이 상당히 추상적이고 일반적이라는 특징이 있다. 이는 교육목적이 즉시적이고 단기적으로 성취될 수 있는 것이 아니라, 보다 장기적으로 실현될 수 있는 내용이라는 점에 기인하기 때문이다.

다음으로, 프로그램 목표(program object)는 정해진 기간 동안 전체 프로그램이 지향해 나가는 교육적 결과를 의미한다. 프로그램 목표는 프로그램이 즉시 시행해야 하는 구체적인 무엇을 제공해 주기 때문에 학습자들의 어떤 행동을 개발할 것인가에 초점을 둔다. 그리고 프로그램 개발을 지도 및 안내하고 전체 프로그램의 목적과 다양한 활동 간에 균형을 이루도록 한다. 이와 함께 프로그램이 실시된 후 평가기준을 제시해야 한다.

이에 반해, 일반적으로 교육학에서 말하는 교육목표란 기대하는 교육의 성과를 말한다(이영덕, 1969; 박병학 · 신윤철 · 한각수, 1998). 따라서 설정된 교육의 목표와 교육행위의 결과로 나타나는 학생들의 학습성과가 일치된다면 그것은 매우 바람직한 일이다. 그러나 엄격히 따져 보면, 교육목표와 실제로 나타난 교육성과와는 차이가 있게 마련이다. 오늘날의 학교교육 상황 속에서 실제의 성과가 교육목표를 완전히 달성하는 경우란 거의 없다. 그러므로 실제의 교육성과와 교육목표와의 차이가 적을수록 교육의 전문성이 높게 평가받는 셈이다. 교육목표와 성과와의 차이를 좁힐 수 있는 중요한 조건 중의 하나는 '교육목표 → 과정(내용과 방법을 포함) → 성과의 평가' 간에 일관성을 유지하는 일이다. 그러므로 교육행위의 전문적인 수준은 이 세 가지의 일관성 정도로 따져볼 수 있다고 해도 과언은 아니다. 물론 이와 같은 명제는 타당한 교육목표가 설정되었다고 전제할 때에 성립될 수 있다. 따라서 무엇을 교육목표라고 하느냐 그리고 그것이 교육과정 속에서 어떤 역할을 하느냐에 대한 명확한 개념규정이 필요하다고 하겠다.

그런데 교육목표가 무엇이냐고 물었을 때에 그 대답은 구구하게 나온다. 혹자는 "과학기술교육을 실시하는 것" 또는 "가치교육을 강화하는 것"이라고 하고, 또 어떤 이는 "발견학습을 강조하는 것" 등의 반응을 하기 쉽다. 하지만 이들은 하나의 교육의 정책적 중점이나 방침을 말하는 것이지 그 자체가 교육목표는 아니다. 교육목표는 "학습과정 혹은 학습경험을 통해 학생에게 이루고자 하는 행동변화"를 지칭하는 말이다. 그러므로 '과학적 태도', '책임감', '분석적 사고력' 등이 각각 과학기술교육, 도덕교육, 발견학습 등에 대신하여 교육목표의 표시로서 사용되어야 할 것이다.

한편, 교육목표가 무엇이냐는 질문에 대한 대답으로 인간의 특성을 지칭하는 말을 사용하는 경우에도 모호한 것들이 많다. '민주시민의 양성', '가정인의 육성', '건강인의 육성' 등의 표현으로 교육목표를 진술하는 경우가 그 예이다. 기르고자 하는 인간의 특성을 막연하게 말하고 있기는 하나, 아직도 어떠한 행동특징의 변화를 의미하고 있는지는 분명치 않다. 이 경우 어떠한 행동특징을 지닌 사람이 민주시민이냐고 물으면 좀 더 구체적인 표현을 찾을 수 있다. 예컨대, '민주주의 기본개념을 이해하고 있다'라든지 '개인의 의견을 존중할 줄 안다'라고 하거나 '공동의 목표를 달성하기 위해 협동할 수 있는 집단기술을 체득한다' 등으로 표시한다면, 단순히 '민주시민의 육성'이라고 한 경우에 비해 어떤 교육의 과정을 거쳐야 하는지가 좀 더 명확해진다. 어떻게 해야 그러한 행동변화가 올 것인지에 대한 명료한 시사를 줄 정도의 구체적 행동특징의 서술이 가능한 교육목표여야 한다는 것이다. 즉 과학적 정밀성을 가지고 교육목표를 다루어야 한다.

이제, 교육목표와 교육목적의 관계를 살펴보도록 한다. 일반적으로 목표와 목적이 혼용되고 있는 것으로 미루어 볼 때에, 교육목표와 교육목적도 유사용어로 혼용할 수 있다. 그러나 교육활동의 방향을 제시한다는 측면에서 보면, 교육목표는 다소 협의적인 개념으로 사용하는 반면에 교육목적은 보다 광의적인 의미를 담고 있다.

영어에서도 목적에 해당하는 용어로는 aims, goal, purpose 그리고 ends 등이 있고, 목표에 해당하는 용어에는 objectives가 있는데, 이들을 명확하게 구분하기란 간단하지가 않다. 많은 교육학 관련 서적에서도 양자의 개념을 구분하지 않고 혼용하고 있음을 발견할 수 있다. 그러나 엄밀하게 말해 교육목표와 교육목적은 구별하여 사용해야 하므로, 일차적으로 교육목표가 갖는 기능을 살펴봄으로써 교육목적과의 차별화에 접근하고자 한다.

W. B. Ragan(1963)은 교육목표의 기능을 다음의 세 가지로 들고 있다.

첫째, 교육목표는 바람직한 성장 방향을 규명해 준다. 학습자들은 일상의 생활활동과 경험을 통해 여러 가지를 배우지만, 그것이 어떤 특정한 가치를 성취하기 위해 계획되고 지도된 경험이 아니므로 비교육적인 것이 되기 쉽다. 따라서 교사는 사회의 대행자로서 어떤 종류의 경험이 교육적이며 어떤 종류의 경험이 비교육적인가에 대한 결정을 내려야 할 무거운 책임이 있다.

둘째, 교육목표는 학습경험을 선택할 근거를 마련해 준다. 교육목표는 교육이 나아갈 방향지시이다. 따라서 어떤 학습경험을 선택할 것인지는 교육목표를 제시함으로써 결정될 수 있다. 교사에게는 학교 내 학습생활에서 가장 중요하고 학생들이 배워야 할 경험들을 선정할 근거가 필요한데, 교육목표는 그 근거가 된다. 또한 학습내용의 선정뿐만 아니라 더 나아가서는 학습방법에까지 바람직한 암시를 준다.

셋째, 교육목표는 평가를 위한 근거를 마련해 준다. 교육목표는 학생들에게 중요한 지식, 기능, 태도 등의 행동유형을 제시해 준다. 학생들의 성취도를 평가하는 것은 학생들이 어떠한 목표를 성취하는 데에 있어서 어느 정도의 진보를 보였는가를 확인하고자 함이다. 목표를 명확하게 인식하지 않으면 제아무리 포괄적인 내용을 가졌더라도 학생의 진보나 성장도를 평가할 수 없다. 해당 학교의 교육목표는 교직원이 학생들을 위해 이루고자 하는 바를 표현해 준다. 학교운영 내용의 평가는 그들이 앞서 설정해 놓은 목표를 얼마나 성공적으로 수행했느냐를 파악하는 데에 있다.

교육목표의 기능을 성장의 방향규명, 학습경험 선정의 근거 그리고 학습결과의 평가를 위한 근거 등으로 규정한다면, 교육목표는 보다 부분적·구체적·단기적인 특성과 함께 특수성과 상세화가 요구된다고 하겠다. 다시 말해 교육목표는 교육현장에서 학습자인 학생들이 성취해야 할 행동특성과 관계되는 개념이다. 이에 반해 교육목적은 그 적용대상이 광범위하고 전체적인 방향을 제시하는 성격을 띤다고 할 수 있다. 이는 전술한 교육목표보다는 포괄적·추상적·이념적·장기적 성격을 갖는데, 이를테면 국가나 지역사회에서 요구하는 타당하고 바람직한 가치, 행동양식 그리고 규범 등에 해당한다. 다만, 교육활동이 이루어지는 학교현장에서는 교육목적이나 교육목표를 '학습활동을 통해 성취해야 할 도달점'으로 보며, 개념적 혼돈상태에 있다는 점에 유의해야 할 것이다.

2. 평생교육 프로그램의 목적진술

평생교육 프로그램의 목적과 관련하여 김진화(2012)는 기관 수준의 교육목적, 프로그램 수준의 프로그램 목적 그리고 교육활동 수준의 학습목표를 다음 [그림 6-1]과 같이 도식화하여 평생교육기관이 지향하는 궁극적인 목적을 교육목적으로, 프로그램의 직접적인 의도가 무엇인지를 명시해 놓은 진술양식을 프로그램 목적으로, 그리고 학습자나 참여자가 의미 있는 교육적 경험을 통해 변화되는 행동의 결과를 학습목표로 규정했다.

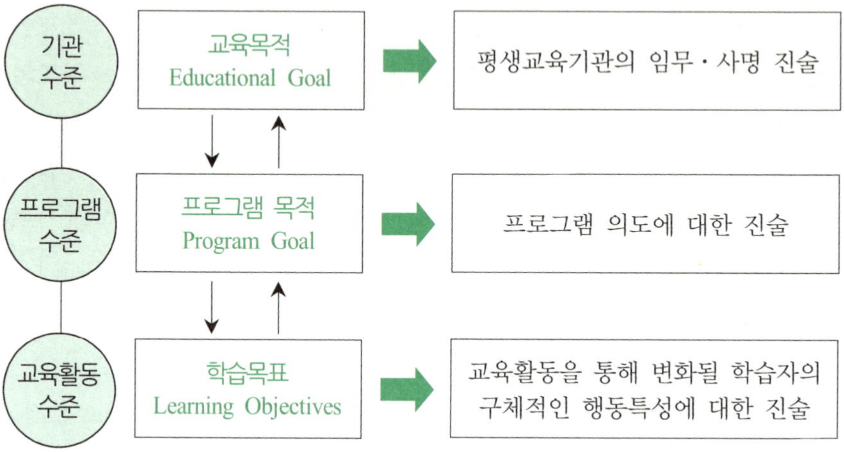

[그림 6-1] 교육목적 · 프로그램 목적 · 학습목표의 개념도

*출처; 김진화(2012). 평생교육 프로그램 개발론. 파주: 교육과학사. p.274.

이상에서 평생교육 프로그램의 목적에 대한 수준과 어떤 내용이 진술되어야 하는지를 간단히 확인했는데, 다음으로 평생교육사가 프로그램 목적을 설정하기 위해서는 프로그램이 지향하는 바가 무엇인가에 대해 인식해야 한다. 프로그램의 의도는 다음의 몇 가지 사실에 근거하여 명시(김진화, 2012)할 수 있다.

첫째, 프로그램 목적을 설정하기 위해서는 기초적 자원으로 국가와 지방자치단체가 지향하는 사회적 이념을 파악하는 것이 필요하다. 비록 현재 평생교육이 학교교육처럼 국가와 지방자치단체의 정책이나 제도에 의한 통제가 약하지만, 장기적으로 평생교육기관 역시 국가와 지방자치단체가 지향하는 바와 깊은 관련성이 있어야 하기 때문이다. 특히, 정부에서 주관하는 평생교육의 경우에 국가의 정책들이 교육 프로그램에 그대로 반영되어 있는 것이 일반적이다.

둘째, 평생교육기관에 재정적 지원을 하는 정부나 민간단체 그리고 여타 기관들에 의해 교육 프로그램의 방향이 결정될 수 있다. 평생교육기관을 지원하는 단체나 조직체 등이 의도한 대로 프로그램의 목적이 설정되고, 이에 따라 프로그램의 내용이 결정되기 때문이다.

셋째, 평생교육 기관이 둘러싸고 있는 제반 속성과 사회적 변화 및 동향에 의해 프로그램의 목적이 설정될 수 있다. 평생교육기관은 지속적으로 변화되는 제반 환경에 효과적으로 적응하고 대처해 나가야 한다. 평생교육기관은 교육 프로그램을 통해 변화하는 사회에 적절히 적응해 나가야 하고, 사회를 변화시킬 수 있도록 교육 프로그램을 통해 적극적인 대안을 제시해야 할 책무가 있다. 왜냐하면 평생교육 프로그램의 목적은 평생교육기관을 둘러싸고 있는 제반 환경과 매우 밀접한 관계가 있기 때문이다.

넷째, 평생교육기관의 설립 취지와 이념은 프로그램 목적을 설정하는 데에 있어서 중요한 근거가 된다. 비록 평생교육기관이 학습자의 요구와 흥미를 토대로 프로그램을 개발하기도 하지만, 평생교육기관마다 나름대로 지향하는 가치와 이념이 있기 마련이다. 따라서 학습자의 요구와 기관이 지향하는 가치를 연계시켜 프로그램을 개발하게 된다. 이 경우, 평생교육기관의 목적과 이념이 프로그램의 목적을 설정하는 중요한 근거가 되는 것이다.

다섯째, 학습자의 성장, 발달, 요구, 필요 및 문제해결 등은 프로그램 목적을 설정하는 데에 중요한 근거가 된다. 평생교육은 학생을 대상으로 하는 학교교육에서처럼 교과목을 중심으로 한 프로그램 목적이 설정되어서는 안 된다. 즉, 평생교육의 대상이 되는 학습자의 성장과 발달, 그들의 요구와 필요 그리고 그들이 직면하고 있는 문제해결과 직접적으로 관련하여 프로그램 목적을 설정해야 할 것이다.

지금까지 평생교육 프로그램의 목적을 진술할 때 유념해야 할 점을 다섯 가지로 제시했는데, 그 다음은 프로그램의 목적을 구체적으로 진술하는 방법에 대해 확인해 볼 필요가 있다.

실제로 평생교육 현장에서 프로그램 목적의 진술은 매우 빈번하게 이루어지고 있다. 프로그램을 고객에게 알릴 목적으로 팸플릿을 만들거나 프로그램을 간략히 소개할 때에도 프로그램 목적을 설정하여 진술하고 있다. 그러나 프로그램 목적을 어떻게 진술할 것인가에 대한 구체적인 방법과 원리에 관해서는 등한시하고 있다. 최근 들어 평생교육 프로그램이 급속히 확산되면서 프로그램 목적을 어떻게 진술할 것인가에 대한 원칙이 제시되고 있다. 그 원칙은 미국의 확장교육(extension education)에서 주로 사용되는 프로그램 목적의 진술을 위한 기본원칙인 "To-By-For"이다. 여기서 "To"는 프로그램을 통해 이루고자 하는 결과를, "By"는 제시될 프로그램의 유형을, 그리고 "For"는 프로그램의 수혜자 또는 참여자를 의미한다. 즉, 프로그램의 수혜자인 학습자 고객에게 어떤 종류의 프로그램을 제공하여 궁극적으로 이루고자 하는 구체적 결과가 무엇인지를 명시하는 형태를 취하고 있다.

그러나 이러한 진술의 원칙은 언어의 진술양식이 우리말과 다르기 때문에 이것을 우리 상황에 그대로 적용하기에는 어려움이 많다고 김진화(2012)는 주장하면서 한글의 언어적 체계에 근거한 프로그램 목적의 진술은 상황, 대상, 내용 그리고 의도 등 4개의 요소를 포함시키면 된다고 했다. "상황"은 학습자가 처해있는 상황이나 학습자의 현재 상태를 명시하고, "대상"은 프로그램의 참여자를 명시하며, "내용"은 참여자가 경험하게 될 프로그램의 포괄적 내용을 제시하고, "의도"는 프로그램에 참여한 학습자가 프로그램 종료 후 변화될 궁극적인 기대효과를 명시하면 된다는 것이다. 이를 보다 구체적으로 도식화하면 [그림 6-2]와 같다.

프로그램 목적진술의 구성요소

- "상　황" - 학습자가 처해있는 상황 혹은 학습자의 상태를 명시함
- "대　상" - 프로그램 참여를 명시함
- "내　용" - 제공될 프로그램의 구체적 내용을 제시함
- "직접적 결과" - 프로그램의 결과로 즉시적으로 변화된 특성을 명시함
- "기 대 효 과" - 프로그램의 결과로 나타날 기대효과를 명시함

(어떠한 상황에) 있는 ○○(대상)에게 (무슨 내용) 프로그램을 제공함으로써 (무엇: 직접적 결과)을 향상시켜 (무엇: 기대효과)하도록 하는 데에 프로그램 목적이 있다.

[그림 6-2] 프로그램 목적진술의 구성요소

*출처; 김진화(2012). 평생교육 프로그램 개발론. 파주: 교육과학사. p.280.

3. 평생교육 프로그램의 목표분류

평생교육 프로그램의 목표분류와 관련하여 최은수 외 6인(2016)은 일반목적, 프로그램 목표 그리고 학습목표로 구분함으로써 기능에 의한 분류를 했고, 김진화(2012)는 학습목표의 유형으로 일반적 목표와 명세적 목표, 주목표와 하위목표, 최소 필수목표와 심화 발달목표, 궁극적 목표와 직접적 목표, 중도점 목표와 도달점 목표, 과정목표와 결과목표, 행동적 목표와 비행동적 목표, 인지적·정의적·심동적 목표 그리고 행동·내용·문제해결목표 등 무려 아홉 가지로 세분화하고 있다.

이에, 평생교육 프로그램의 학습목표 역시 일반 교육활동에서 지칭하는 인간행동의 특성과 궤를 같이한다는 판단하에, 학습목표가 내포하는 행동특성을 몇 가지 유형으로 분류·정리하여 주목을 받고 있는 B. S. Bloom과 그의 동료들에 의한 교육목표의 분류체계를 고찰하고자 한다. 특히, 이들은 네 가지의 분류원칙과 함께 지적 영역, 정의적 영역 그리고 운동기능적 영역으로 구분하여 논의했다. 이 중에서 운동기능적 영역은 Bloom의 분류방식에 따라 E. J. Simpson과 A. J. Harrow 등에 의해 연구되었는데, 여기에서는 Harrow가 분류한 방식을 소개(배장오, 2015)해 본다.

Bloom과 그의 동료들이 제시한 분류원칙은 첫째, 행동의 분류는 주로 현존하는 교육기관 및 교육 프로그램에서 사용될 것이므로 유목 간의 구분은 대체로 교사가 학생의 행동을 구분할 때 쓰는 것이 바람직하다. 둘째, 분류의 논리적인 모순을 가져오지 않아야 하며 내적 일관성이 있어야 한다. 따라서 분류에 사용되는 용어는 처음부터 끝까지 일관성 있게 정의되고 사용되어야 한다. 셋째, 분류는 심리학적 타당성을 가지고 있어야 한다. 그러므로 아무리 교사들이 구분해서 말하는 행동유목이라고 할지라도 심리학의 지지를 받을 수 없는 것이라면 소용이 없다. 넷째, 교육목표의 분류는 모든 교육목표가 골고루 포함될 수 있는 분류체계를 가져야 한다.

1) 지적 영역의 교육목표

1.00 지식(knowledge): 인지나 재생에 의하여 아이디어나 자료 또는 현상을 기억해 내는 행동을 말한다.

1.10 특수사상에 관한 지식(knowledge of specifics): 구체적이며 단편적인 정보를 상기 · 재생하는 행동을 말한다.

1.11 용어에 관한 지식(knowledge of terminology): 언어 또는 비언어적 기호로 표시되는 특수사상에 관한 지식이다.

(목표 예: 평면도형에 관한 용어를 이해한다)

1.12 특수사실에 관한 지식(knowledge of specific facts): 일자, 사건, 인물, 장소, 정보원에 관한 지식이다.

(목표 예: 우리나라 동 · 서해안의 지형적 특징에 관한 정보를 재생한다)

1.20 특수사상을 다루는 방법과 수단에 관한 지식(knowledge of ways and means of dealing with specifies): 아이디어 및 현상을 조직, 연구, 판단, 비판하는 방법에 관한 지식이다.

1.21 형식 및 관례에 관한 지식(knowledge of conventions): 아이디어와 현상을 정리하고 제시하는 특징적 방법에 관한 지식이다.

(목표 예: 시, 희곡, 과학적 논문 등의 형식에 익숙하게 한다)

1.22 경향과 순서에 관한 지식(knowledge of trends and sequences): 시간적 면에서 본 현상의 과정, 방향, 운동에 관한 지식이다.

(목표 예: 불교가 우리나라 문화에 미친 영향에 관해서 안다, 인간의 모든 행동은 원인을 가지고 있다는 것을 안다)

1.23 분류와 유목에 관한 지식(knowledge of classification and categories): 일정한 대상 분야, 목적, 논의, 문제에 기본적이거나 유용하다고 여겨지는 항목, 종속(sets), 구분, 배열에 관한 지식이다.

(목표 예: 여러 가지 종류의 단체 특색에 익숙하게 한다)

1.24 준거에 관한 지식(knowledge of criteria): 사실 · 원리 · 의견 및 행위를 검증하고 판단하는 기준에 관한 지식이다.

(목표 예: 예술작품을 판단하는 데에 사용되는 기본요소인 균형성, 통일성 및 율동성 등에 관한 지식을 안다)

1.25 방법론에 관한 지식(knowledge of methodology): 특정 교과영역에서는 물론 특정문제나 현상을 탐구하는 데에 사용되는 연구방법, 기술, 절차에 관한 지식이다.

(목표 예: 동물의 생태에 관한 연구방법을 안다)

1.30 보편적 · 추상적 사상에 관한 지식(knowledge of the universals and abstractions in a field): 특정 현상과 개념들이 조직되는 주요 개념체계 및 형태에 관한 지식이다.

1.31 원리 및 통칙에 관한 지식(knowledge of principles and generalizations): 관찰된 현상을 요약한 특정 추상개념에 관한 지식이다.

(목표 예: 유전에 관한 생물학적 법칙을 안다)

1.32 이론 및 구조에 관한 지식(knowledge of theories and structures): 복합현상, 문제, 학문분야에 대한 명백하고 원숙한 체계적 견해를 나타내는 원리 및 통칙의 체계와 그 상호관계에 관한 지식이다.

(목표 예: 인류 발생에 관한 주요학설을 상기한다)

2.00 이해력(comprehension): 이해력은 그 속에 번역능력, 해석력, 추론능력이 포함된다.

2.10 번역(translation): 어떤 자료를 원래와는 다른 언어 및 다른 형태의 자료로 바꾸어 놓을 수 있는 능력을 말한다.

(예: 삽화, 지도, 표, 도형, 도표, 수식 등 기호형태로 표현된 관계를 언어적인 형태로 바꾸어 놓는 능력 또는 정의 그대로가 아닌 은유, 상징, 반어법, 과장을 보통문체로 바꾸어 놓는 능력)

2.20 해석(interpretation): 자료의 주요부분을 파악하고 각 부분 간의 관계를 해득하며 그것을 재조직함으로써 그 자료에 포함된 내용에 대해 어떤 전체적인 견해를 가질 수 있는 능력이다.

(예: 문학작품 속에 흐르는 작가의 이상을 전체적으로 파악하는 능력 또는 여러 가지 형태의 사회적인 자료를 해석하는 능력)

2.30 추론(extrapolation): 자료에 담겨진 경향, 추세 또는 조건들을 해득하고 이에 입각해서 추정을 하거나 예언하는 능력이다.

(예: 나타난 진술로부터 직접 추론해서 결론을 내리는 능력이나 또는 경향 및 추세를 투사하여 장래를 예언하는 능력)

3.00 적용력(application): 방법, 원리, 학설, 추상개념의 이해를 기초로 하여 새로운 문제사태에 봉착했을 때 그 방법, 원리, 학설, 개념을 적용하여 문제를 해결하는 능력이다.

(예: 민주적 자유와 권리에 대한 개념을 시사문제에 관련시킬 수 있는 능력)

4.00 분석력(analysis): 이해력이나 적용력보다 약간 높은 수준의 기능이다. 분석력은 자료를 그 구성부분으로 분해하고 부분 간의 관계와 그것이 조직되어 있는 방식을 발견하는 능력이다.

4.10 요소의 분석력(analysis of elements)

(예: 가설과 사실을 가려내는 능력)

4.20 관계의 분석력(Analysis of Relationship)

(예: 판단을 타당화하는 데에 어떤 특수사상이 관계되는가를 인식하는 능력 또는 한 주장 속에서 이론적 오류를 발견하는 능력)

4.30 조직원리의 분석력(analysis of organization)

(예: 역사적 기술에서 필자의 견해나 편견을 인식하는 능력)

5.00 종합력(synthesis): 여러 요소나 부분을 전체로 묶는 능력이며 창의적 능력을 포함하는 행동이다.

5.10 독특한 의사전달의 구안(production of a unique communication)

(예: 자기의 경험을 독특한 표현으로 이야기하는 능력 또는 가사에 곡을 붙이는 간단한 작곡능력)

5.20 계획 및 시행절차의 구안(production of a plan, or proposed set of operations)

(예: 가설 및 검증방법을 제시하는 능력이나 또는 조작수행을 위해 간단한 기계를 고안하는 능력이나 주어진 명세(明細)에 따라 건축을 설계하는 능력 등)

5.30 추상관계의 도출(derivation of a set of abstract relations)

(예: 경험이 하나의 개념구조로 조직될 수 있는 여러 가지 가능한 길을 인식하는 능력)

6.00 평가력(evaluation): 어떤 목적으로 아이디어, 작품 해답방법, 소재 등의 가치를 판단하는 능력이다.

6.10 내적 증거에 의한 판단(judgments in terms of internal evidence): 합리적인 정확성, 일관성, 기타 내적 증거에 의한 의사전달 자료의 평가이다.
(예: 작품의 판정에 일정한 기준을 적용하는 능력)

6.20 외적 증거에 의한 판단(judgments in terms of external evidence): 선정된 준거나 기억된 준거에 의한 평가이다.
(예: 사람들이 가지는 건강에 대한 신념을 비판적으로 평가하는 능력이나 또는 스스로 키운 표준을 일상 환경정리를 위한 물건의 선택과 사용에 적용하는 능력)

이상에서 소개한 지적 영역의 행동분류를 실제 교육목표에 적용할 경우에는 많은 난관에 부딪히게 된다. 여기에는 두 가지 이유가 있는데, 하나는 우리가 교육목표 분류를 완전히 이해하지 못했기 때문이다. 또 하나는 Bloom의 분류 자체가 완전한 것이 아니어서 분류된 행동유목 간에 정밀한 구분이 되지 않은 데에서 기인한다.

2) 정의적 영역의 교육목표

1.0 감수(receiving) 혹은 주의(attending)

1.1 감수(awareness)

1.2 자진감수(willingness of receive)

1.3 주의집중(controlled or selected attention)

이 단계는 학습자가 어떤 현상이나 자극에 대해 인지적으로 받아들이는 것을 의미한다. 이 감수를 위해서는 학습자의 받아들이고자 하는 의식과 주의집중 및 동기가 필요하다.

2.0 반응(responding)

2.1 묵종반응(acquiescence in responding)

2.2 자진반응(willingness to responding)

2.3 만족(satisfaction in response)

이 단계는 학습자가 현상이나 자극에 대해 주의를 기울이는 정도를 넘어서 하나의 활동으로 반응을 일으킴으로써 내면화 과정에서 좀 더 깊은 단계로의 진전을 보인다.

3.0 가치화(valuing)

3.1 가치수용(acceptance of a value)

3.2 가치선택(preference for a value)

3.3 확신(commitment or conviction)

이 단계는 학습자가 감수나 반응을 거쳐서 얻은 결과를 자기 것으로 만드는 과정이다. 좋고 싫으며, 수긍하고 공감하며, 어떤 특성이 개인에게 가치화하려면 소속 집단의 동의는 물론, 개인의 내면적인 가치와 일관성을 가지고 있어야 한다. 가치화는 자신의 확신이다.

4.0 조직화(organization)

4.1 가치의 개념화(conceptualization of a value)

4.2 가치체계의 조직(organization of a value system)

이 단계는 여러 가지를 하나의 체계로 조직하고 상호 관련을 지어 나가는 과정이다. 학습자는 여러 가지 가치를 내면화해 나가면서 하나 이상의 가치가 관련되는 사태에 당면하게 되는데, 이때 받아들여진 가치에 대한 명백한 개념이 서 있어야 한다. 또한 가치 사이의 상호 관련성을 찾을 수 있어야만 거기에서 하나의 복합적인 가치로서의 조직이 이루어진다.

5.0 인격화(characterization)

5.1 일반화된 행동태세(generalized set)

5.2 인격화(characterization)

이는 내면화 과정의 최종단계로서 이 단계에 도달하면 학습자의 여러 행동을 통제하거나 영향을 줄 수 있는 특성으로 존재하게 된다. 뿐만 아니라, 이 단계에 도달하게 된 정의적 특성은 오래도록 개인에게 머무르면서 행동을 통제하고 지배한다.

3) 운동기능적 영역의 교육목표

1.00 반사적 운동(reflex movements)
1.10 소분절적 반사
1.20 중분절적 반사
1.30 초분절적 반사

이 수준은 눈을 깜박이는 것처럼 한 개인의 의사와 관계없이 나타나는 동작을 의미한다. 이는 훈련이나 교육에 의해서 발달되는 것이 아니므로 교수목표로 설정될 수 없는 행동이지만, 적절한 반사적 운동들은 보다 높은 수준의 운동기능의 기초가 된다.

2.00 초보적 기초동작(basic-fundamental movements)
2.10 이동동작
2.20 입상동작
2.30 조작동작

이 수준의 학습은 반사적 운동들의 통합으로 이루어지며 높은 수준의 운동기능 발달의 기초가 된다. 걷는 것, 뛰는 것, 손가락을 움직이는 것 또는 손으로 잡는 운동 등이 이에 속한다.

3.00 운동지각 능력(perceptual abilities)
3.10 근육감각을 통한 변별
3.20 시각을 통한 변별
3.30 청각을 통한 변별
3.40 촉각을 통한 변별
3.50 협응운동 능력

이는 시각적, 청각적 및 촉각적 자극을 해석하고 환경에 대한 운동을 조정하는 기능이다. 예를 들면, 지시에 의해서 불을 피한다거나 잡는 동작과 촉각을 통해서 옷감의 이름을 알아낸다거나 혹은 줄넘기와 같은 지각운동을 요구하는 기능을 포함한다.

4.00 신체적 기능(physical abilities)
4.10 지구력
4.20 체력
4.30 유연성
4.40 민첩성

이는 상당히 숙련된 운동을 하는 데 필요한 힘과 기능을 포함한다. 계속적인 체력과 근육운동, 운동의 민첩성 또는 여러 운동기능과 유연한 통합을 요구하는 활동 등은 이러한 신체적 기능을 요구한다.

5.00 숙련된 운동기능(skilled movements)
5.10 단순적응기능
5.20 혼성적응기능
5.30 복합적응기능

이는 운동과 구체적 기능을 요구하는 복잡한 운동기능을 실천하는 데에 나타나는 능률성, 우수성 및 숙련성의 정도를 일컫는다. 무용가나 운동선수에서 나타나는 세련된 운동기능은 이 수준에 속하는 예가 된다.

6.00 동작적 의사소통(non-discursive communication)
6.10 표현동작
6.20 해석동작

이는 얼굴의 표정과 몸의 동작에서부터 발레에 나타나는 복잡한 운동 등을 포함하는 신체적 운동을 통한 의사소통의 운동기능이다.

4. 평생교육 프로그램의 목표진술 방법

1) 프로그램 학습목표 설정의 준거

학습목표는 교육활동을 통해 달성하고자 하는 행동변화를 지칭하는데, 여기에는 지식의 이해·응용·사고력·창의력·흥미·태도·가치관 및 제기능 등의 일반적 또는 특수적 행동의 변화를 포함한다. 일정 시간이 경과하는 동안에 특정한 교육적인 작용을 가해서 나타나기를 바라는 학습의 결과를 학습목표라고 한다면, 학습목표를 결정하는 일이야말로 모든 교육적 과정의 제1단계 작업이 아닐 수 없다. 분명하게 구명된 학습목표 없이는 교육적 과정이 성립될 수 없다. 학습목표를 일정한 서식으로 진술했는지 여부와는 관계없이 교육의 전과정을 이끄는 교사에게는 어떤 목표가 있게 마련이다. 또한 해당 목표의식이 뚜렷하고 구체적이며 행동적 시사성이 높을수록 그 다음에 따르는 교육의 과정 제요소를 판단하고 결정하는 데에 보다 큰 도움을 줄 수 있다.

어떤 학습목표가 가치 있으며 그런 목표는 어떻게 설정되어야 하느냐에 대한 기본적인 준거를 제시하면 다음(배장오, 2015)과 같다.

학습목표 설정에 관한 첫째 준거로는 학습목표 추출을 위한 제반 기초 자원의 종합성과 타당성을 들 수 있다. 먼저 학습되어야 할 가치 있는 지식과 중요한 기능, 강조점을 두어야 할 지적 능력 그리고 학생들이 길러야 할 태도나 가치관 등을 결정해야 한다. 이는 교육을 필요로 하는 사회의 이상과 현실적 필요, 교육을 받을 학생의 특징과 발달적 필요 그리고 특정 학교 및 교과가 지니는 특수성에 관한 충분하고 정확한 정보를 기초로 해야만 가능하다.

학습자로서의 인간의 특징에 대한 가정 여하에 따라 설정되는 학습목표는 아주 다른 것이 될 수 있다. 마찬가지로 사회의 필요를 부정확한 정보와 가정을 기초로 판단했다면, 그에 의한 학습목표는 잘못된 방향으로 교육의 과정을 이끌어 갈 것이다. 특정 교과가 대표하는 학문 영역에 있어서 요구되는 기본적인 지식이나 기능에 대한 가정이 흔들린다면, 이를 반영하는 학습목표 또한 신빙성이 낮을 수밖에 없다.

학습목표 설정에 관한 둘째 준거로는 설정된 목표의 명료성과 행동적 시사성을 들 수 있다. 교육의 과정에 있어서 학습목표가 모든 교육적 과정에서 충분히 반영·구현될 수 있게 하려면, 명료하고 행동적 시사성이 높도록 진술되어야 한다. 어느 정도로 구체적이어야 하느냐 혹은 어느 정도의 행동적 표현으로 진술해야 하느냐에 대해서는 많은 연구를 요하는 문제이다. 다만, 여기서 할 수 있는 주장은 설정된 학습목표가 달성되기 위해 필요한 교육의 과정에 대해 충분히 시사해 주어야 한다는 것이다.

2) 프로그램 학습목표 설정의 절차

학습목표를 설정하는 방법은 19세기 이전과 20세기 이후로 양분하여 설명할 수 있다. 자연과학에서 요구하는 과학적이고도 실증적인 연구방법을 교육현상에 접목시키는 시기를 기점으로 하여 학습목표를 설정하는 방법이 바뀌게 된 것이다.

교육현상을 과학적으로 분석하기 이전에는 추상적 가치를 존중하는 학습목표를 기술해 왔다. 예컨대 Platon의 《Idea의 추구》, J. J. Rousseau의 《자연인의 육성》, J. H. Pestalozzi의 《지·정·의의 조화적 발전》, F. W. A. Fröbel의 《신성의 계발》, E. Spranger의 《문화의 계승과 확충》 등과 같이 위대한 철학자나 교육이상가들에 의해 일방적·권위적 입장에서 목표를 설정하는 방법이었다. 이러한 입장에서의 학습목표 설정방법들을 일컬어 연역적 설정방법이라고 한다. 그러다가 20세기에 들어오면서부터는 현실사회나 학생들의 실태를 실증적으로 조사·분석하여 설정하는 방법을 채택해 왔다. 최근에는 수요자 중심 교육이라는 기치아래 학생의 요구 수준은 말할 것도 없고, 지역사회의 실태나 학부모의 의지까지 조사하여 학습목표를 설정하기에 이르러서 맞춤형 교육이라는 용어까지 등장하게 되었다. 이러한 입장에서의 학습목표 설정방법을 귀납적 설정방법이라고 한다.

그런데 학습목표를 연역적으로 설정하는 방법을 사용할 경우, 설정한 학습목표가 지나치게 추상적·관념적이라서 현장에서 교수자들이 실제 교육활동에 적용하기에 부적절하다는 비판이 제기되었다. 그 이유는 구체적인 방향을 제시하기에 미흡(심재형·고영희, 1998)하기 때문이다. 따라서 보다 현실적인 접근을 시도한다는 측면에서 후자인 학습목표에 대한 귀납적 설정방법의 절차를 제시하고자 한다.

첫째 단계는 프로그램 개발자의 분단조직이다. 학습목표를 어떤 일부 학자나 지도층 인사 또는 행정가들만으로 설정하고 있는 것이 현실이다. 따라서 교강사들은 본인이 참여하지 않아서 무관심하고, 설정된 목표에 대한 의식이 박약해서 교육활동에 반영하는 노력이 적극적이지 않을 수 있다. 그러므로 공동연구 조직을 가지고 집단사고에 의해 학습목표를 설정하기 위한 분단을 조직하자는 것이다. 이 분단은 개발자들을 학습목표의 설정 차원에 따라 여러 개의 분단으로 조직할 수 있다. 예컨대 사회조사 분단, 학습자조사 분단, 교과연구 분단, 국가사회의 이념 분단 등이 있다. 이 경우에 각 분단의 인원수는 참여자의 규모에 따라 다르겠지만, 각 분단마다 비슷한 숫자의 인원으로 구성하여 분단별로 일제히 작업을 하도록 한다.

둘째는 학습목표의 자원을 확보하는 단계이다. 여기서는 분단별 작업으로, 예컨대 사회조사 분단의 경우에 사회의 요구문제나 특징, 습관, 성격 등을 관찰, 면접, 답사, 질문, 활동분석, 문헌연구 등의 방법을 통해 연구함으로써 문제를 추출한다. 또한 학습자조사 분단이라면 성인학습자들의 심리적인 제특징, 능력, 동기, 흥미, 요구 등을 조사·분석하여 학습목표의 출처 자원을 확보한다.

셋째는 학습목표의 추출단계이다. 이제까지 확보된 학습목표의 자원 속에서 바람직한 목표를 추출해 낸다. 이 단계야말로 교강사들이 전문가와 함께 통찰력, 창의력 그리고 자신의 교육철학을 쏟아놓을 때이다. 이 경우 교강사가 결정해야 할 두 가지 중요한 문제가 있는데, 하나는 그것이 과연 이 분야에 있어서 중요한 목표의 자원일 수 있느냐 아니면 그렇지 않느냐의 구별이고, 다른 하나는 그것이 중요한 자원이라면 그 속에서 어떠한 목표를 추출할 것이냐 하는 문제이다. 예컨대, 학습자조사 분단에서 다음과 같은 자원이 확보되었다고 가정해 보자.

- 성인학습자는 소설을 좋아한다.
- 성인학습자는 간식을 좋아한다.
- 성인학습자는 돈을 잘 쓴다.

• 성인학습자는 화를 잘 낸다.

이 경우 각 자원이 중요한 것인지 아닌지를 먼저 결정해야 하는데, 중요하다면 여기서 어떤 목표를 추출할 것인가를 연구해야 한다. 만일, '성인학습자는 소설을 좋아한다'라는 자원이 별로 중요하지 않다고 생각한 사람은 그것에서 목표를 도출하지 않을 것이다. 그리고 소설을 많이 읽는 것이 좋다고 생각하는 사람은 '많이 읽는 습관을 기른다'라는 목표를 도출할 것이다. 또 성인학습자가 소설의 주제를 취사선택하여 읽는 것이 좋다고 생각하는 사람은 '질적으로 좋은 소설을 선택할 수 있는 능력을 기른다'라는 목표가 도출될 수 있다. 이렇게 함으로써 각 분단별로 각 자원에 걸쳐 목표가 추출된다.

넷째 단계에서는 추출된 학습목표를 종합, 분류, 정리 및 검증한다. 전 단계에서 추출된 목표들은 산만하고 무질서하기 때문에 이 단계에서는 우선 중점적으로 종합·정리를 해야 한다. 즉 각 학습집단에서 추출한 목표들의 옳고 그름을 검증하는 것이다.

다섯째는 학습목표를 진술하는 단계이다. 여기서는 모든 구성원이 참여할 필요는 없고 학습집단의 대표와 문장구성에 재능이 있는 사람끼리 협력해서 작성하면 된다. 이 학습목표의 진술에서 교강사는 평생교육기관의 일반목표를 비롯하여 교과별·단원별 학습목표까지 진술하는 요령에 익숙해야 한다.

3) 프로그램 학습목표 진술의 행위동사

평생교육 프로그램의 학습목표를 진술할 때는 일정한 진술양식을 따라야 학습자의 도착점 행동으로서의 학습목표가 명확해진다. 대체로 학습목표에는 '학습자'의, '도착점 행동'과 그 행동이 일어나는 '조건'들이 구체적으로 진술되어야 한다고 논의되고 있는데, 그 중에서도 특히 강조하고 있는 부분은 도착점 행동이 명세적으로 진술되어야 한다는 점이다. 이와 관련하여 김진화(2012)는 학습목표의 행동영역별로 자주 사용하는 행위동사를 <표 6-1>과 같이 제시하고 있다.

〈표 6-1〉 학습목표의 진술을 위한 행위동사

행동영역		교육적 행위동사
인지적 행동특성	지식	정의한다, 구별한다, 확인한다, 일치한다, 인지한다, 열거한다. 설명한다, 묘사한다, 명칭을 붙인다, 이름을 대다, 진술한다, 목록을 만들다
	이해	계산한다, 토의한다, 식별한다, 그리다, 스스로 설명한다, 예를 들다, 풀다, 변환한다, 예시한다, 읽는다, 표현한다, 재진술한다, 구별한다, 변혁한다, 변환한다, 해석한다, 재배열한다, 예언한다, 추정한다, 추리한다, 확대한다
	적용	추론한다, 결정한다, 사용한다, 응용한다, 일반화한다, 관련시킨다, 선택한다, 발전시킨다, 조직한다, 이용한다, 변화시킨다, 재구조화한다, 이용한다, 분류한다
	분석	구별한다, 탐색한다, 확인한다, 분류한다, 인지한다, 유목화한다, 환원시킨다, 대비한다, 비교한다, 식별한다, 관계시킨다
	종합	쓸 수 있다, 말한다, 설명할 수 있다, 생산한다, 구상한다, 창안한다, 수정한다, 종합한다, 제안한다, 계획한다, 구체화한다, 개발한다, 조작한다, 형성한다, 기획할 수 있다
	평가	평가할 수 있다, 판단할 수 있다
정의적 행동특성	수용	경청하다, 대조할 수 있다, 참가하다, 반응하다, 완성하다, 선택할 수 있다
	반응	거부한다, 반항한다, 투쟁한다, 논쟁한다
	가치화	깨닫다, 의미를 부여하다
	조직화	논의한다, 이론화한다, 비교한다, 구성한다, 정의한다
	인격화	개선한다, 변화시킨다, 활성화시킨다, 요구한다, 타인으로부터 인정받다
신체운동적 행동특성	반사운동	반응하다
	초보적 기초운동	달리다, 뛰다
	지각능력	응답한다
	신체적 능력	깨끗이 하다, 구멍을 파다, 묶다, 고정시키다, 따르다, 갈다, 칠하다, 깎다, 꿰매다, 젓다
	숙련된	조립한다, 짓다, 측정하다, 연결한다, 조립한다, 설계한다

-계속-	운동기능	분해한다, 조작하다, 고치다, 스케치하다, 타이핑하다
	동작적 의사소통	창작한다, 표현하다

*출처; 김진화(2012). 평생교육 프로그램 개발론. 파주: 교육과학사. p.292.

제7장

평생교육 프로그램의 내용선정 및 조직

1. 평생교육 프로그램 내용선정 및 조직의 이해
2. 평생교육 프로그램 내용선정 및 조직의 원리
3. 평생교육 프로그램 내용의 선정방법
4. 평생교육 프로그램 내용의 조직방법

1. 평생교육 프로그램 내용선정 및 조직의 이해

평생교육 프로그램을 개발하는 과정에서 요구분석의 결과를 토대로 한 우선순위 및 의사결정 단계가 끝나고 해당 프로그램의 목표를 설정하는 일은 앞에서 언급한 바 있다. 목표설정이 이루어지고 나면 어떤 교수·학습경험을 통해 프로그램 참여자들로 하여금 목표에 도달하도록 할 것인지가 매우 중요한 과제로 남는다. 이때 가르치고 배울 제재를 고르는 행위를 내용선정이라고 한다면, 언제 그리고 어떻게 가르칠 것인지를 구안(構案)하는 것은 조직과 관련한 문제이다.

1) 교수·학습경험의 의미

프로그램의 방향을 제시해 주는 학습목표가 설정된 후에는 해당 목표가 충실히 반영된 학습내용이 선정되어야 한다. 학습내용은 학습목표를 달성할 수 있도록 그 목표를 구체적인 학습활동으로 변환시켜 놓은 것이다. 따라서 학습의 성패, 즉 본래 의도한 학습목표의 달성 여부는 어떤 내용이 선정되느냐에 달려있다고 할 수 있다.

학습내용을 규정짓는 요인에 대해서는 교육과정의 변천과정에 따라 다소 다르게 개념화되었지만, 대체로 다음 두 가지 관점에 기초하고 있다(서울대학교 교육연구소, 1998). 그 하나는 교육내용을 교과내용이나 지식으로 보는 견해이다. 이러한 관점에 따른 학습내용은 인간이 오랜 역사를 통해 축적한 체계화되고 조직화된 교과지식(subject-knowledge)으로 구성된다. 즉 학문 속에 포함된 사실, 개념, 원리, 일반화, 사고체계 등이 교육의 내용이 될 수 있다. 결국 교육내용이 각 교과영역에 가장 적합한 학문적 지식이나 지식의 구조를 중심으로 선정 및 조직되어야 한다는 것이다. 교과 중심 교육과정이나 학문 중심 교육과정이 바로 이러한 관점에 입각해서 개발되었으며, J. G. Saylor & S. Alexander, R. Peters, P. H. Phenix, P. Hirst, H. S. Broudy, J. S. Bruner 등은 이러한 접근을 옹호하는 대표적 학자들이다.

또 하나는 학습내용을 학습경험 혹은 학습과정으로 보는 견해이다. 학습내용을 학습경험으로 보는 견해는 인간의 지식이 개인 또는 사회의 필요에 의해 효과적으로 이용되었을 때 비로소 가치가 있다는 경험 중심 교육관에 기초한다. 또한 학습은 학습자와 그 주변 환경 간의 부단한 상호작용, 즉 총체적 경험을 통해 이루어진다고 가정한다. 학습자 개인의 학습경험을 강조하는 관점인 것이다. 여기서 학습경험이란 L. L. Tyler(1985)에 의하면, 학습자가 학습활동에 참여해서 도출해 낸 개인적 의미(meaning)와 중요성(significance)을 일컫는다. 특히 R. Hyman(1973)은 이런 관점을 바탕으로 교육내용을 "지식(예: 사실, 설명, 원리, 정의), 기능 및 제과정(예: 읽기, 쓰기, 셈하기, 춤추기, 비판적 사고하기, 의사결정하기, 의사교환하기)과 제가치(예: 선악, 정오, 미추 등의 문제에 관한 신념)"로 정의하고 있다. 이처럼 교육내용은 교과지식으로만 한정되지 않고 지식습득과 관계되는 제반 활동 및 과정들로 구성되어야 한다. 이러한 견해는 R. W. Tyler, F. Bobbitt, H. L. Caswell & D. S. Campbell, J. S. Parker & L. J. Rubin, R. Hyman 등에 의해 선도되었으며, 경험 중심 교육과정의 핵심이 되었다.

이와 같이 학습내용은 교육과정 개발자의 철학에 따라 교과내용(지식) 또는 학습경험(학습과정)으로 나뉜다. 그러나 학습은 학습해야 할 내용과 그에 수반되는 학습과정의 활동을 통해서만 가능하기 때문에 교과내용과 학습경험은 별개의 것이 될 수 없다. H. Taba(1962)는 "내용과 과정 모두가 유익하고 유의미할 때에만 효과적인 학습이라고 말할 수 있다"라고 주장했다. 따라서 극단적인 관점을 지지하는 것은 지양되어야 한다. 학습내용은 교과내용과 학습경험 모두를 적절히 포함하고 있을 때에 비로소 교육적인 가치가 있는 것이다.

2) 프로그램 내용의 선정

평생교육 프로그램 내용에 담게 되는 지식이나 원리에 도달하는 지적 과정 혹은 이런 지적 결과물의 경우, 탐구과정을 거치지 않고 해당 지식이나 원리를 완전히 이해한다는 것은 근본적으로 불가능(배장오, 2015)하다. 따라서 평생교육 프로그램의 학습목표를 달성하기 위한 프로그램의 내용을 가르칠 프로그램의 내용으로 보는 관점과 프로그램 참여자들이 그들의 학습경험을 통해 교육목표를 달성하게 된다고 보는 학습경험은 상호 보완적이므로,

이 두 관점이 각각 중요시하는 대상이 어떤 것인지를 심재형 · 고영희(1998)의 주장을 토대로 고찰하고자 한다.

(1) 프로그램의 학습내용으로 보는 관점

학습내용을 교과내용과 동일시할 때에는 종래의 교과들을 중요시하고, 만일 적절한 교과를 제시하지 못할 경우의 교육은 실효성이 없다고 생각한다. 초등학교만 해도 세계 여러나라에서 여러 교과들이 교육목표 달성을 위해 도입되고 있는데, 어떤 조사에 의하면 73개국의 교육과정에 상이한 352종의 교과목이 있는 것으로 나타났다. 종교과목이 있는가 하면 초등학교부터 외국어를 도입하는 나라도 있다. 우리나라의 초등학교 교과 또한 세계의 공통 추세를 따르고 있다. 따라서 초등학교의 구체적인 교육방침이 초등학교에서 지도하는 교과 하나하나를 지적해서 진술한 것은 아니며, 그 중심 개념과 가까운 교과들을 상관시켜서 기술한 것이다.

이와 같이 학습내용을 교과별로 보는 관점은 해당 교과를 가지고 소기의 학습목표를 달성하고자 한다. 오늘날 학문 중심 교육과정에서는 교과의 가치와 그 내용 정선(精選)에 관심을 가지고 연구되고 있다. 그러나 문제는 어떤 교과나 어떤 내용이 아무리 잘 선정되었다고 해도 그것을 학습하는 학습자의 학습경험 여하에 따라 학습목표 달성의 성패가 좌우된다는 데에 있다. 이에 비추어 볼 때, 학습내용을 학습경험으로 보는 견해에 더욱 주의를 기울이지 않을 수 없다.

(2) 프로그램의 학습경험으로 보는 관점

학습내용을 학습경험으로 보는 관점에서는 학습은 경험활동을 통해 이루어지기 때문에 어떤 경험이나 활동이 행해지지 않으면 학습도 일어나지 않는다고 생각한다. 그러므로 어떤 학습목표를 달성하기 위해 학습하는 학생의 경험을 어떻게 마련할 것인가에 대한 고려가 교육과정 구성에 매우 중요한 것이다. 즉 어떤 학습내용을 부여할 것인가의 문제가 아니라, 어떠한 학습경험을 하도록 할 것인가 하는 방향에서 내용선정이 이루어져야 한다. 이러한 입장에서 Tyler(1950)나 정범모(1961)는 학습경험에는 그 목표에 따라 다음과 같은 여러 유형이 있다고 지적하고 있다.

- 지식·이해의 함양을 위한 학습경험: 꼭 필요한 지식의 습득과 이해를 위한 목표달성을 위해 지식내용 그 자체의 가치보다 기능적인 가치에서 선택된 사실, 원리, 법칙, 정의, 이론 등이 중핵이 되는 학습경험이다.
- 사고력 함양을 위한 학습경험: 문제해결 과정에서 요구되는 사고를 적절히 기능적으로 할 수 있는 학습경험이다.
- 사회적 태도함양을 위한 학습경험: 인성적·사회적인 면에서 바람직한 인간관계나 사회적 관계를 유지·발전시켜 나아갈 수 있는 학습경험이다.
- 흥미함양을 위한 학습경험: 다양한 활동에 동기체제의 역할을 할 수 있는 학습경험이다.
- 감상력 함양을 위한 학습경험: 어떠한 작품이나 현상을 깊고 폭넓게 음미, 평가해 보려는 학습경험이다.
- 기능함양을 위한 학습경험: 운동적, 정의적, 사회적 혹은 지적인 기능을 기르기 위한 학습경험이다.

3) 프로그램의 교수·학습경험 조직

교수·학습경험의 선정 이후에는 학습자에게 어떤 형태로 학습경험을 제공할 것인지가 문제가 된다. 교수·학습경험은 일반적인 준거나 통합적인 조직이론에 근거하여 조직하게 되는데, 보다 구체적으로는 교과나 학문의 논리적 구조를 따르거나 혹은 학습자의 심리적 제특성을 고려한다. 그리고 논리적 방법과 심리적 방법을 절충하는 방법(박병학 외 2, 1998)도 있는데, 이를 보다 자세히 살펴보고자 한다.

(1) 논리적 방법

논리적 방법은 학습내용을 조직함에 있어서 교과나 학문의 논리적 구조에 따라 조직하는 방법이다. 여기에 적용되는 원칙은 쉬운 것에서 어려운 것으로, 단순한 것에서 복잡한 것으로 그리고 구체적인 것에서 추상적인 것으로 그 순서를 배열하는 것이다. 이 방법은 교과 중심 또는 학문 중심 교육과정의 구성에 적용되는 방법이다. 학문 중심 교육과정에서 교육내용을 학습자의 모든 발달단계를 고려하지 않고 그 학문의 기본 구조나 개념을 중심으로 학습내용을 조직하려는 의도가 곧 논리적 방법이라고 하겠다. 논리적 방법으로 조직된 학습내용은 대체로 교과의 논리적 순서가 학습자에게 제공되는 학습내용의 배열순이 된다.

(2) 심리적 방법

심리적 방법은 학습내용을 배열함에 있어서 학습자의 심리적인 제특성을 토대로 한다. 따라서 학습자의 성별이나 성장 · 발달의 특징, 심리적 · 정신적 경험의 민감성, 흥미와 필요 또는 관심학습의 곤란도 그리고 성공이나 실패가 학습에 미치는 영향 등을 연구하여 학습내용을 조직하려는 방법이다. 이 방법은 주로 학습자의 심리적 특성이 토대가 된다는 점에서 논리적 방법에 비해 보다 진보적이긴 하지만, 여기에는 다른 난점이 있다. 즉, 교육현장에서 학습자 집단의 실태에는 각자의 능력, 흥미, 관심, 취미 등이 다양하고 변화가 많으며, 서로의 환경이나 선행경험들이 상이하여 개인차를 최대한으로 고려하지 않을 때에는 많은 문제가 제기된다는 것이다. 어떤 동일한 문제라도 학습자 개인차에 따라 적절할 수도 있고 그렇지 못할 수도 있기 때문이다.

(3) 절충적 방법

절충적 방법은 논리적 방법과 심리적 방법을 절충한 것으로, 학습자의 심리적 특성을 최대한 살리면서 한편으로는 교재의 논리적 순서와 그 발전이 보장되도록 배열하는 것이다. 앞에서 살펴본 논리적 방법이나 심리적 방법은 모두 동일한 내용을 서로 다른 측면에서 강조한 것이나, 실제에 있어서는 양자의 극단보다 통합 · 조화적인 견지에서 연구되어야 한다는 입장에서 이 방법이 제안되었다. 절충적 방법을 주장하는 학자들은 학습자의 활동에는 논리적으로 발전의 순서가 있으며, 또 논리적인 교재에도 해당 학습의 특유한 심리적 요소가 있다는 것을 인정하고, 학습자의 발달순서와 교재의 논리적 발전을 조화적으로 취하는 방법을 제안한다.

현대 교육과정의 경향이 특히 1960년대 이후에 학문 중심 교육과정으로 발전하면서 과거의 교과 중심 교육과정과 다르긴 하지만, 학문의 기본구조나 기본개념 및 학습자의 지적 과정만을 주로 강조하는 경향을 보이고 있고, 학습자의 사회적·정신적·심리적 측면을 소홀히 하는 데에서 문제점이 드러나고 있다. 이는 학문 중심 교육과정의 대표자인 Bruner도 고백했듯이, 학습내용의 조직방법에서 한 측면만을 위주로 하다보면 무리가 따를 수 있음을 보여주는 것이다. Bruner(1971)가 학문의 구조를 강조했다가 10년만에 앞으로의 교육과정은 "우리가 당면하고 있는 여러 가지 사회적 문제와의 관련에서 교육과정을 다루게 될 것"이라고 고백한 것은 학습내용의 조직에서 어느 한 측면만을 중시할 수 없음을 보여주는 좋은 예라고 하겠다. 따라서 학습내용을 조직함에 있어서는 각 교과의 학문적 논리성과 학습자의 심리적 제특성을 함께 고려하면서 양자의 조화를 꾀하는 것이 바람직하다.

2. 평생교육 프로그램 내용선정 및 조직의 원리

1) 평생교육 프로그램 내용선정의 원리

신용주(2017)는 교육 프로그램의 학습내용을 선정할 때 가능하면 학습자들이 호기심을 갖고 동기유발이 되어 원하는 학습목표를 달성할 수 있도록 설계하는 것이 바람직하다고 하였다. 또한 학습자의 학습동기를 유발하고 계속 유지하기 위한 전략적 모형으로 J. M. Kellew & T. Kopp은 'ARCS 모형'을 개발했는데, 이 모형은 교수·학습과정에서 동기유발을 향상시키기 위한 방안으로 대부분의 교수전략에 효과적으로 적용 가능하다. Kellew & Kopp(1987)은 이 이론에서 학습동기 향상의 주요 요인으로 집중(attention), 관련성(relevance), 자신감(confidence) 그리고 만족감(satisfaction) 등 네 가지를 제시하고 있다.

집중은 동기유발의 첫 번째 요소이며 학습의 필수 선결조건이다. 그러나 동기유발을 하는 것보다 동기를 계속 유지하는 것이 더 어려운 과제이므로 지식을 추구하는 호기심이 있어야 하며, '무관심·지겨워함 vs 과잉활동성·불안' 간의 균형을 찾도록 하는 것이 중요하다.

관련성은 "왜 이걸 배워야 하는가"라는 질문, 즉 학습하는 이유에 대한 답을 추구한다. 만약 이 질문에 대한 대답을 할 수 없다면 학습내용의 관련성에 문제가 있다고 하겠다. 어떤 학습자에게는 학습이 현재나 미래의 직업과 관련될 수 있고, 또 어떤 학습자에게는 학습 자체가 목적이며 기쁨이 될 수 있다.

자신감은 학습자가 학습에 자신을 갖고 계속 학습을 수행하도록 하는 주요 동기요인이다. 어떤 사람은 모든 여건이 좋아도 학업을 성취하지 못하는 반면, 어떤 사람은 역경 속에서도 뛰어나게 잘 하는데, 이 차이가 바로 자신감이다. 실패에 대한 학습자들의 공포는 교수자가 인식하는 것보다 훨씬 크기 때문에 교수자는 학습환경 속에 존재하는 경쟁과 어려움에도 불구하고 학습자의 자신감의 발달을 촉진시키도록 하는 것이다. 학습자에게 만약 노력하면 어느 정도는 성공할 수 있다는 인식을 갖도록 하는 것이 교수자가 추구하는 전략이다.

만족감은 학습자가 자신이 성취에 대해 기쁘게 생각하는 것과 관련된다. 학습자 자신이 스스로 수행한 학습에 대해 기분 좋게 느낄 때 학습동기는 유발되고 유지될 수 있다. 뿐만 아니라 학습과제 달성 후의 보상에 대해 명확히 규정해 주었을 때 좀 더 동기유발이 잘 된다.

이렇게 교수·학습현장에서 ARCS 모형을 활용하는 것은 동기유발을 통해 학습자의 학습목표 달성을 촉진하는 효과가 있다.

한편, 프로그램 내용의 선정과 관련하여 김진화(2012)는 우선 평생교육의 목표를 달성하기에 합당해야 하며, 그 내용이 학습자의 능력 수준과 흥미 및 요구에 적합해야 한다고 지적하고 있다. 또한 그 내용이 실현 가능해야 하고, 한 가지 내용은 여러 가지 내용이 한 가지 교육경험 속에 담겨질 수 있어야 한다고 했는데, 이를 종합하면 여섯 가지로 구분할 수 있다.

첫째, 합목적성·목표와의 일관성 원리이다. 모든 평생교육 프로그램의 내용에는 그 교육목표에 반영된 개인적 요구나 사회적 요구 및 철학적 이념이 구현될 수 있는 것을 포함해야 한다. 목표에는 교육참여자로 하여금 협동심을 고취시킨다면서 그 내용은 개인의 자기성장과 밀접한 내용으로 구성된다면 목표에서 일탈한 만큼 목표와 일치하지 못한 내용이 되는 것이다. 또, 프로그램을 강의 위주로만 진행하다보면 다른 어떤 기능보다 지식을 제공하는 목표에 편중되는 경우가 많은데, 실제 학습자들로 하여금 협동심을 갖게 해

주기 위해서는 강의보다는 연극, 협동게임, 실습 등의 방법이 바람직하다고 하겠다.

둘째, 능력 수준과 흥미에의 적합성 및 자발성의 원리이다. 전술한 합목적성에도 어느 정도 피교육자의 능력과 흥미, 여러 가지 개인적 요구에 알맞은 내용이 포함될 수 있다. 그럼에도 불구하고 능력과 흥미에의 적합성을 따로 강조하는 이유는 많은 평생교육 프로그램의 내용들이 학교의 교과목과 같은 형태로 주어질 때 피교육자의 능력 수준이나 흥미를 고려하지 않아 그들의 자발적 참여를 얻지 못하는 경우가 발생하기 때문이다. 일반적으로 평생교육에 참여하는 사람들은 그 수준이 다양하기도 하지만, 지적 수준이 낮은 경우도 있기 때문에 대학강의 수준의 내용이거나 우리 주변생활과 거리가 먼 다른 나라의 사례를 많이 다루게 되면 학습자의 흥미가 좀처럼 유발되지 않을 수 있다. 따라서 학습주제나 학습내용의 표현에 있어서도 학교교육처럼 딱딱한 것이 아니라 흥미를 유발할 수 있도록 해야 한다.

셋째, 실용성과 다양성의 원리이다. 위에서 언급한 적합성이 주로 개인적 흥미와 요구에 대한 것이라면, 실용성은 사회적 요구에 적합하여 그것을 배워 사회에 적용하는 것과 관련이 있다. 사회변화의 속도가 매우 빠른 현대 산업사회에서 평생교육은 단기간에 걸쳐 바로 적용할 수 있는 내용을 다루기 때문에 일반적으로 실용성이 높다. 일례로 자동차 운전교육, 컴퓨터교육, 부모역할 교육, 예・체능교육 등을 들 수 있다. 따라서 평생교육기관에서는 평생교육 프로그램의 내용을 다양하게 선정하는 데에 최선을 다해야 한다.

넷째, 일목적 다경험 및 일경험 다목적의 능률성 원리이다. 프로그램의 내용을 결정하는 데 있어서는 능률성 제고가 필요하다. 한 가지 목표를 위해 몇 가지 내용과 연관될 수도 있고, 반대로 한 가지 내용이 두 개 이상의 목표와 관련될 수도 있다. 예컨대 협동심을 고취시키기 위해 협동이 잘 되어 잘 살게 된 마을을 견학하거나 협동게임, 연극 등의 경험을 할 수 있다. 또 견학 시에는 협동심의 고취뿐만 아니라 저축의 중요성을 인식하게 하거나 소득증대를 위한 아이디어를 얻게 하는 등 몇 가지 목표를 달성시키는 경험을 하게 할 수도 있다. 이런 학습을 동시학습(concurrent learning)이라고 한다.

다섯째, 교육・학습지도 가능성 및 자기주도성의 원리이다. 선정된 내용이 아무리 좋고 필요한 것이라도 교수자의 입장에서는 가르칠 수 있고, 학습참여자들은 배울 수 있을 때 그 내용이 최종적으로 선택되는 것이다. 이를테면, 가르칠 내용이 교수자의 능력 밖이거나 시설·여건 등에 비추어 볼 때 감당하기 어려운 내용이라면 프로그램으로 선정될 수 없을 것이다. 뿐만 아니라, 채택된 내용은 프로그램에 참여하는 성인학습자들의 학습계획을 세우고 계획대로 학습활동을 진행함으로써 그 결과가 학습자 자신에게 feedback이 되어야 다음 활동에 대한 기초자료가 될 수 있음이다.

여섯째, 지역성 및 유희·오락성의 원리이다. 동일한 프로그램 내용일지라도 해당 교육을 실시하는 지역의 특성을 최대한 고려하여 학습내용을 선정해야 한다. 이런 지역성의 고려는 환경의 교육적 효과를 높이기 위한 것이며, 아울러 프로그램 내용의 선정에 있어서도 유희 및 오락성을 포함시킴으로써 즐겁게 배우는 계기를 마련하도록 해야 한다.

2) 평생교육 프로그램 내용조직의 원리

평생교육 프로그램의 내용은 다양한 방법에 의해 조직된다. 기관의 운영관리자 혹은 전문가로부터 학습참여자가 직접 결정하는 등 다양하다. 학습내용은 사람에 의해 조직되지만, 이때 조직의 가용자원을 고려해야 한다. 조직이 학습내용을 운용할 능력과 자원을 가지고 있는지 여부가 학습내용을 결정하는 주요 변인이 된다. 일반적으로 학습내용의 결정상황은 제한되어 있기 때문에 교육 프로그램에 어떤 내용을 제공할 것인가는 중요한 문제가 된다. 예를 들면, 기업체에서의 훈련 프로그램은 직무기술과 관련된다. 이 경우에 학습내용은 직무기술로 제한되지만, 기술의 종류를 선택하는 폭은 넓어야 한다.

프로그램의 내용조직에는 자원과 상황에 따라 다른 요인들이 작용할 수 있으므로, 다음과 같은 몇 가지 기본원리를 고려하여 학습내용을 조직하는 것이 바람직하다고 기영화(2009)는 제안한 바 있다.

첫째, 프로그램의 목적을 고려해야 한다. 학습목적은 운영관리자의 능력, 강의실 수, 잠재적 학습자의 요구, 재정적 능력과 경험 등에 기초하여 설정된다. 그러므로 학습내용을 조직할 때는 프로그램의 목적을 검토하는 것에서부터 시작하는 것이 바람직하다.

둘째, 모든 프로그램은 각 분석된 요구에 따라 핵심내용을 조직하면서 동시에 새로운 욕구를 드러낼 가능성이 있는 학습내용도 실험적으로 개설하도록 한다. 예컨대, 실내장식을 전공한 강사가 '골동품 구매법'에 관한 프로그램 개설을 제안했다면, 이 프로그램은 요구가 없는 것으로 가정되기도 한다. 더욱이 프로그램 담당자는 해당 학습내용에 대한 잠재적 학습자의 관심을 실제로 확인할 수도 없다. 이 경우 프로그램 개발자가 골동품 구매강좌를 개설하는 것은 위험을 수반하기도 한다. 그럼에도 불구하고, 프로그램개발자가 실험적으로 골동품 구매 프로그램을 개설할 필요는 있다. 사람들의 요구가 실제로 파악되지는 않았지만, 등록이 끝난 후 골동품 강의에 많은 사람들이 몰려온 반면, 실내장식 강의에는 평범한 수준으로 등록되어 있을 수 있다. 이런 경우를 고려하여 학습내용은 보다 새로운 흥미와 요구를 반영하도록 해야 한다.

셋째, 일반 프로그램에는 다양한 주제의 과목들과 균형을 맞춰 학습내용을 조직해야 한다. 학습자들은 직업이나 생존을 위한 요구뿐만 아니라 다른 종류의 흥미도 갖고 있다. 한 사람이 서로 대조되는 학습내용에 관심을 갖는 경우도 있다. 예를 들면 대중연설이나 사교춤 등 참여자들의 관심 범위를 넓혀 주도록 다양한 과목들을 개설해 주는 것이 필요하다.

넷째, 프로그램 내용은 프로그램의 목표와 후원기관의 정책에 따라 조직되어야 한다. 학습내용 담당자는 해당 프로그램의 내용이 프로그램 목표를 실현하는지 알 수 있는 기준을 갖고 있어야 한다. 예컨대, 지역사회를 위한 프로그램이 결정되었다면, 여러 이익집단과 사람들로부터 많은 학습내용을 요구받게 된다. 이 경우, 어느 요구를 프로그램 내용에 편입할 것인지를 판별하도록 하는 정책준거가 필요하다. 만약 그 기준이 없다면 프로그램 내용의 통합성은 결여될 것이다.

다섯째, 평생교육기관이나 조직에서 개설할 프로그램 내용이 인근의 다른 기관이나 조직의 프로그램과 중복되지 않도록 해야 한다. 프로그램 내용이 중복될 경우, 수익성의 감소는 물론 장기적으로 프로그램의 생존도 어렵다. 또한 타 기관이나 조직의 프로그램 내용과 갈등의 소지가 있는지도 검토해야 한다. 다른 조직의 내용과 상반되거나 갈등의 소지가 있을 경우, 조직 간의 협력이 어려우질 수도 있기 때문이다.

여섯째, 개설될 프로그램 내용이 제한된 시간에 실행될 수 있도록 제한해야 한다. 시간은 학습내용의 종류와 자원 및 진행자에 따라 달라질 수 있는데, 일반적으로 강의실은 6~45시간으로 제공되고 있다. 어떤 내용은 수준에 따라 초급, 중급, 고급 등의 과정으로 구분하여 개설되기도 한다.

일곱째, 프로그램 내용은 개설강좌 이름을 고려하여 조직되는 것이 효율적이다. 프로그램명은 현대사회에 필요한 기능적 문제나 즉각적인 요구충족 혹은 다른 곳에서는 충족될 수 없었던 점을 부각시켜 명시하는 것이 좋다. 예를 들면, '뉴 밀레니엄 시대의 인간관계 오픈'이라는 명칭은 기존의 '인간관계법'보다 훨씬 많은 관심을 보이게 하고, '영작문'보다는 '생활 속의 영어 한 마디'가 효과적이다. 기본적으로 프로그램 내용이 유사하게 조직된다고 해도 학습자들의 관심과 호기심을 끌 수 있다. 그 이유는 성인학습자들은 기능적이며 추상적인 기식보다 실제 생활문제에 더 관심을 두고 있기 때문이다.

여덟째, 프로그램 내용으로는 조직의 수익을 올리는 내용과 외부의 보조금을 지원받을 수 있는 내용을 균형 있게 조직해야 한다. 어떤 내용은 많은 사람들을 끌어들이면서도 운영비가 저렴하여 수입을 증가시킨다. 문화센터의 '주부 노래부르기' 프로그램이 대표적 예인데, 강사와 장소를 1회 대여하면서 많은 사람들이 한꺼번에 참여할 수 있기 때문에 저비용·고효율 프로그램이다. 반면, '집안에서 활용할 수 있는 장애자 물리치료법'이나 예술 관련 프로그램은 소수의 사람만이 등록할 뿐만 아니라, 운영비가 많이 소요되므로 경비를 보조해야 하는 경우에 속한다. 따라서 프로그램의 내용과 예산의 균형을 고려해야 한다.

아홉째, 계절과 현재 관심사를 반영하여 프로그램 내용을 조직해야 한다. 예컨대 '화단가꾸기' 프로그램은 늦은 겨울이나 이른 봄에 개설하는 것이 계절적으로 유용하다. '실내장식'은 봄에, '스키'는 가을에, 그리고 '수영'은 여름에 참여도를 높일 수 있다. 또한 프로그램 내용 선정자는 최근의 주요 사건에도 관심을 가지고, 학습내용에 반영하도록 한다. 이를테면 국제적으로 주식이 증가하는 성향이 주요 이슈라면 학습자들은 '주식의 관리'라는 학습내용에 관심을 가질 것이다. 프로그램 내용은 새로운 흥미를 유발시키고 자연스럽게 강의에 대한 자극을 제공할 수 있게 한다.

마지막으로, 외적으로 명시된 정책준거나 기준에 의해 프로그램 내용이 조직되어야 한다. 프로그램의 성패는 학습내용 간의 객관적이고 효율적인 조직에 따라 달라질 수 있기 때문이다.

3. 평생교육 프로그램 내용의 선정방법

교육학적 측면에서 논의할 때 교수·학습경험의 선정준거는 교육내용을 어떻게 보느냐에 따라 매우 다양하다. 교육내용을 교과내용이나 지식 중심으로 간주하는 Taba(1962)는 타당성과 유의미성, 폭과 깊이의 균형, 사회적 실재와의 일치, 광범위한 목적을 위한 대책, 학생들의 경험에 대한 적응력과 학습능력, 학생의 욕구 및 흥미에의 적절성 등을 교수·학습경험 선정의 준거로 제안했다. 그리고 교육내용을 학습경험으로 보는 Tyler(1949)는 기회, 만족, 가능성, 다목적 다경험, 동경험 다목적 등의 준거를 제시한 바 있다. 또한 이영덕(1990)은 교과내용과 학습경험을 통합적으로 보는 입장에서 교육목표와의 일관성, 지식의 참신성과 신뢰성, 내용의 전이가치 혹은 활용범위, 탐구정신 및 방법의 반영도, 넓이와 깊이의 균형성, 다목표 달성도, 학생에의 타당성 등의 준거를 제시하고 있다(서울대학교 교육연구소, 1998. 재인용). 그 밖에 J. D. McNeil, M. Print, 이성호 등 교육과정을 연구하는 많은 연구자들은 매우 다양한 선정준거를 제시하고 있는데, 이를 정리하면 <표 7-1>과 같다.

<표 7-1>에서 제시한 여러 가지 준거 중에서 ① 중요성 ② 타당성 ③ 유용성 ④ 학습 가능성 ⑤ 사회적 관련성 등은 공통적으로 수락되는 기준이라고 할 수 있는데, 이 준거 외에도 내재적 기준과 외재적 기준의 문제, 유용성과 관련한 문제 그리고 영역 및 범위에 관한 문제가 평생교육 프로그램 내용의 선정방법에서 고려되어야 할 관점이다.

〈표 7-1〉 교수·학습경험의 선정준거

연구자	선 정 준 거
Tyler(1949)	① 기회 ② 만족 ③ 가능성 ④ 다목적 다경험 ⑤ 동경험 다목적
Smith 등(1957)	① 중요성 ② 생존 ③ 유용성 ④ 흥미 ⑤ 사회발전
Taba(1962)	① 타당성과 유의미성 ② 폭과 깊이의 균형 ③ 사회적 실재와의 일치 ④ 광범위한 목적을 위한 대책 ⑤ 학생들의 경험에 대한 적응력과 학습능력 ⑥ 학생의 욕구 및 흥미에의 적절성
Schubert(1985)	① 사회적 욕구 ② 생존의 검증 ③ 학문의 구조 ④ 유용성 ⑤ 출판업자의 결정 ⑥ 정치적 압력 ⑦ 학습자의 흥미 ⑧ 민주적 행위
McNeil(1985)	① 철학적 ② 심리학적 ③ 공학적 ④ 정치적 ⑤ 실용성
Ornstein & Hunkins(1988)	① 자급자족 ② 유용성 ③ 타당성 ④ 흥미 ⑤ 효용성 ⑥ 실행 가능성
Print(1993)	① 중요성 ② 타당성 ③ 사회적 관련성 ④ 유용성 ⑤ 학습 가능성 ⑥ 흥미
이성호(1985)	① 타당성과 유의미성 ② 유용성 ③ 학습 가능성 ④ 내·외적 관련성 ⑤ 인간발달
이영덕(1990)	① 교육목표와의 일관성 ② 지식의 참신성과 신뢰성 ③ 내용의 전이가치 혹은 활용범위 ④ 탐구정신 및 방법의 반영도 ⑤ 넓이와 깊이의 균형성 ⑥ 다목표 달성도 ⑦ 학생에의 타당성
이경섭(1993)	① 기초적인 것 ② 학문의 구조 ③ 탐구방법 ④ 경제성 ⑤ 교육목표와의 관련성 ⑥ 학습자의 학습가능성 ⑦ 사회에의 적합성

*출처; 서울대학교 교육연구소(1998). 교육학 대백과사전. 제1권. 춘천: 하우동설. p.585.

1) 내재적 기준과 외재적 기준을 고려한 선정

프로그램 참여자들에게 학습경험을 제공하기 위해 프로그램에 담는 내용이 이미 설정해 둔 학습목표의 달성에 가장 효과적인 것이어야 한다는 점은 여러 번 강조되어 왔다. 교수·학습경험의 내용은 학습목표의 달성을 위한 최선의 수단이 될 수 있어야 한다. 이 경우, 프로그램의 가치는 학습목표의 달성 여부에 있다. 따라서 교수·학습경험의 내용은 그 자체로서 가치 있다기보다는 그것이 목표달성에 얼마나 유용한가에 달려 있다. 이는 학습내용의 가치를 프로그램 외적인 것 즉 학습자의 흥미나 필요, 사회적 요구 등을 조사하여 정해진 목표달성의 수단으로서 적절한가에 두기 때문에 교수·학습경험 선정의 외재적 기준이라고 한다.

반면, 프로그램 내용이 그 자체로서 가르칠 만한 가치가 있기 때문에 가르쳐야 한다는 주장도 있다. 이때 프로그램은 미리 제시된 학습목표를 달성하기 위한 효과적 수단으로 가치 있는 것이 아니라, 그 자체로 내재적 가치를 갖는다. 이 경우 프로그램은 지식 그 자체의 성격이나 본질에 충실해서 선택되는데, 이를 가리켜 교수·학습경험 선정의 내재적 기준이라고 한다.

이와 같이 가르칠 내용에 대한 선정기준에는 서로 대립되는 두 가지가 있다. 첫 번째는 일단 학습목표가 설정되고 나면 그 목적을 달성하기 위한 가장 효과적인 내용을 선정해야 한다는 주장이다. 이와는 달리, 두 번째 주장은 가르칠 내용이 어떤 목적을 달성하기 위한 수단으로 선택되는 것이 아니라, 그 자체가 가치 있는 것이기 때문에 선택되어야 한다는 주장이다. 전자는 프로그램을 도구적·수단적으로 정당화하는 입장으로서 이들은 외재적 기준에 의해 학습내용을 선정한다. 반면에 후자는 프로그램 내용을 내재적으로 정당화하는 입장이며, 이들은 프로그램의 내용이 되는 학문의 내재적 기준에 의해 학습내용을 선정한다. 이홍우(1997)는 이를 교육과정의 목표모형과 내용모형으로 구분하여 설명한 바 있다. 전자는 Tyler의 교육내용관이, 그리고 후자는 학문 중심 교육과정에서의 교육내용관이 대표적이다. 이 두 입장에서의 교과내용에 대한 선정기준은 서로 대립된다. 후자의 입장에서 교과내용에 대한 선정기준을 제시한 학자로는 학문 중심 교육과정을 대표하는 Bruner, Peters 그리고 Hirst 등이 있다. 특히 Hirst는 학문 자체에 대한 논리적인 분석을 토대로 교과의 내용을 선정해야 한다고 주장했다.

한편, 교과의 내용선정에서 외재적 기준을 적용하는 Tyler는 교과내용의 선정을 위해서는 무엇보다도 목표에 대한 상세화가 필요하며, 이를 근거로 교수·학습경험이 선정된다고 보았다. 그는 교육내용, 즉 학습경험의 선정문제는 정해진 교육목표를 달성하기 위해 학습경험을 결정하는 일과 학생들의 학습경험을 유도할 수 있는 외적 조건을 형성하는 일이라고 주장했다. 그에게 있어서 교수·학습경험의 선정은 정해진 목표를 달성하기 위한 수단의 선택문제이다. 따라서 교수·학습경험 선정에 있어서는 지식의 본질에 관한 탐구보다 교육목표의 설정이 더욱 중요하다.

교수·학습경험의 선정은 목표가 정해진 후에야 비로소 가능하다. 그러나 학문 중심의 교육과정 학자들은 지식 자체에 대한 분석을 토대로 지식의 성격을 충실히 반영할 수 있는 교수·학습경험을 선정해야 한다고 주장한다. 이러한 두 가지의 대립되는 관점은 교육목적의 정당화에 관한 두 가지 주장, 즉 내재적 정당화와 외재적 정당화와 관련이 있다.

2) 유용성을 고려한 선정

기존의 학습내용은 실생활의 유용성보다는 학문적인 기준에 얼마나 부합되는지가 교수·학습경험 선정에 더 크게 작용한 것이 사실이다. 그러나 교수·학습경험의 선정근거가 학문에 있다고 해도 그것을 배우는 학습자 측면에서의 유용성이나 국가·사회적 차원에서의 유용성 등을 고려하지 않을 수 없다. 따라서 교수·학습경험의 선정에 있어서 프로그램 자체의 내재적 기준과 함께 유용성의 측면을 고려하게 된다. 특히, 이 중에서도 교육의 수혜자인 학습자 측면에서의 유용성은 교수·학습경험 선정에서의 중요한 기준이 된다. 이에 대해 이돈희 외 7인(1995)은 학습의 기본 요소에는 교육받는 대상으로서의 학습자와 교육적 가치를 지닌 내용 그리고 대상과 내용 간의 관계가 있다고 했다. 어떤 지식이나 기술도 그 자체로서 교육적 가치를 지니는 것은 아니다. 학습내용의 교육적 가치는 그 내용이 학습의 대상인 학습자의 유의미한 성장에 적극적으로 관련될 때에 인정받을 수 있는 것이다. 따라서 프로그램의 가치는 존재론적으로 주어지는 것이 아니라, 대상과의 관계에서 성립되는 것이라고 할 수 있다.

또한 H. Spencer는 무엇을 가르칠 것인가에 대한 기준으로서의 유용성을 제시하였다. 그는 어떤 지식이 가르칠 만한 가치가 있는가라는 질문에 대해 사람이 살아가는 데 유용한 과학적 지식이라고 답한 바 있다. 그의 이러한 대답은 그 당시 지배적인 교과였던 7자유과가 사람이 살아가는 데 있어 별로 유용하지 않다는 생각에서 나온 것이다(김경배 외 2, 2001. 재인용). 즉, 이런 지식은 생활에는 별로 유용하지 않은 장식적인 지식에 불과하다. 따라서 Spencer는 사람이 살아가는 데에 유용한 지식을 가르쳐야 한다고 주장하면서 그 예로 다음과 같은 내용을 들고 있다.

- 인간의 자기 보존에 직접적으로 관계되는 지식인 생리학
- 생활필수품을 획득하는 데에 사용되는 지식으로서 인간의 자기 보존에 간접적으로 관련되는 물리학, 화학, 수학, 사회학
- 자녀의 양육과 교육에 관계되는 지식으로서의 심리학과 지적·도덕적 발달에 관한 지식
- 적절한 사회·정치적 관계를 유지하는 데에 필요한 지식으로서의 기술 및 사회학과 역사
- 개인적인 취미와 기호를 만족시키기 위한 여가활동에 관련한 지식으로서의 심미적 문화

한편, 유용성은 학습자 측면에서의 유용성뿐만 아니라 사회·정치적 측면과 학습목표의 측면에서도 고려될 수 있다. 즉 프로그램의 내용이 교육에 대한 사회적 요구, 의사결정자의 요구나 정책에 얼마나 잘 부합하는지 그리고 학교가 세워놓은 목표를 얼마나 효과적으로 달성할 수 있는지를 따져보아야 한다. 이러한 학습내용의 유용성이 프로그램 내용의 선정에서 중요하게 고려되는 것이다.

3) 영역 또는 범위를 고려한 선정

학습목표를 설정한 후에는 학생으로 하여금 목표에 도달할 수 있도록 하기 위해 적절한 학습경험을 선정해야 한다. 교수·학습경험을 선정하는 종래의 전통적인 방법은 교과목의 분야별로 전문가나 실제 적용에 능한 사람

들이 필요하다고 지적하는 기존의 지식을 논리적으로 체계화하여 배열해 온 것이다. 오늘날은 학습경험의 내용이 고정된 기성 문화재에만 의존할 수 없을 뿐더러 종래의 방법으로도 만족할 수 없다. 따라서 학습경험의 선정은 학습해야 할 영역 또는 범위(scope)를 말하며, 그 경험을 어떠한 영역으로부터 선정하느냐가 관건이다.

학습범위를 한정해서 학습경험을 선정하는 방법이 미국에서는 여러 가지로 연구되고 있으나, 대체로 두 가지의 대립된 경향을 볼 수 있다. 즉 보편주의적 선정방법과 역사주의적 선정방법이다. 전자는 아무리 사회변천이 여러 영역에서 다양해도 불변하며, 원리적 · 기초적 · 항구적인 내용을 학습경험의 내용으로 삼자는 주장이다. 이에 반해, 후자는 사회변천에 따른 민감한 역사적 현실의 구체적 문제를 학습경험의 내용으로 삼자는 주장이다. 전자가 학문탐구 중심이나 교과지식 중심으로 본질주의(Essentialism)에 터하고 있다면, 후자는 경험 중심이나 생활 중심을 강조하는 영역으로 경험주의(Experimentalism)에 근거한 견해라고 하겠다. 이상의 두 가지 방법 중에서 어느 것이 옳으냐에 관해서는 단정적으로 말할 수 없다. 그 이유는 교육에 관한 세계적 사조와 각 국가의 당면과제 및 이념에 따라 다를 수 있기 때문이다. 다만, 사회발전의 추세로 보건대 양자를 적절히 구사하여 선정할 필요가 있다.

앞서 밝힌 미국에서 학습범위를 한정하여 선정한 방법으로는 기성문화를 유일한 자원으로 한 '교과서법'을 비롯하여 1920~30년대에 F. Bobbitt, W. W. Charters 그리고 H. Harap 등이 중심이 되어 활발히 연구되었던 '활동분석법'을 들 수 있다. 이는 인간의 생활활동을 과학적으로 분석해서 그 활동영역을 내용으로 삼자는 것이다. 그러나 이 방법은 H. Alberty의 비판에 의해 모순이 지적되었고, 그 후에 Peabody 사범대학의 교수였던 H. L. Caswell을 비롯한 D. S. Campbell, J. C. Chapman, G. C. Counts 등의 연구로 '사회기능법'이 등장했다. 이는 사회성원으로서 인간의 필요를 논리적으로 분석하고 실태조사를 통해 얻은 문제를 토대로 학습경험을 선정하자는 방법이다.

이상의 방법들은 성인 중심 경향인데, 1940년대 즉 제2차 세계대전 초기부터 전쟁 후까지는 L. T. Hopkins를 대표하는 '청소년욕구법'이 연구되어 왔다. Hopkins는 "경험은 학습자가 정말 필요하다고 느낄 때 비로소 계속적인 성장이 있으며, 개인은 자기 자신의 사회성, 통합, 계속적인 발전, 창조와 같은 경험을 성취시킬 필요에서 활동하는 것이다"라고 주장했다. 즉, 학습자의 필요, 흥미, 관심 등의 욕구를 중심으로 학습경험이 선정되어야 함을 의미한다. 이는 종래의 방법이 지식문화나 성인 중심의 사회관에 편중한 나머지 학생들에게 학습효과의 부진을 초래했다는 반성에서 연구되었다.

이상에서 설명한 교과서법, 활동분석법, 사회기능법 그리고 청소년욕구법 등은 대체로 문화적 지식에서 출발하여 현실적 사회에서의 사회와 인간과의 유기적 기능으로 그리고 다시 아동 중심의 원리로 변천되어 왔음을 볼 수 있다. 결과적으로 개인과 사회라는 양면에서 학습경험이 마련되어야 한다는 경향으로 발전해 온 셈이다. 그러나 개인을 중심으로 한 교육과정이나 사회를 중심으로 한 교육과정 모두 현대교육에서 바라는 인간상으로의 형성계획으로는 결함이 있다.

이에, 인간을 사회적 개인이라는 견지에서 보다 종합적인 생활문제를 중심으로 학습경험을 선정하려는 노력이 대두되었는데, 바로 1945년 이후에 H. Alberty와 H. L. Forkner 등에 의해 연구된 '문제영역법'이다. 이는 '인간의 항상적 생활국면'의 분석에 의한 것으로 개인의 성장과 발달이 환경과의 상호작용에서 이루어지는 이상, 이 상호작용을 이루는 장(場)이 곧 학습자가 성장하는 장이며, 거기에서 경험의 자료를 선정해야 한다는 것이다.

4. 평생교육 프로그램 내용의 조직방법

평생교육 프로그램의 내용조직이란 선정된 교육내용을 학습자의 발달특성과 능력을 고려하여 조직하고 계열화시키는 것(김진화, 2012)을 말한다. 학습내용을 설계함에 있어 가장 문제시되는 것은 거시적 수준으로 구성할 것인지, 아니면 미시적 수준으로 구성할 것인지에 관한 사항이다. 거시적 수준의 설계는 한 단원 또는 과제의 교수와 관련된 것이며, 미시적 수준은 하나의 아이디어 또는 작은 단위의 경험과 관련된 것이라고 하겠다. 거시적 수준에서의 골격설계는 전체 단원경험의 길이를 결정하고 교육내용을 선정하여 계열화하는 활동을 포함한다. 반면, 미시적 수준에서의 세부사항 설계는 한 단위 레슨지도에 필요한 구체적인 교육방법, 교육매체, 교육전략 등을 결정하고 교수·학습지도안을 작성하는 등의 활동을 포함한다.

이밖에도 프로그램 계획서를 작성함으로써 거시적·미시적 설계를 통합하고, 형성평가를 통해 분석과정에서 확인된 과제 및 내용분석에 비춰 프로그램 계획의 적합도를 검토하며, 의사결정과정을 통해 다음 단계의 내용개발을 직접 수행할 것인지 아니면 기존의 내용자료를 구입하여 사용할 것인지 여부를 결정하게 된다. 이런 하위과제의 수행과정에서 특히 유의해야 할 점은 프로그램 계획이 일정한 순서에 따라 수행되는 것이 아니라, 반복적·순환적 형태로 진행된다는 것이다. 따라서 교육방법의 처방이라는 프로그램 계획의 본질적 기능을 유념하면서 계획단계의 각 하위과제들이 상호 유기적 관련성을 가질 수 있도록 한다.

1) 단원길이의 잠정적 결정

프로그램은 시간과 비용의 제약이 뒤따른다. 따라서 프로그램 내용의 선정과 배열순서를 결정하기에 앞서 프로그램의 실시기간과 단원 및 레슨의 시간배정 계획에 대해 잠정적 골격을 세울 필요가 있다. 이러한 잠정적 골격은 프로그램 시간표나 전체 순서도의 형태로 나타나게 된다. 프로그램 및 단원의 길이를 정할 때는 다음과 같은 점들을 고려(Leshin, Poolock, & Reigeluth, 1992)해야 한다.

- 기관의 특수성에 따른 시간제약을 염두에 두어야 한다.
- 학습효과와 학습자의 피로도를 고려해야 한다.
- 시범·실습시간이나 종합·복습활동 등 프로그램 운영 시 요구되는 시간을 충분히 계산해야 한다.
- 관련성이 높은 경험들은 가능한 한 분할하지 않는 것이 바람직하다.
- 주요 경험에 해당하는 세부 경험들은 분리시키지 않도록 한다.
- 한 경험단원의 지도는 1~3시간 정도가 적당하다.
- 도입 - 전개 - 정리의 형태로 배열한다.
- 필요 시에는 재배열한다.

2) 학습내용의 계열화

일반적으로 계열화(sequencing)란 일군의 사상(事象)들을 특정한 순서로 배열하는 것을 말한다. 교육내용을 조직할 때 계열화가 중요시되고 있는 이유는 전체 프로그램의 내용이 10시간을 넘을 경우, 대부분의 학습자들이 스스로 내용을 논리적이고 의미 있게 조직화시키는 데에 한계가 있기 때문(Reigeluth & Kim, 1993)이다. 계열화가 중요시되는 또 다른 이유는 프로그램에서 다루고자 하는 주제들이 상호 긴밀한 관련성을 지니고 있어서, 적절한 계열화 과정을 통해 학습자의 인지구조 내 정보처리의 간섭작용에 대한 예방이 가능하다는 효과가 있기 때문이다. 계열화의 구체적 방법을 김진화(2012)는 크게 다섯 가지로 요약하고 있다.

첫째, 절차적 계열화이다. 이는 사상들이 진행되는 순서에 따라 계열화하는 방법으로 수행순서에 따라 내용을 제시하며, 훈련과정을 계열화할 때 많이 사용된다.

둘째, 위계적 계열화이다. 이는 최종적으로 학습하게 될 과제를 결정하고 이에 필요한 선수학습 요소를 분석한 다음, 이를 위계적으로 분류하는 방법이다. 그리고 학습자 특성분석을 통해 확인된 학습자의 학습정도를 고려하여 교육의 출발점을 결정하고, 위계구조에서 출발점의 상위에 포함된 과제를 내용으로 선정한 다음, 이를 위계적으로 재배열하게 된다. 이는 부분에서 전체로의 계열화를 의미한다.

셋째, 주제영역별 계열화이다. 이는 한 주제를 충분히 이해하고 다음 주제로 넘어가는 형태로 순서화하는 방법이다. 주제 간에 중복이 없고, 각 주제가 연관성이 없어 개별적으로 제시됨으로써 선행주제와 분리되는 특징을 가지고 있다. 이런 방법의 계열화는 완전학습을 가능하게 하지만, 일단 다음 주제로 넘어가게 되면 이전 주제의 내용을 잊어버리기 쉽다는 단점이 있다. 그러나 이 단점은 복습과 종합을 철저히 함으로써 충분히 보완될 수 있다.

넷째, 나선형적 계열화이다. 한 과제의 완전학습이 점진적으로 이루어지도록 그 과제를 몇 번에 걸쳐 중복적으로 제시함과 동시에, 점차 심화·확대시켜 나가는 방법이다. 즉, 먼저 몇 개의 주제를 간략하게 소개하고, 다시 각각의 주제로 되돌아가 세부적으로 다루면서 이를 심화시켜 나가는데, 전체

내용을 나선(螺線, spiral)의 방향 또는 지그재그 방향으로 계열화하게 된다.

다섯째, 정교화 이론(Reigeluth, 1987)에 따른 계열화이다. 이는 가장 기본적이고 간단하면서도 일반적인 전체 개요로부터 시작하여 이 전체 개요의 한 부분에 구체성을 더해 가는 형태로 내용을 순서화하고, 다음 단계에서는 다시 전체 개요를 검토함으로써 다음에 학습할 부분과의 관계를 나타내며, 마지막으로 요약 또는 종합을 하는 방법이다. 정교화 이론에 따른 계열화는 카메라의 줌렌즈로 비유될 수 있다. 즉, 줌렌즈를 통해 사물을 보려는 관찰자는 전체 상황을 보고 주요 부분들을 살펴본 후, 한 부분에 초점을 맞춰 그것의 하위부분들을 더욱 상세히 관찰하게 되며, 다시 전체 상황과 그 부분을 검토하기 위해 줌을 조절하는 과정을 계속하게 된다. 이는 단순에서 복잡으로의 계열화 원리를 적용한 것이다.

이러한 계열화는 일반적으로 내용전문가와 프로그램 설계자의 공동작업을 통해 수행되며, 공동작업의 질은 프로그램 개발의 성패를 좌우한다.

3) 프로그램 계획서의 작성

프로그램 계획서의 작성을 학교교육에 빗대어 설명하면, 교수·학습활동에서 단원지도안과 차시별 본시 지도안을 구성하는 것과 같은 활동이다. 여기서는 설계과정을 통해 산출된 결과물들을 종합하여 단원별, 레슨별, 세부활동별로 계획서를 작성하게 된다. 이러한 프로그램 계획서는 프로그램 개발의 지침을 제공하고, 교육활동을 보다 구체화·가시화하는 역할을 하는데, 각각의 계획서에는 다음과 같은 구체적인 내용들이 포함된다.

- 단원계획서: 프로그램명, 프로그램 목표하에 단원명·단원목표·단원내용(내용분석)·교육방법 및 매체, 평가계획, 학습계획 등
- 레슨계획서: 레슨명, 레슨목표, 학습단계, 레슨내용, 교육활동, 보조자료 및 매체, 시간, 유의사항, 형성평가 등
- 세부활동계획서: 세부활동명, 활동번호, 내용의 요점, 교수방법, 매체, 상호작용(교수·학습활동), 동기전략, 평가항목, 시간 등

4) 교수 · 학습경험의 통합적 조직

평생교육 프로그램의 내용조직에서 교수자의 교수경험이나 프로그램 참여자들의 학습경험을 통합적으로 조직한다는 것은 인간의 통합지향적 경향성이나 통합적 안목이라는 교육목적의 실현을 위한 것이다. 통합지향적 경향성의 실현은 학습자에 대한 새로운 이해와 시각에서부터 출발한다. 즉, 그동안 학문 중심적인 배경에서 분과주의적인 교과를 채택하던 것에서 인간 중심 즉 학습자 중심 교육으로 교육적 시각이 전환되면서 채택된 것이다.

교과의 통합적 조직을 핵심내용으로 하는 통합 교육과정에서는 학습자들이 겪고 있는 각기 다른 학습경험들을 상호 관련지어서 의미 있는 전체로서의 학습이 이루어지도록 한다. 이와 같은 의미에서 볼 때 교과를 통합적으로 조직한다는 것은 우선 시간상 먼저 배운 것과 나중에 배운 것을 통합한다는 뜻이고, 둘째로는 학교에서 배운 내용을 생활 속의 경험과 통합한다는 것이다. 마지막으로 교과와 교과 간 또는 한 교과 내에서의 서로 다른 내용들 간의 통합을 의미한다. 이러한 통합을 통해 전체적 · 인격적 통합을 기하고자 한다.

이와 같은 의미의 통합적 조직은 전통적인 학문과 지식의 체계에 따라 분과주의적으로 교과를 구성하고 교과 중심으로 교육내용을 선정 · 조직하던 것에서 탈피하여, 교과 간의 엄격한 구분을 고려하지 않고 각 교과의 지식이나 경험을 필요한대로 재구성함으로써 학습자의 흥미와 문제 중심으로 구성한다. 이는 지식을 조직함에 있어서 지식 자체에 대한 이해보다는 해당 지식이 사회적으로나 학습자 개개인에게 의미 있도록 조직하는 것이다. 즉 학문이나 지식을 학습자의 필요와 생활의 장면에 비추어 전체적으로 재구성한다.

한편, 학문이나 지식을 학습자의 필요와 생활장면을 고려하여 재구성하는 교과의 통합적 조직에는 여러 가지 유형이 있다고 김경배 외 2인(2001)은 주장하고 있다. UNESCO / 방콕의 공동연구팀은 통합의 방법으로 부분통합과 완전통합의 두 가지 형태를 구분했는데, 부분통합이란 상호 관련성이 있는 둘 또는 그 이상의 교과를 좀 더 광역화된 영역으로 묶는 것이다. 예를 들면, 사회 또는 과학 등의 교과나 현행 교육과정상의 교과 중심 체제를 유지하면서 학습지도상에서의 통합적 학습이 이루어지도록 하는 조직방법을 말한다.

반면, 완전통합은 제재나 문제 중심으로 프로그램을 구성하고 여기에 교과를 완전히 종속시키는 형태를 말한다. 단, 여기에서는 교과의 독립성이 인정되지 않는다.

이 외에도 M. Skilbeck(1976)은 다음과 같은 세 가지 수준의 통합이 있다고 했다. 첫째는 교과 수준에서의 통합이다. 교과 자체는 사고의 통합체제일 뿐만 아니라 다른 교과와 더불어 관련지을 수 있는 자원이 된다. 둘째는 개별 학문영역의 논리성이 존중되는 간(間)학문적인 협력 수준에서의 통합이다. 예를 들면 지리, 역사, 과학으로 구성된 환경교육 프로그램 같은 것이다. 셋째는 학문의 독자성을 고려하지 않고 논리적인 원칙보다 심리적인 원칙을 기준으로 한 새로운 형태로 지식을 조직하는 수준에서의 통합이다.

뿐만 아니라, J. B. Ingram(1979)은 교과의 통합 유형을 구조적 통합과 기능적 통합으로 분류하고 있다. 구조적 통합은 교육과정 내에서 각 교과에 해당하는 지식의 구조를 재구조화하는 것으로, 논리적 · 인식론적인 측면이 고려되면서 당해 교과를 가르칠 교사 중심 또는 해당 교과의 지식체계를 중심으로 한 통합이다. 반면에, 기능적 통합은 지식을 학습자의 통합적 경험을 촉진하기 위해 사용함으로써 심리적 · 사회적 고려에 의한 통합을 이루어 명실상부한 학습자 중심 통합이 이루어진다. Ingram이 제시한 구조적 통합과 기능적 통합의 주요 내용을 요약 · 정리하면 <표 7-2>와 같다.

〈표 7-2〉 교과의 구조적 통합과 기능적 통합

분류			내용
대	중	소	
구조적 통합	양적 통합	합산적 통합	둘 이상의 교과를 하나로 묶어서 단일명칭을 사용하는 통합(예: 생물, 물리, 화학, 지구과학을 '과학'으로 묶음)
		기여적 통합	합산적 통합보다는 더 많은 정도의 통합으로서 교과 간에 서로 기여할 수 있는 공통의 요소를 찾아내어 통합(예: 공자에 관한 지도를 하는 윤리교사가 공자가 살았던 시대적 배경에 대한 이해를 돕기 위해 세계사 담당교사로부터 도움을 받음)

-계속-	질적 통합	융합적 통합	교과들 간에 중복되는 원리, 공통적인 문제나 관심사에 기초해서 프로그램을 완전히 재구성—교과 간의 병렬적 통합이 아닌 교과의 뒤섞음을 의미(예: 자본주의 체제하에서 정치, 경제 교과가 융합되어 제시 가능)
		종합적 통합	교과들 간의 공통적인 개념의 확인, 공유되고 있는 의미의 탐색, 서로 다른 앎의 방식 비교, 현실 접근 방식들의 해석, 서로 다른 가치 판단에 대한 평가 그리고 이미 알려진 사실들의 발견방식 평가 등을 포함
기능적 통합	내재적 접근	필요와 흥미를 통한 통합	교과의 내용보다는 학습자의 직접적인 경험에 기초를 두고 학습자의 필요나 흥미를 중심으로 조직
		활동을 통한 통합	학습자를 수동적인 지식 수용자로 여기지 않고, 자신의 인지구조를 계속해서 재구성해 가는 능동적인 존재라는 가정에 근거를 두는 한편, 구안학습법을 채택
		탐구를 통한 통합	이미 완성된 지식의 구조를 수용하기보다는 역동적 인지과정을 통해 학생 자신의 탐구활동을 조장할 수 있도록 통합
		경험을 통한 통합	학교와 지역사회를 연결하거나 학생을 실제적인 활동에 참가하게 함으로써 지식과 현실과의 간격을 메울 수 있는 방법을 강구
	외재적 접근	문제 중심 접근	특정한 사회문제에 대한 이해와 해결을 위한 간학문적인 협력을 강조(예: 환경오염, 결식아동, 성폭력, 취업 등)
		목적론적 접근	특정 이데올로기나 신념을 부각시킨 교육과정에서 발견할 수 있는 통합(예: 특정의 종교를 전파하기 위한 학교의 교육과정)

*출처; Ingram이 제시한 교과의 구조적 통합과 기능적 통합에 관한 내용을 저자가 표로 재구성.

제8장

평생교육 프로그램 운용자원의 확보 및 배분

1. 평생교육 프로그램 개발에서의 운용자원
2. 인적자원의 선정과 관리
3. 물적자원의 선정과 관리
4. 금전적 자원의 확보 및 배분

1. 평생교육 프로그램 개발에서의 운용자원

평생교육 프로그램 개발과정에서 운용자원을 확보하고 이를 배분하는 일은 빼놓을 수 없는 활동이다. 자원을 확보하고 이를 배분하는 작업이야말로 평생교육 프로그램 개발에서 필요충분조건이라고 할 수 있다. 요구분석에서 출발하여 순조로운 절차를 밟아 훌륭한 프로그램 개발을 마무리하는 단계에 이르더라도 해당 프로그램을 성공적으로 운영하기 위해서는 안정된 재정지원, 부족함이 없는 물적자원 그리고 우수한 인적자원이 뒷받침되어야 한다.

실제로 평생교육 현장에서 프로그램을 실행하기 위해서는 무엇보다 안정된 자원의 투입과 기술력이 필요하다. 자원은 크게 인적자원과 물적자원으로 분류할 수 있는데, 평생교육기관의 인적자원에는 프로그램을 설계하는 개발자, 프로그램의 운영을 책임지고 이끌어 갈 운영관리자, 교육 프로그램을 실행할 교수자 및 지도자 그리고 평가자 등이 포함된다. 또한 행정지원 인력이나 자원봉사자가 포함되기도 한다. 프로그램의 목적을 효과적으로 달성하기 위해서는 반드시 전문인력으로 하여금 교육 프로그램을 실행하도록 해야 한다. 또한, 평생교육기관의 물적자원에는 재원, 시설 및 장비 등이 포함되는데, 그중에서도 가장 핵심적인 물적자원은 재정자원인 재원이다. 현실적으로 재원이 확보되지 않으면 예산집행이 어려워지므로 아무리 좋은 프로그램이라도 성공적인 실현이 불가능하기 때문이다(신용주, 2017).

이상에서 평생교육 프로그램의 성공적인 개발과 운영을 위해 인적자원, 물적자원 그리고 재정적 자원이 뒷받침되어야 한다는 주장을 피력했는데, 이들을 교육활동의 학습과 연계시키면 결국 학습자원(learning resource)이라는 포괄적 개념에 함의된다고 할 수 있다.

학습자원이란 학습을 촉진시키기 위해 학습자에 의해 개별적으로 혹은 여러 종류가 함께 사용되어지는 모든 자원을 뜻한다. 여기에는 학습내용, 요원, 교재, 기자재, 기술 그리고 교육환경 등이 포함(서울대학교 교육연구소, 1998. 재인용)된다. 여기서 학습자원은 학습내용과 함께 교사와 학생을 포함하는 요원들, 교재로 구분되는 소프트웨어와 기자재로 분류된 하드웨어 그리고 이 하드웨어와 소프트웨어의 개발과 활용에 사용된 기술뿐만 아니라 물리적 환경까지를 포함하는 광범위한 의미로 사용되고 있다. 반면, 학습자원의 개념이 협의로 사용되는 경우에는 교재와 기자재 즉 교육매체에 초점을 맞추게 된다. 특히, 학습자원을 광의로 해석할 때는 인간의 학습활동에 포함된 문제를 해결하기 위해 필요한 인적·물적·지적자원 등 모든 자원을 포함하는데, 이 자원들은 학습상황에 따라 개별적으로 사용될 수도 있고, 여러 종류가 함께 사용될 수도 있다.

이러한 학습자원은 크게 학습내용, 인적자원, 물적자원, 기술적 자원 그리고 환경적 자원 등으로 구성된다(서울대학교 교육연구소, 1998).

학습내용은 학습자원의 다른 요소들, 즉 요원, 교재, 기자재 등에 의해 전달되는 교육의 정보로서, 아이디어나 사실의 형태를 띠거나 해석된 설명 또는 그에 포함된 의미를 형태를 취한다. 다시 말해 학습내용이란 교육장면에서 학습자와 교수자 또는 학습자와 다른 매체 사이에 주고받는 정보로, 다양한 모습을 지닌 학습자원의 한 요소라고 하겠다.

인적자원은 학습의 내용을 보유하고 있거나 전달하는 사람을 지칭하는데, 이 자원이 학습자원의 요소로 인식된 것은 특기할 만한 점이다. 가장 대표적인 인적자원의 예로는 교수자를 들 수 있다. 교사라고도 지칭되는 교수자는 정보의 소유자 또는 전달자로서 고안된 교수체제 내에서 중요한 역할을 담당한다. 교사 이외에 인적자원에 속하는 사람으로는 학습자가 있는데, 이는 학습자 자신이 될 수도 있고, 동료 학습자가 될 수도 있다. 이외에도 연사, 강사 및 안내자 등이 포함될 뿐만 아니라, 사회 구성원 중 학습활동의 문제해결에 필요한 메시지를 보유하고 있거나 전달하는 사람이라면 누구라도 학습의 인적자원으로 간주된다.

물적자원에는 교육활동에 활용되는 소프트웨어와 하드웨어가 모두 포함된다. 소프트웨어는 하드웨어에 의해 전달되는 내용을 저장하고 있는 교육자료로 슬라이드, 필름스트립, TP자료, 영화자료, 오디오테이프, 서적, 잡지, 컴퓨터 보조학습의 코스웨어 등이 있다. 하드웨어는 소프트웨어에 저장된 내용을 전달하는 교육장치로 OHP, 슬라이드 환등기, 각종 프로젝터, 영사기, 라디오, 카세트 플레이어, 컴퓨터 등이 있다. 일반적으로 매체라고 할 때는 교재(소프트웨어)와 함께 이 기자재(하드웨어)를 포함하는데, 기자재에는 OHP,

슬라이드 환등기, 각종 프로젝터, 영사기, 라디오, 카세트 플레이어, 컴퓨터 등과 함께 이와 관련된 주변기기도 포함된다.

기술적 자원은 특정 학습내용을 전달하기 위해 학습자원의 여타 구성요소들을 활용하는 일정한 절차나 전략을 일컫는다. 예컨대, 컴퓨터 보조수업에서의 시뮬레이션이나 게임 등은 컴퓨터를 수업에 활용하는 전략으로 기술이 포함된다. 또한 특정 학습이론이나 교수이론을 적용하여 교재를 개발하거나 학습내용을 조직했을 때에도 기술이 포함되었다고 볼 수 있는데, 프로그램 학습, 발견식 수업, 개별화 수업, 팀티칭 수업 등이 일례다. 그 밖에 강의나 토의 등도 학습내용을 전달하는 일정한 형식으로 기술에 포함된다.

환경적 자원에는 학습내용이 전달되고 받아들여지는 물리적 조건으로 학교 건물, 도서관, 스튜디오, 교실, 특별활동실, 강당 등과 조명, 온도, 음향 등이 포함된다. 넓게는 사회 전체의 물리적 특성까지도 교육환경이 될 수 있는데, 교육환경은 그 특성에 따라 학습을 지원하는 자원으로 작용할 수도 있고, 반대로 제한하는 조건이 되기도 한다.

이상에서 평생교육 프로그램의 개발과 운영이 성공을 거둘 수 있는 조건을 대별하면 인적·물적·재정적 자원이 요구되지만, 이를 학습자원이라는 교육적 측면으로 세분할 때는 학습내용, 인적자원, 물적자원, 기술적 자원 그리고 환경적 자원으로 정리할 수 있음을 확인했다. 평생교육 프로그램의 개발과 운영을 뒷받침하는 이들 자원을 크게 나누어 대별하든지 아니면 세분화하든지를 무론하고, 결국은 교육활동이 원만하게 이루어지도록 조장하는 활동이고 보면 교육행정의 행위라고 할 수 있다. 이때 이러한 교육행정의 행위가 본연의 역할을 원만히 수행하려면 법제적 측면과 운영적 측면의 원리에 입각해야 할 당위성을 갖게 된다. 따라서 이들 두 측면을 고려한 종합적 원리를 민주성, 능률성, 타당성, 적응성 그리고 안정성의 원리로 고찰(권인탁·임영희, 2011)해 보고자 한다.

첫째, 민주성(democracy)의 원리란 평생교육정책의 수립이나 집행과정에서 민주주의의 기본이념을 바탕으로 운영하는 것을 의미한다. 즉, 구성원의 참여를 통해 공정한 민의를 반영함으로써 평생교육정책을 수립하고 수립된 정책의 집행과정에 있어서도 그 권한을 국민이나 하위기관에 대폭 위양하여 평생교육행정의 독단이나 전권적인 횡포를 막는 것이다. 이런 민주성의 원리를 위해 평생학습의 기회균등과 평생교육의 자주성을 법적으로 보장하고 있다. 평생학습의 교육의 형평성이라고도 할 수 있으며, 이는 학습의 기회나 학습의 내용, 학습과정에서의 배려가 사회·경제적 조건에 의해 영향을 받지 않고 공평하게 배분되는 정도를 말한다. 그리고 평생교육의 자주성이란 평생교육이 지방자치단체의 책임에 맡겨지는 것을 일컫는다.

둘째, 능률성(efficiency)의 원리란 최소의 시간과 경비를 투입하고 낭비를 최소화하여 최대의 효과를 올리려는 것으로 경제성의 원리라고도 한다. 합리적 활동을 통해 교육목표 달성의 극대화를 꾀하는 것은 평생교육행정의 주된 과업이라고 할 수 있다. 그러나 평생교육은 단기적 투자를 통해 단기에 어떤 결과를 얻을 수 있는 상품제조와는 다르기 때문에, 단기적 평가보다는 장기적 평가에 의한 능률성의 개념이 평생교육행정에서는 강조되어야 한다. 이런 능률성의 원리는 전술한 민주성의 원리와는 상충될 수도 있는 개념이다. 따라서 민주성의 원리를 희생함이 없이 능률성이 중시되는, 즉 두 원리 간에 적절한 조화나 균형을 추구하는 기술이 평생교육행정에서 요구된다고 하겠다.

셋째, 타당성(validity)의 원리란 평생교육행정의 활동이 평생교육의 목표달성에 타당한 보조활동이 되어야 한다는 것으로, 합목적성의 원리라고도 할 수 있다. 즉, 평생교육행정은 그 자체가 목적이 아니며 평생교육활동에 대한 지원적·봉사적·수단적 활동이기 때문에 목적과 수단 사이에 괴리가 없어야 함을 뜻한다. 평생교육행정은 항상 올바른 평생교육의 목표를 세우고 그 달성에 필요하고 충분한 조건을 정비·확립해야 한다는 것이다. 평생교육 목표의 달성에 기여하고, 평생교육의 목표에 비추어 타당한 행정활동이 되어야만 수단이 목표 자체가 되어 버리는 목표전도 현상이나 평생교육행정의 관료화 현상을 예방할 수 있다.

넷째, 적응성(adaptability)의 원리란 평생교육행정이 새로운 사태의 변화에 신축성 있게 대응함으로써 조화적 관계나 능률적 성과를 계속해서 확보해 나가려는 것을 의미한다. 많은 변화가 동시다발적으로 일어나는 현대의 정보사회에서의 평생교육행정은 변화에 순응하는 소극적 적응보다는 능동적 대처로 변화를 주도하고 조절하는 능력이 요구된다. 평생교육행정에서 고려해야 할 적응의 문제는 시간과 공간을 초월하는 것으로 종합적인 안목을 가지고 평생교육 내·외적인 변화 간의 균형을 유지하는 것이 필요하다. 그러나 이러한 적응성의 원리를 강조하다 보면, 평생교육의 특수성을 감안할 때 요구되는 안정성이 저해될 우려가 있음을 간과해서는 안 된다. 변화에 신축성 있게 적응해 가면서도 평생교육 내부의 본질적 측면은 안정성 있게 유지되는 기술이 요청되는 것이다.

다섯째, 안정성(stability)의 원리란 앞의 적응성의 원리와 상충되는 개념으로, 평생교육활동의 일관성과 지속성을 유지함으로써 안정성을 확보하려는 것이다. 새로운 변화가 다 좋은 것은 아니며, 전통적인 것이 모두 보수적이고 나쁜 것은 아니다. 따라서 전통 중에서 바람직한 것은 계승하여 발전시키려는 좋은 의미의 보수주의가 필요한데, 안정성의 원리가 바로 이를 의미한다. 타 분야에 미칠 영향을 충분히 고려하지 않고 급격한 변화를 초래함으로써 야기되는 평생교육의 혼란과 부작용도 문제지만, 그렇다고 해서 평생교육행정이 안정성만을 고집하여 변화에 느리게 반응하고 혁신을 받아들이는 것에 주저한다면, 평생교육의 발전을 위해 바람직한 일이 아니다. 따라서 평생교육의 성과에 있어서 보다 장기적인 안목에서 사태변화에 조화 있는 적응을 꾀함으로써 전통성을 유지하고 강화 및 발전시킬 수 있다는 측면에서 안정성의 원리가 중요시된다.

2. 인적자원의 선정과 관리

1) 평생교육기관의 인적자원 관리

평생교육기관의 프로그램 개발이나 프로그램 운영은 결국 사람이 그 역할을 수행한다. 그러므로 평생교육기관을 운영하는 경영자의 주요한 과제는 이러한 역할을 수행하는 인력을 잘 관리하는 것이다(오혁진, 2004).

하나의 조직으로서의 평생교육기관은 여타 조직과 마찬가지로 나름대로 인사관리 활동이 이루어지고 있는데, 최근 평생교육기관의 규모가 커지고 기능이 복잡해짐에 따라 인사관리의 중요성이 더욱 커지고 있다. 따라서 평생교육기관에서의 인사관리에 대한 보다 체계적인 접근이 필요하다.

인사관리는 경영활동의 한 영역으로 조직의 목표달성을 위한 인적자원의 확보·개발·보상·유지를 위해 기획·조직·지휘·조정·통제하는 활동이다. 이런 인사관리와 관련하여 최근 '인적자원 관리'(Human Resource Management)라는 개념이 보편화되고 있다. 이는 인적자원 관리란 기존의 인사관리보다 기관의 성공적인 경영에 있어 사람의 중요성이 더욱 커지고 있음을 반영한 것이다. 인적자원 관리의 하위 영역으로는 인적자원 계획, 인적자원 확보, 인적자원 개발 그리고 인적자원 활용 등이 있다. 이런 맥락에서 볼 때, 평생교육기관의 인사관리는 평생교육기관에서 필요로 하는 인적자원을 계획·확보·개발·활용하는 평생교육기관의 중요한 요소라고 이해할 수 있다. 평생교육기관에서의 인사관리 대상은 협의의 대상과 광의의 대상으로 구분할 수 있는데, 협의의 대상에는 프로그램 개발자, 프로그램 운영자, 일반직원이 포함된다. 반면, 광의의 대상에는 협의의 대상을 포함하여 외부강사, 자원봉사자, 이사회원 등이 포함된다.

평생교육기관에서의 인사관리 대상을 광의로 규정하든지 아니면 협의로 그 범위를 축소하든지 간에 평생교육기관 인사관리의 목적은 평생교육기관을 생산성이 높은 학습공동체로 만드는 데에 있다. 즉, 외적으로는 평생교육기관으로서의 조직의 목적을 효과적·효율적으로 달성할 수 있도록 인력을 적절히 활용하는 것이다. 또한 내적으로는 조직구성원들이 보람과 만족을 느끼고 유대감을 형성하며 성장하도록 돕는 것이다. 이를 위해서는 합리성과 인간존중이 추구되어야 한다고 오혁진(2004)은 강조한 바 있다.

합리성은 인사관리의 객관적 측면과 관련되는 가치로 평생교육기관의 사명과 목적을 효과적·효율적으로 추구하는 것을 의미한다. 반면, 인간존중은 인사관리의 주관적 측면과 관련되는 가치로, 평생교육기관 구성원 간의 갈등을 극복하고 구성원의 자기성장 및 자아실현을 추구하도록 돕는 것을 말한다. 이 두 가지 가치가 조화롭게 구현될 때 평생교육기관은 교육적 사명의 실천은 물론, 구성원 간의 유대감 강화와 자기성장을 더욱 효과적으로 이룩할 수 있다. 이는 곧 평생교육기관 학습공동체의 구현을 의미한다.

평생교육기관이 합리성과 인간존중의 모토하에 인사관리를 하면 궁극적으로는 학습공동체를 구현하는 성과를 거양할 수 있다. 그러나 이러한 성과에 도달하기 위해서는 인사관리에 나름의 실행원리가 실현되어야 한다. 인사관리의 기본원리는 곧 직무요건과 인력을 일치시키는 것이라고 할 수 있다. 즉, 일과 사람을 일치시킨다는 의미이다. 한편으로는 직무수행에 필요한 요건을 파악하고, 다른 한편으로는 실무자의 능력과 태도를 평가한 결과를 바탕으로 적절한 직무에 적절한 인력을 배치해야 한다(오혁진, 2004). 만약, 직무요건에 비해 인력에 미흡한 경우에는 신규인원을 보충하거나 기존의 인력에게 교육훈련을 통해 이를 보충해 주어야 한다. 이에 반해, 현 직무요건에 비해 인력이 과도할 경우에는 인력을 다른 곳으로 분산시키거나 보다 상위의 직무를 맡기는 것이 바람직하다.

또한 바람직한 인사관리는 조직구성원의 개별적인 특성을 고려해야 한다. 그 기준으로는 구성원이 가지고 있는 직무에 대한 전문 능력과 일에 대한 성취동기 즉 열정이 있는데, 이 두 기준의 정도에 따라 조직구성원은 각각 스타형, 성실형, 문제형, 낙후형으로 분류된다. 조직구성원이 현재 어떤 상태에 있든지 간에 인사관리의 전개방향은 기본적으로 능력 많고 성취동기가 높은 구성원, 즉 스타형의 인력을 확보하고 개발하는 것이라고 하겠다.

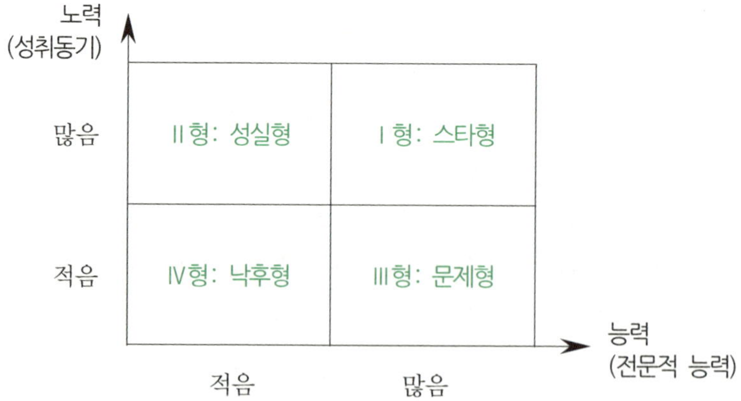

[그림 8-1] 인사관리의 전개방향

*출처; 오혁진(2004). 평생교육경영학. 서울: 학지사. p.195.

한편, 인사관리상 유의할 점으로는 조직구성원의 약점에 너무 초점을 맞추지 말아야 한다는 데에 있다. 오히려 인사관리는 조직구성원의 강한 면을 최대한 활용하는 방향으로 나가야 한다. 또한 학습공동체를 지향하는 평생교육기관의 인사관리를 위해서는 단기적 성과를 얻는 데만 급급해서는 안 된다는 것이다. 구성원의 실수도 존중해 주어야 하고, 동기부여를 통해 계속적인 자기계발을 할 수 있도록 기회를 제공해 주어야 한다.

2) 평생교육기관 내 운영관리자 관리

평생교육기관 내에서 운영관리를 한다는 것은 결국 프로그램을 운영하고 관리하는 직원을 일컬음이다. 시대정신이 다양화, 전산화, 세계화되는 것과 궤를 같이하는 일이 평생교육의 프로그램에도 파급영향을 미치고 있기 때문에 프로그램을 운영·관리하는 직원은 프로그램 개발 초기에서 마지막 종결과 평가에 이른 후, 이를 다음 프로그램에 feedback까지 책임을 지는 중요한 역할을 해야 한다. 더러는 프로그램 개발가나 설계자가 직접 프로그램의 운영관리자가 되기도 하며, 또는 조직적 차원에서 프로그램 운영경험이 풍부하고 프로그램 관리능력과 자질을 갖춘 사람을 임명하기도 한다.

프로그램 운영관리자는 개발된 프로그램이 좋은 성과를 거두기 위해 순조롭게 실시되도록 모든 과정을 진행하는 사람이다. 하나의 교육 프로그램이 계획되고 실시되기까지에는 많은 시간과 노력은 물론, 상당한 재원도 투입된다. 따라서 이 모든 노력이 시너지 효과를 내어 프로그램의 목표를 성공적으로 달성할 수 있도록 프로그램의 모든 요소들을 총괄하는 운영관리자의 역할은 프로그램의 성패를 좌우한다고 하겠다. 그러므로 프로그램 운영관리자는 프로그램에 대한 뚜렷한 목표의식을 갖고 잠재적 학습참여자를 파악하며 평생교육기관 내외의 다양한 자원을 효과적으로 활용하는 능력을 갖추어야 한다고 주장한 신용주(2017)는 프로그램 운영관리자의 역할을 다음과 같이 여섯 가지로 제시하고 있다.

첫째, 프로그램 운영관리자는 프로그램의 목표달성을 위한 기본사항들을 점검하고, 필요한 인적·물적자원을 파악하며 이를 동원하기 위해 노력해야 한다. 또한 획득한 자원을 효과적으로 유지·관리하고, 예산을 효율적으로 집행하는 능력을 갖춰야 한다. 둘째, 프로그램 운영관리자는 프로그램의 원활한 운영에 필요한 체크리스트를 작성하고, 이를 토대로 수시로 상황을 점검하며 프로그램을 진행해야 한다. 셋째, 프로그램 운영관리자는 프로그램에 적합한 장소와 시설물 및 장비를 구비하고, 항상 최상의 상태를 유지하여 쉽게 작동되도록 함으로써 수업이 효과적으로 실시되도록 해야 한다. 넷째, 프로그램 운영관리자는 프로그램의 원활한 운영을 위해 타 기관이나 조직과의 연계를 모색함과 동시에, 조직 내에서 효과적으로 소통과 협력이 이루어지도록 해야 한다. 다섯째, 프로그램 운영관리자는 프로그램이 시작된 후에 발생할 수 있는 예기치 못한 상황변화에도 유연하게 대처함으로써 프로그램이 성공적으로 종료되도록 해야 한다. 여섯째, 프로그램 운영관리자는 프로그램 종결 시에 프로그램의 전반적인 과정 및 성과에 대한 평가에 기초하여 프로그램을 계속 유지할 것인지 또는 개선이나 중단이 필요한지에 대한 의견을 제시해야 한다.

평생교육기관 내 운영관리자의 역할이 이토록 막중하기 때문에 일반 실무자라고 할 수 있는 프로그램 운영관리자들에 대한 인사관리 또한 과학적이면서 합리적으로 이루어져야 함은 당연하다. 물론, 이들에 대한 인사관리의 구체적 방법은 기관의 유형 및 성격 그리고 규모 등에 영향을 받겠지만, 오혁진(2004)은 필요한 적정인원의 파악, 인력수급, 기관 내 인적자원의 개발, 기관 내 직원들의 업무수행 평가, 보상관리 그리고 인사이동 등이 대표적인 관리방법이라고 제시하고 있다.

• 필요한 적정인원의 파악

적정인원의 파악은 평생교육기관의 운영을 위해 세부조직별로 요청되는 인적자원에 대한 수요를 예측하는 것을 의미한다. 이러한 예측 중 장기예측의 경우에는 평생교육기관의 거시적·미시적 환경요인을 고려해야 하고, 단기예측일 경우에는 당장 시행하려고 하는 프로그램상의 인원계획 및 예산의 뒷받침 등을 고려해야 한다.

• 인력수급

인력수급은 세부조직별로 현재 인력과 필요한 인력 간의 차이를 해소하는 활동을 말한다. 평생교육기관에서 필요한 인력을 보완하는 방법에는 새로운 직원을 채용하는 것 이외에도 연장근무, 임시직 고용(아르바이트), 아웃소싱, 자원봉사자의 확보 등 여러 가지 방법이 있을 수 있다. 기관경영의 효율성 차원에서 볼 때 새로운 직원의 채용은 오히려 가장 최후의 방법이라고 하겠다. 이외에도 인적자원의 개발을 위한 교육이나 이직의 방지 등도 넓은 의미에서의 인력확보 방법 중의 하나라고 할 수 있다. 인력확보 시의 기준으로는 직무와의 관련성, 대상자의 적성·인성·관심·전문분야, 장기적인 인력계획 일정 등이 있다.

한편, 인력충원의 접근방식으로는 먼저 일을 기획하고 나서 그 일을 맡을 사람을 찾는 일 중심의 접근방식, 적합한 사람을 찾아 놓고 일을 맡기는 사람 중심의 접근방식 그리고 일과 사람을 다 강조하되 상황에 따라 인력을 구성하는 관리망 접근방식 등 세 가지로 구분할 수 있다.

• 기관 내 인적자원의 개발

인적자원의 개발은 직원 개개인의 잠재능력을 개발할 수 있도록 하는 동시에 현재의 직무를 보다 원활히 수행할 수 있도록 기관 차원에서 지원하는 활동이다. 일반적으로 인적자원의 개발방법은 훈련 또는 연수, 교육 그리고 경력개발 등이 있다. 훈련 또는 연수는 현재 직면하고 있는 직무와 직접 관련이 있는 지식이나 기술을 습득함으로써 훈련 직후 직무성과와 직결될 수 있도록 학습경험을 조직화시키는 활동으로, 신규직원 채용 후 새로운 지식이나 기법을 신속하게 활용하고자 할 때 필요하다. 교육은 현재의 직무가 아닌 다른 직무를 맡게 될 경우를 대비하여 필요한 전문지식이나 기술을 습득할 수 있도록 준비시키는 학습활동이다. 교육이 필요한 경우는 환경변화로 인해 직무유형이나 본질의 변화가 예상되는 경우 또는 승진을 통한 업무성격이 이전 업무와 많은 차이가 날 것으로 예상되는 경우이다. 경력개발은 현재 또는 미래의 직무와 직접 관련되지 않은 상태에서 개인의 성장을 도모하기 위해 제공되는 학습경험을 의미한다.

조직 내에서 실무자들에 대한 교육훈련은 훈련요구의 파악, 훈련계획의 수립, 학습도구의 제작, 훈련기법의 적용, 훈련결과의 평가 그리고 훈련효과의 지속의 순서로 이루어진다.

• 기관 내 직원들의 업무수행 평가

업무수행 평가는 실무자들이 얼마나 만족하며 성공적으로 직무를 수행하고 있는지를 판단하는 활동을 일컫는다. 이러한 업무수행 평가는 조직구성원의 능력을 반영하여 인력을 조직의 적재적소에 배치하고, 부족한 능력을 개발하기 위한 자료를 수립하며, 능력에 따른 공정한 보상관리의 근거를 마련하는 데에 그 목적이 있다.

업무수행 평가의 내용은 크게 양적 측면과 질적 측면으로 구분되는데, 양적 측면에서는 업무의 양, 업무의 질, 비용, 시간 등의 기준에 따라 업무의 달성량, 업무의 정확성, 비용절감, 업무일정 완수 등의 항목에 대해 평가한다. 반면, 질적 측면에서는 유효성을 기준으로 업적 달성도, 업적 공헌도, 기능 향상도, 아이디어 제안 정도, 부하 육성 정도 등의 항목에 대해 평가한다.

• 보상관리

보상관리란 직원들이 평생교육기관에 이바지한 대가를 제공하는 체계에 대해 기관과 직원 모두 만족할 수 있도록 중재·조절하는 것을 의미한다. 일반적으로 보상은 기본급, 수당, 상여금, 임금, 복지후생 등의 요소로 구성되어 있는데, 정상 노동시간 내의 노동에 대해 지불되는 시간당 또는 월(月)당 임금을 기본급이라고 한다. 수당은 일정한 급료 이외에 정기 또는 수시로 지급되는 보수를 뜻하며, 여기에는 가족수당, 특근수당, 주택수당, 근무지수당, 주말수당 등이 있다. 상여금은 일정한 생산액 이상의 능률을 올린 자에게 지급되는 특별 포상금이나 특별휴가를 말하고, 복지수행은 기관이 직원과 그 가족의 생활수준의 향상을 위해 마련한 임금 이외의 여러 가지 급여를 총칭한 것이다.

일반적으로 기관 입장에서는 이런 보상을 비용으로 인식하기 때문에 부담으로 작용하는 반면, 직원들은 소득으로 인식해서 더 많이 받고 싶어 하는 경향이 있다. 따라서 이 두 입장을 적절하게 조화시키기 위한 노력이 필요하다.

• 인사이동

인사이동의 종류에는 승진, 전근, 이직 등이 있다. 승진은 직원의 직무서열 또는 자격서열의 상승을 의미하는 것으로 직위의 상승과 더불어 보수, 권한과 책임의 확대가 수반된다. 이는 개인에게는 자아발전의 욕구를 충족시켜 주는 수단이 되고, 조직의 입장에서는 효율적인 인적자원 개발의 근간이 된다. 요즘에는 조직의 특성이 변화함에 따라 연고나 연공서열 등 비합리적 근거가 아닌 직무 중심의 능력주의 승진제도가 중시되고 있다. 전근은 동일하거나 비슷한 계층의 다른 직무로 이동하는 것을 의미한다. 전근을 통해 직원들은 자신의 경험을 넓힐 수 있고 새로운 기술을 배울 수 있으며, 조직의 입장에서는 인적자원의 효율성을 높이기 위한 방법이 된다. 이직은 직원이 여러 가지 요인으로 인해 직장을 떠나는 것인데, 여기에는 사직, 해고, 파면, 퇴직 등이 포함된다. 특히 이직관리에서 인사담당자는 이직 발생의 배경과 이유 등을 충분히 파악하고, 이를 분석한 결과를 바탕으로 원만한 인력수급이 이루어질 수 있도록 조정하는 능력이 요구된다.

3) 교수자의 선정과 관리

평생교육 프로그램의 운영에 필요한 인적자원은 지도자, 관리자, 교수자 등이다. 이 중에서 교수자는 그저 단순히 지식, 기술 그리고 태도를 일방적으로 전수하고 전달해 주는 사람이 아니다. 교수자는 일반적으로 학습과정을 돕는 조력자로서의 자원인 역할을 해야 하므로, 프로그램의 특성별로 각기 다른 역할을 요구받게 된다. 이러한 교수자의 역할에 비추어 기영화(2009)가 논의한 교수자의 요건, 교수자의 선정 그리고 교수자 오리엔테이션 등을 탐색한 후, 외부강사의 관리에 관한 방안을 제시하고 있는 오혁진(2004)의 견해를 구명함으로써 교수자의 선정과 관리에 관한 방법을 종합적으로 고찰해 보기로 한다.

(1) 교수자의 요건

전술한 바와 같이 교수자는 학습자를 돕고 학습을 관리할 책임을 가지고 있다. 그러므로 프로그램 개발자는 프로그램의 목적과 학습자들의 특성을 분석함으로써 적절한 교수자를 선별해야 한다. 개발한 프로그램이 성공하려면 교수자는 다음의 요건을 갖추고 있어야 한다.

첫째, 교수자는 주제에 관해 충분한 지식을 갖추고 있어야 한다. 무엇보다 진행 프로그램의 주제에 능통해야 한다는 것이다. 충분한 지식을 갖추지 못한 교수자는 학습자들과 신뢰를 형성하기 어렵고 학습자들의 학습요구 또한 충족시키기 어려울 뿐만 아니라, 나아가서는 후속 프로그램에의 참여에도 영향을 끼치게 된다.

둘째, 교수자는 다양한 교수기법을 숙지하고 있어야 하며, 학습자의 특성과 상황에 따라 적절한 교수기법을 사용할 수 있어야 한다. 교수기법은 학습을 효과적으로 만드는 윤활유 역할을 한다. 학습자들이 지식과 정보가 부족한 초보자인 경우, 교수자가 특정 학습자를 지칭하며 질문을 한다면 해당 학습자는 긴장하게 되고 따라서 학습효과는 감소하게 될 것이다. 반면, 학습자들이 이미 습득하고 있는 정보를 교수자가 파악하지 못하고 그대로 진행하는 경우도 학습효과를 거두기 어렵다. 따라서 교수자는 학습상황에 따른 여러 교수기법들을 융통성 있게 사용할 수 있도록 다양한 교수기법에 능통해야 한다.

셋째, 교수자는 학습자의 배경과 경험에 따라서도 신속하고 융통성 있게 반응할 수 있어야 한다. 예컨대, 성차별 문제를 다룰 때 학습자들이 이미 성차별을 경험한 경우와 그렇지 않은 경우, 학습내용과 교수기법은 모두 다르다. 이때 교수자는 학습자들의 경험을 고려하여 상황에 따라 대처할 수 있는 유연성을 가져야 한다.

넷째, 교수자는 학습자들의 상황과 경험을 이해하고, 그들과 공감대를 형성할 수 있어야 한다. 학습자들의 참여는 지식과 정보를 얻기 위한 것만이 아니라, 교수자와 인간적인 교감을 원하는 학습자들도 있다. 실제로 교수자에게 어느 정도 이해받고 있다고 느끼는 학습자는 적극적으로 학습에 참여할 것이다. 반면, 교수자에게 어느 정도 이해받지 못하다고 있다고 느끼는 학습자는 폐쇄적이고 소극적으로 학습활동에 개입하게 된다. 따라서 교수자는 자신이 학습자와 공감대를 형성하고 있는가를 수시로 점검함으로써 학습자들의 학습효과를 높이는 데에 힘써야 한다.

다섯째, 교수자는 가르침과 학습자에 대한 열정을 가지고 있어야 한다. 만약 교수자가 학습자와의 만남을 즐기지 않는다면, 기계적 관계가 형성되고 나아가서 학습효과가 떨어지게 된다. 그러나 교수자가 학습자에게 관심을 갖고 교수 자체에 열정을 가지는 경우, 그 열정은 학습자에게 전이되어 공감대를 형성하고 학습효과가 증가하게 된다.

여섯째, 교수자는 유머를 효율적으로 사용할 수 있어야 한다. 유머는 학습자와 교수자 간의 관계를 긴밀하게 해 준다. 교수자는 단순한 정보나 지식전달자가 아니기 때문에, 유머를 적절하게 사용하여 학습자들의 긴장감을 해소시켜야 한다.

일곱째, 교수자는 학습활동을 전개하는 조직과 환경에 대한 정보를 갖고 있어야 한다. 교수자는 프로그램이 소속된 조직에 대한 정보를 갖고 있어야 한다는 의미이다. 교수자가 조직에 대해 충분한 정보를 갖기 못한 경우, 의도치 않게 조직의 이념과 상치되는 문제를 다룸으로써 프로그램을 갈등상황으로 끌고 갈 수도 있다. 따라서 교수자는 조직의 이념과 철학 등을 파악하여 학습상황에서 이를 실현할 수 있어야 한다.

여덟째, 교수자는 상황에 따라 학습활동을 변경할 수 있는 능력을 갖고 있어야 한다. 예컨대, 강의실에 갑자기 벌이 들어온 경우 학습자들은 벌에 관심을 쏟는다. 이때 교수자가 이런 상황을 고려하지 않고 그대로 학습을 진행한다면, 학습은 효과를 거두기 어렵게 된다. 그러나 교수자가 벌을 유리창 밖으로 쫓아내고 잠시 벌에 대한 에피소드를 다룬 후에 학습내용으로 되돌아온다면, 학습효과를 높일 수 있을 것이다.

이상과 같은 요건을 갖춘 선별된 교수자는 프로그램을 성공하게 만드는 핵심요소이다. 학습자들의 관심을 끌지 못한 프로그램이라도 학습에 열정적인 교수자가 투입됨으로써 학습자들의 만족도를 높일 수 있다. 이 경우 프로그램은 긍정적이며, 기존 참여자들은 다른 사람에게 해당 프로그램의 효과를 전달함으로써 다음 프로그램의 참여를 증가시키는 역할을 한다.

(2) 교수자의 선정

프로그램 개발자가 교수자를 선정하기 위해서는 교수자의 자질과 보수 및 요건 등에 관해 명확한 기준이 있어야 하는데, Knowles(1980)는 이에 대해 다음과 같이 주장하고 있다(기영화, 2009. 재인용).

① 교수자의 자질

교수자의 자질은 프로그램 내용에 따라 달라진다. 프로그램 주제가 학문적인 내용이라면 교수자는 공식적인 교육기관을 거쳐 인증된 자라야 하지만, 일상생활과 관련된 내용이라면 교수자는 직접 경험하고 현재 종사하고 있는 자가 적절하다. 평생교육 프로그램의 대부분이 공교육 밖에서 이루어지고 있는 점을 감안하면, 현업에 종사하는 경험자가 교수자로 선호된다고 하겠다. 따라서 프로그램 관리자는 프로그램에 필요한 교수자의 자질이 무엇인지를 고려하여 교수자를 선정해야 한다.

② 교수자의 선정

교수자의 선정은 누가 프로그램에 적합한 강사인지를 어떻게 결정하는지와 관련된다. 일반적으로 교수자의 교육 정도, 경험, 성격 등을 드러내는 추천서나 성적표 등을 참고로 하지만, 이 정보가 교수자의 특성을 그대로 나타내는 것은 아니다. 따라서 교수자와 관련된 모든 정보를 찾고, 실제 교수자를 면담하는 것이 바람직하다. 또한 프로그램 담당자는 강사후보자들의 자질을 판단할 수 있는 준거를 설정해 놓아야 하는데, 그 예는 다음과 같다.

- 교수자는 지식을 갖고 있을 뿐만 아니라, 그 분야에서 성공적으로 실행하고 있는 실무자여야 한다.
- 교수자는 자신의 일에 열정을 갖고 있어야 하며, 다른 사람들을 가르치는 일에도 열정적이어야 한다.
- 교수자는 사람들에 대해 긍정적 태도와 이해하려는 태도를 가져야 하고, 성인학습을 효과적으로 이끌기 위해 다정함과 유머, 따뜻한 마음과 타인에 대한 흥미를 갖고 있어야 한다.
- 교수자는 교수방법에 대해 창의적인 생각을 갖고 있어야 한다.

- 교수자는 지역사회나 직장 내에서 요구하는 자신의 위치와 성인교육자의 특징들을 잘 조화시킬 수 있어야 한다.
- 교수자는 성인들이 아동학습자와 다르다는 것을 인식하고 있어야 한다.
- 교수자는 성인교육 프로그램에 봉사하는 것을 즐거워하는 자라야 한다.

③ 계약서 작성

교수자는 조직과 공식적으로 계약을 맺는 것이 바람직하다. 특히 자원봉사로 교수자가 충원될 경우, 이들을 강제하는 것이 없어 수시로 그만둠에 따라 프로그램의 실시가 어렵게 되기도 한다. 따라서 프로그램 관리자는 이런 경우를 방지하기 위해 교수자들과 계약서를 작성하는 것이 바람직하다.

계약서 작성은 프로그램이나 조직과 관련된 오해를 피할 수 있는 방법이 되기도 한다. 그러므로 교수자와 기관 사이에 협약서나 계약서를 작성함으로써 고용과 해고에 대해 최종적인 권한을 명시해야 할 것이다. 또한, 계약서는 프로그램과 관련된 교수자의 책임을 규명하고 있어야 한다. 교수자는 프로그램과 관련된 업무와 학습을 촉진해야 하는 이중 책임을 안고 있다. 즉, 교수자에게는 행정적 책임과 지적 책임이 있는 것이다. 행정적 책임에는 학습개시와 협조, 의사소통 등이 있고, 지적 책임에는 정보제공, 학습자료의 조직 및 평가 등이 포함된다.

④ 교수자의 보수

교수자를 자원봉사자로 충원하지 않는다면, 보수를 지급해야 한다. 조직에서 운영되는 프로그램은 대부분은 교수자에게 보수를 제공하며, 특히 교육을 일차 목적으로 하는 조직들의 경우, 급여를 지급하는 교수자를 채용하고 있다. 반면, 교육이 일차적인 목적이 아닌 경우에는 급여를 지급하는 교수자를 채용하기 어려운데, 이때 자원봉사자는 기관의 프로그램 실시를 위해 귀중한 인적자원이 될 수 있다. 교수자가 자원봉사자로 충원될 때, 이들은 경제적 보상을 받지 않기 때문에 공식적으로 통제하기 어려우므로, 이 경우 집단에 대한 강한 소속감을 갖게 함으로써 자원봉사 교수자들에게 동기를 부여한다.

전일제 강사들은 정해진 정규강의를 하게 되는데, 이외에 더 많은 시간을 강의하게 될 때 추가시간에 대한 수당을 받는다. 이에 반해 시간제 강사들은 시간당 또는 강의시간에 따라 보수를 받는다. 이 경우, 강사의 보수를 지불하는 것만큼 참여자들이 많아야 프로그램이 유지되며, 강사가 원하는 만큼 보수를 줄 수 없으면 프로그램 담당자는 보조금을 끌어오거나 프로그램을 폐강하게 된다. 또 강사가 충분한 학생 수를 확보하지 못했을 때에도 주어진 강의 수에 대한 보수가 줄어들거나 프로그램이 취소될 수 있다.

교수자의 보수는 몇 가지 기준에 따라 정해지는데 첫째, 유사한 조직들과 같은 기준으로 책정한다. 같은 지역이라도 조직에 따라 보수의 차이는 있게 마련이다. 교수자의 보수는 표준화된 척도에 근거해서 그 차이가 좁혀지고 있는 경향이다. 그러나 어떤 경우는 학문적 위신을 세우거나 유명한 강사를 끌어들이기 위해 높은 보수를 지급하기도 한다.

둘째, 특별한 자질을 갖고 있는 강사를 유입하기 위해 필요한 보수를 책정한다. 예를 들면, 전문심리학자의 서비스를 받기 위해서는 일반강사에게 지급하는 액수보다 더 좋은 보수를 지급한다.

셋째, 참여자들의 수업료에 따라 강사의 보수를 결정할 수 있다. 프로그램에 보조금이 없을 때는 수업료에 의존해서 보수를 결정할 수밖에 없다. 강의에 참여하는 사람들이 수입이 많은 사업가들이라면 훌륭한 강사를 선정해서 높은 보수를 지급할 수도 있다. 그러나 지역주민들이 학습자인 경우, 수업료는 낮을 수밖에 없고, 그에 따라 강사의 보수 또한 낮아질 것이다.

(3) 교수자 오리엔테이션

교수자에 대한 오리엔테이션은 학습활동의 효과를 증진시키는 방법 중 하나이다. 기관이나 조직이 전임교원을 고용하고 있는 경우에는 교수자의 오리엔테이션은 요구되지 않는다. 그러나 교수자가 그 조직에 소속된 전일제 직원이 아닐 경우에는 기관에 관한 정보를 얻기가 쉽지 않기 때문에 프로그램을 제공하는 기관에서 교수자를 대상으로 오리엔테이션을 실시하게 된다. 대부분의 대학에서 신임교수들을 대상으로 실시하는 오리엔테이션이 그 예라고 하겠다.

교수자 오리엔테이션은 해당 조직이나 기관에 관한 정보뿐만 아니라, 프로그램의 전과정에 대한 이해를 포함한다. 만일 프로그램 강사들이 해당 프로그램에 대해 충분히 이해하지 못한다면, 아무리 명성 있는 교수자라도 프로그램의 의도한 목적을 충분히 달성할 수 없기 때문이다. 또한 교수자 오리엔테이션은 교수자들로 하여금 자신들이 소속된 기관에 대한 자긍심을 갖게 하는 과정이기도 하다. 이 자긍심은 바로 학습과정에 참여하는 학습자들에게 전이되는 효과가 있다.

교수자를 위한 오리엔테이션은 워크숍, 개별면담 혹은 인쇄자료 등을 통해 실시되고 있다. 프로그램을 실시하는 기관이나 조직은 몇 차례 교수자와 워크숍이나 개별면담을 통해 기관의 역사와 목적, 전체 프로그램의 배경을 안내한다. 이를 통해 교수자들은 자신의 프로그램에 참여할 학습자들의 특성에 관해 이해할 수 있다. 또한 자신들이 활용할 수 있는 다양한 물적자원과 운영관리자들도 알게 된다. 인쇄자료는 교수자들의 오리엔테이션에 가장 일반적으로 활용되는 방법으로, 프로그램 담당자는 기관과 프로그램을 안내하는 팸플릿 등의 인쇄자료를 제작하여 교수자들에게 배부한다.

(4) 외부강사의 관리

평생교육기관이 개발 · 운영하는 모든 프로그램의 교수자를 기관의 전임으로 임용할 수는 없는 일이다. 따라서 프로그램의 교수자 대부분을 외부강사의 지도에 의존하게 되는데, 평생교육기관의 강사는 학습자들로 하여금 그들의 학습목표를 성취할 수 있도록 교수과정을 설계하고 여러 가지 학습기법과 도구를 통해 직접 수업을 진행한다. 평생교육기관의 규모가 작을 때에는 해당 기관의 지도자가 강사의 역할을 겸임하는 경우가 많지만, 평생교육기관의 구모가 커지고 다루는 프로그램의 내용이 다양해짐에 따라 외부전문가를 초빙하는 경우가 보편화되고 있다.

강사는 평생교육 프로그램 운영에서 핵심 역할을 차지함에도 불구하고, 대부분의 평생교육기관에서는 강사를 외부에서 초청하는 실정이다. 따라서 평생교육기관에서 강사에 대한 관리는 일반 정규직원의 관리와는 다른 차원에서 매우 민감하고 조심스럽게 다루어져야 한다.

우선 평생교육기관의 강사가 갖추어야 할 요건으로는 크게 지식적인 면과 태도적인 면을 들 수 있다. 강사가 갖춰야 할 지식에는 교과에 대한 지식, 학습자에 대한 지식, 교수·학습과정에 대한 지식 등이 있다. 교과에 대한 지식은 해당 강사가 가르쳐야 할 교육내용에 대한 지식을 의미하고, 학습자에 대한 지식은 학습자의 현재 상황 및 수준 그리고 그들의 요구에 대한 지식을 뜻한다. 교수·학습과정에 대한 지식은 교수 및 학습의 과정에서 활용해야 할 여러 가지 실제적 방법에 대한 지식을 일컫는다. 예전에는 강사에게 전문지식의 전달이 중시되어 왔으나, 최근에는 학습자들의 소집단활동과 자기주도학습을 지원하는 교육방법 전문가의 역할이 증대되고 있다. 따라서 강사는 이러한 지식을 바탕으로 충분히 교육에 활용할 수 있는 실무능력을 갖춰야 한다.

한편, 강사에게 필요한 태도적 측면에는 사명감, 신뢰성, 학습자 존중 그리고 긴밀성 등이 있다. 사명감은 기관의 교육목적을 잘 이해하고 교육에 대한 열의를 갖는 것을 말한다. 신뢰성은 강의계획이나 수강생들과의 약속을 잘 지키고 기관과의 계약관계를 잘 이행하는 것이다. 학습자를 존중하는 것은 학습자들의 의견을 존중하며 친절하게 대하는 것을 뜻한다. 긴밀성이란 학습자들에게 개별적으로 관심을 갖고 직원과도 원만한 인간관계를 유지한다는 의미이다.

이상의 요건 외에도 평생교육기관의 경영자 입장에서 강사에 대해 고려해야 할 요인으로는 ① 기관의 취지 및 이미지와 해당 강사의 성향이나 경력과의 부합성 ② 해당 강사의 사회적 지명도 ③ 해당 분야에서 강사의 경험 정도 ④ 해당 강사의 일반적인 강사료 ⑤ 기관에 대한 해당 강사의 이해도와 협조관계 등을 들 수 있다.

다음으로 고려해야 할 일은 강사의 섭외 부분인데, 강사의 섭외는 다음과 같은 단계를 거치는 것이 일반적이다.

- 교육 프로그램을 확인한다.
- 기관이 보유하고 있는 강사인력을 활용하여 해당 강의에 적합한 강사후보자 목록을 작성한다.
- 기관 외의 정보망을 이용하여 강의에 적합한 강사후보자를 추천받는다.

- 강사후보자 가운데 적임자 선정을 위해 내부회의를 개최한다.
- 강사후보자의 우선순위를 매긴다.
- 1순위 강사부터 강의를 의뢰한다.
- 해당 강사가 강의를 수락하면 강의의뢰서와 기관 및 프로그램에 관한 자료를 발송한다.
- 프로그램 실시 1~2일 전에 강의시간과 장소에 대해 다시 한 번 확인시켜 준다.

4) 외부의 자원봉사자 관리

평생교육기관의 자원봉사자는 평생교육기관에서 무보수로 강의, 행사안내, 프로그램 운영 및 상담 등의 역할을 보조하는 사람들을 일컫는다. 학습자들의 자발적 모임인 학습자 자치회나 학습동아리 등을 이끌어가는 리더 역시 이에 해당한다고 할 수 있다.

평생교육기관에서의 자원봉사자 활동은 몇 가지 의의를 지니고 있는데, 우선 평생교육기관은 그 자체가 시민사회의 중요한 기관이므로 자원봉사자들은 평생교육기관에서의 활동을 통해 시민사회의 성숙에 이바지하는 의미 있는 경험을 하게 된다. 다음으로, 평생교육기관은 대부분 비영리적 성격이 강하기 때문에 자원봉사자들을 활용함으로써 적은 인건비로 많은 일을 할 수 있는 효과가 있다. 이런 맥락에서 볼 때 평생교육기관의 자원봉사자 활동은 앞으로도 더욱 활성화될 전망이다. 따라서 평생교육기관의 경영 차원에서 자원봉사자의 인적자원을 체계적으로 개발·관리해야 할 필요성이 증대되고 있다고 하겠다.

한편, 인적자원으로서의 자원봉사자 관리가 체계적으로 이루어져야 한다는 전제하에 오혁진(2004)은 자원봉사자의 관리에 관한 기본원리를 다음과 같이 제시하고 있다.

첫째, 자원봉사자 관리는 인사관리의 전체 맥락 속에서 이해되어야 한다. 자원봉사자의 중요성이 점차 증대됨에 따라 자원봉사자 관리는 일반 직원과 강사의 관리와 더불어 평생교육기관의 전반적인 인사관리 차원에서 종합적으로 이해되어야 한다.

둘째, 자원봉사자들을 평생교육기관의 중요한 운영 주체로 받아들어야 한다. 이들을 단지 평생교육기관의 부수적 존재로 파악할 것이 아니라, 기관의 중요한 핵심 주체로 인식해야 한다는 것이다. 따라서 자원봉사자 각 개인이나 자원봉사자 집단의 대표를 기관의 운영위원회나 자문위원회에 참여시키는 것이 필요하다. 일반적으로 기관의 의사결정에 참여할 수 있을 때 자원봉사자들은 더욱 열의를 갖고 봉사활동을 계속하게 된다.

셋째, 평생교육기관의 자원봉사자들에게 자기성장을 위한 학습의 기회를 제공해야 한다. 자원봉사 활동은 그 자체만으로 그들을 위한 학습의 기회가 될 수 있다. 그리고 이러한 학습기회를 통해 자원봉사자들은 더욱 만족을 얻게 되며, 봉사활동에도 더 깊은 관심을 갖게 될 것이다. 이런 의미에서 자원봉사자의 효과적인 관리를 위해서는 자원봉사자들의 학습요구에 대한 정확한 검증과 아울러 그들을 더 높은 수준의 학습으로 이끌어 나가기 위한 기회를 제공해야 한다.

뿐만 아니라, 이러한 기본원리에 따라 자원봉사자에 대한 관리의 실제 과정 또한 단계별로 점검할 필요가 있다. 기획에서부터 시작하여 조직화, 충원, 지도 그리고 조정 등의 절차를 밟게 되는데, 각 단계를 간략하게 살펴보면 다음(오혁진, 2004)과 같다.

• 기획

기획에는 상황분석, 성과목표 수립 그리고 전반적인 활동계획 수립 등이 포함된다. 상황분석이란 평생교육기관에서 필요로 하는 자원봉사자의 수요를 파악하는 한편, 평생교육기관에서 일하고 싶어 하는 자원봉사자 풀(pool)의 규모와 요구를 파악하는 것이다. 성과목표 수립이란 자원봉사자 활용을 통해 달성하고자 하는 과제의 종류와 그 달성목표의 수준을 결정하는 것이다. 아울러 전반적인 활동계획 수립이란 자원봉사자의 확보, 배치, 훈련, 평가를 위한 담당자, 예산, 기법, 일정 등의 구체적인 실행계획을 수립하는 것을 의미한다.

• 조직화

조직화에는 자원봉사자 관리총괄팀의 구성 및 각 부분 간 협력체제 구축이 포함된다. 관리총괄팀은 총 책임자를 비롯하여 홍보, 교육 및 상담 등의 역할을 담당할 수 있는 전문가로 구성된다. 이들은 평생교육기관 내의 각 부서에서 발탁될 수 있으며, 상시적 조직으로 운영될 수도 있다. 각 부분 간의 협력체제 구축이란 각 부문별로 자원봉사자 활용담당자를 선정하여 총괄팀과 더불어 협의회를 비롯한 네트워크를 구성하는 것을 의미하는데, 활용담당자는 각 부서의 장이 담당할 수 있다.

• 충원

충원에는 자원봉사자의 모집, 홍보, 면접, 검정 그리고 배치의 과정이 포함된다. 자원봉사자 모집을 위해서는 자원봉사자의 수, 자격요건, 과제의 성격, 봉사활동 시간, 봉사방법, 활동상의 혜택 등에 관한 홍보활동이 함께 이루어져야 한다. 그리고 지원한 자원봉사자의 희망사항이나 능력 등은 면접을 통해 파악할 수 있다. 자원봉사자의 전문성이 요구되는 경향이 점차 높아짐에 따라 자원봉사자의 능력을 검정해야 할 필요성도 커지고 있다. 이렇게 파악된 자원봉사자는 각 부문별로 자원봉사자의 희망사항과 각 부분의 수요를 반영하여 배치하게 된다.

• 지도

지도에는 자원봉사자에 대한 직무훈련과 상담 등이 포함된다. 과제의 성격상 자원봉사 활동을 수행하기 위해 새로운 지식과 기술을 습득하고, 보다 전문성을 향상시켜야 하는 필요가 생길 수도 있다. 이를 위해서는 실무현장에서의 훈련이나 별도의 훈련과정이 필요하다. 또한 봉사활동 가운데 발생할 수 있는 갈등, 좌절, 사기저하 등을 해소할 수 있도록 상담을 비롯한 각종 지원활동이 필요하다.

• 조정

조정은 자원봉사활동의 성과 및 자원봉사자 관리과정상 문제점을 파악하여 개선토록 하는 것을 의미하는데, 여기에는 자원봉사 활동에 대한 평가도 포함된다.

3. 물적자원의 선정과 관리

1) 물적자원으로서의 교육시설

물적자원을 다르게 표현하면 교육시설이라는 용어로 대체할 수 있다. 본 절에서도 교육행정에서 논의하는 교육시설의 개념을 원용하여 물적자원을 설명하고자 하는데, 평생교육 프로그램 운영의 교육활동 기본조건 중 하나가 교육시설(educational facilities)의 정비이다. 비록 김명한 외 3인(1988)이 학교교육에 국한한 교육시설을 논의했을지라도 이를 안내하면, 교육시설은 일정한 장소에서 계속적으로 교육활동을 영위하기 위해 설비되어 있는 물리적 환경을 포괄적으로 지칭하는 용어이다. 학교 교육시설로는 교지, 학교건물 및 설비 등이 있다. 현대 교육활동은 대규모 집단교육이 실시되는 교육상황하에서 교육시설의 정비는 오늘날 교육활동을 영위하기 위한 필수조건으로 간주된다. 그러나 교육시설의 목적은 어디까지나 교육활동이 효율적으로 이루어지도록 지원해 줌으로써 교육목적을 달성시키도록 돕는 데 있는 것이라고 했다.

이러한 견해를 평생교육기관과 관련지어 설명해 보면, 물적자원은 교육프로그램의 목표를 달성하고 성과를 거두기 위해 교수·학습활동이 전개되는 현장에서 학습자들이 편안함을 느끼고 학습에 전념할 수 있도록 조성되어야 한다. 대부분의 교육이 실시되는 강의실과 실습실은 항상 깨끗하고 위생적으로 관리되어야 하며, 학습자가 사용하기에 편리하도록 잘 정돈되어 있어야 한다. 또한 근래 교육현장에서 더욱 확산되고 있는 컴퓨터를 비롯한 다양한 시청각 기자재 및 모바일 기기들은 항상 사용에 불편함이 없도록 관리되어야 한다. 또한 각종 설비와 비품관리를 위해 전담인력이 상주함으로써 기자재의 오작동 시나 비품의 부족 시에 도움을 구할 수 있도록 해야 한다.

이런 프로그램 운영과 관련한 물적자원들은 몇 가지 요건에 충족해야 하는데, 김명한 외 3인(1988)은 기능성, 경제성, 심미성, 장래성, 안정성과 위생성 그리고 시설·설비의 표준화 및 현대화로 구분했고, 김창걸(1985)은 안전성에 대한 고려, 융통성에 대한 고려, 심미성에 대한 고려, 연계성에 대한 고려, 이용성에 대한 고려, 관리성에 대한 고려 그리고 경제성에 대한 고려로 설명한 바 있다. 이들이 논의한 물적자원의 요건들은 용어 자체에 그 뜻을 함의하고 있다는 판단하에 각각의 설명을 보태지는 않기로 한다.

2) 성인학습자와 교육환경

우리 사회가 급속히 고령화되어 가고 있는 것은 주지의 사실이다. 이런 현상으로 인해 평생교육 프로그램에 참여하는 학습자들 역시 연령이 높을 수 있어서 이들에 대한 교육환경도 세심한 배려가 요구된다. 성인후기 또는 노년기의 학습자들은 시력과 청력의 약화현상이 있어서 학습에 어려움을 호소하기도 한다. 이와 관련하여 신용주(2017)는 성인기부터 점차 시작되는 중추신경계 기능의 감퇴에 따라 생리적 반응속도가 저하된다고 했다. 이에 따라 정보와 자료를 분석하거나 판단하는 능력이 낮아지고, 의사결정이나 반응속도가 저하되어 학습능력의 쇠퇴를 가져올 수 있다. 따라서 프로그램 운영관리자나 교수자는 성인학습자들이 젊은 사람들에 비해 학습속도가 늦거나 이해도가 낮을 수도 있음을 인지하고, 이런 특성을 고려한 시설 및 환경구성에 힘써야 한다.

예를 들면, 성인학습자는 젊은이에 비해 좀 더 여유 있는 학습공간을 선호하는 경향이 있다. 그러므로 교육장소는 참여인원의 수에 비해 비좁다는 느낌이 들지 않으며, 어느 정도 개인적 공간의 확보가 가능하도록 선정하는 것이 바람직하다. 책상과 걸상 역시 성인학습자가 사용하기에 편하도록 크기와 높이가 알맞고 이동 가능하며 안락한 것으로 구비할 필요가 있다. 학습공간의 조명 또한 시력약화를 경험하는 성인학습자가 읽고 쓰기에 어려움이 없도록 적절한 조도를 유지하도록 한다. 근래 환경 친화적인 요소에 대한 인식이 더욱 높아지고 있는 추세를 고려할 때, 이러한 요소를 강의실을 비롯한 학습환경 구성에 반영하는 것도 바람직하다.

한편, 평생교육 프로그램에 참여하는 성인학습자의 교육환경에 이토록 관심을 가져야 할 점이 많다는 전제하에 채광과 조명, 환기와 통풍, 보온과 방습 그리고 방음 등으로 나누어 간단히 살펴보고자 한다(김창걸, 1985).

• 채광과 조명

강의실의 채광과 조명은 최적의 조건으로 유지되어야 한다. 일반적으로 채광은 강의실 전체면적의 1/5 이상이 되어야 하고, 조명은 자연조명이든 인공조명이든지 일반 강의실에 120lux 이상이어야 한다. 인공조명 시에는 반사율을 잘 조정해서 전등을 시설해야 하는데, 시력보호 측면에서도 채광과 조명은 중요하다.

• 환기와 통풍

생물이 생존하는 데에는 일정량의 산소가 필요하다. 학습이나 작업에 열중한 성인학습자들의 건강을 위해서도 충분한 산소가 계속 공급되어야 한다. 실내공기 중에 0.1% 정도의 이산화탄소가 채워지면 비위생적이고, 인체에도 해롭다. 또한 학습활동을 위한 공간은 통풍이 잘 되도록 설계해야 하지만, 여러 가지 조건으로 인해 그렇지 못한 경우가 있다. 특히 자연환기가 잘 되지 않을 때는 인위적 환기방법으로 실내를 신선한 공기로 항상 채워주어야 한다.

• 보온과 방습

사람이 활동기기에 가장 적합한 최적의 온도는 감각적 최적온도, 능률적 최적온도 그리고 위생적 최적온도 등이 있다. 이들이 가리키는 온도에는 다소 차이가 있지만, 성인학습자들이 학습과 실습을 하기에 가장 적합한 온도는 18℃±2℃ 정도이다. 뿐만 아니라, 습도는 온도와 밀접한 관계가 있는 조건이므로 60%±20% 정도를 유지함으로써 지나치게 건조하거나 또는 습기가 많아 호흡기나 기관지에 무리가 따르지 않도록 해야 한다.

• 방음

학령기의 학생들은 리시버(receiver)로 음악을 감상하면서 학습하기도 하지만, 평생교육 프로그램에 참여하는 성인학습자들은 일반적으로 조용한 분위기 속에서 수강하거나 실습하는 것을 선호한다. 소음은 성인학습자들의 학습이나 작업에 현저한 장애요인이 된다는 점을 감안하면, 소음으로 인해 귀나 머리가 아파진다는 등의 반응을 보이지 않도록 해야 한다. 예민한 학습자의 경우, 소음이 현기능이나 식욕부진, 변비, 만성두통 그리고 신경쇠약 등의 의학적으로 병적인 징후를 나타내기도 한다는 점을 간과해서는 안 된다.

3) 공부(公簿)와 문서관리

(1) 공부(公簿)와 문서

일반 교육현장에서와 마찬가지로 평생교육기관에서도 프로그램을 통해 교육활동을 전개해 나가는 데는 여러 가지를 기록해서 비치해야 하는데, 이를 표부(表簿)라고 한다. 표부 중에서 공부(公簿)는 법령의 기준에 따라 평생교육기관에서 비치해야 할 표부로 일종의 장부이다. 그러므로 공부는 지난날 평생교육기관의 교육활동 결과를 기록해 놓은 것으로써, 앞으로의 교육활동에 필요한 자료와 정보를 제공할 뿐만 아니라 반성과 개선의 근거도 된다. 따라서 공정성과 정확성은 공부의 생명이다.

기존의 사무관리규정을 전부 개정한 〈행정 효율과 협업 촉진에 관한 규정(대통령령 제28211호, 2017.07.26., 일부개정)〉 및 〈행정 효율과 협업 촉진에 관한 규정 시행규칙(행정안전부령 제1호, 2017.07.26., 일부개정)〉에 의해 문서가 작성되고, 각각의 문서들이 정해진 기간 동안 공부로 보관된다. 그러므로 누가 봐도 알 수 있도록 정확히 기록해야 한다.

한편, 문서는 시간적·공간적인 제약을 넘어서 문자, 기호, 도표 등으로 의사를 전달하기 위해 기록해 놓은 것(강경식·최기만, 2003)인데, 학교교육기관이나 평생교육기관의 경영에서 논의하는 문서는 공문서로 공무를 집행하기 위해 전달되는 문서를 뜻한다.

일반적으로 문서는 공문서와 사문서로 구분되며, 법률과 행정상의 문서로도 구분된다. 법률상의 공문서와 사문서의 구분은 주로 그 작성자에 의해 구분되고 있는데, 형법에서 공문서라고 함은 공기관 또는 공무원이 직무상 작성한 문서를 칭하며, 사문서는 권리나 의무 또는 사실증명에 관한 사인의 작성명의 문서를 칭한다. 정부 공문서 규정에서는 행정상의 공문서를 행정기관 내부 또는 상호 간이나 대외적으로 공무상 작성 및 시행된 문서와 행정기관이 접수한 모든 문서로 보고 있다.

이상에서 공부와 문서의 의미에 대해 간략히 살펴보았는데, 이러한 제문서들이 효력을 발생하려면 나름대로의 요건을 갖추어야 한다. 이에 관한 사항은 행정 효율과 협업 촉진에 관한 규정 제6조(문서의 성립 및 효력발생)에 명시되어 있으며, 그 내용은 다음과 같다.

제6조(문서의 성립 및 효력발생) ① 문서는 결재권자가 해당문서에 서명(전자이미지서명, 전자문자서명 및 행정전자서명을 포함한다. 이하 같다)의 방식으로 결재함으로써 성립한다.
② 문서는 수신자에게 도달(전자문서의 경우는 수신자가 관리하거나 지정한 전자적 시스템 등에 입력되는 것을 말한다)됨으로써 효력을 발생한다.
③ 제2항에도 불구하고 공고문서는 그 문서에서 효력발생 시기를 구체적으로 밝히고 있지 않으면 그 고시 또는 공고 등이 있은 날부터 5일이 경과한 때에 효력이 발생한다.

*출처; 행정 효율과 협업 촉진에 관한 규정[2017.07.26., 일부개정] 제6조.

(2) 문서의 종류

문서를 제대로 관리하려면 문서의 종류를 알아야 하고, 각 문서의 작성에서 지켜야 할 기준과 원칙을 준수해야 한다. 그 이유는 문서관리의 궁극적인 목적이 사무의 간소화·표준화·과학화·정보화를 통한 행정능률의 제고이며, 이러한 목적달성을 위해서는 일정한 틀 속에서 나름대로 정형화되어야 하기 때문이다.

문서의 종류를 설명할 때는 작성주체, 유통대상 여부 그리고 문서의 성격으로 구분하여 논의한다. 작성주체에 의한 구분은 공문서인지 사문서인지로 구분하는 경우를 말하고, 유통대상 여부에 의한 구분은 내부결재문서, 대내문서 그리고 대외문서로 구별한다. 그러나 일반적으로 문서를 구분할 때는 작성주체나 유통대상 여부에 의한 분류보다는 문서의 성격에 의한 분류를 더 자세히 취급한다. 왜냐하면 평생교육기관의 경영과 관련한 공문서의 경우, 그것이 어떤 성격을 띠는지가 매우 중요한 분류기준이 되기 때문이다.

문서의 성격에 의한 분류는 행정 효율과 협업 촉진에 관한 규정 제4조(공문서의 종류)에서도 적시하고 있는데, 그 내용은 <표 8-1>에 제시되어 있다.

〈표 8-1〉 공문서의 종류

종 류	내 용
법규문서	헌법·법률·대통령령·총리령·부령·조례·규칙(이하 "법령") 등에 관한 문서
지시문서	훈령·지시·예규·일일명령 등 행정기관이 그 하급기관이나 소속 공무원에 대하여 일정한 사항을 지시하는 문서
공고문서	고시·공고 등 행정기관이 일정한 사항을 일반인에게 알리는 문서
비치문서	행정기관이 일정한 사항을 기록하여 행정기관 내부에 비치하면서 업무에 활용하는 대장, 카드 등의 문서
민원문서	민원인이 행정기관에 대하여 허가·인가·그 밖의 처분 등 특정한 행위를 요구하는 문서와 그에 대한 처리문서
일반문서	이상의 종류에 속하지 아니하는 모든 문서

*출처; 행정 효율과 협업 촉진에 관한 규정[2017.07.26., 일부개정] 제4조.

(3) 문서작성의 일반원칙

문서작성의 일반적인 원칙은 행정 효율과 협업 촉진에 관한 규정 제7조에 명시되어 있는데, 그 내용은 다음과 같다.

제7조(문서작성의 일반원칙) ① 문서는 국어기본법 제3조 제3호에 따른 어문규범에 맞게 한글로 작성하되, 뜻을 정확하게 전달하기 위하여 필요한 경우에는 괄호 안에 한자나 그 밖의 외국어를 함께 적을 수 있으며, 특별한 사유가 없으면 가로로 쓴다.

② 문서의 내용은 간결하고 명확하게 표현하고 일반화되지 않은 약어와 전문용어 등의 사용을 피하여 이해하기 쉽게 작성하여야 한다.

③ 문서에는 음성정보나 영상정보 등이 수록되거나 연계된 바코드 등을 표기할 수 있다.

④ 문서에 쓰는 숫자는 특별한 사유가 없으면 아라비아 숫자를 쓴다.
⑤ 문서에 쓰는 날짜는 숫자로 표시하되, 연·월·일의 글자는 생략하고 그 자리에 온점을 찍어 표시하며, 시·분은 24시각제에 따라 숫자로 표기하되, 시·분의 글자는 생략하고 그 사이에 쌍점을 찍어 구분한다. 다만, 특별한 사유가 있으면 다른 방법으로 표시할 수 있다.
⑥ 문서작성에 사용하는 용지는 특별한 사유가 없으면 가로 210밀리미터, 세로 297밀리미터의 직사각형 용지로 한다.
⑦ 제1항부터 제6항까지에서 규정한 사항 외에 문서작성에 필요한 사항은 행정자치부령으로 정한다.

*출처; 행정 효율과 협업 촉진에 관한 규정[2017.07.26., 일부개정] 제7조.

4) 사무관리의 적정성

평생교육기관이 성립된 후에는 다양한 종류와 형태의 프로그램을 개발하여 성인교육활동에 참여하게 된다. 이러한 평생교육기관이 하나의 조직으로써 목적을 달성해 나가는 정보처리과정이 효율적·합리적으로 이루어지도록 뒷받침하는 제반 활동을 사무관리(office management)라고 한다. 평생교육기관이 조직의 목적을 달성하되 이를 효과적으로 진행하려면 사무작업을 합리화하여 능률을 제고하는 한편, 사무활동에 소요되는 경비를 최소화하겠다는 마음가짐으로 효율성을 염두에 두어야 하는 것이다. 이런 맥락에서 권인탁·임영희(2011)는 사무관리 규정 제4조에 근거하여 조직체로서의 평생교육기관이 수행하는 사무는 용이성, 정확성, 신속성 그리고 경제성이 확보될 수 있도록 관리할 것을 당부하고 있다.

첫째, 용이성은 사무처리에 따르는 육체적·정신적 피로를 줄이고 시간당 업무처리량을 증가시키기 위해 사무처리를 개선·관리함으로써 보다 쉽게 사무를 처리하도록 한다는 뜻이다. 이를 위해 사무절차 및 환경의 개선, 사무자동화 시스템의 도입 등이 요구된다.

둘째, 정확성은 사무가 의도하는 대로 정확하고 올바르게 처리해야 한다는 의미이다. 이는 문자나 숫자의 사소한 오류로 인해 일을 그르칠 수 있기 때문이다. 따라서 사무처리의 정확성을 기할 수 있도록 문자·계산의 정확화,

기입방법의 정확화, 입증자료의 확보, 사무의 자동화 그리고 사무분담 등의 노력이 필요하다.

셋째, 사무를 처리함에 있어서 필요한 시기를 맞추기 위해서는 신속성이 요구된다. 사무를 정확히 처리했다고 해도 시기를 맞추지 못하면 헛일이 될 수 있는데, 신속성을 위해서는 보고 및 결재단계의 축소, 전자결재의 활성화, 회의시간의 단축 그리고 불필요한 보고서 작성의 지양 등이 요구된다.

넷째, 경제성의 경우, 사무처리에 필요한 비용은 고정적이며 간접적인 경비로 증가하는 경향이 있기는 하지만, 동일한 사무처리에 소요되는 경비를 줄이거나 같은 비용으로 처리되는 사무량을 증가시킬 수 있도록 노력하는 것이다. 사무처리 절차 및 시스템의 개선, 사무환경의 개선 그리고 소모품 절약 등의 노력이 필요하다.

4. 금전적 자원의 확보 및 배분

1) 평생교육 기금의 개발

평생교육기관의 금전적 자원은 일반적 의미의 재무관리를 말한다. 어떤 조직이든지 재무관리는 자금을 확보하는 활동인 조달과 확보한 자금을 가장 효율적으로 사용하는 운용의 두 가지 차원에서 생각하게 된다. 재무관리의 두 가지 차원 중 자금을 확보하는 조달행위가 결국 평생교육 기금의 개발이 되는데, 이를 좀 더 주체적으로 말하면 기금조성(found raising)이라고 할 수 있다. 오혁진(2004)은 기금조성의 유형을 직접적 요구, 유형적 대가의 제공 그리고 기금의 개발 등 세 가지로 분류하고 있다.

직접적 요구는 애원이나 동정심 유발 그리고 사회적 압력 등을 통해 아무런 대가 없이 기금을 획득코자 하는 것으로, 일시적 효과는 있으나 도덕적 측면이나 장기적 효과 측면에서 바람직하지 못한 방법이다. 유형적 대가의 제공은 특정한 대가를 제공함으로써 기금을 조성하는 방법을 의미한다. 바자회, 자선공연, 유명인사가 기증한 물건에 대한 경매 등이 이에 속한다. 이 방법은 일시적으로 많은 효과를 올릴 수는 있지만 많은 자원봉사자와 기증자의 확보가 어렵다는 점에서 일상적인 방법으로 활용하기에는 적합하지 않다. 끝으로 기금의 개발은 사람들에게 계획적이고 조직적인 방식으로 접근함으로써 다양한 종류의 지속적인 기부자를 형성하는 것을 의미한다. 기금의 개발은 기관 차원에서 하나의 중요한 경영과제로 설정하고, 지속적인 관심을 기울인다는 측면에서 가장 발전적인 방법이라고 할 수 있다. 그러나 이를 위해서는 전문성을 갖춘 직원과 체계적 관리가 필요하다는 점에서 기관의 각별한 노력이 요구된다.

이상에서 논의한 기금조성의 세 가지 유형 중 직접적 요구나 유형적 대사의 제공은 대체로 일회성에 그치지 쉽다. 그렇기 때문에 평생교육기관의 지속적인 성장과 발전을 위해서는 기금을 개발해야 하는데, 이와 관련하여 오혁진(2004)이 주장하는 기금개발의 기획과 기부자 유형별 기금개발 방법을 고찰해 보고자 한다.

(1) 기금개발의 기획

평생교육기관을 위한 기금개발의 기획에는 기금개발 목표설정, 기금조성 담당자 선정 그리고 기부잠재력 파악 등의 활동이 포함된다.

기금개발 목표설정의 방법으로는 단순증감적 접근, 필요지향 접근, 기회지향적 접근 등 세 가지 방법이 있다. 단순증감적 접근은 지난해 기부금 총액과 물가상승분 그리고 경제적 상황에 따른 증감(α)의 합으로 기금액을 책정하는 방법이다. 필요지향 접근은 기관에서 필요로 하는 자금을 분석한 후, 부족한 부분만큼 기금액을 책정하는 방법이다. 기회지향 접근은 각 기부자 집단에서 얻을 수 있는 최대한의 기부금을 책정하는 방법으로, 기금개발 목표액을 설정한 후 전체적인 기금개발 전략을 수립한다. 이 세 가지 방법 중 기회지향 접근방식이 가장 적극적이며, 동시에 가장 체계적 노력이 필요하다.

기금개발 목표를 설정한 후에는 기금개발 담당자를 선정한다. 일반적으로 규모가 작은 기관에서는 기관장을 비롯하여 1인의 기금개발 책임자를 선정하며, 규모가 큰 기관에서는 기금개발을 담당하는 전문부서를 선정한다.

끝으로, 기금개발 담당자를 선정한 후에는 기부자의 기부잠재력에 대해서도 파악하게 된다.

(2) 기부자 유형별 기금개발 방법

① 개인 기부자

개인 개부자를 대상으로 기금을 개발할 때는 개인 기부자 시장을 지리적·인구학적·심리적·행동적 특성에 따라 세분화하고, 그들에게 어떤 이익을 제공할 것인가를 확인해야 한다. 기금의 90% 이상이 기부자의 10% 미만에 의해 충당되는 경우가 많기 때문에 예비 기부자의 기부잠재력을 파악하는 것은 매우 중요하다. 또한 소액 기부자는 그들 자신이 소속 평생교육기관에 대한 기본 후원자가 되는 것은 물론, 잠재적 고액 기부자들을 참여시킬 수 있는 매개가 될 수도 있으므로 이들에 대해서도 소홀히 대해서는 안 된다.

기부를 얻는 대표적인 방법으로는 개별적 접촉이 있는데, 이를 통한 모금은 확인, 소개, 계발, 권유 그리고 수탁 등의 단계를 거쳐 이루어진다. 관심을 끌 수 있는 프로그램에 대해 여러 크기의 기부금액별로 세분화한 목록을 작성한 후에 기부자들로 하여금 선택하도록 하는 것도 효과적이다.

② 재단

재단이란 일정한 목적을 위해 결합된 재산의 집단에 법적 인격이 부여된 법인(새국어사전, 2004)을 의미하는데, 종류에는 가족재단, 일반재단, 각종 기금, 정부 및 기업 출연재단 등이 있다. 이런 재단을 대상으로 기금을 개발할 때에도 재단에 대한 연구를 통해 재단에 대한 자세한 성격을 파악하고, 기부요청목록과 제안서를 준비해야 한다.

일반적으로 제안서 심사기준에는 평생교육기관이 기부금을 통해 실시하고자 하는 프로그램의 중요성과 질, 기관의 재정부족 상태와 기관의 주요 실적, 기관의 기금 활용능력, 기관후원을 통해 재단이 얻는 이익 정도 그리고 다른 기관에 대한 모델로서의 기여도 등이 포함된다.

③ 기업

일반적으로 기업은 후원을 통한 기업의 이익을 가장 중요시한다. 평생교육기관에 대한 예비 기업 기부자로는 같은 지역에 있는 기업, 해당 기관의 교육내용과 관계있는 상품을 생산하는 기업, 특정 분야에 대해 지원하겠다고 공표한 기업 그리고 해당 기관의 구성원과 개인적 관계 또는 교류가 있는 기업 등이 포함된다.

④ **정부**

정부 기부자로는 중앙정부 및 지방자치단체, 정부출연기관이 있을 수 있다. 정부 기부자는 공익성과 형평성 등의 기준에 맞춰 평생교육기관들을 지원하고 있는데, 특히 지역주민들의 평생교육을 위한 지방자치단체의 관심이 높아지고 있는 추세이다. 최근에는 여러 가지 공모사업을 통해 평생교육기관을 지원하는 경우도 늘고 있다. 따라서 평생교육기관은 중앙 및 지방자치단체의 지원정책에 관심을 갖고 정보를 수집해야 한다.

2) 예산수립

평생교육기관의 금전자원 운용도 여타 단체나 기관의 예산 및 회계관리 과정에서 거치는 몇 단계를 기본적으로 거치게 마련이다. 기관 내부 구성원들의 중지를 모아 예산을 편성한 후, 운영위원회나 이사회에 보고하여 승인 과정을 거치고 승인된 예산대로 집행하며 집행한 결과를 결산하여 어떤 프로그램이 조직의 목표나 목적달성을 위해 얼마만큼 지출했는지를 평가하며 다음 계획수립에 feedback을 하게 된다. 이런 일련의 예산 및 회계관리의 절차 중 첫 단계가 바로 예산수립 작업이다.

예산수립 활동이 프로그램 개발의 중요한 작업 중 하나라고 주장한 기영화(2009)는 프로그램 예산을 개발비용, 전달비용 그리고 평가비용으로 구분하여 설명하고 있다.

첫째, 프로그램 개발비용은 프로그램을 개발하는 데에 소요되는 제반 비용이다. 프로그램이 외부 컨설팅 회사에 의뢰되었거나 아웃소싱에 의한 경우에 지급되는 비용인 것이다. 조직 자체 내의 인력으로 프로그램이 개발되는 경우, 프로그램 개발비용은 따로 계상되지 않는다. 그러나 조직 내부의 인력으로 프로그램 개발이 불가능한 경우에는 조직 내부의 내용전문가와 외부의 프로그램 디자이너와 함께 공동으로 협력작업을 하게 되며, 이때 프로그램 개발비용을 따로 책정한다.

둘째, 전달비용은 프로그램 실시과정에 소요되는 비용으로 직원들의 월급, 참여자 비용, 시설임대료, 수업자료비, 학습비용 등이 포함된다. 프로그램 전달비용은 참여자들이 체감할 수 있는 비용인데, 이 전달비용이 충분히 책정되는 것은 참여자들의 프로그램에 대한 만족도를 높일 수 있는 방법이 된다.

셋째, 평가비용은 프로그램의 결과를 사후평가하는 데에 소요되는 비용이다. 평가는 다음 프로그램을 위한 필수 과정임에도 불구하고, 현장에서 소홀히 되고 있다. 그 이유 중 하나는 평가에 드는 비용 때문인데, 평가비용은 조직내부의 인력이 평가하는 경우에는 따로 계상되지 않는다. 그러나 프로그램의 규모가 큰 경우, 객관적 평가를 위해 조직 외부로부터 평가전문가를 고용하여 실시하게 된다.

이상에서 평생교육기관의 프로그램 개발비용, 전달비용 그리고 평가비용의 의미와 책정 그리고 효용가치에 대해 논의했는데, 이러한 예산수립 작업에는 일정한 원리가 적용된다는 측면에서 다음(기영화, 2009)과 같은 요소가 고려되어야 한다.

첫째, 예산승인과 재정담당자를 고려한다. 프로그램의 재정은 이를 승인하는 사람이 프로그램에 대해 어느 정도의 신념을 가지고 있는가에 따라 달라지기 때문이다. 예컨대, 프로그램 개발자는 문해교육 프로그램에 대한 요구가 높아 개설했으나, 재정담당자가 문해교육 참여자의 수가 극소수일 것으로 판단하여 예산을 삭감할 수 있다. 이 경우, 문해교육 프로그램의 실시는 어려워진다.

둘째, 특정 예산항목에 대한 한계액수의 설정이다. 전술한 바와 같이 프로그램 개정은 개발비용, 전달비용 그리고 평가비용 등으로 구분할 수 있는데, 각각의 경우 프로그램 비용이 어느 정도 소요될 것인지 그 한계를 미리 정해두어야 한다. 그렇지 않은 경우, 담담자의 편의에 의해 재정이 소요될 수 있어 프로그램이 당초 의도한 목적을 달성하기 어렵다.

셋째, 다른 프로그램에 의해 간접적으로 비용을 충당하는 방법을 고려한다. 프로그램 실시를 위한 필요한 모든 경비가 목록으로 작성된 후, 다른 프로그램과 공동으로 사용되는 비용이 있는지를 확인하는 작업이다. 예컨대, 문해교육 프로그램 진행을 위해 텔레비전을 구입할 필요가 있는 경우, 다른 프로그램들의 예산항목도 확인해 본다. 이때 다른 프로그램에서 텔레비전을 구입할 경우, 문해교육 프로그램과 공동으로 금액을 분담할 수 있다.

넷째, 재정의 충당금과 보조금을 고려한다. 프로그램의 재정은 어느 정도 금액이 어디서 확보될 것인가를 고려하는 것이다. 재정은 대부분 참여자들의 수업료 납부와 조직의 보조금으로 충당된다. 프로그램이 조직의 보조금을 받아야 하는 경우, 조직의 요구에 대응하는 프로그램이어야 한다. 반면, 참여자들의 수업료로 충당되는 경우, 프로그램은 자율적으로 운영될 수 있다.

다섯째, 회계처리 방법이다. 프로그램의 재정은 회계처리 방법을 고려하여 수립된다. 회계처리가 조직에 의해 직접 수행되는 경우, 재정은 일찍 수립되어 시간을 충분히 허용하도록 한다. 그러나 재정이 프로그램 담당자에 의해 자율적으로 수행되는 경우, 프로그램 실행은 유연성을 가질 수 있을 것이다.

여섯째, 참여자들의 수업료 부담 정도를 설정한다. 프로그램이 수업료에 의해 충당되는 경우, 납부금의 액수는 높아진다. 이 경우, 개인이 납부할 수 있는 한계액수가 설정되어야 하며, 외부의 유사기관 혹은 유사 프로그램과 수업료의 차등도 고려해야 한다. 수업료가 너무 비싸다면, 참여자의 수는 적어질 것이므로 적정한 액수를 산정하는 것이 중요하다.

일곱째, 수업료 이외의 수입원을 고려한다. 프로그램은 수업료와 보조금 외에 후원금으로 운영된다. 프로그램이 수업료로 충당되기 어려운데, 보조금이 지원되지 않는다면 프로그램 담당자는 후원금을 확보하는 방안을 고려해야 한다. 후원금은 정해진 출처가 있는 것이 아니므로, 프로그램 담당자는 지역사회와 관련 기관에 관한 정보를 추적하고, 프로그램의 후원 여부를 요청할 수 있다. 이 방법은 예상치 않게 많은 재정을 확보할 수 있는 방법으로 활용되기도 한다.

3) 수입 및 지출관리

(1) 수입관리

평생교육기관의 재정확보와 관련하여 중요한 모토는 각종 지출의 적절성을 따져 아껴 쓰는 일이긴 하지만, 보다 적극적인 수입창출은 다양한 방법으로 재원을 확보하는 것이다. 권인탁 · 임영희(2011)는 평생교육기관의 수업이 학습자의 수강료, 보조금, 후원금, 기부금 그리고 기타 수입 등으로 구성된다고 하였다.

정부 또는 지방자치단체의 보조금으로 운영되는 기관 및 단체와 후원 및 기부금으로 운영되는 비영리 기관 및 단체는 평생교육사업을 위한 재원확보 압력에서 벗어나 평생학습의 이념과 취지에 부응하는 프로그램 운영과 평생교육사업을 펼칠 수 있다. 그러나 대부분의 평생교육기관에서는 프로그램을 부족한 부조금과 후원 및 기부금에 의존하여 운영하고 있기 때문에 고품질 프로그램, 전문기술 프로그램, 시대에 부응하는 첨단기술 전문 프로그램 등을 운영하지 못하는 한계가 있다. 반면, 학습자의 학습지가 기관수입의 주종을 이루는 기관에서는 기관의 생존을 위해 항상 차별화되고 시대에 부응하는 고품질 프로그램 및 전문기술 프로그램을 개발·운영하게 된다. 이에 따라 기관의 경쟁력은 갖출 수 있을지라도, 기관운영의 안정성 유지와 평생교육 이념을 실천하는 경영에는 한계가 있다. 그래서 비영리기관 또는 영리기관을 포함한 모든 평생교육기관에서는 다양한 수입원을 발굴하여 운영할 필요가 있는데, 다음과 같은 평생교육기관의 수입원 몇 가지를 확보할 수 있다.

첫째, 학습비는 학습자가 평생교육 프로그램을 등록할 때 납부하는 수강료에 해당한다. 대부분 평생교육기관의 수입원은 학습자의 수강료라고 할 수 있다. 이처럼 학습자의 학습비로 기관의 지출을 감당해야 하는 경우, 프로그램 수강인원의 수가 기관운영 성패의 관건이라고 하겠다. 따라서 평생교육기관에서는 학습자의 요구와 시대적 상황에 부응하는 고도의 전문 프로그램을 개발하여 마케팅과 홍보를 통해 안정적인 수강생을 확보하기 위한 전략이 필요하다.

둘째, 정부재정 지원금은 평생교육기관이 정부 또는 지방자치단체의 공모사업에 지원하여 특별한 프로그램이나 평생학습 프로젝트를 운영하도록 선정되었을 경우, 정부나 지방자치단체로부터 지원받는 자금을 일컫는다.

셋째, 보조금이란 일정한 사업을 개발·촉진하기 위해 국가가 공공단체나 사적 단체 또는 개인에게 내주는 돈(새국어사전, 2004)을 뜻한다. 평생교육기관이 국가, 지방자치단체 및 모기관의 부설 형태 또는 위탁기관으로 운영될 경우, 국가 및 모기관으로부터 프로그램 운영비, 인건비, 물품 및 장비구입비, 인쇄비 그리고 시설비 등을 보조금 형태로 지원 받을 수 있다.

넷째, 후원금 또는 용역비는 평생교육기관이 개인이나 기관으로부터 사업에 대해 지원받는 것을 말한다. 예컨대, 지방자치단체 또는 공공관서로부터 지역주민의 평생학습과 직업교육을 위해 훈련생을 위탁받아 교육시키거나 또는 시설을 제공함으로써 후원금이나 용역비를 받을 수 있다. 또한 평생교육기관이 기획한 프로그램 역시 해당 관서나 단체에서 프로그램을 운영하고 후원금 및 용역비를 받을 수 있다.

다섯째, 기부금은 개인이나 법인이 자선사업이나 공공사업을 원조하기 위해 내놓은 돈이나 물건을 가리킨다. 평생교육기관은 평생교육 프로그램을 운영하기 위해 개인이나 법인으로부터 기부를 받아 운영할 수 있는데, 이 경우 평생교육기관은 대체로 비영리적 성격으로 운영되어야 한다.

여섯째, 기타 수입은 평생교육기관이 시설이나 장비를 타기관 또는 개인에게 임대했을 경우에 발생하는 수입을 의미한다.

(2) 지출관리

평생교육기관의 비용은 해당 기관이 기관의 목표를 달성하기 위해 각 활동마다 소요되는 비용을 일컫는다. 모든 기관이 지출관리와 관련한 주안점으로 내세우는 것이 비용절감이겠지만, 무턱대고 아껴 쓰는 것이 능사는 아니다. 이를테면, 교육의 본질에 관계가 없는 비용은 최대한 줄여나간다는 원칙하에 지출관리가 이루어진다면 적절할 것으로 사료된다. 이같은 지출관리와 관련하여 권인탁 · 임영희(2011)는 다음과 같이 논의하고 있다.

평생교육기관의 운영비용은 프로그램의 운영과 관련해 직접비용과 간접비용으로 나눌 수 있고, 학습자 수의 영향에 따라 고정비와 간접비로 나눌 수 있다. 고정비(fixed costs)는 학습자의 수와 관계없이 안정적으로 지출되는 경비로 인건비, 강의료, 광고 및 홍보비, 시설임대 및 유지비 등이 포함된다. 변동비(variable costs)는 프로그램에 참가한 학습자의 수에 따라 변화하는 경비를 의미하며, 학습자의 교재비 및 참고자료비, 식비, 학습자를 위한 소모성 물품구입비 등이 이에 속한다. 직접비(direct costs)는 프로그램을 운영하는 데 직접 소요되는 비용으로 직접원가를 산출해서 지급할 수 있는 경비를 일컫는다. 여기에는 인건비, 전화비, 홍보비 등의 고정비 성격의 직접비와 교재비, 참고자료비, 숙박비, 식대 등 변동비 성격의 직접비가 있다. 간접비(indirect costs)는 프로그램을 운영하는 데 있어 직접적인 원가를 파악할 수 없는 경비로 기관에서 공통적으로 사용되고 있는 비용을 가리킨다. 교육설비 및 시설 사용료, 전기 및 수도요금, 컴퓨터 및 전화 등의 통신요금 등이 이에 해당된다. 또한 직접비의 일정 비율을 상위기관 또는 재정지원기관에 납부하는 금액 역시 간접비에 해당하는데, 이를 가리켜 overhead cost라고 한다.

4) 단위 프로그램의 재무관리[1)]

통합적인 재무관리에 의한 회계처리는 개별 프로그램을 기획하고 집행하는 데에는 비효과적인 측면이 있다. 평생교육 프로그램 담당자가 개별 프로그램을 운영하는 데에 필요한 경비를 요청할 경우, 예산의 전체 항목에서 개별 프로그램에 해당하는 일부분의 금액을 요청해야 하므로, 때로는 예산을 총괄해서 담당하는 부서나 담당자와 갈등의 소지가 있다. 그러므로 평생교육기관에 종사하는 평생교육 담당자는 프로그램을 개발하고 운영할 때 개별 프로그램에 대한 예산수립 및 운영능력을 겸비해야 한다.

단위 프로그램의 재무관리 역시 개별 프로그램에 관해 수입과 지출에 대한 예산 및 결산을 실시하는 것이다. 단위 프로그램 예·결산 회계처리도 기관의 통합적 재무관리와 마찬가지로 통합양식에 의거하여 수입은 학습자의 수강료, 보조금, 후원금, 기부금, 기타 수입 등으로 구분하고 지출은 직접비와 간접비, 고정비와 변동비로 구분하며 인건비, 시설비, 교육활동 지원비, 업무추진비, 광고 및 홍보비 등으로 구분하여 기재할 수 있다. 하지만 평생교육 담당자는 프로그램을 기획하고 개발할 때 재원의 성격에 따라 개별 프로그램에 대한 예산계획서를 약식으로 작성할 수 있다. 평생학습센터의 지방 및 국고보조금 프로그램 예산서와 평생교육 연수계획 예산서를 프로그램 사례와 함께 안내하면 다음과 같다.

---

1) 권인탁 · 임영희(2011). 평생교육경영론. 서울: 학지사. pp.386~388의 시티투어 프로그램과 평생교육 담당자 및' 관계자 연수의 재무관리 사례를 전제함.

• 사례 1

- 프로그램명: 시티투어(시 보조금)
- 기간: 3개월 간 총 12회(반일 코스 10회, 전일 코스 2회)
- 인원: 총 480명(1회당 40명×12회=480명)
- 내용: 역사유적 및 문화시설 탐방(유적지, 박물관 등), 전통문화 체험학습(토기 및 공예품 만들기, 전통혼례 · 다례 · 탁본 등)
- 사업비: 700만원
- 예산서

항목	내역	예산액	산출기초	항목별 소계
학습비 및 관람료	· 박물관 관람료	160,000원	· 400원×40명×10회	160,000원
체험활동비	· 술 빚기 체험비 (6회) · 제기 만들기 · 전통문화체험 2회 (혼례, 풍물, 다례) · 토기 만들기 · 탁본	900,000원 200,000원 400,000원 160,000원 60,000원	· 술 빚기 1회 300,000원 ×3회 (술 빚기 1회로 체험 2회) · 1,000원×40명×5회 · 5,000원×40명×2회 · 1,000원×40명×4회 · 500원×40명×3회	1,720,000원
강의료	· 특강 2회	500,000원	· 250,000원×2회(4명) (150,000원×2인)+ (100,000원×2인)	500,000원
식비	· 전일참여자 중식 (2회)	800,000원	· 10,000원×40명×2회	800,000원
간식비	· 참여자 간식비	1,000,000원	· 2,000원×500명	1,000,000원
차량비	· 차량임차비	2,100,000원	· 300,000원×7회	2,100,000원
인쇄비	· 일정 및 안내 자료 복사비	540,000원	· 1,080원×500명	540,000원
기타	· 소모품 및 기타 물품비	180,000원	—	180,000원
계	—	7,000,000원	—	7,000,000원

*출처; 권인탁 · 임영희(2011). 평생교육 경영론. 서울: 학지사. pp.387.

• 사례 2

- 프로그램명: 평생교육 담당자 및 관계자 연수
- 기간: 2일
- 인원: 총 50명
- 내용: 평생학습관 운영전략, 각종 성공적인 평생학습 프로그램 사례
- 사업비: 669만원
- 예산서

항목	소요예산	산출기초	비고
교재비(인쇄비)	600,000원	· 10,000원×60부=600,000원	
강의료	950,000원	· 강사료 600,000원 -주제강의: 200,000원×1인=200,000원 -사례발표: 100,000원×4인=400,000원 · 원고료 -주제강의: 10,000원×15p×1인 =200,000원 -사례발표: 10,000원×5p×4인 =200,000원	
차량임차료 및 보험료	700,000원	· 차량임차료(2일) -300,000원×2일=600,000원 · 여행자 상해보험(2일) -2,000원×50명=100,000원	
숙박료	1,540,000원	· 숙박료 -70,000원(1실)×22실=1,540,000원	
세미나실 대여료	100,000원	· 대형 세미나실(무료) · 소형 세미나실(유료) -워크숍 진행 세미나실 이용료: 100,000원	
식비	2,000,000원	· 식비 -10,000원(1인)×50명×4식=2,000,000원 -1일차: 중식 · 석식 -2일차: 조식 · 중식	
홍보비	150,000원	· 현수막 옥외용 1점, 옥내용 2점 -50,000원×3점=150,000원	

체험 프로그램비	200,000원	· 평생학습 체험 프로그램 참여 -2,000원×50명×2개 프로그램 =200,000원	
다과비	250,000원	· 음료 및 간식비 -5,000원×50명=250,000원	
소모품비	200,000원	· 소모품 및 문구류 구입비: 200,000원	
계	6,690,000원	—	

*출처; 권인탁 · 임영희(2011). 평생교육경영론. 서울: 학지사. pp.388.

제9장

평생교육 프로그램의 홍보 및 마케팅

1. 평생교육 프로그램의 홍보 및 마케팅 이해
2. 평생교육 프로그램의 홍보전략
3. 평생교육 프로그램의 마케팅 전략
4. 평생교육 프로그램 홍보대상의 상태규정 및 마케팅 절차

1. 평생교육 프로그램의 홍보 및 마케팅 이해

1) 프로그램 홍보의 의미와 중요성

홍보(public relation)란 "널리 알림 또는 그 소식이나 보도"(네이버 어학사전, 2018.01.01)를 뜻한다. 다시 말하면, 여러 사람에게 무언가를 널리 알리는 행위를 말하는 것이다. 평생교육 활동과 관련하여 논의하는 홍보는 평생교육 기관 또는 해당 기관에서 개발하여 성인학습자들에게 제공하려는 프로그램을 잠재적 참여자들에게 널리 알리는 행위라고 할 수 있다. 이를 가리켜서 김용현 외 3인(2017)은 특정기관 학습자들에게 경쟁기관에 비해 호의적인 이미지로 인식하도록 지속적인 관계를 유지하고 학습자들의 학습의욕을 불러일으켜서 프로그램에 참여하도록 촉진시키는 활동이라고 설명하고 있다.

일반적으로 홍보는 광범위한 학습자들에게 정보를 전달할 때 이용되며, 비용이 들지 않는 언론보도, 인터뷰 및 입소문과 같은 방법을 활용한다. 특히, 오늘날 제품이나 서비스의 생산과 판매 경쟁이 모든 분야에서 심화되면서 각 기업체나 조직에서는 자신들이 만든 상품을 널리 인식시키고 판매하기 위해 필사적으로 홍보하고 있다. 따라서 현대사회에서 홍보는 필수적인 수단임이 분명하며, 심지어 개인에게도 자신의 가치와 특성을 널리 알리기 위해 홍보가 매우 중요한 역할을 한다고 김용현 외 13인(2011)은 주장했다.

뿐만 아니라, 정보화 시대에서의 홍보는 그 영향력이 지대하다. 이를테면, 좋은 제품을 만들어 놓고도 제대로 홍보하지 못해 시장에서 사라지는 경우가 있는가 하면, 사회 전반적인 불황 속에서도 홍보를 통해 이를 극복하는 사례도 있다. 이와 관련하여 미국PR협회(PRSA: Public Relations Society of America)에서는 홍보를 "사회의 동향을 분석하고, 그 동향이 무엇을 초래할 것인가를 예측하여 조직 지도자의 상담역이 되며, 조직과 사회에 이익이 되는 사업을 추진하는 기술이자 사회과학"으로 정의하고 있다(현대경영연구소, 2004). 뿐만 아니라 미국PR협회에서는 2012년에 "PR은 조직과 공중이 상호 유익한 관계를 구축하는 전략적 커뮤니케이션 과정이다"라고 30년 만에 새롭게 개정(신인섭, 2016.01.28)하기도 했다.

이런 맥락에서 볼 때에 평생교육기관에서 실시하는 홍보는 해당 기관에서 개발한 질 높은 프로그램을 신뢰성이 검증된 매체를 통해 잠재적 학습자들에게 정확히 알림으로써 그들로 하여금 실질적인 학습자가 되도록 학습동기를 유발시키는 의미가 있는 것이다.

한편, 평생교육기관에서는 라디오나 텔레비전, 기타 매체의 도움으로 무료 출연의 기회를 얻거나 기관 자체의 활동 및 행사를 통해 잠재적 참여자들로부터 관심을 유발시키고자 홍보활동을 하고 있는데, 이러한 홍보활동이 평생교육기관에서 어떤 중요성을 갖는지에 관해서 권인탁(2009)은 다음과 같이 설명하고 있다.

첫째, 홍보를 통해 프로그램에 참여하는 학습자를 유인하고 확보할 수 있다. 평생교육기관은 사회사업기관이나 병원, 법률사무소처럼 고객들에게 서비스를 제공하는 조직이기 때문에 고객을 어떻게 유치하느냐가 가장 큰 관건이 된다. 특히, 평생교육기관은 회원이나 참여자의 회비에 의해 대부분의 재정이 충당되고 있기 때문에 홍보에 의한 참여자의 유치가 평생교육의 질은 물론 해당 기관의 사활과도 밀접한 관련이 있다.

둘째, 홍보활동을 통해 평생교육기관의 정신적·재정적 후원자를 확보할 수 있다. 일반적으로 평생교육기관 재원은 대부분 학습자의 회비나 학습비와 독지가의 기부금에 의존되고 있다. 그렇기 때문에 평생교육기관의 재원을 확보하기 위해서라도 홍보활동은 필요하다. 또한 프로그램에 참여하는 학습자의 수가 많다는 점은 해당 프로그램을 실시하는 평생교육기관이 성공적으로 운영되고 있음을 반영한다고도 볼 수 있는데, 이는 적극적인 홍보활동을 통해 가능한 것이다.

셋째, 홍보활동은 자원봉사자의 유치와 그들 상호 간의 이해를 증진시키는 데에 중요한 역할을 한다. 비영리로 운영되는 평생교육기관의 경우, 특히 자원봉사자들은 기관 운영에 매우 중요한 인적자원이 된다. 기관이나 프로그램을 운영하는 데 필요한 인력이 충분하지 못한 기관일수록 자원봉사자의 중요성은 더욱 크다고 하겠다. 그러므로 자원봉사자를 활용하는 기관에서는 해당 기관의 프로그램 운영에 적합한 자원봉사자들을 확보하기 위한 노력을 경주해야 한다.

넷째, 평생교육의 성격상 각종 매체를 통한 홍보내용 그 자체에도 교육적인 효과가 있다. 평생교육 활동이 학교에서뿐만 아니라 생활 속의 다양한 경험을 통해서도 가능하다는 점에서 볼 때, 학습자들은 홍보의 내용을 통해서도 충분히 학습할 수 있는 가능성이 있다. 따라서 평생교육기관의 기본성격을 감안한다면, 프로그램을 통한 교육과 함께 홍보활동을 통해서도 교육적 효과를 거둘 수 있음을 기관운영자는 주지해야 한다.

다섯째, 평생교육 활동을 통해 기관종사자들의 지지와 이해, 공감과 단합심을 제고하고 참여자들로 하여금 기관에 대한 일체감을 형성하게 할 수도 있는데, 이를 가능하게 하는 것도 홍보활동이다. 기관과 관련된 다양한 공중들과의 적절한 관계를 형성하는 것은 기관의 활동을 활성화하고 프로그램을 성공적으로 운영하는 데에 중요한 요소가 된다. 홍보를 통해 기관의 사명이나 운영 프로그램 등을 많은 잠재적 참여자들에게 전달하고 그들의 의견을 수렴함으로써 평생교육기관의 질도 보다 효과적으로 관리될 수 있을 것이다.

이에 비추어 볼 때, 평생교육 프로그램 홍보란 평생교육기관에서 개설된 프로그램에 사람들을 등록시키는 데에 있어서 결정적인 요소가 된다. 아무리 훌륭한 프로그램이라고 해도 고객들에게 그 내용을 충분히 알리지 못한다면 그 강좌는 성공을 거둘 수가 없다. 따라서 모든 평생교육 프로그램은 참가자의 확보를 위해서 홍보가 필요하다고 하겠다.

2) 프로그램 홍보의 목적과 원칙

평생교육기관의 홍보활동은 기관에 대한 우호적인 감정을 갖게 할 뿐만 아니라, 특정 프로그램에 참여할 수 있는 동기유발의 계기를 제공한다. 이런 맥락에서 김용현 외 3인(`2017)은 프로그램 홍보의 목적을 일차적 목적과 이차적 목적으로 구분한 바 있는데, 일차적 목적은 잠재적 학습자들에게 교육프로그램에 관한 정보를 널리 알려서 그들의 신념과 행동을 변화시키고 해당 프로그램에 등록하도록 유도하는 데 있다. 아울러 프로그램 운영에 긍정적인 영향력을 발휘하게 하려는 이차적 목적이 있을 수 있는데, 이를테면 재정적 후원자나 자원봉사자를 확보하고 잠재적 학습자들에게 평생교육기관에 대한 우호적 이미지를 조성함으로써 기관에 대한 지지기반을 확보하게 되는 것이다. 뿐만 아니라, 홍보는 광고와 판촉 등과도 특별한 구분 없이 사용하고 있는 경향이 있어 판매촉진과 인적판매의 목적이 홍보활동에 포함된다고 하였다.

판매촉진(sales promotion)은 평생교육기관이 잠재적 학습자들에게 교육 프로그램에 대한 선택을 강력하게 유도하기 위하여 단기적으로 시도되는 촉진 수단을 말한다. 판촉 수단으로는 공개강좌, 할인쿠폰이나 마일리지 제공, 경품 추첨, 작품전시회 개최 등을 활용한다. 단기적으로는 마케팅 효과를 유도할 수 있으나, 장기적인 관점에서 효과를 증진시키는 데에는 한계가 있다. 반면에, 인적판매(personal selling)는 평생교육기관이 개별 학습자를 직접 접촉하여 교육 프로그램에 등록하도록 유도하는 방법이다. 특히, 인적판매는 학습자들의 반응을 살피면서 상황에 맞추어 촉진활동을 펼칠 수 있다는 장점이 있으나 상대적으로 비용과 시간이 많이 소요된다는 단점도 있다.

한편, 평생교육기관의 홍보활동 역시 그 효과를 극대화하기 위해서는 대중에 대해 일관성 있는 원칙을 견지해야 한다는 주장과 함께 AIDMA 법칙에 따라 홍보를 실시(양병찬 편, 2002)할 수 있다. 이 법칙은 해당 활동의 영어단어 첫 글자를 옮긴 것인데, 소비자가 구매를 하기까지의 심리적인 과정을 나타낸다. 처음 A는 Attention(주의)으로 사람들의 주의를 불러 일으켜 눈길을 끄는 것을 뜻하고, I는 Interest(관심)는 사람들에게 더욱 관심을 가지게 하여 사로잡히게 하는 것을 말한다. D는 Desire(요구)로 사람들의 요구를 불러 일으켜 충동시킨다는 것을 의미하며, M은 Memory(기억)로 사람들에게 기억시켜 관심과 요구를 정착시키는 것을 말하고, 마지막 A는 Action(행동)으로 사람들로 하여금 실제 행동하도록 한다는 것을 가리킨다. 다시 말하면, AIDMA 법칙이란 소비자의 주의를 끌고 흥미를 불러일으켜 욕구를 지니게 한 뒤, 이를 마음에 새겨 두었다가 구매하게 만든다는 것이다.

그러나 권인탁(2009)은 이러한 홍보의 법칙보다 보다 더 구체적이면서 일반적인 홍보의 원칙을 일곱 가지로 적시하고 있다. 첫째, 전달할 내용을 홍보의 목적, 내용, 방법, 시간, 장소, 대상 등 육하원칙에 입각하여 제시해야 한다. 둘째, 홍보물이 대상자에게 분명하게 전달될 수 있도록 해야 한다. 셋째, 신뢰감을 떨어뜨리는 과대 홍보는 삼가야 한다. 넷째, 시기적으로 적합한 타이밍을 포착해야 한다. 프로그램의 의의나 성격을 시기적 환경이나 조건에 반영하여 홍보해야 한다. 그리고 유사 기관의 유사 프로그램 개강시기도 고려해야 한다. 다섯째, 방송이나 신문을 접할 때 그리고 사람들과 대화를 나눌 때 등 어떠한 상황에서도 홍보에 대한 아이디어를 얻고자 하는 마음가짐을 갖는다. 여섯째, 성공적인 홍보를 위해서는 소비자 행동이론을 이해하고 상품 차별화 및 시장 차별화 전략을 구사할 필요가 있다. 일곱째, 대부분의 홍보는 잠재적 학습자들의 관심을 끌지 못하는 경우가 많다. 잠재적 학습자들이 그 교육에 대한 설명을 읽지 않는다면 그 교육에 참석하기를 기대할 수는 없다. 따라서 홍보는 가급적 단순하고 흥미롭고 간단명료해서 읽기에 용이한 설명을 할 수 있어야 한다.

3) 프로그램 마케팅의 의미와 필요성

프로그램 마케팅은 평생교육기관이 프로그램을 개발하는 과정에서 빼놓을 수 없는 필수적인 요소로서 프로그램에 관한 자세한 정보를 고객에게 알리고, 그들이 프로그램에 참여할 수 있도록 하는 일이다. 마케팅 개념이 처음 도입되었을 때는 생산 지향적 관점을 지향했으나, 점차 판매 지향적 관점으로 변화하였고, 이는 다시 고객 지향적 관점, 시장 지향적 관점으로 변화하고 있다(오세조 · 박충환, 2002).

생산 지향적 관점은 초기의 마케팅 철학으로서, 제품 및 서비스의 생산과 유통에 초점을 둔 것이다. 이는 질 좋은 제품을 생산만 하면 수요가 창출될 것이라고 가정한 마케팅 개념이다. 그러나 아무리 좋은 제품이 생산되었더라도 경우에 따라서는 잘 판매되지 않았음을 경험하게 되자, 제품생산보다 판매가 더 중요하다는 것을 느끼게 되면서 판매기술의 개선에 초점을 두는 판매 지향적 개념이 강조되기 시작했다. 또한 1990년에 들어서면서부터는 판매도 중요하지만 고객의 욕구에 초점을 맞추지 않으면 기업이 살아남을 수 없다는 판단하에 생산, 제품, 판매 등 기업의 모든 활동을 소비자인 고객의 욕구에 맞추게 됨으로써 마케팅 역시 고객 지향적 관점으로 전환하게 되었다. 뿐만 아니라 최근에는 한걸음 더 나아가서 기업의 비전이나 생산, 유통, 판매 등의 모든 과정에서 '고객을 위한 가치 창출'을 강조하고 있는데, 이는 결국 시장 지향적 마케팅과 같은 맥락이라고 할 수 있겠다.

이처럼 마케팅의 개념이 조직의 이익을 위한 제품 판매에서 벗어나 조직의 본질적 비전과 목적을 실현하는 수단으로 의미가 변화되면서 기업 외의 비영리 조직이나 단체에서도 마케팅을 중요한 영역으로 다루고 있다. 이런 관점에서 마케팅을 "기업, 비영리조직 및 정부기관이 각 고객의 욕망을 파악하고, 그에 합치된 상품이나 서비스, 아이디어 또는 그 전체를 기획 및 개발하고 이에 관한 사실을 전달하며, 각 주체자가 최소비용으로써 최대의 고객만족, 최대의 가치를 창출할 수 있도록 해당 상품이나 서비스를 제공하는 행위 및 처리과정을 포함하는 것"으로 정의하기도 한다(김신일 · 김재웅, 2002).

결국 마케팅이란 '기업을 포함하여 모든 조직이나 기관에서 비전이나 목표를 달성하기 위해 시장 및 고객과 소통하면서 고객의 가치를 최대한 창출할 수 있는 상품 및 서비스를 제공하는 일체의 활동'이라고 정의할 수 있다. 그렇다면 공급자 중심, 교육자 중심에서 수요자 중심, 학습자 중심으로 교육의 중심을 이동시켜야 함을 강조하고 있는 평생교육이나 평생교육기관에서도 마케팅은 중요한 영역으로 다루어져야 할 것이 분명한데, 평생교육 프로그램에 대한 마케팅을 활성화해야 할 필요성에 대해 권인탁(2009)은 다음과 같이 열거하고 있다.

첫째, 평생교육기관이 급증하고 있다. 정규 교육기관의 학습자 수의 감소 현상에도 불구하고 평생교육기관에 참여하는 사람들의 수와 각종 문화센터, 평생학습관 등을 포함한 평생교육기관의 수는 급증하고 있다. 또한 각 평생교육기관들은 유사 프로그램을 제공하는 다양한 유형의 평생교육기관들과 학습자들의 참여를 확보하기 위한 전방위적인 경쟁을 하고 있다.

둘째, 미흡한 재정지원이다. 우리나라의 경우, 사회구성원들의 요구에 따라 평생교육기관의 수가 증가하고 있으나 정부지원은 미흡하기 때문에 기관 자체적인 생존 경쟁을 통해 경영을 하게 된다. 선진 복지국가의 경우, 복지정책 후퇴의 최우선 순위가 거의 사회교육 분야라고 할 수 있었으나 그 혜택이 점차 줄고 있다. 따라서 평생교육기관은 국가가 지원하는 미흡한 재정으로 경영하는 것에서 탈피하여 적극적인 마케팅 전략으로 평생교육기관 운영을 활성화해야 한다.

셋째, 시장논리에 의한 평생교육기관의 경영추세다. 세계화의 도래에 따라 사회는 자본주의 체제하에서 무한경쟁이 이루어지고 있다. 평생교육 분야도 예외가 아니어서 시장논리를 따르게 됨에 따라 사설 평생교육기관들이 급증하고 있다. 어느 정도 영리를 추구하는 평생교육기관들은 백화점 부설 평생교육기관, 언론매체, 기업체, 대학부설 평생교육원 등이다. 이러한 기관들은 기관의 영리추구를 위해 마케팅 기법의 도입을 절실히 필요로 한다.

넷째, 학습권에 대한 시민의식이 고조되고 있다. 시민사회의 성숙 및 소비자 주권주의의 확산과 더불어 평생교육기관의 학습자들은 수동적인 학습자에서 탈피하여 주체적인 참여자로서 학습권을 주장하고 있다. 학습자들이 주장하는 학습권에는 학습활동의 자유, 학습기회의 보장, 교육선택의 권리, 교육에 대한 결정과정에의 참여권, 지식과 사상창출의 자유 등이 포함되어 있다. 이와 같이 학습참여자로서 성인학습자들의 학습권에 대한 요구가 고조됨으로써 이를 수용하기 위한 평생교육 마케팅이 필요하다.

4) 프로그램 마케팅과 기업 마케팅과의 차이점

마케팅은 단순히 상품의 판매만을 의미하지 않는다. 이보다는 더욱 확대된 개념으로써 고객의 관점에서 출발하여 고객의 필요를 최대한 충족시키기 위해 경주하는 모든 노력으로 이해되고 있다. 따라서 평생교육 프로그램 개발에 있어서의 마케팅은 평생교육기관에서 학습자들이 원하는 것이 무엇인지를 연구하고, 학습자들이 원하는 프로그램과 서비스를 개발하며 그것에 합리적인 수강료를 책정하며, 학습자들이 쉽게 등록하도록 장소와 시간을 배정하면서 학습자들과 지속적인 관계를 유지하는 일련의 활동으로 볼 수 있다. 이와 관련하여 김용현 외 3인(2017)은 일반 기업에서 이루어지는 마케팅과의 차이점을 다음과 같이 설명하고 있다.

첫째, 목표지향성이다. 평생교육기관의 대부분은 비영리기관이다. 따라서 마케팅의 목표도 수익성을 극대화시키기 위한 것보다는 기관이 추구하는 목표를 얼마나 효과적으로 달성하였는가에 두고 있다. 수익성보다는 공익성을 우선하는 경우가 많으며, 교육 프로그램을 널리 알려서 많은 사람들이 참여할 수 있도록 학습기회를 제공하는 데에 목표를 두고 있으며, 특히 지역 주민의 삶의 질을 개선하는 데에 궁극적인 목적이 있다.

둘째, 서비스 마케팅이다. 교육기관이 제공하는 제품은 무형의 서비스가 대부분이다. 무형의 서비스는 유형의 제품과는 달리 구매하기 전까지는 서비스의 질적 수준을 확인할 수 없다. 따라서 학습자는 평생교육기관의 광고보다는 입소문에 의한 정보를 더욱 신뢰한다. 일반적으로 유형의 제품은 제조와 유통과정을 거쳐서 고객에게 전달되지만, 서비스는 생산과 동시에 소비가 이루어진다. 또한 서비스의 질적 수준은 일정하게 정해져 있지 않은 가변성을 갖고 있으며, 소멸성이 있어서 일정 시점에서 소비가 이루어지지 않으면 그 가치가 없어진다는 특징이 있다.

셋째, 다수집단 대상이다. 비영리기관은 비영리기관이 서비스를 제공하는 '고객'들로 구성된 시장과 비영리기관의 활동을 지원하는 '후원자'로 구성된 시장이 있다. 비영리기관은 후원자들로 제공받은 자원을 그 기관의 운영목적에 따라 고객들에게 다시 제공해 주는 역할을 하는 경우가 많다. 따라서 평생교육기관은 학습자와 후원자 외에도 지역사회 주민과 지방자치단체 등 다양한 집단이나 기관과 관계를 갖고 있으며, 마케팅의 대상도 넓다.

2. 평생교육 프로그램의 홍보전략

1) 프로그램 홍보전략 수립의 전제

평생교육기관은 해당 기관의 설립목적이나 비전·사명 등을 널리 알리고, 동시에 기관에서 개발한 다양한 프로그램을 잠재적 학습자들에게 주지시킴으로써 일차적으로는 학습자들에게 학습동기를 유발하기 위해 홍보를 하고 있다. 홍보가 이러한 목적을 달성하기 위해서는 홍보전략 수립에 몇 가지 전제조건이 필요한데, 이와 관련하여 남정걸(2007)은 다음과 같이 주장했다.

첫째, 잠재적 학습자의 유인 및 확보를 염두에 두어야 한다. 평생교육기관은 사회사업기관이나 병원, 법률 사무소와 같이 외래 고객에게 서비스를 제공하는 조직이기 때문에 그 고객을 어떻게 유치하느냐가 가장 큰 문제이다. 대부분의 평생교육기관은 학습자의 수강료에 의해 재정이 충당되므로 홍보에 의한 학습참여자의 확보는 평생교육 프로그램의 질은 물론 해당 기관의 사활과도 관계가 된다. 일부 공공기관의 성격을 지닌 평생교육기관의 경우, 많은 학습참여자의 확보를 위해 홍보가 필요하지만 그 숫자는 민간 평생교육기관에 비해 절대적으로 적다.

둘째, 평생교육기관의 정신적 및 재정적 후원자를 확보하는 것이 평생교육의 홍보목적임을 인식한다. 평생교육기관 중에는 후원자의 후원금에 의해 유지되는 경우도 있다. 이들의 경우 기관의 목적, 기능, 활동, 업적, 인적자원 등에 관한 정보를 지역사회나 일반인들에게 제공함으로써 이해를 도모하고 후원자를 확보할 수 있게 된다. 올바른 이념과 목적을 지닌 평생교육기관으로 지역사회에 널리 알려질수록 저명한 인사나 뜻있는 일반인들로부터 재정적 후원과 자문을 얻어낼 수 있다.

셋째, 자원봉사자의 유치와 그들 상호 간의 이해를 증진하는 것도 홍보 이유 중 하나임을 알아야 한다. 아직도 우리나라 평생교육기관 중에서 청소년기관, 여성단체, 문화원 및 여성회관 등은 자원봉사자에 크게 의존하고 있다. 그러므로 이들 기관들은 자원봉사자를 확보하기 위해서라도 기관의 목적과 이념, 운영 프로그램의 종류 등에 대해 정확하게 알려야 한다.

넷째, 대내적으로는 평생교육기관 종사자들의 지지와 이해, 공감대와 단합심을 제고하고 참여자들의 기관에 대한 일체감을 형성하는 것이 선행되어야 한다. 홍보는 외부의 대중만을 대상으로 하는 것이 아니라 기관 내부 구성원들이 기관의 설립목적과 이념, 비전 등을 함께 공유하는 계기가 되기도 한다.

다섯째, 평생교육기관의 홍보는 기관에 대한 일반인의 오해를 불식시킨다는 점을 간과하지 말아야 한다. 평생교육기관이 중대하고 프로그램이 늘어남에 따라 일반인들 중에는 평생교육기관이 일반 사기업과 다름없는 이윤만 추구하는 집단으로 오해하는 경우가 많다. 기관의 정확한 비전과 철학, 그리고 소유하고 있는 인적·물적자원 및 프로그램을 정확히 일반인에게 알리는 것은 기관에 대한 오해를 감소시키는 기회가 될 수도 있다.

2) 프로그램 홍보의 과정

프로그램의 홍보는 평생교육기관이 프로그램의 진흥을 위해 별도의 노력을 경주하여 잠재적 학습자에게 전달하는 것을 목적으로 실행된다. 일반적인 홍보과정은 [그림 9-1]과 같이 5단계로 이루어지는데, 각 단계를 간략하게 설명하면 다음(김용현 외 13, 2011)과 같다.

1단계는 해당 프로그램에 참가할 수 있는 잠재적 학습자가 누구인지를 파악하는 것이다. 이들을 대상으로 그들의 학습참여 특성과 라이프 스타일 등에 관한 정보를 수집하고 분석한다.

2단계는 잠재적 학습집단이 평생교육기관 및 해당 프로그램에 대해 어떤 이미지와 태도를 형성하고 있는지를 평가한다. 학습집단의 기관 및 프로그램에 대한 이미지와 태도는 향후 그들의 수강결정에 영향을 미치게 된다. 잠재적 학습집단이 기관 및 프로그램에 대해 우호적인 이미지나 태도를 가지고 있다면 홍보는 성공할 가능성이 높지만, 그렇지 않을 경우 이미지나 태도 개선을 위한 노력부터 시작해야 할 것이다.

3단계는 표적시장 또는 집단을 대상으로 기관이나 프로그램에 대해 그들에게 기대하는 이미지나 태도가 무엇인지를 수렴해야 한다. 그래야만 홍보 전략을 어떻게 개발할 것인지가 구상될 수 있다. 홍보는 다양한 방식과 내용 및 수단을 통해 가능하므로 표적집단이 형성하기를 원하는 이미지나 태도는 중요한 토대가 된다.

4단계는 효과적인 홍보전략을 개발한다. 1단계부터 3단계 과정에서 수집된 정보나 자료를 근거로 효과적인 홍보전략이 무엇인지를 고민하고 결정해야 한다.

5단계는 홍보계획의 실행 및 결과에 대한 평가이다. 개발된 홍보전략에 따라 홍보를 실시한다. 그러고 나서 홍보가 계획한 만큼 효과를 거두었는지를 평가해야 한다. 홍보에 대한 평가를 보다 냉정하고 객관적으로 실시해야만 유용한 정보를 얻을 수 있다. 홍보결과에 대한 평가에 있어서도 평생교육기관의 내부 구성원들만이 아닌 외부 전문가나 관심 있는 집단의 도움을 받는다면, 보다 객관적이고 실질적인 평가를 할 수 있을 것이다. 홍보의 성과에 대한 평가는 다음의 홍보활동에 중요한 정보나 자료를 제공하게 된다.

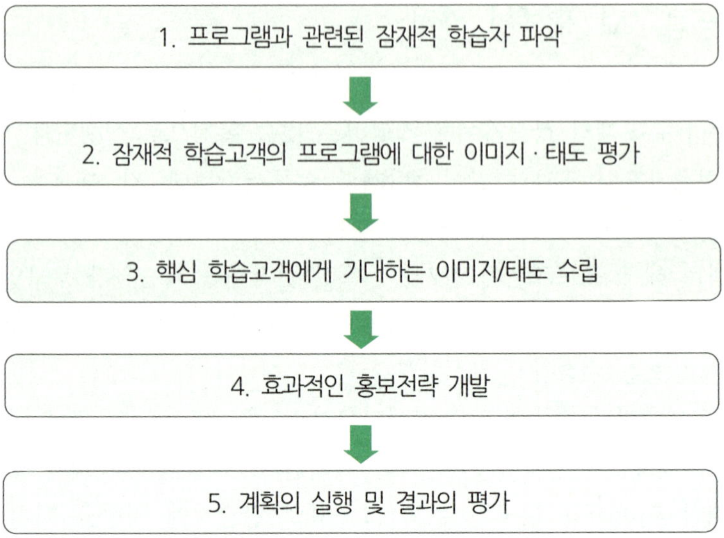

[그림 9-1] 홍보의 과정

*출처; 김진화(2012). 평생교육 프로그램 개발론. 파주: 교육과학사. p.355.

3) 프로그램의 홍보기법과 매체

평생교육기관에서 개발한 프로그램의 홍보를 위해서 홍보기법과 매체를 선정할 때에는 몇 가지 유의할 점이 있다고 이화정 외 2인(2005)은 지적하고 있다. 첫째, 홍보매체의 특성을 감안하여 주 매체를 선정하고 그 매체의 단점을 보완할 수 있는 보조매체를 다각적으로 활용한다. 둘째, 무료 홍보수단을 보조적인 홍보매체로 최대한 활용한다. 셋째, 홍보내용이 간단한 것은 '눈보다는 귀', 복잡한 내용은 '귀보다는 눈'을 활용하는 홍보매체를 선택한다. 넷째, 프로그램의 내용을 고려하여 그 대상의 지적 수준이 낮은 사람일 경우는 청각매체를 활용하고 높을수록 시각매체를 활용하는 것이 바람직하다. 다섯째, 적은 비용으로 최대의 홍보효과를 얻을 수 있는 매체를 선택한다.

한편, 평생교육기관에서 주로 활용하는 홍보방법에는 광고, 인쇄물, 우편물, 전화, 개인적 접촉, 인터넷, 팸플릿, 현수막 등 여러 가지가 있는데, 간략하게 소개하면 다음(이화정 외 2, 2005)과 같다.

• 광고

신문, 대중잡지 그리고 방송광고는 교육 프로그램의 성격이 공공성을 띠고 있거나 교육내용이 전문적인 경우에 적합하다. 불특정 다수를 대상으로 광범위하게 빠른 속도로 홍보할 수 있다는 점이 특징이다. 반면에, 광고문안이나 화면을 제작하기 위해서는 전문가의 도움이 필요하며, 제작비와 광고비도 많이 소요된다.

• 인쇄물

인쇄물의 종류는 프로그램의 규모와 특성에 따라 달라질 수 있다. 만일 다양한 활동으로 구성된 프로그램이라면 팸플릿 같은 안내책자가 필요하고, 한두 가지 활동만으로 구성된 프로그램이라면 전단지나 포스터를 제작하여 활용하는 것이 바람직하다.

• 우편물

우편물을 통한 홍보를 가장 많이 활용하는 방법이다. 즉 편지나 엽서, 안내책자 등 홍보문을 작성하여 우편을 통해 고객에게 홍보하게 되는데, 우수고객들의 명부를 확인하는 것이 홍보의 성패를 좌우한다. 고객명부는 동창회, 자원봉사단체, 전문기관, 학부모회, 교회, 전화번호부 등 다양한 자료를 이용하여 작성한다.

• 전화

전화를 활용한 홍보는 인쇄물로는 할 수 없는 개인적이고 직접적인 상호작용의 효과가 있다. 다른 홍보와 마찬가지로 전화홍보 역시 사전에 치밀한 계획과 조직적인 활동을 요구한다. 먼저 현재 교육 프로그램 참가들을 통해 각종 정보와 등록 형태를 분석해서 정량적이고 명확한 목표를 수립하는 것이 필요하다.

• 개인적 접촉

개인적 접촉은 잠재적 학습자와 일대일 만남을 통해 홍보하는 것으로서,

그 효과가 가장 크고 학습자들의 반응에 맞추어 홍보할 수 있다는 장점이 있다. 교육상담이나 컨설팅, 위원회, 각종 모임을 활용하여 관심 있는 사람들에게 프로그램의 효과를 홍보하고, 프로그램에 참가하여 만족한 이수자들을 통해 입소문으로 홍보하는 방법이다. 그러나 시간이 많이 소요되고 1인당 홍보비용도 많다는 단점이 있다.

• 인터넷

인터넷 홍보는 정보통신의 발달로 최근에 활성화되고 있는 홍보방법이다. 이를 위해서는 먼저 인터넷 홈페이지를 구축하고 평생교육기관의 전반적인 사업과 프로그램을 홍보하거나 포털사이트의 배너광고와 팝업광고 등의 기법을 활용한다. 사이버상으로 정보에 대한 접근이 편리하며, 젊은 층이 주된 학습자인 교육 프로그램에 적합하다. 반면에 포털사이트의 배너광고와 팝업광고를 위한 비용이 소요되고, 인터넷 홈페이지를 관리하기 위한 관리자도 필요하다는 단점이 있다.

• 블로그

인터넷 발달과 함께 새로운 미디어로 등장한 블로그가 최근에는 또 하나의 홍보매체로 각광을 받고 있다. 블로그(Blog 또는 Web Log)란 웹(Web)과 로그(Log, 기록)를 합친 낱말로, 1997년 미국에서 처음 등장했다. 이 용어는 일반인들이 자신의 관심사에 따라 일기 · 칼럼 · 기사 등을 자유롭게 올릴 수 있을 뿐만 아니라, 개인출판 · 개인방송 · 커뮤니티까지 다양한 형태를 취하는 일종의 1인 미디어이다(네이버 지식백과, 2018.01.20.).

블로그에는 여러 사람이 쓸 수 있는 게시판(BBS)과는 달리 한 사람 혹은 몇몇 소수의 사람만이 글을 올릴 수 있는데, 이렇게 블로그를 소유하여 관리하는 사람을 블로거라고 한다. 블로그는 개인적인 성격을 가지고 있지만 경우에 따라서는 인터넷을 통해 기존의 어떤 대형 미디어 못지않은 힘을 발휘할 수 있다. 최근에는 파워블로거들이 등장하여 각종 제품이나 프로그램, 상품을 광고 또는 홍보하는 중요한 매체로 영향력을 발휘하기도 한다.

• 전자우편

평생교육기관에서 가장 많이 활용할 수 있는 홍보방법 중의 하나는 전자우편(e-mail)을 통한 홍보이다. 기존의 학습자들을 대상으로 확보된 이메일을 이용해서 새로운 프로그램을 소개함으로써 학습자의 참여를 유도하는 방법이다. 비용적인 면에서도 가장 저렴하고 효과적인 측면에서도 상당한 성과를 거둘 수 있는 방법이다. 다만, 일반 성인학습자 가운데 아직도 전자우편을 매일 열어보면서 커뮤니케이션 수단으로 활용하지 않는 사람들이 상당수 존재한다는 점이 문제이다. 특히나 노인들을 대상으로 프로그램을 개발하여 마케팅할 때는 더욱 효과를 보기 어려울 수 있다. 그러나 최근 전국민이 전자우편 사용을 일상화하는 분위기라서 이메일을 이용한 홍보는 갈수록 유용한 수단이 될 것이 분명하다.

• 팸플릿

평생교육기관에서 사용하고 있는 가장 대중적이고 일반적인 홍보수단은 바로 팸플릿(pamphlet)의 제작 및 배포이다. 프로그램을 안내하는 고급 팸플릿을 인쇄하여 유관기관이나 일반 사람들이 많이 모이는 기관, 이를테면 은행이나 우체국 등에 배포하여 잠재적 학습자들이 가져갈 수 있게 하는 방법이다. 팸플릿을 이용한 홍보는 기관에 대한 홍보나 특별한 행사일 경우에는 유용하나 수시로 바뀌는 일반적인 프로그램을 홍보하기에는 부적합하다.

• 현수막

가장 쉽게 사용하는 홍보방법 중의 하나인 현수막은 비용이 저렴하여 주된 매체를 보조하는 용도로 널리 이용되고 있다. 현수막에는 교육일시와 장소, 주최 등 최소한의 내용으로 구성하고 문구는 구어체를 활용하여 친근감 있게 관심을 유도하는 것이 바람직하다.

4) 프로그램 홍보자료의 평가

평생교육기관에서 개발한 프로그램이 성인학습자 개인의 삶의 질 향상과 더불어 지역의 현안문제 해결에 기여할 수 있으려면 당해 기관에서 홍보기법의 채택이나 홍보자료 제작 시에 지켜야 하는 몇 가지 원칙이 있다고 최은수·배석영(2008)은 주장했다. 이를 좀 더 자세히 살펴보면 다음과 같다.

첫째, 진실성의 원칙이다. 홍보내용은 있는 그대로 정확하고 진실된 내용을 전달해야 한다. 간혹 과장되거나 허위사실을 전달하여 사회에 물의를 일으키는 경우가 있는데 이는 범법행위이다. 최근 사회적으로 자격증이 강조되면서 일부 평생교육기관에서는 자격증 과정에 대해 과장 또는 허위로 홍보함으로써 학습자를 유인하는 경우가 종종 있다. 그러나 평생교육 관련 홍보내용은 반드시 정확하고 진실된 사실들만을 전달해야만 그 목적을 달성할 수 있음을 명심해야 한다.

둘째, 상호작용의 원칙이다. 홍보는 제공자의 일방적인 정보 제공에만 그치는 것이 아니라 대중과 공급주체인 평생교육기관의 사이에서 일어나는 상호작용에 근거해야 한다. 일반 대중들은 평생교육기관이 추구하는 교육적 이념에 공감하고, 자신들의 교육요구에 부합하는 프로그램에 접했을 때 학습동기를 일으키게 된다. 그리고 이러한 상호작용이 있을 때 비로소 잠재적 학습자는 수강을 결심하게 되는 것이다.

셋째, 공공이익 합치의 원칙이다. 홍보는 계몽적 성격을 바탕으로 대중을 의식하고, 그들의 이익과 공공의 이익을 실현할 수 있는 모습을 담아야 한다. 즉, 단순히 기관과 교육 프로그램을 알리는 데에만 주력할 것이 아니라 홍보를 통해 평생교육에 대한 새로운 시각과 생각을 가질 수 있도록 하는 내용들이 포함되어야 한다.

넷째, 인간적 접촉의 원칙이다. 홍보는 사람을 대상으로 하기 때문에 인간적인 관계가 중요하다. 자칫 복잡한 매체들이 활용됨에 따라 비인간화를 초래할 수도 있으므로 조심해야 한다. 특히 인터넷 문화가 매우 확산된 상황에서 지나치게 디지털 홍보에만 의지할 경우, 인간적인 면을 잃게 되어 홍보의 역효과를 초래할 수도 있다. 인간적인 배려와 따뜻함이 홍보물에 묻어 있을 때 훨씬 효과적인 홍보가 될 것이다.

한편, 홍보기법을 채택하고 홍보자료를 제작하는 활동에 대한 평가를 실시할 때에는 하위개념으로서의 평가요소들을 어느 정도 충족시켰는지를 점검할 필요가 있는데, 이해주(2003)는 이 요소를 여섯 가지로 설명하였다.

- 일 년 동안 지역 주민들에게 프로그램을 알리는 데에 효과적이고 잘 만들어진 소책자나 팸플릿이 있는가.
- 신문, TV나 라디오와 같은 대중매체에 대한 활용이 최대한 이루어지고 있는가.
- 독특한 주위 환경이나 행사를 촉진하고 선전하기 위해 정기적으로 그리고 특별한 경우에 프로그램에 관계된 정보가 퍼뜨려지고 있는가.
- 영화, 슬라이드, 연설, 오픈하우스와 현장방문과 같은 방법에 대한 사용 시에 필요한 사항은 고려되고 있는가.
- 홍보에 대한 책임이 경쟁적 관계에 있는 시설이나 기관에 국한되어 있는가 아니면 모든 사람의 업무인가.
- 이러한 기능을 수행하는 데에 필요한 예산이 적절하게 공급되고 있는가.

3. 평생교육 프로그램의 마케팅 전략

1) 프로그램 마케팅 전략 수립 시의 고려사항

평생교육기관의 마케팅은 평생교육기관의 성격을 어떻게 규정하느냐에 따라서 그 특성이 구분될 수 있다. 일반적으로 평생교육기관은 이윤추구를 주목적으로 하는 일반 기업조직과는 성격이 상이하지만, 최근 들어 교육산업이 발달함에 따라 평생교육기관 중에는 영리를 목적으로 운영되는 기관도 늘어나는 추세이다. 그러나 영리기관의 성격을 띤다고 해도 일반기업이 추구하는 영리목적과는 궤를 달리한다는 점을 전제할 때에 평생교육기관의 마케팅은 다음과 같은 세 가지의 특징이 있다고 김용현 외 13인(2011)은 주장하고 있다.

첫째, 평생교육기관은 물적 상품보다는 서비스 성격의 상품을 제공한다. 다시 말하면 평생교육기관에서의 마케팅 대상은 무형의 교육 서비스라고 할 수 있다. 그러므로 평생교육기관의 고객인 학습자들로부터 양질의 교육 서비스를 제공받고 있다는 평가를 받으려면 광고나 홍보를 통해 무형의 교육 서비스를 유형화하는 과정이 필요(김신일 · 김재웅, 2002)하다.

둘째, 평생교육기관은 여러 가지 목표를 동시에 추구하고 있다. 비영리를 목적으로 하는 평생교육기관이지만 운영의 합리화 차원에서 한편으로는 어느 정도의 이윤도 필요하며, 동시에 학습자의 성장과 만족, 지역공동체 형성, 민주시민의식 함양 등 다양한 목표를 추구한다. 그런가 하면 하나의 기관 아래 다양한 프로그램이 전개될 경우 프로그램마다 추구하는 목표가 다를 수 있다. 그렇기 때문에 해당 목표를 측정하기 어렵고 그에 대한 평가도 쉽지 않은 것이 사실이다.

셋째, 비영리 조직으로서의 평생교육기관은 마케팅 대상도 다양하다. 일반 기업의 경우에는 고객시장만 관리하면 된다. 그러나 평생교육기관의 경우는 학습자인 고객에 대한 홍보와 관리도 중요하지만, 이와 함께 재정적 후원자에 대한 마케팅도 중요하다. 재정 후원자가 때로는 국가일 때도 있고, 지방자치단체일 경우도 있으며, 시민사회단체나 민간 기업인 경우도 있다. 이처럼 다양한 이해관계 집단을 대상으로 후원을 받기 때문에 각각의 집단에 대해서 각기 다른 차원의 마케팅 전략을 구사해야 한다.

이상에서 평생교육기관은 제공하는 상품이 서비스 성격을 띠며 여러 가지 목표를 동시에 추구하는 한편, 마케팅의 대상도 다양하다는 점을 확인하였다. 평생교육기관 마케팅의 이러한 특징을 감안할 때에 프로그램 마케팅 전략수립 시에도 다음과 같은 고려사항이 있을 수 있다(김용현 외 13, 2011).

첫째, 마케팅, 광고 그리고 홍보 사이의 차이점에 대한 명확한 정의는 보다 효과적인 마케팅 계획의 개발에 도움이 된다. 마케팅이란 평생교육 프로그램을 통해 학습고객들에게 가장 잘 봉사하기 위한 연구, 분석, 결정의 종합적인 과정을 지칭할 때 사용되며, 평생교육기관의 요구뿐만 아니라 학습고객의 필요, 행동, 가치 등을 강조한다. 반면에, 광고와 홍보는 마케팅 목적을 성취하기 위해 사용하는 촉진기술에 불과하다. 특히, 광고는 유료 홍보를 지칭할 때 사용되는 용어로 신문광고나 홍보물 광고 등이 있다.

둘째, 효과적인 마케팅이 되기 위해서는 기관의 전체적인 임무, 목적, 목표의 성취와 직접적인 관련이 있어야 한다. 만약 마케팅이 기관의 임무 성취와 직접적인 관련이 없다면 효과적일 수 없다.

셋째, 환경에 대한 검토와 분석은 모든 마케팅 노력이 효과적이 되도록 한다. 환경에 대한 검토와 분석은 프로그램 개발자가 기관과 프로그램 및 서비스의 성공을 위한 결정적인 현안에 대한 정보를 획득할 수 있도록 한다. 어떤 기관이든지 끊임없이 환경을 관찰하는 것을 가능케 하는 형식, 비형식의 기재를 가지고 있어야 한다. 이것은 모든 평생교육기관에서 변화를 성취하고 그들의 환경에 적용하는 가장 주요한 방법이다.

넷째, 학습고객의 서비스 지향 체제를 개발하는 것은 마케팅의 주요 부분이다. 평생교육기관은 해당 기관과 관련된 학습고객을 항상 고려하고 있어야 한다. 학습고객이 평생교육기관의 가장 주요한 자산으로 인정될 때, 이것을 성취하기 위한 정책들이 개발될 수 있기 때문이다.

다섯째, 심리학적 · 인구통계학적 자료는 마케팅 기초자료 중 주요한 요소들이다. 인구통계학적 자료는 상당히 잘 알려지고 측정하기 쉬운 개인이나 단체에 대한 자료들을 말하며, 구체적인 예로는 사회 내에세 투표거부자의 수, 가족당 평균자녀의 수, 나이, 교육수준, 동호회, 조합 및 협회 등이 있다. 심리학적 자료는 보다 추상적이고 측정하기가 쉽지 않지만 인구통계학적 자료만큼 중요하다. 학습고객들은 라이프 스타일에 따라 어떤 상품이나 서비스에 돈을 사용하는지, 주로 언제 돈을 쓰는지, 학습고객들의 소비행동에 영향을 미치는 요인은 무엇인지 그리고 어떤 매체가 그들에게 가장 정확하고 책임 있는 메시지를 제공한다고 생각하는지 등이 심리학적 기초자료가 된다.

여섯째, 시장분할 전력에 대한 인식이 필요하다. 시장분할은 평생교육자를 위한 중요한 마케팅 개념으로 평생교육 프로그램과 서비스가 제공되는 시장을 분할하기 위해 효과적인 방법을 찾는 것은 마케팅 성공에 필수적이다.

일곱째, 마케팅 효과에 대한 추적은 전체적인 마케팅 계획에서 필수적인 단계이므로 마케팅의 효과를 평가하기 위해 마케팅 결과를 추적하는 활동이 반드시 이루어져야 한다. 예컨대, 평생교육기관에서 운영한 프로그램에 참여한 학습자들에게 해당 기관의 새로운 프로그램에 대한 홍보자료를 우편 또는 전자우편으로 보낸 후, 어떤 사람들이 프로그램에 등록하는 경향이 많았는가를 추적하는 것은 매우 바람직하다.

여덟째, 마케팅 계획의 수립은 일회적으로 끝나는 것이 아니라 계속적인 과정이다. 평생교육 계획수립을 위한 최후의 마케팅 계획은 존재하지 않는다.

어떤 성공적인 마케팅 계획일지라도 끊임없이 조절과정을 겪어야 한다. 환경으로부터 새로운 자료를 받게 되면 계획은 반드시 바뀌게 되고, 보다 다양한 마케팅 행동들에 대해 재구성을 해야 할 것이다. 프로그램 마케팅 기법들 역시 끊임없이 바뀌는 마케팅 목표를 달성하기 위해 지속적으로 방향을 바꾸어야 한다.

2) 마케팅 전략

마케팅 전략은 기관이 설정한 목표를 달성하기 위해서 표적시장을 어떻게 선정하고 어떤 수단을 활용할 것인지를 다루는 일이다. 권인탁(2009)에 의하면 일반적으로 마케팅 전략은 STP 전략과 마케팅 혼합전략으로 구성되는데, 이들에 대해 간략하게 살펴보기로 한다.

(1) STP 전략

① 평생교육의 시장세분화

시장세분화(market segmentation)란 대중집단을 일정기간에 걸쳐서 특정 제품 및 서비스의 마케팅 활동에 대한 반응이 유사할 것으로 예상되는 집단으로 나누는 작업을 말한다. 평생교육의 맥락에서 볼 때 시장세분화란 잠재적 학습자 집단을 특정한 평생교육 프로그램에 비슷한 요구를 갖고 있을 것으로 예상되는 하위집단으로 구분하는 것을 의미한다. 이와 같은 시장세분화가 필요한 이유는 다음과 같다(오혁진, 2004).

첫째, 기관에 유리한 시장을 선택할 수 있다. 평생교육기관은 자기의 강점과 약점을 평가함으로써 자신에게 가장 적합한 세분시장을 선택할 수 있다. 다시 말해 우리 기관이 가진 장점을 가장 선호하며 우리 약점에 대해 덜 민감한 집단을 선택할 수 있다는 것이다.

둘째, 평생교육기관의 자원을 효율적으로 배분할 수 있다. 이는 여러 개의 세분시장을 동시에 관리하는 경우에 해당한다. 평생교육기관은 시장세분화를 통해 우리 기관의 경영자원을 고르게 활용할 수 있는 세분시장들을 선택함으로써 경영자원의 전체적인 효율성을 높일 수 있다.

셋째, 평생교육시장의 변화에 효율적으로 대처할 수 있다. 이는 잠재적 교육수요자 집단을 세분화함으로써 세분시장별로 변화하는 시장수요에 창조적으로 대응할 수 있음을 말한다. 예를 들어, 경제불황이라는 환경변화에 직면했을 때 특정 교육 프로그램에 대해 성별, 연령별, 소득별, 참여 동기별로 어느 세분시장이 보다 민감하게 수요가 변화하는지와 해당 세분시장별로 각각 어떤 욕구를 가지고 있는지를 파악함으로써 선별적으로 대처할 수 있다.

이렇듯, 평생교육시장의 세분화는 평생교육기관의 효율적인 경영을 위해 매우 필요한 전략이다. 그렇기 때문에 시장을 세분화하는 방법은 유일한 방법 또는 옳은 방법이 없다. 따라서 평생교육 자원에서 의미 있는 세분화 기준을 적용하기 위해서는 여러 가지 변수를 고려해야 하는데, 크게 네 가지로 구분된다.

- 지리적 변수에 의한 세분화: 지리적 자료는 학습자의 요구와 반응이 지역에 따라 다르다는 전제하에 시장을 지역별로 세분화하는 것이다. 그것은 학습자의 거주지역의 일반적인 성격에 따라 행정구역, 대·중·소도시 등과 같은 인구규모 및 밀도, 농·공·상업 등과 같은 주요 산업, 기후 등에 따라 시장을 세분화할 수 있다.
- 인구통계학적 변수에 의한 세분화: 이 방법은 여러 가지 인구통계학적 변수를 기준으로 세분화하는 것이다. 인구통계학적 변수는 소비자 요구, 선호 및 사용률 등과 밀접한 관련이 있다. 이 변수는 비통계적 변수로서 측정하기 쉬우며, 다른 시장세분화 자료보다 저렴한 비용으로 수집할 수 있다는 점에서 이점이 있다. 이러한 인구통계학적 변수의 종류에는 연령과 생활주기, 성(性) 그리고 소득 등이 포함된다.
- 심리적 변수에 의한 세분화: 평생교육에 있어서 심리적 자료는 학습자의 성격, 태도, 신념, 동기, 욕구 및 기대에 관한 자료를 말한다. 심리학적 자료는 인구통계학적 자료보다 추상적이고 측정하기가 쉽지 않음에도 불구하고 시장을 의미 있게 세분화하는 기준으로 그 중요성이 커지고 있다. 심리학적 자료유형에는 학습자의 외향적 또는 내성적 성격, 학습자의 참여 동기, 학습자 자신의 학습능력에 대한 긍정적 또는 부정적 태도 그리고 이전의 학습경험에 대한 인식 등이 있다.

- 행동변수에 의한 세분화: 이는 프로그램을 이용하는 학습자의 행태와 관련된 것으로써 학습자가 참여하는 프로그램의 수, 해당 프로그램 분야에 대한 학습자의 학습경험 정도, 해당 교육기관에 다한 학습자의 지속적인 참여 정도, 해당 교육기관에 대한 학습자의 충성도, 우리 기관만을 선호하며 참여하는 학습자, 우리 기관에서 다른 기관으로 옮기려는 학습자 그리고 우리 기관을 포함한 어떠한 기관에도 관심을 기울이지 않는 학습자 등이 포함된다.

이와 같이 시장을 세분화할 수 있는 방법에는 여러 가지가 있다. 그런데 시장세분화가 이루어진 결과로서 시장이 분할되어 인식되는 모든 세분시장이 반드시 마케팅의 관점에서 유효하다고 하기는 어렵다. 따라서 시장세분화는 다음과 같은 요건을 갖추어야 한다고 권인탁(2009)은 설명하고 있다.

첫째, 측정가능성(measurability)이다. 이는 세분시장의 규모와 구매력을 정확하게 측정할 수 있는 정도를 나타낸다. 평생교육에 있어서 잠재적 학습자를 측정할 수 있어야 함을 의미한다. 예를 들어, 대학부설 평생교육원에서 시장세분화를 한 경우에 전업주부와 유직주부의 프로그램 참여 특성을 파악할 수 없다면 주부의 구분에 의한 시장세분화는 의미가 없다.

둘째, 접근가능성(accessibility)이다. 이는 세분시장이 효과적으로 도달될 수 있고 또한 충족할 수 있는 정도를 나타내는 것이다. 예를 들어, 시골 및 농촌지역에 많은 사람들이 살고 있으나 실제로 프로그램을 제공할 수 없다면 시장세분화는 큰 의미가 없다.

셋째, 실질성(substantiality)이다. 이는 조직이 별도의 제품과 마케팅 믹스로서 개척할 만한 가치가 충분할 정도로 규모가 크거나 수익성이 높은 세분시장이어야 함을 말하는 것이다. 따라서 평생교육에서의 실질성은 경제적 관점에서 특별한 교육적인 면에서 특별히 세분화하여 접근할 필요가 있는 의미있는 세분시장이어야 한다.

② 표적시장의 선정

'표적시장의 선정'이란 시장세분화를 실시한 후 자신의 조직여건에 가장 적절하다고 생각되는 특정한 세분시장을 표적으로 삼는 것을 말한다. 표적

시장을 선택하는 데에는 다음의 세 가지 마케팅 전략이 사용된다(Galbraith, Sisco & Guglielmino, 1997).

첫째, 비차별적 마케팅 전략(undifferentiated marketing strategy)은 세분화된 시장 간의 차이를 무시하고 하나의 프로그램으로 전체 시장을 공략하는 전략이다. 이러한 전략은 하나의 프로그램으로 시장을 공략한다는 점에서 비용이 적게 든다는 장점이 있지만, 학습자의 세분화된 요구를 충족시켜 주지 못한다는 점에서 한계가 있다. 실제로 비차별적 전략이 효과적인 경우는 매우 드물다. 평생교육기관에 참여하는 학습자들의 필요와 요구가 다양화되고 있으며, 유사한 성격의 프로그램을 제공하는 평생교육기관들이 늘어나고 있기 때문에 고객의 프로그램 참여율은 저조하게 된다.

둘째, 차별적 마케팅 전략(differentiated marketing strategy)은 모든 세분시장을 대상으로 적합한 제품과 마케팅 믹스를 투입하는 전략을 의미한다. 즉, 자원이 풍부한 기관이 선택할 수 있는 전략으로, 두 개 이상의 표적시장을 선정하여 각각에 적합한 마케팅 전략을 구사하는 것이다. 일반적으로 마케팅에서의 차별화 전략은 최고의 서비스를 제공할 수 있다고 인식된다. 그러나 이 전략은 인적·재정적 자원 등이 풍부할 때에 가능하다는 점에서 한계가 있다.

셋째, 집중 마케팅 전략(concentrated marketing strategy)은 큰 시장에서 낮은 시장 점유율을 누리기보다는 하나 또는 소수의 작은 시장에서 높은 시장 점유율을 누리기 위한 전략이다. 집중 마케팅 전략을 통해 기관은 표적으로 삼고 있는 특정한 시장에 속한 고객의 요구를 잘 알고 있기 때문에 그 시장 안에서 강력한 위치를 점할 수 있다. 그러나 이 전략은 다른 전략에 비해 위험한데, 이는 표적으로 삼고 있는 고객들의 심리적·행동적 변수 등이 작용할 경우 시장성을 갖지 못하게 될 수 있기 때문이다.

이상의 표적시장의 선정 전략을 도식화하면 다음 [그림 9-2]와 같다.

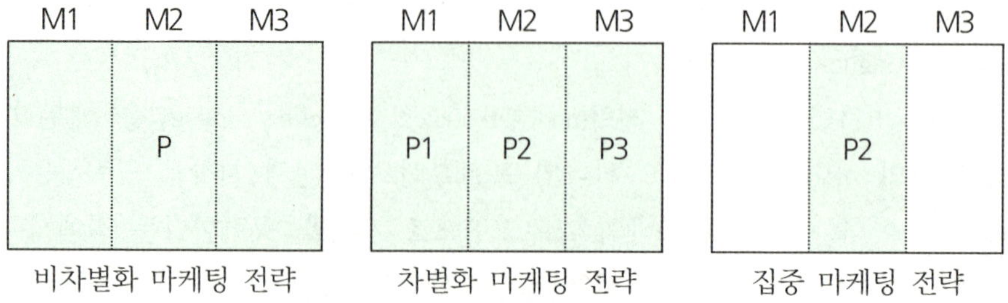

* P는 programing, M은 marketing.

[그림 9-2] 표적시장의 선정 전략

*출처; 김용현 외 3(2017). 평생교육 프로그램 개발론. 파주: 양서원. p.69.

③ 포지셔닝

특정시장 분할을 통해 표적시장을 설정하고 이에 도달하기 위해서는 많은 전략들을 가지고 접근하게 되며, 각각의 분할마다 서로 다른 접근방법과 전략들이 활용된다. 이때 표적집단을 만족시켜 주기 위해 다른 경쟁조직과 차별화된 자신의 조직의 위치를 정해야 하는데, 이를 포지셔닝(positioning)이라고 한다. 이러한 포지셔닝은 다양한 변수를 기준으로 이루어진다. 이를테면, 프로그램의 속성을 강조하여 다른 프로그램과 다르게 인지하게 한다거나 이미지를 차별화한다거나 혹은 프로그램 참여자를 부각시킴으로써 포지셔닝을 할 수 있다. 이를 좀 더 구체적으로 살펴보면 다음(권인탁, 2009)과 같다.

- 프로그램 속성에 의한 포지셔닝: 이는 평생교육 프로그램 속성을 기준으로 포지셔닝하는 것이다. 평생학습관에서 가장 널리 이용하는 방법으로 프로그램의 저가격과 실용성에 대한 포지셔닝이다.
- 이미지 포지셔닝: 이는 프로그램의 추상적인 편익을 강조하여 포지셔닝하는 경우다. 예컨대, 은빛이나 금빛은 노인들에 관한 이미지를 형성하는 것으로 포지셔닝한다.
- 사용상황이나 목적에 의한 포지셔닝: 교육 프로그램의 사용될 수 있는 상황을 묘사하거나 사용목적으로 포지셔닝할 수 있다. 부모교육 프로그램은 현대 가족관계 상황에서 자녀들을 대하는 기법을 널리 사용된다는 것을 강하게 포지셔닝한다.

- 학습자에 의한 포지셔닝: 프로그램 참여자만 참여계층을 이용하여 포지셔닝할 수 있다. 평생교육 프로그램의 지도자 과정, 최고경영자 과정은 주로 상류 평생학습자 계층이 참여하는 평생교육 프로그램으로 포지셔닝하고 있다.
- 경쟁 프로그램에 의한 포지셔닝: 학습참여자의 지각 속에 위치하고 있는 경쟁 프로그램과 명시적 혹은 묵시적으로 비교하여 포지셔닝하는 방법이다. 교육 프로그램이 타기관 프로그램보다 현실적으로 활용가능한 점을 간접적으로 비교하게 함으로써 포지셔닝한다.

(2) 마케팅 혼합전략

표적시장에서 마케팅 목표를 달성하기 위해서는 가장 적절한 '마케팅 혼합'(marketing mix)을 결정해야 한다. 일반적으로 마케팅 혼합요소에 대한 연구들은 제품(product), 가격(price), 유통(place) 그리고 판촉(promotion)의 4P 모델을 따른다. 이러한 마케팅 혼합요소를 평생교육기관의 맥락에서 보면, 제품은 교육 프로그램으로, 가격은 수강료로, 유통은 시간배정과 장소의 선정으로 그리고 판촉은 광고나 홍보 및 교육특전 제공 등으로 설명할 수 있다. 최근에는 서비스업의 특수성을 고려하여 기존의 4P에 사람(person), 물리적 증거(physical evidence) 그리고 과정(process)이라는 3P를 추가하여 혼합요소를 7P 모델로 제시하고 있다(Booms & Bitner, 1981; 최덕철, 1995).

① 제품(product)

평생교육기관에서의 제품은 프로그램이나 서비스에 해당한다. 제품을 결정하는 전략은 무엇보다도 고객에게 이익이 되는 의미에서 선택되어야 한다. 즉, 학습자가 어떤 프로그램 중 학습자가 더 이상 원하지 않는 것은 폐지할 수도 있다. 이와 같은 제품 의사결정과정에서 기관의 운영자는 명백한 핵심 프로그램을 지속해야 한다. 프로그램 참여자들이 원하는 것을 무조건 수용하는 행위는 기관의 수명을 단기적으로 연장시키는 데에는 도움이 될 수 있으나, 장기적으로 볼 때는 그렇지 못한 경우가 많다. 따라서 핵심 프로그램을 지속적으로 운영함으로써 평생교육기관의 사명을 유지시키고, 기관을 특성화하는 것이 필요하다. 또한 장기적으로 고객들에게 기관의 핵심 프로그램에 참여하도록 동기를 부여할 수도 있고, 학습자의 편의를 위한 서비스로 개선 방향에 대해서도 결정할 수 있을 것이다.

② **가격**(price)

가격은 프로그램에 대한 수강료에 해당한다. 가격은 교환과정에서 중요한 의미를 지닐 뿐만 아니라 기관의 수입을 결정한다는 측면에서도 중요한 기능을 한다. P. Kotler(1982)는 세 가지 범주에서 가격결정 전략을 제시한 바 있다. 비용지향적, 요구지향적 그리고 경쟁지향적 가격 결정이 그것이다.

비용 중심의 가격결정은 기관 운영과 프로그램 운영 등의 비용을 고려하여 가격을 결정하는 것이고, 요구 중심의 가격결정은 표적시장의 지불할 능력을 중심으로 가격을 결정하는 것이다. 예컨대, 산업교육 프로그램에 참여하는 학습자들은 대체로 높은 가격을 지불할 여유가 있기 때문에 높은 가격이 책정된다. 반면에 공공부문에서의 프로그램은 대부분 가격이 낮게 책정되는데, 이런 프로그램에 참여하는 학습자들은 대체로 낮은 가격을 요구하기 때문이다. 경쟁 중심의 가격결정은 가격결정의 가장 일반적인 형태로서 유사한 프로그램을 제공하는 기관들의 가격과 비슷한 수준에서 가격을 결정하는 경우다.

③ **유통**(place)

유통전략은 평생교육기관의 프로그램이나 서비스를 얼마나 효과적으로 학습자들에게 전달할 것인가와 관련이 있다. 잘 고안된 제품전략과 가격전략일지라도 유통전략이 효과적이지 못하면 성공할 수 있다. 프로그램의 질이 좋고 가격이 적정하게 결정되면 유통경로를 효과적으로 결정해야 한다. 이를 위한 의사결정 항목으로는 고객서비스의 수준과 품질, 시설 디자인, 시간의 배정 들을 들 수 있다. 시설의 외관은 프로그램의 성격에 적합하도록 결정되어야 하며, 학습자들이 프로그램에 참여하는 데 있어서 첫인상이 될 수 있으므로 이용이 편리하고 깔끔하게 설계되어야 한다. 또한 표적으로 삼고 있는 학습자들이 선호하는 시간에 프로그램을 제공하는 것도 유통전략의 한 방법이 된다.

유통전략에서는 근본적으로 학습자에게 익숙한 것이 무엇인가에 대해 주목할 필요가 있다. 학습자에게 익숙한 결로방법을 통해 프로그램이 제공될 경우, 평생교육기관의 마케팅 성공 가능성은 높아지게 된다. 평생교육기관은 고객에게 근본적으로는 최선의 프로그램과 서비스를 제공해야 하지만, 기관의 현실적인 여건과 함께 고려되어야 한다는 점도 간과해서는 안 된다.

④ 판촉(promotion)

판촉은 마케팅 혼합요소인 4P 중에서도 매우 중요하다. 그 이유는 제품, 가격, 유통전략이 아무리 좋아도 고객이 이를 인식하지 못한다면 마케팅이 성공할 수 없기 때문이다. 판촉전략은 프로그램이나 서비스를 어떻게 효과적으로 많은 고객들에게 알릴 것인가의 문제와 관련이 있다. 프로그램이 고객에게 주는 이익이 무엇이며, 이러한 프로그램을 어디에서 그리고 어떻게 제공받을 수 있는가에 대한 정보를 알리는 작업은 마케팅에서 필수적이다. 이를 통해 고객에게 프로그램에 참여하도록 동기를 유발할 수 있다. 판촉수단으로는 광고, 판매판촉, 인적판매, 홍보 등이 활용될 수 있는데, 기관의 자원과 표적시장의 성격 등을 고려하여 효과적인 판촉수단으로 선택하는 것이 필요하다.

판촉수단은 매우 다양한데, 이를 크게 네 가지 유형으로 나눌 수 있다(정익준, 1999). 첫째, 광고는 아이디어나 서비스에 관련되는 판촉을 위해 광고주가 비용을 부담하는 특정한 모든 형태를 의미한다. 예를 들어, A대학 평생교육원에서 B신문사에 광고비로 3,000만 원을 지불하고, 총 3회에 걸쳐 신입생 모집광고를 하는 경우다.

둘째, 판매판촉은 어떤 제품이나 서비스의 구입과 판매를 판촉하기 위한 단기적인 유인 혹은 자극책을 말한다. 예를 들어, B대학 평생교육원이 우수한 연수 프로그램을 마련하여 각 회사의 인력개발 담당자를 초빙하여 설명회를 갖는 것을 말한다.

셋째, 인적판매는 잠재적 고객과 만나서 대화를 통해 제시하는 활동을 말한다. 예를 들어, C대학 평생교육원 관계자가 표적 집단의 회사 종업원들을 직접 방문하여 평생교육 프로그램의 우수성을 알림으로써 많은 지원자를 확보하기 위해 활동을 하는 경우다.

넷째, 홍보는 프로그램을 판촉하기 위해 별도의 비용 없이 잠재적 고객에게 전달하는 것을 의미하며, 신문이나 방송에서 기사화 된 기획물이나 인터뷰 등이 포함된다. 예를 들어, D대학의 평생교육원이 우수대학으로 평가받았을 경우에 이를 어떤 신문사가 기사화하는 활동이 이에 해당된다.

⑤ 사람(person)

사람과 관련된 요인에는 강사, 직원 및 동료 학습자 등이 있다. 강사는 프로그램의 내용과 방법상의 전문가로서 학습자의 만족도에 큰 비중을 차지한다. 직원은 전체 프로그램 구성과 운영을 위해 학습자와 직접 접촉하는 일선에 서 있다. 그러므로 직원의 사명감, 태도와 능력, 권한은 학습자의 만족도에 직접적인 영향을 미치게 된다(Weidemann, 1989). 또한 동료 학습자들은 어떻게 구성할 것인가라는 점도 매우 중요하다.

특히, 평생교육기관에서 학습은 일반적으로 집단적으로 이루어지므로 학습집단 구성원의 성격이 어떠하며, 어떤 방식으로 집단을 구성했는가라는 점은 매우 중요한 환경적 요소가 될 수 있다. 따라서 동료 학습자의 구성과 집단의 운영방법도 별도의 중요한 경영요소라고 하겠다.

⑥ 물리적 증거(physical evidence)

물리적 증거에는 교육시설과 설비, 각종 편의시설 등이 포함된다. 교육공학과 정보화의 발달로 인해 평생교육기관에서도 각종 첨단 교육기자재와 시설이 요구되고 있다. 또한 휴식과 개인연구를 위한 각종 편의시설과 교육환경이 요구되는데, 교육환경에는 각종 환경의 디자인과 분위기도 포함된다.

⑦ 과정(process)

과정에는 평생교육기관의 학사과정이나 각종 규칙과 제도의 운영방법이 포함된다. 즉, 교육과정에 대한 안내에서부터 접수, 변경, 수료, 서류발급, 건의 등의 과정이 원활하고 신속하게 진행되는가가 중요한 요소로 작용한다.

4. 평생교육 프로그램 홍보대상의 상태규정 및 마케팅 절차

1) 프로그램 홍보대상의 상태규정

비영리조직인 평생교육기관의 홍보 및 마케팅 담당자는 효과적인 홍보를 기획하고 추진해야 한다. 평생교육기관이 프로그램과 관련하여 추진하는 홍보의 궁극적인 목적은 잠재적 학습자들의 학습참여라고 할 수 있다. 이를 위해서는 홍보대상인 잠재적 참여자들의 현재 상태가 어떠하며, 어떤 상태에 이르도록 노력해야 하는지에 관해서 충분히 이해할 필요가 있다. 권인탁(2009)에 의하면 잠재적 참여자들 개개인이 어떤 성향을 가지고 있든지 간에 평생교육기관과 관련하여 갖게 되는 인지(awareness), 이해(knowledge), 호감(liking), 선호도(preference), 확신(conviction) 그리고 행동(action) 등 6단계의 준비상태 가운데 어느 한 상태에 놓여 있다고 했는데, 각 단계에 대해 구체적으로 살펴보기로 한다.

첫째, 인지단계는 청중이 평생교육기관 및 그 서비스를 전혀 알지 못하는 미인지 상태에 있다가 그 이름을 알게 되거나 또는 조직에 관한 사실을 한 가지 알게 되는 상태이다.

둘째, 이해단계는 평생교육기관에 대한 청중의 주요 정보의 인식 정도를 의미한다. 청중이 평생교육기관 및 그 서비스에 관해 인지하고 있지만 인정도가 부족하여 평생교육기관이 중요한 정보를 대상 청중에게 제공해야만 특정 신념의 이미지가 형성된다.

셋째, 호감단계는 평생교육기관에 대한 싫고 좋은 느낌을 나타내는 것이다. 대상 청중이 평생교육기관과 그 서비스를 잘 이해하고 있다면 다음 문제는 그것을 어떻게 느끼고 있는가 인데, 평소에 싫어함, 그냥 싫음, 그냥 좋음, 매우 좋음 등의 느낌 상태로 구분할 수 있다. 만약 청중이 평생교육기관에 대해 비우호적인 느낌을 가졌을 때에는 그 원인을 밝히고 좋은 감정을 느낄 수 있는 커뮤니케이션 프로그램을 전개해야 한다.

넷째, 선호단계는 청중이 다른 평생교육기관이나 그 기관의 서비스보다 더 좋아하는 상태를 말한다. 이때 마케팅 담당자는 자기 기관의 서비스의 품질, 가치, 성능 및 그 외의 속성을 알림으로써 선호도를 높임과 동시에 선호의 강도가 어떤가를 평가해야 한다.

다섯째, 확신단계는 청중이 특정 평생교육기관을 선호하더라도 그 기관의 선택에 대한 확신을 갖지 못하는 경우가 있는데, 이때 그 기관을 선택하는 것이 올바른 것임을 확신하도록 하는 것이다. 몇몇 성인학습자가 다른 평생교육기관보다 A평생교육기관을 선호하지만 A를 선택할 것인가에 대해 아직 결정을 못 내린 상태에 있다. 이때 평생교육기관의 마케팅 담당자는 A평생교육기관을 선택하는 것이 현명할 것이라는 확신을 청중들에게 심어주는 프로그램을 개발하고 전개해야 한다.

여섯째, 행동단계는 청중이 확신에 도달했지만 실천에 옮기지 않는 사람들에게 행동을 실행하도록 돕는 단계이다. 청중이 실천에 옮기지 않는 이유로는 보다 추가적인 정보를 필요로 하거나 실천을 주저하게 하는 다른 여러 가지 이유가 있을 수 있다. 그러므로 평생교육기관에서는 청중들로 하여금 행동을 실행할 수 있는 유발요인을 제공해야 한다.

2) 프로그램 마케팅의 절차

평생교육 프로그램의 마케팅 절차와 관련하여 김용현 외 13인(2011)은 별도로 단계화하기보다 일반적으로 경영학의 마케팅 과정을 원용하여 5단계로 설명하고 있다. 우선, 조사활동을 통한 정보수집과 학습자의 행동을 분석하고, 다양한 잠재적 학습자 세분시장 중에서도 학습자의 욕구를 최대한으로 충족시킬 수 있을 것으로 판단하는 세분시장을 표적집단으로 선정한다. 그 다음에는 어떤 프로그램을 표적집단에 집중적으로 포지셔닝하여 접근할 것인지를 결정하고, 프로그램의 학습비 경정에서부터 홍보전략 등을 망라하는 마케팅믹스 전략을 개발한 후에 최종적으로 마케팅이 실행되는 것이다. 이를 좀 더 자세히 살펴보면 다음(김용현 외 13, 2011)과 같다.

(1) 학습자 행동분석

마케팅은 기본적으로 고객의 요구를 파악하여 이를 충족시키는 데에 그 사명이 있다. 그러므로 평생교육기관에서의 마케팅이란 고객인 학습자의 요구를 정확히 파악하여 그에 적합한 프로그램을 개발하고 이를 학습자들에게 제공하는 것이다. 이를 위해서는 고객인 학습자들이 다양한 평생교육 프로그램에 어떻게 반응하고 어떤 과정을 거쳐서 프로그램에 참여하려는 의사결정을 하는지 알아야 한다.

모든 마케팅이 그러하듯이 평생교육기관에서의 마케팅 역시 프로그램, 수강료, 평생교육 기관의 위치 그리고 홍보 등 마케팅 4요소와 그동안의 프로그램 운영성과가 학습자들의 의사결정에 영향을 미친다. 따라서 평생교육기관에서는 잠재적 학습자들을 대상으로 그들이 평생교육기관이나 프로그램을 선택할 때 어떤 기준에 의해 어떤 내용의 프로그램을 선택하는 경향이 있는지를 분석해야 한다. 동시에 기존의 프로그램에 대해서도 세분화된 학습자 유형별로 어떻게 반응하며 평가하는지에 대한 정밀한 조사가 필요하다.

(2) 시장세분화와 표적시장 선정

전술한 바와 같이 마케팅 활동에서 가장 중요한 개념은 시장세분화(market segmentation)와 표적시장(targeting market)의 선정이다. 그 이유는 시장이 세분화되어야만 각 기관마다 잠재적 학습고객들의 특성을 파악하여 학습자 특성에 맞는 프로그램 개발하고 이를 마케팅화함으로써 보다 효율적으로 학습자들에게 참여를 독려하며, 최종적으로는 평생교육기관의 경영에 도움을 줄 수 있기 때문이다. 동시에 시장 세분화를 통해 표적시장을 선정할 경우, 시장의 특성에 적합한 맞춤형 프로그램 개발이 가능하여 프로그램의 질을 높일 수 있을 뿐만 아니라 학습자 집단에 대해서도 효율적인 접근이 가능하기 때문에 평생교육기관의 입장에서는 경쟁우위를 체계적으로 확보할 수 있다. 이는 자원이 한정된 민간 평생교육기관에게는 더없이 필요한 전략이다.

요즘처럼 평생교육기관이 우후죽순처럼 늘어나고 있고 각 기관마다 프로그램이 대동소이하여 차별성이 없는 상황에서는 지역사회 또는 국가 차원에서의 평생교육의 질적인 발전을 위해서도 단위기관에서의 시장세분화와 표적시장 선정은 매우 중요한 과정이다. 평생교육기관들 간의 중복된 프로그램 개설과 이로 인한 치열한 경쟁이 발생할 경우, 단위 평생교육기관의 부실화는 물론 평생학습사회 실현에도 방해가 될 수 있기 때문이다.

세분화된 평생교육시장을 평가한 후 진입할 가치가 있는 시장 및 그 범위를 결정하는 것이 표적시장의 선정인데, 여기에는 세 가지 전략이 가능하다(권두승 · 최운실, 2009).

첫째는 차별적 마케팅으로 시장을 세분화한 후 모든 세분시장을 표적시장으로 선정하여 각각의 세분 시장에 상이한 프로그램과 마케팅믹스를 가지고 접근하는 전략이다. 이 전략이 합리적으로 수행될 경우에는 학습자 모집이 활성화되어 기관의 활성화에 기여할 수 있지만, 프로그램 개발비를 비롯하여 운영비, 관리비 및 촉진비 등 비용의 증대를 초래한다는 단점이 있다.

둘째는 비차별적 마케팅으로 세분시장의 차이를 인정하지 않고 전체시장을 하나의 통합시장으로 간주하여 단일 마케팅믹스를 사용하는 전략이다. 이 전략은 여러 측면에서 마케팅 비용의 경제성을 추구할 뿐만 아니라, 표준화를 통한 최소의 비용과 최저의 가격으로 대량의 잠재시장을 개발하는 데에 그 목적이 있다.

셋째는 집중화 전략이다. 이는 시장을 세분화한 뒤 모든 세분시장에 진출하지 않고 일부의 세분시장에 하나 또는 그 이상의 프로그램을 운영하는 것으로써 시장의 틈새시장을 공략하기 위한 전략이다.

(3) 기관 및 프로그램 포지셔닝

표적시장이 선정되면 평생교육기관이나 프로그램의 포지셔닝(positioning)을 해야 한다. 권두승 · 최운실(2009)에 의하면, 평생교육기관의 포지셔닝이란 학습자에게 경쟁기관 및 다른 해당 평생교육기관의 프로그램과 서비스의 차별적 특성을 인식시키는 활동을 말한다.

성공적인 포지셔닝으로 생기는 기관이나 프로그램의 포지션은 경쟁기관과 비교하여 학습자가 느끼는 기관 또는 프로그램의 상대적 위치이다. 다시 말해 포지셔닝은 평생교육기관이나 프로그램의 특성화, 차별화 과정인 것이다. 이런 맥락에서 평생교육기관이 성공적인 포지셔닝을 하기 위해서는 현재 주변의 경쟁기관과 비교하여 일반인들에게 어떻게 인식되고 있는지를 이해하는 일이 필요하다. 이것이 바로 기관의 이미지라고 할 수 있는데, 실제로 기업에서는 이미지 제고를 중요한 마케팅 전략으로 간주하여 여기에 많은 시간과 비용을 투자하고 있다.

(4) 마케팅믹스 전략

마케팅믹스(marketing mix)란 고객에게 제공될 교육 프로그램이나 서비스의 창조를 위해 프로그램이나 상품, 가격, 촉진, 유통 등 마케팅 요소들을 조화롭게 결합하여 시너지 효과를 극대화하는 것을 말한다. 말하자면, 마케팅믹스 전략은 표적시장을 선정한 후 마케팅 목표의 달성을 위해 마케팅을 구성하는 구성요소의 종류와 그 중요도를 적절히 고려한 구체적인 전략을 수립하는 것을 의미한다(권두승 · 최운실, 2009).

이 마케팅믹스를 계도원(2004)은 커피믹스와 연관지어 설명하고 있다. 커피믹스를 구성하는 것은 커피와 설탕, 크림인데, 이 구성요소별 비율에 따라 우리는 블랙커피, 설탕커피, 일반커피 등으로 부른다는 것이다. 평생교육기관에서의 마케팅 역시 구성요소인 프로그램, 비용, 마케팅 경로, 촉진전략 등을 표적시장의 특성에 맞게 적절히 믹스하여 전략을 구상 및 시행할 수 있다.

평생교육기관에서 마케팅믹스 요소의 역할은 첫째, 교육 프로그램의 개념을 전달하는 활동을 한다. 즉, 특정 프로그램을 개발하여 학습자를 모집할 때, 이것이 학습자의 어떤 요구에 부응하는지 명확하고도 일관성 있게 의사소통할 수 있도록 해 준다. 둘째, 프로그램의 등록과 관련한 장애요인을 제거해 주는 활동을 하는데, 프로그램 등록 장애요인에는 ① 시간에 관한 장애요인 ② 장소에 관한 장애요인 ③ 성능에 관한 장애요인 ④ 교육비, 지불방법 등의 소유에 관한 장애요인 ⑤ 기억유출에 관한 장애요인 ⑥ 친절이나 상담과 같은 심리적 · 감각적 장애요인 등이 있다(권두승 · 최운실, 2009).

마케팅믹스 활동은 평생교육기관에서 학습자의 참여를 결정하는 중요한 활동이다. 마케팅에 영향을 주는 네 가지 요소들 간의 적절한 믹스도 매우 중요하지만, 그 전에 요소 각각에 대한 전략적 구상도 중요하다. 따라서 프로그램을 어떻게 구성할 것인가, 가격은 어느 선에서 정할 것인가, 어떤 경로로 마케팅을 할 것인가 그리고 표적시장의 학습자들에게 어떤 방법으로 프로그램과 관련한 정보를 전달할 것인가 등에 대한 전략적 사고가 필요하다.

(5) 마케팅 실행

마케팅 실행이란 마케팅 계획이 효과적으로 수행되도록 다양한 활동을 전개하는 것으로써, 보다 엄밀히 말하면 마케팅 목표를 달성하기 위해 마케팅 전략과 계획을 실천하는 행위이다. 성공적인 마케팅 실행을 위해서는 인적 및 물적자원은 물론, 조직의 문화가 혼연일체가 되어 마케팅의 소중함을 인식하고 마케팅 실행에 역량을 집중해야 한다.

평생교육기관에서의 마케팅 실행도 조직 내 다양한 부서와의 긴밀한 연계와 협조에 의해 이루어져야 하므로 이를 총괄하는 전담부서가 지정되어야 한다. 동시에 예기치 못한 문제나 사건이 발생할 경우에 원인을 명확히 진단하고 적절하게 대응 및 조정하는 통제기능이 전담부서에 주어져야 한다. 이 기능을 통해 목표와 성과의 차이를 줄이기 위한 여러 가지 조치를 단행할 수 있게 된다.

제10장

평생교육 프로그램의 운영

1. 평생교육 프로그램 운영의 기본방향
2. 평생교육 프로그램 운영의 원리
3. 평생교육 프로그램의 교수·학습관리
4. 평생교육 프로그램의 운영관리

1. 평생교육 프로그램 운영의 기본방향

평생교육기관에서 프로그램을 운영한다는 것은 요구분석 및 우선순위 결정, 목적 및 목표의 설정, 내용의 선정 및 조직, 운영자원의 확보 및 배분 그리고 홍보 및 마케팅 결과에 대한 성인학습자들의 프로그램 참가신청 등 일련의 과정이 끝난 후에 프로그램이 지향하는 본질적 목적과 목표를 달성하기 위해 실제 행동으로 옮기는 활동이다. 이때 프로그램에 참여하는 학습자는 성인이므로 인간의 한 생애 중 성인학습자들의 성장·발달단계를 감안해야 하는데, 이러한 고려사항이 프로그램 운영의 기본방향이라고 할 수 있다. 이와 관련하여 권두승(2000)은 성인학습지도의 전제라고 명명하면서 다음과 같이 주장하고 있다.

첫째, 아동·청소년과 마찬가지로 성인도 배울 수 있다. 지금까지의 학습심리, 교육심리, 성인심리, 성인학습 등에 관한 여러 연구들을 살펴보면, 인간의 학습에 필요한 기본능력은 전 생애를 통해 손상되지 않은 채로 남아있다. 만일 한 개인이 그가 할 수 있는 능력에 비해 잘하지 못한다면, 이는 다음과 같은 이유 때문에 학습활동이 제대로 전개되지 못한다는 것이다.

즉, 체계적인 교육을 오랫동안 받지 않은 성인들은 자신의 학습능력을 과소평가하게 되며, 이러한 자신감의 부족은 그들로 하여금 열심히 학습에 임하는 것을 방해할 수 있다. 다음으로 현재 성인들이 실제 강의실에서 학습할 때 과거에 그들이 교실에서 배웠던 방법과는 전혀 다른 방법으로 학습활동이 전개되는 경우가 많기 때문에 새로운 환경에 적응하는 과정을 거쳐야 할 필요가 있다. 또한 성인학습자의 노화현상과 관련하여 시력감퇴, 반응속도의 감소, 에너지 감소 등 다양한 생리적 변화를 감안하여 교수자들은 목소리를 크게 하고 큰 활자를 사용하며 천천히 가르치는 등의 방법을 적절하게 동원해야 한다.

둘째, 성인들은 외적 동기보다는 내적 동기에 의해 학습활동에 보다 잘 참여(Knowles, 1996)한다. 우리는 이제까지 교육을 지식의 전달과정으로 파악하는 경향이 있었다. 또 학습활동을 지적 과정으로 보고 정신이라는 서랍을 축적된 사실로 채우는 과정으로 간주해 왔다. 학습에 대한 이런 견해에서 강조되는 가정은 학습이 외적 과정이며, 학습자는 교수자의 수월성, 읽기자료의 질 그리고 교육기관의 규칙이 지니는 효과성 등과 같은 외적 요소에 의해 배우게 된다는 것이다. 이런 견해를 가진 사람들은 오늘날조차도 교수자의 질을 그가 교과에 대한 지식이 어느 정도 있는지를 가지고 판단하며, 교수자가 학습심리에 대해 배우는 것에 대해 시간낭비라고 주장한다. 여기서 교수자의 기능은 교과를 가르치는 것으로 정의될 뿐이다.

그러나 학습이 일어날 때 정말로 어떤 일이 발생하는가에 대한 연구결과들은 전통적인 학습에 대한 견해가 잘못되었음을 알려준다. 비록, 학습과정에 대해 아직 정확하게 일치된 사항은 없지만, 학습은 학습자에 의해 조절되는 내적 과정이고, 인간의 지적·정서적·생리적 기능 면에서 일어난다는 점에 대해서는 일치하고 있다. 심리학적으로 학습은 욕구충족과 학습자에 의한 목적을 향한 노력으로 기술된다. 개인은 그가 배울 필요가 있다고 느끼는 정도에 의해, 그리고 학습이 자신의 개인적 목적을 성취하도록 도울 것이라고 지각하는 정도에 의해 학습에 참가하도록 동기화된다. 그리고 자신의 욕구 및 목적과 관련 있다고 지각하는 정도에 의해 교사와 읽기자료를 포함한 교재를 사용하는 데 자신의 에너지를 투자할 것이다.

셋째, 인간은 일생동안 건전하고 적절한 환경과의 상호작용을 통해 건강하게 성장(남세진·조흥식, 1996)한다. 학습과정에서 중요한 역동성은 학습자가 환경과의 상호작용을 의미하는 경험으로부터 지각된다. 학습의 양과 질은 학습자와 그의 환경이 상호작용한 양과 질 그리고 환경의 교육적 힘에 의해 영향을 받는다. 가르치고 지도하며 학습환경을 조성하고 학습활동을 촉진하는 일이란 학습과정에서 두 가지 핵심변인들이라고 할 수 있는 환경과 상호작용을 다루는 것이다. 이 변인들은 학습의 기본단위 즉 '학습경험'의 본질로 정의된다. 그러므로 학습지도자의 중요한 기능은 학습자가 학습할 수 있는 풍요로운 환경을 만들어 주는 것이며, 그들이 환경으로부터 학습을 최대화하기 위해 환경과 상호작용하도록 이끌어주는 것이다.

넷째, 성인교육 현장에서 성인학습자가 자기주도적으로 탐구하게 하는 방법과 기술은 최대한의 학습효과를 초래하게 한다. 이를 자기개입의 원칙이라고도 하는데, 이는 성인교육자의 학습지도기법에서도 핵심 사항이다. 현대 성인교육의 기술과 기법이 나아가야 할 방향은 계속학습을 위해 자신의 욕구를 스스로 진단하는 과정에 성인들을 참가시키는 기술을 개발하고, 학습목표를 스스로 세우며, 학습활동을 계획하고 수행하는 데에 있어 책임을 공유하고, 학습목표의 달성 여부를 평가하도록 하는 데에 있다. 능력 있는 성인교육자는 학습자들로 하여금 학습의 책임이 자신에게 있음을 인식하도록 한다. 성인교육자는 학습자들이 배우고 싶어 하는 것을 스스로 배울 수 있도록 돕기 위해 학습자들을 가르치려는 충동을 억눌러야 한다. 이런 신념 없이 성인을 가르치고 지도하는 자는 학습을 촉진시키기보다 오히려 방해할 뿐이다. 따라서 교수·학습과정에서 교수자의 책임은 결정된 질문에 이미 만들어진 답을 제시하는 것이 아니라, 학습자가 중요한 질문을 발견하고 그에 대해 답할 수 있도록 도와주는 방법을 찾는 데 있는 것이다.

그 외에도 성인을 대상으로 하는 평생교육 프로그램 운영의 기본방향을 손준종(2000)은 확장성, 혁신성 그리고 통합성으로 구분하여 설명한 바 있다. 첫째로 확장성(expansion)은 평생교육의 학습영역과 내용 및 학습상황이 확장됨에 따라 일과 여가에 대해 새로운 태도를 요구하게 되었다는 것이다.

둘째, 혁신성(innovation)은 매혹적인 전망과 새로운 양식을 열어주는 혁신의 필요를 제기하는 것이다. 즉, 대안적인 학습의 구조와 유형을 발견하고 학습자가 선택할 수 있는 학습기회의 창출을 통해 혁신을 고무하고, 가치 있게 여기며, 아울러 동기학습의 가능성이 실현될 수 있는 학습풍토를 조성하고, 학습내용의 유연성과 다양성을 추구하며, 적절한 학습도구와 기법을 활용하며, 학습시간과 장소의 자유로운 선택 등을 모색한다. 결국, 인간 모두에게 자아실현의 수단을 제공함으로써 인간 정신의 고양과 해방에 기여하게 된다.

셋째, 통합성(integration)은 학습조직들을 충분히 육성하고 서로 간에 의미 있게 연계를 모색하여 확장과 혁신의 과정을 촉진한다는 것이다. 통합 없는 확장은 많은 비용을 요구하고 낭비적이며, 통합 없는 혁신은 성공하기 어렵다. 평생교육에서는 지식의 통합으로 학제 간 연구의 실현 및 지식의 양적 팽창에 따른 질적 가치를 고양할 수 있고, 가정·지역사회의 이익보다 더 큰 사회 그리고 일과 매스미디어의 세계 등 교육적 잠재력을 통합하여 교육의 과정에서 보다 새로운 학습상황을 효과적으로 창출할 수 있으며, 인간의 신체적 · 도덕적 · 미적 · 지적 발달 등 제반 영역을 통합하고, 학교교육 이전과 이후 및 순환교육의 학습단계를 통합한다.

2. 평생교육 프로그램 운영의 원리

평생교육 프로그램 운영의 기본방향이 설정되고 나면, 그다음으로는 일정한 원리를 토대로 프로그램을 운영하고 관리해야 한다. 교수자가 평생교육 프로그램을 운영하는 과정에서 실천해야 할 원리와 관련하여 E. J. Boone (1985)은 설계된 프로그램의 실행에 필요한 제반 여건을 확보하고 마련할 때 다양한 전략을 마련해 활용할 것, 인적 · 물적자원을 확인하고 동력화하여 이를 발전적으로 이용할 것, 프로그램이 실행과정은 필요에 따라 적절히 조정할 것, 참여자들에게 계속적인 강화요인을 제공할 것 그리고 프로그램 실행활동에 학습자들의 경험을 적응시키고 재조정함에 있어서 학습자들의 반응을 수용할 것 등을 주장하고 있다.

또한 전해황 외 3인(2014)은 평생교육 프로그램 운영의 원리를 세 가지로 적시하고 있는데, 각 원리를 간략히 설명하면 다음과 같다.

첫째, 자기주체화 원리이다. W. Klafki(1985)는 성인교육의 원칙으로 학습자의 자기결정성 권한과 해방적 속성을 포함하는 주체화(individuation)의 원칙, 계층적 사회화에서 벗어나 불평등을 완화시키는 데에 기여하는 교육과 잠재력의 개발 그리고 일상적 경험을 이용한 총체적 교육을 강조했다. 총체적 교육이란 계층적 사회화가 고정되어 불평등이 심화되지 않도록 하기 위해 모두에게 교육의 기회가 보장되도록 학습권을 보장하는 것을 말한다. J. H. Pestalozzi가 3H(머리: head, 가슴: heart, 기술: hand)를 통해 전인교육을 추구했듯이 인지적 지식습득 이외의 감정의 발달, 성찰력의 향상, 도덕적 인성 수지, 자신의 특성과 결정력에 기반을 둔 직업능력의 개발과 사회참여 의무이행 그리고 실천적 문제해결력을 증대시키는 것이다. 즉, 교육은 학습자의 일상생활 지향의 원칙하에 개인이 자율적 존재가 되도록 개인의 총체적 인성을 갖도록 지원해야 한다(박성희 외 5, 2013). 학습자는 실제 생활에 필요한 유용성에 근거하여 자신의 삶을 제고할 수 있는 인지와 인식을 통해 학습하는 특성을 갖고 있는데, 일상생활에서 장애에 부딪쳐 혼란을 겪게 되면 새로운 인지적 도식을 만들게 된다. 이렇게 형성된 새로운 인지적 도식은 학습자의 삶의 의미를 변화시키게 되므로 교수자는 학습자들로 하여금 새로운 정체성을 구성하도록 안내해야 한다.

둘째, 자발학습의 원리이다. 평생교육은 학습자 중심의 교육방법으로, 학습자들의 욕구에 알맞은 프로그램 개발과 적용이라는 관점에서 학습자 스스로 자율적으로 학습에 참여하도록 요구되며, 자유로운 이성에 의한 자기교육이어야 한다. 인간은 일에 대한 자발성이 있기 때문에 교수자에게는 학습자들이 자발적으로 학습할 수 있는 동기를 유발시켜 주는 임무가 있다고 차갑부(2009)는 강조했다. 평생교육은 언제, 누구에게나 필요한 교육을 받을 수 있는 교육의 향수권을 보장하고 있기 때문에 학습자가 스스로 각종 교육에 참여하려는 마음과 선택이 중요하다. 학습자 일상의 삶에 필요한 요구와 스스로 겪고 있는 문제를 해결하는 한편, 사회적 연대와 여가선용, 동기유발과 흥미가 유지될 때 평생교육에 학습자의 자발적 참여는 증대될 수 있다.

셋째, 자기주도적 학습역량 개발의 원리이다. 자기주도적 학습(self-directed learning)은 학습자 스스로 학습을 주도해 가는 과정이다. 특히, 독학자는 혼자 학습하기 때문에 어려운 점이 많은데, 학습자가 스스로 학습할 수 있는 구체적 요령과 방법을 터득하게 된다면 다양한 방법으로 학습의 기회를 제공받을 수 있다. 또한 이를 잘 활용하면 평생토록 혼자서 학습할 수 있는 기회가 주어진다는 측면에서 자기주도적 학습은 매우 중요하다. 독학으로 공부하는 학습자들의 특징에 대해 박성희 외 5인(2013)은 전통적인 학습기관에서 학습하지는 않았지만 다양한 방법으로 학습활동에 참여하며 꾸준히 그리고 지속적으로 학습한다고 설명한 바 있다. 자기주도적 역량개발은 학습자의 자율성을 최대한 보장해 주며, 지역사회의 학습 네트워크를 만들고, 학습동아리와 비형식적 교육기회의 제공을 바탕으로 새로운 학습문화를 발전시키는 교육방법·역량개발·직업교육의 통합을 촉진해야 한다. 특히, 다양한 교육매체의 사용능력과 자기주도적 학습능력을 인정하고, 보다 체계적이고 구성주의에 기반을 둔 계속교육의 개념으로 전환되어야 한다.

3. 평생교육 프로그램의 교수 · 학습관리

평생교육 프로그램의 교수·학습관리는 프로그램의 교수방법 선정과 관련이 깊다. 가르치는 활동으로서의 '교수'와 배우는 활동으로서의 '학습'을 일컫는 것이므로, 프로그램의 영역이나 내용요소와 관련하여 가장 알맞을 것으로 판단되는 교수방법의 유형을 적용하려는 노력을 경주해야 한다. 교수방법의 유형을 분류한 사례로 신용주(2017)는 교수자 중심 교수방법, 학습자 중심 교수방법, 집단 중심 교수방법, 토의법 및 전문가 참여 토의법, 체험 중심 교육방법 그리고 이러닝과 모바일 테크놀로지를 사용한 교수방법 등 여섯 가지로 나누어 설명하고 있다. 이에 비해 기영화(2009)는 평생교육 프로그램 운영에 적절한 교수방법을 보다 단순화시켜 지식과 정보 중심의 교수법, 기술과 기능 중심의 교수법 그리고 태도와 가치 중심의 교수법으로만 분류했다.

그 외에도 많은 연구결과들이 제시되고 있어 평생교육 프로그램의 교수·학습방법의 다양한 적용을 시사하고 있지만, 어떤 교수방법의 유형을 따르더라도 교수·학습활동의 일반적인 흐름은 도입 → 전개 → 정리의 맥락을 크게 벗어나지 않는다는 근거하에 각 단계의 지도전략을 권두승(2000)의 논의를 중심으로 살펴보고자 한다.

1) 도입단계에서의 지도전략

도입단계는 동기유발의 단계, 개시의 단계 또는 오리엔테이션의 단계 등을 포함한다. 이 단계에서는 학습자의 자발적 활동에 의해 그다음의 학습활동이 이행될 수 있도록 활동의욕을 환기시키고 충분한 계획과 준비를 시키는 단계이다. 즉, 학습자들이 학습목표를 인식하는 것에서부터 출발하여 학습이 끝날 때까지의 일체의 행동을 적극적으로 하려는 의욕을 불러일으킴으로써 학습지도를 효과적으로 이끌어 나가기 위한 단계인 것이다. 이 점에서 도입단계는 학습지도에 있어 중요한 역할을 담당한다고 하겠다.

도입단계에서 학습지도자가 수행해야 할 주요전략으로는 첫째, 학습활동을 지도하는 자에 대한 적극적 태도의 형성, 둘째, 과제 및 학습상황에 대한 적극적인 태도의 형성, 셋째, 학습에 대한 학습자의 적극적 자아개념의 개발,

넷째, 학습활동의 참여를 통해 얻게 되는 성공에 대한 기대 제공, 다섯째, 학습활동이 학습참여자의 요구에 부응한다는 점에 대한 확신, 여섯째, 학습지도과정을 학습자의 심리적 요구와 결합함, 일곱째, 학습참가자의 안전·소속·존경·자아실현 욕구의 적절한 충족 예감 등을 지적할 수 있다.

학습지도활동을 실시함에 있어서 도입부분은 학습활동에 대한 전반적인 이해를 도모하도록 하고, 학습의욕을 형성하는 시기이다. 따라서 이 시기에는 참여자로 하여금 학습목표가 무엇인지를 명확히 환기시키고, 목표를 달성하기 위해서는 어떻게 해야 하는지를 인식시킴과 동시에 그것이 참여자들에게 어떤 의미를 지니는가를 확인하도록 하는 것이 필요하다. 뿐만 아니라 학습풍토를 조성하기 위한 노력을 게을리 하지 말아야 한다.

이 단계에서 학습지도를 할 때에 유념해야 할 내용은 첫째, 학습과목이나 학습활동의 전반에 대한 체계적인 소개를 위한 만반의 준비를 마련해 두어야 한다. 학습자들이 참석하게 되면 곧바로 학습지도활동을 전개할 수 있어야 한다. 즉, 이미 완성된 분위기 가운데서 학습자들을 대할 수 있어야 한다는 것이다.

둘째, 교육담당자가 본인소개는 물론, 학습지도활동을 담당하고 있는 교직원들까지도 소개함으로써 전체적인 학습분위기를 형성하도록 할 필요가 있다.

셋째, 참가자들이 자기소개를 할 수 있는 기회를 마련해 준다. 참가자들이 서로 알게 되고, 그럼으로써 빠른 시간 내에 서로 잘 어울리도록 하는 것이 중요하다. 자기소개는 프로그램 참가자들이 학급에서 어울리는 첫 번째 기회가 된다. 학습자들이 가능한 빨리 어울리는 것은 그 과정 전체를 통해 그들이 프로그램에 대한 관심을 지속시키는 데 도움이 된다. 설령, 잘 알지 못하는 사람이 단 한 사람뿐이라거나 이미 전부터 다 아는 사이라고 해도 자기소개를 함으로써 새로운 정보를 다른 사람과 공유한다는 것은 매우 유익한 일이다.

넷째, 학습활동의 시작 전에 학습내용과는 직접 관계가 없지만, 프로그램 운영상 필요한 사무처리를 마치는 것이 중요하다. 모든 주요 공지사항은 미리 하나하나 설명해 주는 것이 바람직하며, 필요한 서류는 미리 기입한다.

다섯째, 학습활동의 전체과정을 간단히 소개함으로써 프로그램 전반에 대한 참가자의 이해를 증진시키도록 함과 동시에, 학습의욕을 고취시키는 것이 중요하다. 그러나 지나치게 현학적인 말이나 어려운 과제 등은 가급적 피해야 한다.

여섯째, 형식만을 중시하는 활동은 피하고 참가자들의 불안이나 걱정을 제거하는 방법으로 학습활동을 전개해야 한다. 물론, 프로그램 전개 시 학습자들로 하여금 적당한 긴장감을 유지하도록 하는 것이 필요하다. 그러나 학습능력과 관련하여 부정적 의식을 심어주는 것은 적극적 동기의 형성에 적절하지 못하다. 또한 긴장감을 푸는 일은 신뢰나 우호로 가득 찬 학습분위기를 형성하는 데에 도움이 된다. 특히 프로그램 참가자들이 느끼는 안정감은 어떤 수업에서도 없어서는 안 될 요소이므로, 서로 친숙한 학습환경을 조성하는 일은 매우 중요하다고 하겠다.

일곱째, 학습자들에게 학습활동의 전반적인 일정이나 방향을 체계적으로 제시해 줄 필요가 있다. 실제 학습지도활동을 시작함에 있어서 "왜 우리가 이것에 관해 논의를 해야 하나요?" 혹은 "지금 우리가 무엇에 관해 이야기하는 것이죠?" 등으로 학습자들의 시간을 낭비하는 것을 원하는 사람은 없을 것이다. 그러므로 학습활동을 시작할 때, 학습활동 전반에 대해 간단히 개요를 제시해 주고 학습자들이 이해하기 쉽게 유인물을 준비해 두는 것이 바람직하다.

한편, 도입단계에서 학습자들의 관심과 흥미를 유발하기 위해 요구되는 전략을 제시하면 다음 <표 10-1>과 같다.

〈표 10-1〉 도입단계에서의 지도전략 및 과제

요인	목표	지도전략 및 과제
태도	· 지도자에 대한 적극적 태도의 형성	1. 참가자와 특정한 가치를 공유하라. 2. 학습과정을 돕기 위한 협조적 의향을 밝혀라 3. 참가자의 언어, 관점, 태도 등을 어느 정도 반영하라.
	· 과제 및 학습상황에 대한 적극적 태도 형성	4. 과제제시와 요구사항을 표명함에 있어서는 합리적 이유를 제시하라. 5. 도입부분을 설정하라.

-계속-	· 학습에 대한 학습자의 적극적 자아개념 개발	6. 과제와 관련된 부정적 상황을 제거·극소화시켜라. 7. 성공적 참여를 확신시켜라. 8. 첫 번째 경험을 가능하면 적극적인 것으로 만들어라. 9. 참여활동에 대해 부정적 태도·신념을 지닌 자들을 가능하면 적극적으로 직면하게 해라. 10. 참가자를 그 주제에 대해 열성적인 자와 연결시켜라. 11. 참가자를 격려하라. 12. 전체과정에 대한 참가자의 개인적 통제력을 촉진시켜라. 13. 학습목표를 분명하게 제시하라. 14. 평가준거를 명백하게 제시하라.
	· 성공에 대한 기대 제공	15. 성공적인 학습을 하는 데 소요되는 시간을 제시하라. 16. 결과에 대한 시범적 모델을 제시하라.
요구	· 지도과정이 참가자의 요구에 부응한다는 점에 대한 확신	17. 지도과정에 있어 참가자의 요구수준을 찾아낼 수 있는 사정기법을 사용하라. 18. 지도과정에 있어 참가자의 규범적 요구를 찾아낼 수 있는 사정기법을 사용하라.
	· 지도과정을 참가자의 심리적 요구와 결합	19. 참가자의 심리적 요구에 적합한 내용·예제를 제시하라. 20. 지도할 지식·기술에 적합한 특정과제 및 문제를 기억하도록 상상적 기법을 동원하라. 21. 실패·두려움을 유발할 수 있는 학습환경을 제거하라.
	· 참가자의 단계별 요구 충족	22. 안전·소속감·존경·자아실현 등을 기할 수 있는 학습기회를 제공하라.

*출처; 권두승(2000). 성인학습 지도방법의 이론과 실제. 서울: 교육과학사. p.223.

2) 전개단계에서의 지도전략

전개단계는 도입단계에서 학습동기가 유발되어 목표가 명확히 인식되고, 이 목표에 따라 학습지도안이 작성되어 활동을 진행해 나가는 학습지도의 중심 부분이다. 이 단계는 작업단계, 통합단계, 실험단계, 역할수행의 단계 등으로 불리기도 하는데, 지도과제의 해결 및 그 수행단계에 해당하므로 지도활동과정에서 가장 많은 활동이 이루어지는 시기이다. 따라서 과제해결에 필요한 작업의 종류, 장소, 사용할 자료나 용구, 협조를 구할 동료 지도자나 자원봉사자, 강사 등에 따라 지도활동의 내용이 달라질 수 있다. 뿐만 아니라 지도과제의 설정이나 과제에 따라 강의, 관찰, 토의, 실험, 조사, 견학 등 많은 활동이 개별적·복합적으로 전개되어 나가는 단계이다. 이 모든 활동을 실시하는 데에는 기본적으로 계획에 의거하여 진행해 나가도록 하되, 계획된 프로그램을 조정할 필요가 있을 경우에는 충분히 검토한 후, 그에 따라 수정된 전개활동을 실시해 나가야 할 것이다.

〈표 10-2〉 전개단계에서의 지도전략 및 과제

요인	목표	지도전략 및 과제
전개 부분 (자극)	· 참가자의 주의유지 · 참가자의 관심형성 · 참가자의 적극적 참여 확대	1. 모든 참가자들에 대해 적절한 반응을 보여라. 2. 참여과정에 대한 책무성을 주지시켜라. 3. 지도과정을 참가자의 관심·흥미와 연결지어라. 4. 참여활동으로부터 얻게 되는 이익을 명백하게 제시하라. 5. 참여과정에 있어 적극적 반응 및 참여를 유도하도록 하라. 6. 연속적 경험을 위한 기회·조건을 만들어라.
심화 부분 (영향)	· 지도과정에서 참가자의 정서격려 및 통합 · 집단 내에서 최적의 정서적 풍토유지	7. 참여과정에 있어 선택적으로 인간적인 관점을 강조하고 다루어라. 8. 참가자로 하여금 물리적·정서적 수준에서 직접적인 인지적 경험을 하도록 도와라. 9. 선별적으로 학습내용 및 지도절차를 참가자의 관심과 일치하도록 하라. 10. 참여집단 내에서 응집력을 개발·극대화할 수 있도록 협동적 목표구조를 사용하라.

*출처; 권두승(2000). 성인학습 지도방법의 이론과 실제. 서울: 교육과학사. p.225.

성인학습 지도활동에 있어서 최대한의 성과를 거두려면 지도자는 항상 지도방법의 기준이 될 만한 제원리를 염두에 두고, 참가자의 학습활동을 조성 및 지도해야 할 필요가 있다. 전개단계에서 성인학습지도에 요구되는 기본 전략은 앞의 <표 10-2>와 같다. 뿐만 아니라 효과적인 학습지도의 실시를 위해서는 달성하고자 하는 학습목표에 따라 전달하려는 과제를 명확하게 하고, 학습자의 학습요구 및 학습스타일에 따라 체계적으로 지도함과 동시에 학습자들과 학습지도자 사이에 신뢰가 형성되어야 하는데, 이를 좀 더 구체적으로 살펴보도록 한다.

(1) 과제의 명확성과 구체성 유지를 위한 지도전략

학습지도활동을 전개할 때에는 학습과제를 명확하게 하며 구체적으로 전달해야 하는데, 여기에서 필요한 과업으로는 첫째, 학습자들에게 수업의 방향을 제시해 준다. 이를 위해서는 수업시작 전에 칠판에 간단히 개요를 적고, 학습자들이 이해하기 쉽도록 유인물을 배포한다. 유인물에는 새로운 용어, 복잡한 수식이나 공식 그리고 수업시간에 보여준 환등기나 OHP자료의 상세한 내용을 담는다.

둘째, 학습자들이 아무 것도 모르고 있다거나 혹은 너무 많이 알고 있다고 가정하지 않는다. 학습자들이 주제에 대해 전혀 모르고 있다고 가정하는 것은 수업계획을 쉽도록 하지만, 학습자들의 동기를 저하시키거나 학습자들로부터 얻을 수 있는 정보를 희생시킬 수도 있다. 반대로 학습자들이 수업할 주제에 대해 많이 알고 있다고 가정한다면, 그렇지 않은 학습자들을 좌절하게 만들 수도 있다. 따라서 교수자는 수업을 시작할 때 간단한 질문을 통해 학습자들의 선수학습 정도를 파악해야 한다.

셋째, 학습자들이 주제에 대한 방향을 설정하도록 도와준다. 수업시작 시 몇몇 학습자들에게 지난 시간의 수업내용이나 과제에 대해 간단히 설명해 보도록 하거나 이번 학습활동에서 묻고 싶은 질문에 대해 알아보거나 또는 학습내용과 관련된 주제나 용어에 대해 아는 것들을 브레인스토밍하여 목록으로 만들어 보게 한다. 질문하고 목록을 만드는 활동은 학습자 개개인에게 참고가 될 수 있다.

넷째, 논지에서 벗어난 질문과 논평은 따로 적어 둔다. 학습자들이 주제에서 벗어나는 질문이나 설명을 할 때 그 내용을 보조칠판이나 큰 종이에 적어 두면 수업이 정상 궤도에서 벗어나지 않도록 도울 수도 있고, 동시에 학습자들의 공헌을 가치 있게 여긴다는 점을 보여줄 수도 있다. 논점에서 벗어난 질문에 대해서는 수업종료 후 또는 따로 시간을 할애하여 답을 해 주는 것이 바람직하다.

다섯째, 그다음에 일어날 일에 대해 언어로써 단서를 제공한다. 먼저, 주제를 소개하고 이를 전체적인 맥락과 연결시키도록 한다. 다음으로 아이디어의 순서를 정한 후, 앞뒤 수업내용 간의 관계에 대해 언급한다. 이때 이해할 내용과 습득할 기술을 구별해야 하는데, 모델이 될 만한 기술이나 내용에 관한 사고방식에 학습자들의 주의를 집중시켜야 한다. 마지막으로 강의 구성이나 역할, 예시 등을 제시하는 시기에 관해 분명하게 밝힘으로써 학습자들이 학습활동에 참여하면서 자신의 생각을 조직할 수 있도록 해야 한다.

여섯째, 학습자들에게 설명하기보다는 가능한 한 시범을 보이도록 한다. 즉, 학습자들에게 논리적 논쟁을 어떻게 전개하는가를 말로만 하지 말고, 직접 논리적 논쟁의 시범을 보임으로써 학습자들이 그것을 분석하는 활동을 돕도록 한다.

일곱째, 기억에 남을 만한 예를 제시한다. 학습자들은 단어보다는 이미지를 기억하는 경향이 있으므로 은유나 일화를 보다 개방적으로 사용하고, 예를 들 때에도 보다 구체적으로 해야 한다. 교수자는 아이디어와 이미지를 연결하는 예들을 찾기 위해 노력해야 하는데, 이를 위해서는 학습자들의 경험을 이끌어 내거나 하나의 현상을 다양한 방법으로 설명하거나 또는 학습자들에게 익숙한 사물과 비교하여 설명하는 전략을 사용해야 한다. 감정이입에 빠지게 하는 것도 한 방법이다.

여덟째, 수업 중간에 학습자들의 이해도를 점검한다. 수업 중에 교수자는 학습자들이 수업내용에 대해 어느 정도 이해하고 있는지를 파악해야 한다. 이와 관련된 질문을 할 때 학습자들에게 질문이 있는지를 직접 묻는 것보다 "무엇에 대해 좀 더 설명할까요?"라고 하는 것이 바람직하다. 또 학습자들에게 종이를 나눠주고 몇 분 동안 질문에 답을 하게 한다거나 제시된 자료를 요약해 보도록 하는 활동을 통해 간단히 복습할 기회를 제공함으로써 수업의 방향을 결정하는 자료로 활용할 수도 있다.

아홉째, 학습자들의 질문에 정확하게 답해야 한다. 만일, 학습자의 질문이 까다로워 정확한 답을 바로 알려주지 못한다면 생각할 시간이 필요하다거나 자료를 찾아서 알려준다고 말하고, 다음 시간에 그에 대해 반드시 응답해 주어야 한다. 다른 학습자가 대답할 수 있다면 그렇게 하도록 하거나 학습자들에게 어디서 그리고 어떻게 하면 그들 스스로 답을 찾을 수 있을지를 안내할 수도 있다.

열째, 수업 중 학습자들에게 이해에 도움이 되는 과제를 제시한다. 두 명 이상의 학습자를 한 조로 해서 논의하게 하는 것도 바람직하다. 이를 위해 2~3분 동안 학습자들끼리 질문의 답에 대해 논의를 하거나 각자 종이에 요약하고 서로 비교해 보도록 한다. 이 방법은 학습자들이 수업자료를 제대로 이해했는가를 명확히 해 주고, 이해를 더욱 확장해 주기도 하며, 교수자가 학습자들의 이해도를 평가하는 데에도 도움이 된다.

열한째, 수업 중 과제를 제시할 때는 가급적 정확하고 분명하게 말할 수 있도록 특별히 주의를 기울여야 한다. 만일 여러 단계를 거쳐 과제를 해결해야 한다면, 정답의 예뿐만 아니라 판서와 구두로 해결방법을 제시해야 한다. 수업시간 이후에 학습자들이 하기를 원하는 과제에 대해서는 학습자들이 조별 또는 파트너와 함께 과제를 완성하는 데에 필요한 절차를 제대로 이해했는지도 알아봐야 한다.

(2) 학습스타일과 특수한 요구에 다른 체계적 학습지도 전략

효과적인 학습지도를 위해 교수자는 학습자들의 학습스타일과 특정 학습집단의 특수한 요구에 적절히 부응할 수 있어야 한다. 여기서 학습스타일은 개인의 성격특성과 정보의 지각, 수집, 해석, 조직 및 생각하는 데에 있어서 선호하는 방법을 말한다. 즉, 어떻게 배우는가에 관한 것인데, D. Gordon & V. Jannette는 학습스타일에 특징에 대해 모든 사람은 자신만의 학습스타일을 가지고 있고, 개개인의 지문이나 사인처럼 독특하며, 문화 · 교육수준 · 성별에 관계없이 모든 유형의 학습스타일이 존재하고, 학습스타일에는 좋고 나쁨이 없으며, 각각의 문화적 · 사회경제적 계층 사이에는 학습스타일에 있어 차이가 있다(김재영 · 오세웅 역, 1999)고 했다. 한편, 특수한 요구란 신체적 장애, 학습장애, 시간 강박 등을 가진 학습자들의 요구를 의미하는 것이다.

이들 두 가지 사항에 따른 적절한 지도전략을 살펴보면, 첫째, 교수자는 학습자들이 다양한 학습스타일을 선호한다는 점을 인식해야 한다. 학습스타일을 이해하는 이유는 학습스타일을 알고 있으면 학습자들 간의 차이점을 이해하고 설명하고 있고, 한 강의실에 있는 서로 다른 능력의 학습자들을 위해 폭넓은 교수전략을 세울 수 있으며, 학습자들의 차이를 아는 것은 학습자들의 학습전략을 증진시키는 데 유용하기 때문이다.

둘째, 학습자들이 선호하는 학습스타일의 순서를 숙고해야 한다. 학습자들은 새로운 과정에 진입하거나 새 단원을 시작할 때 주제에 대해 아는 바가 거의 없을 때는 보다 더 지시적인 구조와 외부의 강화를 선호한다. 학습자들이 학습내용에 대해 자신감이 생길수록 지시는 덜 필요하게 되며, 그때는 더 많은 상호작용과 연습 및 적용이 필요하게 된다.

셋째, 학습자들이 선호하는 학습방법이 다양하다는 것을 예상해 두어야 한다. 정보전달 방법의 선호도에 있어서 학습자들마다 차이가 있음을 이해하는 것은 중요하다. 듣기를 학습의 가장 좋은 수단으로 여기는 학습자들은 강의와 발표를 선호할 것이고, 차트나 도표 또는 지도 등에 있는 정보를 보면서 더 잘 반응하는 학습자도 있을 것이다. 또 실행하면서 그리고 실제 그룹활동과 적용을 통해 더 많이 배우는 학습자들도 있다. 따라서 가능한 학습자들을 여러 가지 방법으로 정보에 노출시키도록 하는 것이 바람직하다.

넷째, 학습자들의 학습스타일에 따라 다르게 접근해야 한다. 여러 가지 학습스타일 가운데 하나를 선택해서 학습활동을 전개할 수 있다. 예컨대, 분석적인 유형의 교사는 직관적이고 귀납적인 학습자들에게 명확한 설명을 하기 위해 노력할 것이다. 직관적인 성향이 강한 교수자는 정의와 구조에 대해 요구하는 분석적인 학습자들에게 필요한 수업자료를 개발하고 싶어 할 수도 있을 것이다.

다섯째, 교수전략, 과제 및 학습활동 등과 관련하여 어느 한 가지 방법에 집착하지 말고 변화를 주도록 한다. 수업을 계획할 때 교수자는 자신에게 가장 기대하는 학습결과가 무엇인지, 그룹이나 짝 또는 팀으로 연구하는 데에 가장 효과적인 연구과제는 무엇인지 그리고 어떤 연구과제가 강의장소 내에서 하는 것이 효과적인지 아니면 외부에서 하는 것이 효과적인지 등을 생각해 보아야 한다.

여섯째, 다양한 학습스타일을 존중해 줌으로써 학습자들을 격려해야 한다. 학습자들은 자신과 비슷한 학습스타일을 가진 학습자들과 함께 학습하기를 원할 수도 있으나, 이는 학습하는 데에 있어서 그리 효과적인 방법이 아니다. 왜냐하면 학습자 서로의 약점을 오히려 강화해 주기 때문이다. 보다 효과적인 학습방법은 다른 유형의 학습스타일 선호자들과 함께 학습하며 새로운 능력의 개발을 권유해 보는 것이다. 예컨대, 학습집단 구성 시에 학습자를 무작위로 추출하여 집단을 편성하거나 서로 다른 유형이라고 판단되는 학습자들끼리 집단을 편성하는 것이다. 이에 더하여 다양한 학습스타일이 장애물이기보다 이익이 되는 과제를 제공하는 것도 바람직하다.

일곱째, 학습자들이 학습스타일을 증대시키도록 도와주어야 한다. 학습자들이 선호하는 학습스타일에 의한 학습은 학습자들이 프로그램 과정을 성공적으로 마치는 데에 도움이 된다는 연구결과가 있다. 또한 그렇지 않더라도 다른 학습스타일을 학습하도록 지도하는 것이 학습자들의 미래의 수업이나 이후의 전문적 경험을 할 때 도움이 된다는 연구결과도 있다. 문제는 어떻게 균형을 유지하느냐 이다. 이를 위해 강의시작 시에는 분명한 목표를 정한 후에 학습자들에게 정확하게 이를 제시해 주고, 주요 요점에 대한 개요를 알려주며, 학습자들에게 학습내용과 관련된 질문을 함으로써 학습의 길잡이를 제공하고, 비정기적·비형식적 평가를 통해 학습자들이 무엇을 얼마나 잘 학습하고 있는지를 알아보는 것이 중요하다.

여덟째, 학습자들로 하여금 스스로 자신의 학습스타일과 선호경향을 관찰하도록 한다. 학습자들이 새로운 것을 배우려고 시도할 때 새로운 정보와 기술을 획득하기 위해서 그들이 어떤 행동을 취하는지를 주목해야 한다는 것이다. 이때 교수자는 학습자들로 하여금 어떤 행동이 가장 편리하고 생산적인 활동이었는지 생각하도록 격려해 준다. 프로그램을 시작하는 초기에는 학습자들의 학습경험 중 가장 인상 깊었던 일에 대해 기록하거나 이야기해 보도록 하는 것도 도움이 된다.

아홉째, 학습자들로 하여금 생산적으로 생각하는 학습시간을 기록하도록 한다. 학습자들은 이 기록에 무엇을 어디에서, 언제, 누구와 학습했는지를 포함하여 자신의 학습활동을 기록한다. 또한 학습시간이 얼마나 생산적이었는지도 측정하도록 권유한다. 1주 정도 기록한 후, 자신에게 가장 생산적이라고 증명된 학습여건을 요약하도록 한다.

열째, 학습자들에게 서로의 학습기술을 공유하도록 권장한다. 학습자들로 하여금 소집단을 형성하도록 함으로써 학습하는 방법, 학습주제를 조직하며 그 주제들을 연결하는 방법 등을 공유하도록 한다.

열한째, 다양한 사고기술을 요구하는 시험을 치르게 한다. 시험은 학습자들이 학습한 정도를 측정하는 방법 중 하나이다. 학습자들이 사고의 기술에 있어 저마다 다른 능력과 선호경향을 갖고 있기 때문에 그들에게 자신들이 최선을 다한 것과 얼마나 향상되었는가를 보여줄 기회를 제공하는 것은 중요하다. 특정한 정보를 대답하게 하거나 보기에서 옳은 답을 선택하게 하는 문제는 수렴적 사고를 요구한다. 이에 반해 개방형 에세이 문제는 문제에 대한 해결책을 찾고 확산적 방식으로 사고하도록 한다. 또한 비교하고 반대가 되는 것을 찾게 하는 문제는 동화적 사고를 요구하며, 이론적 원칙을 실제에 적용하는 것을 요구하는 문제는 조절적 사고를 요구한다.

열두째, 학습자들이 제출한 시험이나 과제물에 대하여 구체적인 피드백을 제공한다. 학습자들이 무엇을 잘했고 무엇을 제대로 했는지를 지적해 주고, 학습자들을 향상시킬 수 있는 방안을 제안해 주어야 한다. 과제물을 돌려줄 때 쪽지에 간략하게 '이 과제가 목표를 성취하는 데 있어 어떤 면에서 도움이 되었나요?' 또는 '어떤 면에서 그렇지 않았나요?', '과제를 하면서 하고 싶은 말은 무엇인가요?' 등의 질문을 해보는 것도 좋다.

열셋째, 모든 학습자들과 개인적인 만남을 하도록 노력해야 한다. 이를 통해 학습자들에게 그들이 학업을 위해 어떻게 학습하며, 학습과제에는 어떻게 접근하는지, 또 그것을 해결하는 데에 있어서 특별히 어려웠거나 쉬웠던 점은 무엇인지를 파악할 수 있다. 뿐만 아니라 어떤 종류의 학습과제를 학습자들이 가장 좋아하며 또 그 이유는 무엇인지도 살펴볼 수 있다. 참여자가 소규모일 경우에는 일대일 대면이 가능하지만, 대규모인 경우에는 그룹별로 면담시간을 할애하는 것도 한 방법이 된다.

(3) 학습자들과의 라포(rapport) 형성을 위한 전략

효과적인 학습지도에 있어서 라포(rapport)는 매우 중요한 역할을 한다. 라포란 사람과 사람 간에 생기는 상호 신뢰관계를 말하는 심리학 용어이다. 라포가 높다는 말은 교수자가 학습자의 학습에 관심이 있고 학습자들을 각각의 개성을 가진 존재로 인식하고 있음을 학습자가 지각하는 것을 반영하는 것이다. 교수자가 학습자들을 수업에 열심히 참여하려는 개인으로 인식한다는 느낌은 학습자들로 하여금 두려움 없이 배우고자 하는 동기가 생기게 한다. 그렇게 인식한 학습자는 또한 다른 학습자들을 이와 비슷하게 존경심을 가지고 대할 것이며 더 나아가서 참여의식을 높일 수 있을 것이다.

학습자와의 라포 형성을 위한 구체적인 전략을 P. Flash, C. Tzenis & A. Waller(1995)는 다음과 같이 제시하고 있다.

첫째, 수업 첫 날에는 개방적인 수업분위기를 조성해야 한다. 학습자들을 파악하고, 학습자들끼리 서로 알고 지내기를 원하면 가능한 첫째 날부터 그런 기회를 마련하는 것이 바람직하다. 예컨대, 학습자 간의 상호 개방성을 촉진시킬 수 있는 방안을 전개한다거나 교수자와 학습자 간의 개방성을 촉진시키기 위한 자기소개를 간단히 하게 할 수 있을 것이다.

둘째, 교수자가 앉거나 서 있는 위치에 대해 생각해 본다. 교수자의 위치는 학습자들에게 교수자가 얼마나 그들과 함께 어울리기 원하는지를 알리는 메시지가 될 수 있다. 교탁 뒤에만 서서 교수활동을 한다면 교수자와 학습자 사이에는 벽이 생기게 될 것이다. 강의장을 돌아다니고 때때로 학습자들 사이에 앉거나 가까이 서 있는 것은 그들과 상호작용하는 데에 관심을 있음을 나타낸다. 이를 위해 유선 마이크를 사용하는 것보다 무선 마이크를 사용하는 것도 도움이 된다.

셋째, 가급적 학습자들의 이름을 부르도록 한다. 학습자의 이름을 부르는 활동은 학습자들로 하여금 그들이 학습공동체의 일원으로 인정받았다는 느낌을 주는 데에 효과적이다. 학습자들의 이름을 익힐 수 있는 방법으로는 단순히 이름표를 다는 것 외에 좌석표를 만들어 사용하거나 과제물 등을 개개인에게 돌려줄 때 해당 학습자의 이름을 마음속에 새긴다거나 또는 학습자들이 자신의 의견을 말하기 전에 이름을 먼저 말하도록 하고, 가능하면 나중에라도 언급하도록 한다. 학습자들의 이름을 모두 알고 사용하지는 못하더라도 몇 사람의 이름만이라도 사용한다면, 보다 친근한 학습분위기를 형성할 수 있다.

넷째, 학습자들로 하여금 그들의 노력이 존중되고 있음을 느끼게 해야 한다. 교수자는 학습자들이 질문을 하고 관심을 표현하며 사례를 제시하는 등의 활동에 대해 그들을 인정해 주어야 한다. 교수자가 학습자들의 반응을 주의 깊게 여기고 있음을 보여주기 위한 방법으로는 학습자들이 학습활동에 기여한 것에 대해 언급하거나 그들의 의견을 재해석해서 말해 주거나 나중에 그들의 논평을 다시 언급하는 것 등이 있다.

다섯째, 정답과 오답을 분명히 한다. 학습자가 맞거나 틀린 답을 말할 때에는 맞는 답에 초점을 맞추되, 틀린 내용에 대해서도 분명히 지적해 주어야 한다. 이는 부분적으로 맞거나 틀린 답에 관해서도 마찬가지이다.

여섯째, 틀리거나 불완전한 대답에 대해 격려를 해 준다. 학습자가 아니라 학습자의 대답을 교정함으로써 객관성을 유지한다. 만일 학습자가 교수자의 반응에 상처를 받았다면 그 학습자는 교수자의 다른 질문에 응답하지 않으려 할 것이고, 이는 다른 학습자들 역시 마찬가지이다. 틀린 대답은 학습자가 잘못 알고 있는 개념들을 조사하는 데 가치 있는 기회를 제공해 주기도 한다. 따라서 교수자는 학습자의 틀린 대답을 학습의 잠재적 기회로 삼아야 한다.

일곱째, 학습자가 질문을 바르게 해석하고 있는가를 확인한다. 학습자들이 질문을 할 때 교수자가 묻는 바를 올바르게 이해하고 있는지를 확인해 주어야 한다. 학습자의 질문을 재차 진술하는 것은 다른 학습자들도 그것을 들을 기회를 얻는 것이 된다.

여덟째, 교수자 자신의 역할을 어떻게 생각하고 있는지 숙고할 수 있는 기회를 갖는다. 교수자 자신을 전문가로 생각하는지 아니면 인도자나 심판관 혹은 안내자 등으로 생각하는지를 판단하고, 왜 그렇게 생각하는지 또 그 역할에 대한 교수자의 선택이 학습자들과의 관계에 어떤 영향을 미칠 것인지에 대해서도 생각해 보아야 한다.

아홉째, 첫 시간에 학습자들에 관한 정보를 수집한다. 왜 이 프로그램에 참여하게 되었는지, 이 프로그램에서 무엇을 배우기를 원하는지, 어떤 직업경험이 있는지, 사회에서 어떤 활동에 참여하는지 등의 질문이나 정보는 학습활동을 전개하는 동안 매우 다양하게 사용될 수 있다. 교육 프로그램에 대한 교수자의 목적과 기대들을 학습자들의 프로그램에 대한 기대와 관련지을 수 있다. 학습자들의 관심과 직업경험 등은 프로그램에서 사용할 실례를 이끌어 내는 데에도 도움이 된다.

열째, 교수자에 관한 정보를 학습자들과 공유하도록 한다. 교수자 자신의 외부 관심과 경험의 증거를 학습공간에 끌어들이게 되면 교수자의 역할에 대한 폭과 실감을 더하게 된다. 교수자의 관심과 연구, 직업경험의 여러 가지 측면은 수업을 위한 실계를 도출하는 데에 사용될 수도 있다.

열한째, 교수자는 학습자들에게 언제든지 학습자들을 도울 준비가 되어 있음을 어떤 방법으로든지 알려야 한다. 이를 위해 교수자는 자신이 연구실 또는 강사휴게실에 있는 시간을 공지해야 하고, 학습자들에게 e-mail 주소나 연락 가능한 전화번호를 알려줄 수 있다. 학습자들에게 만날 약속을 할 수 있는 선택권을 주는 것도 하나의 방법이다. 대규모 집단 프로그램인 경우에는 학습자들과 집단별로 대화하는 것도 바람직하다.

열두째, 학습자들의 학습활동에 대해 적극적인 관심을 보여야 한다. 프로그램 진행 전후에 학습자들이 과제는 어떻게 하고 있으며, 학습내용에서 문제가 있는 부분은 없는지 등을 살피도록 한다. 프로그램 활동 중간에 교수자와 학습자들이 그들의 학습진전을 평가할 수 있는 질문을 던지고, 과제 등을 제공하는 것도 학습자들에게 관심을 표명하기 위한 방법이 된다.

열셋째, 말과 행동에 일관성을 유지하도록 한다. 능동적 학습에 대한 믿음을 피력하고 나서 프로그램 진행을 강의로만 일관한다면, 학습자의 신뢰를 무너뜨리게 될 것이다. 이는 협동작업에의 참여를 중시한다고 한 후, 개별 작업만을 진행시키고 평가하는 것과 마찬가지이다.

열넷째, 특정 학습자를 편애하거나 편들지 않고, 모든 학습자들을 균등하게 배려해 줄 수 있는 전략을 개발해야 한다. 학습자들과 상호작용하는 형태를 결정하는 한 가지 방법은 동료에게 자신의 수업을 관찰하고 상호작용들을 기록해 달라고 요청하는 것이다. 모든 학습자들에게 기회를 주고 주의를 기울이려는 노력을 충실히 하고 있음을 확인하기 위해 교수자는 자신의 교수스타일을 점검해 보는 것도 중요하다.

열다섯째, 학습자들에게 자신감을 주도록 한다. 학습자들의 노력을 인정하고 장점들을 칭찬하며 다양한 수준에서 성공할 수 있는 과업들을 계획함으로써 배우려는 그들의 시도를 격려해 준다. 끊임없이 지나치게 몰아붙인다면 오히려 절망과 불평을 초래할 수도 있으니 주의해야 한다.

열여섯째, 학습자들에게 학습과 관련하여 그들이 현재 어느 위치에 서 있는지 알려준다. 프로그램 진행 시 자신들의 위치에 대해 불안한 학습자들은 교수자와 학습활동 전체에 대해 부정적 반응을 보이기 쉽다. 이때 교수자는 자신의 기대를 분명히 제시하고, 학습자들에게 그들의 성취결과와 노력에 대해 피드백을 제공함으로써 사전에 이런 일을 방지할 수 있다.

열일곱째, 학습자들의 배경지식을 미리 평가해 준다. 프로그램을 진행하기 전에 간단한 설문지를 배포하여 학습자들의 선행지식이나 용어의 이해에 대한 정보를 얻어 내야 한다. 이런 설문들은 어느 한 주제에 대한 활동이 종료될 때 얼마나 많이 그리고 얼마나 잘 학습했는가를 파악하는 데에 사용된다. 어떤 문제나 용어에 대한 친숙도를 평가하는 것보다 더 비공식적인 방법으로는 학습활동에서 옆 사람과 함께하는 브레인스토밍이나 단순하게 용어에 대해 알고 있는 것이 무엇인지 물어보는 것 등을 들 수 있다.

열여덟째, 학습자들의 사전지식과 경험을 인정하고 존중해 주어야 한다. 성인학습자들은 토론이나 과제에서 활용할 수 있는 실제적 경험들을 이미 했을 가능성이 높다. 학습자들에게 이런 경험들에 대해 질문하는 것은 학습자들의 사전지식과 경험을 존중해 준다는 교수자의 뜻이 강하게 전달될 수 있게 해 준다.

열아홉째, 대단위 수업을 할 경우, 소집단으로 나누어 실습이나 토론을 할 수 있는 기회를 마련해 준다. 소집단으로 나뉜 상태에서는 학습자의 참여를 보다 잘 관찰할 수 있고, 동시에 학습자들의 진도에 대한 정보를 쉽게 얻을 수 있기 때문이다.

(4) 학습동기 유발을 위한 지도전략

효과적인 프로그램 진행을 위해서는 학습활동에서 학습자들이 적극적으로 동기를 유발할 수 있도록 자극해야 하며, 유발된 동기를 지속적으로 유지할 수 있도록 해야 한다. 실제 학습활동에 있어서 학습자가 지속적으로 동기유발이 되도록 학습경험을 선택하는 것이 중요하다. 왜냐하면, 학습자가 동기유발이 되지 않는다면 어떤 학습활동도 그 교육적 효과를 기대하기가 어렵기 때문이다.

여기서 말하는 동기는 외적 동기일 수도 있고 내적 동기일 수도 있다. 외적 동기란 개인의 외부에 존재하는 인위적 동기로 상이나 벌에 의해 또는 가르치는 자의 인격이나 그에 대한 학습자의 선호도에 따라 이루어지는 동기를 말한다. 반면, 내적 동기는 개인의 내부에 존재하는 자연적 동기, 즉 학습자의 요구나 흥미, 태도, 목표 등에 의해 형성되며, 자율적으로 통제되는 동기이다. 이 내적 동기와 외적 동기는 양자가 매우 근접해 있고, 외적 동기에 의해 내적 동기가 이루어지는 경우도 있기 때문에 엄밀하게 구분할 필요는 없다. 다만, 내적 동기가 효과를 거두기 위해서는 그 전에 개체의 조건과 환경조건이 조성되어 있어야 한다. 학습활동을 계획적·조직적으로 실행해야 한다는 관점에서 보면, 학습활동의 동기란 학습지도자에 의한 외적 동기를 의미한다고 봐도 무방하다. 그 이유는 학습지도활동에 있어서의 동기는 효과적인 행동 에너지를 부여하는 외적 조작이라고 할 수 있기 때문이다.

이와 같이 동기는 개인의 내부 및 외부의 그 어떤 상태에서 일어난다. 일반적으로 행동이 일어나게 되는 경우에는 반드시 그와 관련된 동인(動因)이 있다. 또한 그 동인은 특정한 목표를 향해 있다. 모든 인간의 행동은 그가 가지고 있는 요구로부터 비롯되는데, 이것이 바로 동기화의 힘, 즉 동기를 유발하는 요인(knowles, 1980)으로 볼 수 있다. 그리고 이 요인들이 적절한 상황요소와 결합하여 하나의 행동으로 나타나게 된다.

그러나 이 동기를 유발하는 요인은 일반적인 행동의 동인은 될 수 있으나, 학습자들의 학습활동을 촉진하는 데에 영향을 주는 직접적인 요소는 아니다. 학습자들의 학습활동 촉진에 보다 직접적인 영향을 끼치는 요소로는 호기심, 성취감, 자기효능감 그리고 정신적 노력 등 네 가지가 있다. 호기심이란 신기하고 복잡하며 불일치한 자극에 의해 형성되는 것이다. 성취감은 무엇인가를 완성할 수 있다거나 완성하고자 하는 개인의 욕망을 일컫는다. 자기효능감이란 특정 과제의 수행으로 나타나게 될 행동을 성공적으로 이해할 수 있다는 신념을 말한다. 마지막으로 정신적 노력은 정신집중이라고도 하며, 주의를 기울이는 것을 의미한다.

이런 요인들을 강화하기 위한 방안을 가리켜 동기유발 전략이라고 하는데, 동기유발을 설명하기 위한 개념체계로 J. M. Keller의 ARCS 모형이 사용된다. ARCS 모형은 주의(attention), 적절성(relevance), 자신감(confidence) 그리고 만족감(satisfaction) 등 네 가지 조건의 머리말을 따서 명명한 것이다. 학습자가 동기화되기 위해서는 바로 이 네 가지 조건에 부합되어야 한다. 이 모형에서 주의는 호기심과 관심을 유발하여 유지시키고, 적절성은 학습활동이 필요한 가치에 적합한가를 관련시키며, 자신감은 성공에 대한 긍정적 기대를 갖게 하고, 만족감은 자기통제를 할 수 있게 하고 강화를 관리하는 기능을 수행한다. 여기서 학습활동 동기의 조건들을 활성화하기 위해 학습지도자가 사용할 수 있는 여러 가지 전략들을 표로 나타내면 <표 10-3>과 같다.

〈표 10-3〉 동기유발을 위한 지도전략

전략유형		지도전략 및 과제
주의환기 및 집중전략	지각적 주의환기 전략	· 시청각 효과의 활용 · 비일상적 내용이나 사건 제시 · 주의분산의 자극 지양
	탐구적 주의환기 전략	· 능동적 반응의 유도 · 문제해결활동의 구상 장려 · 신비감의 제공
	다양성 전략	· 간결하고 다양한 지도방법의 사용 · 일방적 지도와 상호작용적 지도의 혼합 · 지도자료의 변화촉구 · 목표내용과 방법의 기능적 통합
적절성 증진전략	친밀성 전략	· 친밀한 인물 혹은 사건의 활용 · 구체적이고 친숙한 그림의 활용 · 친밀한 예문 및 배경지식의 활용
	목적지향성 전략	· 실용성에 중점을 둔 목표 제시 · 목적지향적인 활동형태 활용 · 목적의 선택가능성 부여

-계속-	필요/동기와의 부합성 강조전략	· 다양한 수준의 목적 제시 · 활동성취 여부의 기록체계 활용 · 비경쟁적 활동상황의 선택 가능
자신감 수립전략	필요조건 제시전략	· 지도목표와 구조의 제시 · 평가기준 및 피드백의 제시 · 선행활동 능력의 판단
	성공기회 제시전략	· 계열성 있는 내용 제시 · 적정 수준의 난이도 유지 및 제공 · 다양한 수준의 출발점 제공
	개인적 조절감 증대전략	· 활동 속도의 조절 가능 · 노력이나 능력을 통한 성공가능성 기대 · 원하는 부분으로의 재빠른 회귀 가능
만족감 증대전략	자연적 결과 강조전략	· 연습문제를 통한 적용기회 제공 · 후속상황 활동을 통한 적용기회 제공 · 모의상황을 통한 적용기회 제공
	긍정적 결과 강조전략	· 적절한 강화 스케줄의 활용 · 의미 있는 강화 제공 · 정답을 위한 보상 강조 · 외적 · 내적 보상의 체계적 제공
	공정성 강조전략	· 지도목표와 내용의 일관성 유지 · 연습과 평가내용의 일치

*출처; 권두승(2000). 성인학습 지도방법의 이론과 실제. 서울: 교육과학사. p.242.

3) 정리단계에서의 지도전략

정리단계는 전개단계에서 지도하고 학습한 내용을 총괄 · 조직하여 결론짓는 총결산의 단계이다. 이 단계는 학습지도활동의 최고 정점이며, 종결단계 또는 결과의 단계라고 할 수 있다. 정리단계의 주요 목적은 학습참가자들이 개인적 또는 공동으로 연구하고 활동한 결과를 심리적으로는 자기만족의 정서를 갖게 하고, 사회적으로는 이런 개인적 경험을 서로 교환 · 통합하는 기회를 가짐으로써 학습활동 전체와 관련된 내용을 이해하는 데에 있다. 따라서 이 단계에서는 지금까지의 학습활동 참가에 대한 확신을 갖게 하고, 그 결과를 강화할 수 있는 제반 활동을 강구해야 한다. 이를 위해 필요하다면 구술방법이나 기술방법 등을 통해 개인이나 그룹별로 발표하고, 그에 대한 논의를 전개할 수 있는 기회를 보장할 수 있어야 한다.

특히, 정리단계에서는 학습자들에게 학습활동의 내용이나 방법 등에 대해 간단한 질문에 응답하도록 하는 것이 중요하다. 이를 위해서 이번 시간에 배운 내용 중 가장 중요하다고 생각하는 것이 무엇인지 또는 수업이 끝난 지금 어떤 질문이 가장 하고 싶은지 등에 대해 말하거나 적게 하는 것도 도움이 된다. 이러한 정보는 학습자들이 학습내용을 어느 정도 이해했는지 그리고 다른 주제로의 이동 여부를 판단하는 데에 매우 중요한 자료가 되기 때문이다. 또한 최종 학습지도 시간에 학습자들의 기억에 남는 행동으로 수업을 끝내는 것도 방법이다. 뿐만 아니라 학습자들이 혼자 학습할 때도 무언가 해야 할 일을 제공해 주는 것이 중요하다. 요점을 요약해 주거나 각 단계의 목적을 언급하거나 전체적으로 각 단계를 전체 수업의 목적에 맞게 조정하거나 개방형 질문 또는 학습자들이 질문한 내용에 대한 응답을 하도록 한다.

한편, 학습활동을 통해 경험되고 학습한 내용은 학습자들에게 보다 의미 있는 것일 때 더 효과적이다. 이는 곧 학습내용이 실제 지향적이고 현실 지향적인 것으로 이루어져야 하고, 그 결과에 대해 참가자들이 외적으로나 내적으로도 만족할 수 있어야 한다는 것을 의미한다. 이를 위해서는 무엇보다도 학습지도의 전과정을 통해 개개인의 행동변화를 촉진하고, 지속시킬 수 있도록 끊임없는 피드백이 제공되어야 한다. 프로그램에 참가하여 무엇인가를 배우고자 하는 자는 어떤 형태로든지 학습활동에 대한 피드백을 필요로 한다.

Knowles를 비롯한 대부분의 성인교육자들은 성인학습자가 학습활동에 있어서 교수자로부터 지지와 권장 그리고 피드백을 받을 때에 가장 효과적으로 행동변화가 일어남을 강조한다. 학습활동 참가자들에게 계속적인 피드백과 강화를 제공하는 역할은 학습활동의 촉진자, 안내자, 조성자, 교육자, 지도자 및 교사와 같은 인적자원을 통해 이루어진다. 따라서 이들 모두는 학습참가자들에게 피드백을 제공하기 위한 노력을 기울여야 한다.

정리단계에서 필요한 지도전략으로 R. J. Wlodkowski(1999)는 여섯 가지를 제시한 바 있다. 첫째, 필요하다면 건설적인 비판을 한다. 건설적인 비판은 피드백과 유사하지만 몇 가지 제한점도 있는데, 그 중 하나는 학습에 있어 실수나 부족한 점을 강조한다는 것이다. 그러나 일반적 비판과는 달리 불인정이나 혐오, 거부와 같은 표현을 담고 있지는 않다. 건설적인 비판은 학습자로 하여금 결기된 맥락이 아닌 전체의 맥락에서 학습활동을 보게 하고, 학습자에게 부족하다고 여겨지는 부분을 지적해 주며, 학습자의 노력을 인정해 주고, 정서적 지지를 제공해 준다는 특징이 있다.

둘째, 효과적으로 칭찬하고 학습결과에 대해 체계적으로 보상해 주어야 한다. 칭찬은 긍정적 피드백의 수준을 넘어서 학습자의 성취에 대해 놀라움, 반가움, 흥분, 고마움 등과 같은 감정을 포함하는 교수자의 강한 반응이다. 이러한 칭찬에 대해서는 많은 논쟁이 있어 왔다. 몇몇 학자들은 칭찬을 학습자의 관심을 유혹하는 뇌물 같은 것으로 여겨 반대했던 반면, 또 다른 학자들은 학습자와 교수자 간의 위계적 관계로 인해 칭찬을 중요시 여겼다. 효과적인 칭찬과 보상은 신뢰, 자발성, 다양성 그리고 믿음과 함께 제공된다. 또한 칭찬과 보상의 근거는 명확한 학습활동의 성취에 있으며, 학습성취의 효과, 양 그리고 집약 정도에 적용된다. 개별적 노력과 지식 그리고 학습자의 능력의 결합은 성공적인 학습성취를 보장받을 수 있음을 알게 해 주며, 과제수행에 있어서 긍정적 상황을 제공해 준다. 또한 칭찬과 보상은 각 개인의 선호도에 맞춰진다.

셋째, 학습자의 책무와 중요한 행동이나 특성을 확실히 하고 인정해야 한다. 이 전략의 기본 아이디어는 학습자가 성취한 과제에 중요한 결과가 있으며, 그 결과를 학습자의 배경을 가지고 생각해 보자는 데에 있다. 이 전략은 피드백, 평가, 칭찬이나 여타 다른 보상을 제공하는 기본수단들이 학습자의 자산을 적절하게 밝히는 데 충분하지 못했다는 사실을 알 수 있게 해 준다.

넷째, 성인학습자가 별로 하고 싶어 하지는 않지만 당사자에게 중요한 학습활동인 경우, 동기를 유발 및 유지할 수 있도록 유인책을 적극 활용해야 한다. 유인책이란 예견되는 보상이라고 정의할 수 있다. 유인책은 어떤 구체적인 성취의 목표로서 가능한데, 여기에는 인정, 돈, 관계, 특권과 같이 다양한 형태가 있다. 성인들의 삶에는 수많은 유인책이 있는데, 일반적으로 종종 학습할 가치는 충분히 있으나 지루하고 어려우며 심지어 고통스러운 활동을 해야 할 때 이 유인책을 사용한다. 이런 유인책이 과제수행 종료 후에 지시된다는 점을 앎으로써 지루함과 어려움을 좀 더 잘 참을 수 있게 된다.

다섯째, 학습자로 하여금 학습의 결과와 그것이 가져오는 영향을 알 수 있게 해야 한다. 대부분의 학습활동은 학습결과에 대한 구체적 기준이 없을 뿐만 아니라, 대부분의 사람들 역시 그들의 학습의 결과를 구체화하지 않는다. 이런 상황에서 교수자는 학습자들이 명확하게 드러나지 않은 결과들을 볼 수 있도록 거울이나 커다란 유리역할을 할 수 있을 것이다.

여섯째, 하나의 학습단원이 종료되면 긍정적 자세로 학습종결을 하도록 해야 한다. 긍정적으로 학습과제를 종결하기 위한 방법으로는 축하, 인정, 공유 등이 있다. 세계 여러 민족을 살펴보더라도 축제나 휴일은 계절, 종교적 특정기간, 추수 등의 마침을 인정하는 즐거운 의미를 담고 있다. 이를 축하와 연관 지어 보면 즐거운 대화, 파티, 지난 학습시간 되돌아보기 등을 통해 학습이 종료된 것을 축하할 수 있다. 인정은 학습기간 동안 기억해 둘만한 학습자의 공헌이나 성취를 다시 한 번 인식하는 데에 주된 목적이 있다. 상황에 따라 인정은 학습자에 의해, 교수자에 의해 혹은 양자 모두에 의해 주어질 수 있다. 공유는 학습경험에서 특별히 관심을 갖고, 염두에 둘만한 것들을 보여주기 위해 행해질 수 있다. 함께 다과를 준비한다거나 개인 수집품이나 자신의 장기를 준비해서 보여준다거나 하는 등은 공유의 한 예이다.

이상과 같은 내용을 토대로 정리단계에서 지도자가 유념해야 할 전략 및 과제를 제시하면 다음 <표 10-4>와 같다.

〈표 10-4〉 정리단계에서의 지도전략 및 과제

요인	목표	지도전략 및 과제
정리부문 (자질향상)	· 참가자의 확신감, 자아결정력 그리고 내적 동기를 높일 수 있는 방법에 대한 인식 제고	1. 학습결과에 대해 숙지, 진전, 책임감 등에 관해 지속적인 피드백을 제공하라. 2. 필요하다면, 건설적인 비판을 행하라. 3. 참여활동에 대해 효과적으로 칭찬하고, 상을 주도록 하라. 4. 학습과제의 성공적 달성에 대해 참가자의 중요성과 책무성을 인식·확인하도록 하라.
정리부문	· 참여활동에 대한 외적 보상 제공	5. 초기에 부정적 참여활동에 있어 참여를 격려할 수 있도록 유인책을 제시하라.

(강화)	· 참가자가 학습행동에 대해 적극적 변화를 인식하도록 도와줌	6. 참여결과를 일상생활을 통해 발휘할 수 있도록 외적 강화방법을 고려하라. 7. 참가자로 하여금 참가결과에 대해 명백히 인식하도록 하라.
	· 참여 및 학습활동에 대한 지속적 동기 유지	8. 참여활동에 대한 의미 있고 적극적 매듭을 위해 강화요인을 제공하고 격려하라.

*출처; 권두승(2000). 성인학습 지도방법의 이론과 실제. 서울: 교육과학사. p.249.

4. 평생교육 프로그램의 운영관리

평생교육기관에서 프로그램의 운영관리를 한다는 것은 프로그램 운영에 필요한 인적·물적·금전적 자원을 활용하여 학습자가 원하는 프로그램의 제공 서비스를 창출하는 일이다. 평생교육 프로그램 운영관리는 해당 프로그램이 평생교육 단위부서와 평생교육기관의 사명과 강점을 반영하고 있고, 적절한 교육 수준으로 기획되어 행해지고 있으며, 프로그램의 모든 측면에서 높은 수준의 질을 유지하고 있음을 확인해야 하는 것(권인탁·임영희, 2011)이다. 이런 맥락에서 평생교육 프로그램의 운영관리에 관한 사항을 프로그램 운영관리의 과정, 프로그램 운영관리의 영역 그리고 프로그램 실행 및 운영관리의 유의사항 등으로 구분하여 설명하고 있는 김진화(2012)의 주장을 살펴보기로 한다.

1) 프로그램 운영관리의 과정

평생교육사가 개발된 교육 프로그램을 진행시키는 과정에는 많은 노력이 요구된다. 컴퓨터 프로그램처럼 자동적으로 진행되는 것이 아니라서, 많은 요인들이 효과적으로 투입되어야 하고, 투입요소들에 대해서도 적절한 점검과 함께 원활한 운영관리가 중요하다. 따라서 평생교육사는 프로그램이 실행되는 과정의 단계마다 적절한 역할을 수행할 수 있어야 하는데, 준비단계, 실시단계 그리고 정리단계로 구분하여 설명하면 다음과 같다.

(1) 준비단계

프로그램이 효과적으로 실행되고 운영되기 위해서는 준비단계에서의 철저한 점검과 확인이 이루어져야 가능하다. 이를 위해 평생교육사는 준비단계에서 문서화된 준비물 점검표를 일정별로 체계화시켜 확인하는 것이 바람직하다. 이 점검표에 포함될 사항은 매우 다양한데, 예를 들면 <표 10-5>와 같다.

〈표 10-5〉 준비물 점검 일정표

점 검 사 항	월/일	비고
1. 교육장소는 잘 준비되어 있는가 · 장소는 지정된 날에 사용할 수 있는가 · 실행장소의 넓이, 밝기, 환기, 온도는 적절한가 · 책상과 의자의 수는 적당한가 · 사회, 접수 등의 명찰 및 장소의 표시는 되어 있는가		
2. 필요한 교육매체 준비는 잘 되어 있는가 · 칠판준비(청결상태, 분필준비 등)은 좋은가 · 필요한 교육매체들은 준비되어 있는가 · VTR, OHP, Slide 등은 준비되어 있는가 · 마이크는 제대로 점검되었는가		
3. 필요한 자료를 준비했는가 · 참석자 수만큼의 자료는 준비되어 있는가 · 참석자들을 위한 종이, 필기구 등은 준비되어 있는가		
4. 장소의 배치는 적절한가 · 책상, 의자, 괘도대, 스크린, 마이크 등의 위치는 적절한가 · 관찰자와 배석자의 위치는 적절한가		
5. 기록준비는 되어 있는가 · 기록의 계획은 되어 있는가 · 녹음기 VTR을 사용하는가 · 기록용지, 필기구 등은 준비되어 있는가		
6. 강사들에 대한 통지는 잘 되었는가 · 강의의뢰서는 전송했는가 · 강의일정, 장소, 시간 등에 대한 확인이 이루어졌는가		
7. 의약품 준비는 잘 되었는가		

*출처; 김진화(2012). 평생교육 프로그램 개발론. 파주: 교육과학사. p.410.

(2) 실시단계

실시단계는 프로그램의 목표가 실현되는 과정으로 프로그램의 효과와 그 가치를 확인하는 것이 가능한 매우 중요한 단계이다. 이 단계를 보다 원활하게 수행하기 위해 필요한 과제로 권두승(1994)은 역할분담 내용의 확인, 프로그램 지도안의 진행 그리고 상황변화에의 대응 등 세 가지를 들고 있다. 역할분담 내용의 확인은 주로 운영조직과 관련된 사항이다. 그리고 프로그램 지도안의 진행은 해당 프로그램을 지도하기 위해 구안되고 편성되는 것으로, 구체적이고 계획적인 활동이 요구된다. 특히 프로그램이 도입 - 진행 - 정리의 순으로 체계적으로 진행되도록 하고, 각 단계마다 의도하는 바가 잘 달성될 수 있도록 제반 조치를 마련해야 한다. 마지막으로 상황변화에의 적응이란 프로그램 편성 시에 예상하지 못했던 기상조건의 변화, 평생교육사의 사정, 강사의 사정, 학습자들의 상황변화 등과 같은 일에 직면했을 때 효과적으로 대처할 수 있는 방안을 마련하는 것이다.

(3) 정리단계

정리단계는 실행한 프로그램에 대해 실행과정과 결과를 기록하고 정리 및 요약하는 활동을 주로 하는 시기이다. 일반적으로 프로그램을 실행하고 나면 그것으로 프로그램은 종료되었다고 생각하기 쉬우나, 이는 프로그램의 실행이 가져온 성과와 그 의미를 고려하지 않는 것이다. 따라서 이 단계에서 실시한 내용을 정확하게 기록하고 정리함으로써 프로그램에 대한 체계적 평가를 위한 자료로 활용할 수 있도록 해야 한다.

2) 프로그램 운영관리의 영역

평생교육사는 계획된 교육 프로그램을 운영하고 관리하는 행정적 역할도 수행할 수 있어야 한다. 실제로 교육 프로그램을 운영하면서 평생교육사가 수행해야 할 역할들은 매우 다양한데, 이를테면 강사섭외, 강의의뢰서 송부, 강사료 책정, 강사료 지급 및 원천징수영수증 작성, 참석대상자 명부 작성, 출결상황 점검, 교육생의 생활관리 등을 들 수 있다.

〈표 10-6〉 프로그램 운영관리의 영역

<table>
<tr><th>영역</th><th>주요활동</th><th>영역</th><th>주요활용</th></tr>
<tr><td>강사관리</td><td>· 강사섭외
· 강의의뢰서 송부
· 강사료 협의
· 강사료 지급
· 원천징수영수증 작성 및 송부</td><td>교육기자재 및 시설관리</td><td>· 재물조사 준비
· 시설물 청소
· 시설물 활용계획서 작성
· 교육기자재 수리 · 보수
· 냉 · 난방 확인</td></tr>
<tr><td>교육생 관리</td><td>· 참석대상자 명부 작성
· 출결상황 점검
· 요구사항 점검
· 즉시적인 교육반응 점검
· 교육생 자치회 협조</td><td rowspan="2">기타</td><td rowspan="2">· 입학식 식순 작성
· 사회진행 시나리오 작성
· 입학식 식장 준비
· 입학식 · 졸업식 초청인사 안내문
· 각 전공별 대표자 회의
· 수료생 학적부 정리
· 예산편성
· 신입생 모집요강 작성
· 운영위원회 준비</td></tr>
<tr><td>수업관리</td><td>· 교육교재 준비
· 강의실 점검
· 강사 소개
· 교육기자재 준비상황 점검
· 휴 · 결강 강사의 보강조치</td></tr>
</table>

*출처; 김진화(2012). 평생교육 프로그램 개발론. 파주: 교육과학사. p.412.

3) 프로그램 실행 및 운영관리 시의 유의사항

프로그램의 실행 및 운영관리는 의도된 프로그램 목표를 달성하는 과정으로 프로그램의 효과와 직접적으로 관계되며, 연습이 허용될 수 없고 오직 계획된 목표를 달성하는 데에 집중되어야 한다. 따라서 프로그램을 실행하고 운영 및 관리하는 과정에서 평생교육사가 유의해야 할 사항은 다음과 같다.

첫째, 프로그램 편성 후 특히 실행안 구상 시에 결정한 활동대상자의 수준 및 활동목표가 상정했던 바와 상당한 차이가 있음을 확인했을 경우, 목표를 변경하거나 내용이나 방법을 대체하는 노력을 강구해야 한다.

둘째, 예상 외의 조건에 의해 프로그램을 불가피하게 변경해야 할 경우, 사전에 작성된 프로그램에 집착하지 않고 상황의 변화에 따라 유연하게 대처할 수 있는 자세가 필요하다. 그러기 위해서는 기상조건, 참가상황, 강사의 사정 등 예측 불가능한 사태를 미리 예상하고 만약의 경우를 대비하여 영화,

필름, VTR 등의 예비자료를 확보해 두어야 한다.

셋째, 프로그램의 실행안 변경이 불가피한 상황임을 판단하는 체제, 즉 언제 어떤 상황하에 제기하고 누가 어떤 근거로 어떻게 변경하는가를 판단하는 체제를 확립해 두어야 한다.

넷째, 프로그램의 운영을 위한 조직들이 공통의 목표달성을 위해 상호 역할을 분담하고 보다 효과적으로 연락 및 협력할 수 있도록 해야 한다. 또한 사전준비를 철저히 하고 최종 점검함으로써 차질 없이 실행되어야 할 것이다.

다섯째, 프로그램 실행 전에 점검해야 할 목록을 미리 작성해 두고, 이를 철저히 지키도록 노력해야 한다. 프로그램 실행에 필요한 매체와 각종 기자재들이 해당 프로그램을 운영하는 부서가 아니라 다른 부서에서 관리담당을 할 경우, 프로그램 진행에 차질이 생기는 일이 발생할 수도 있다. 이를 대비하기 위해서라도 프로그램 운영담당자는 반드시 프로그램 실시 이전에 장소를 확인해 볼 필요가 있다.

여섯째, 프로그램은 프로그램을 실시하는 기관의 모든 사람들이 협력해서 운영되는 것이지, 어느 한 사람만의 노력으로 운영되는 것이 아님을 염두에 두어야 한다. 물론 프로그램을 직접 담당하고 있는 자는 관계자 전원과 협력하여 하나의 목표를 달성해 나가야 하겠지만, 해당 기관의 모든 사람들 역시 프로그램의 목표·내용·대상 등에 대해 숙지하고 있을 필요가 있다. 또한 해당 프로그램의 실시기관은 활동환경의 조성에도 힘써야 한다. 왜냐하면 실시기관은 활동을 제공할 뿐만 아니라 활동을 촉진 또는 저해하는 환경을 제공하기도 함으로써 해당 활동의 성공과 질에 영향을 미치기 때문이다.

제11장

평생교육 프로그램의 평가

1. 평생교육 프로그램 평가의 이해
2. 평생교육 프로그램 평가의 영역과 원리
3. 평생교육 프로그램 평가의 모형
4. 평생교육 프로그램 평가의 방법과 절차

1. 평생교육 프로그램 평가의 이해

1) 프로그램 평가의 이해

평생교육 프로그램 평가는 프로그램 개발의 기획단계에서 설정한 기준에 견주어 효과성 및 효율성을 측정하는 과정으로서, 이때 얻은 각종 자료들은 해당 프로그램에 대해 다양한 feedback을 주게 된다. 이와 관련하여 김진화(2012)는 프로그램의 평가에 대해 다음과 같이 논의하고 있다.

우리는 일상생활을 하면서 스스로 계획했던 것을 실천으로 옮긴 후에 그 과정을 비평적으로 깊이 숙고하고 되돌아본다. 이는 사전에 평가라는 전문지식이 없이 자신들이 실천했던 것을 되돌아보는 과정에서 그 가치와 성과를 판단하는 것인데, 우리가 일상생활에서 흔히 경험하고 있는 것이라고 할 수 있다. 그러나 막상 평가를 체계적이고 과학적으로 실시하는 것에 대해서는 두려움을 갖고 있다. 이 때문에 평가는 전문가가 해야 할 영역이고 그들만이 체계적·과학적으로 할 수 있는 것이지, 현장에 있는 사람들이 실천하기에는 무리가 따른다는 편견에 사로 잡혀 있는 것이 현실이다. 그렇다고 해서 이러한 평가를 학자들만이 할 수 있는 전유물로만 생각해서는 안 될 것이다. 평가는 오히려 현장에서 실무를 담당하고 있는 사람들에게 더욱 필요한 것이라고 사료된다.

평생교육의 실천 영역에서 평생교육사는 학습자를 위해 사전에 많은 것들을 계획하고 실천한다. 실제로 평생교육 활동은 프로그램에 의해 수행되는 체계적이고 조직적인 활동이므로 과학적인 평가가 필요하다. 그러나 프로그램 수행과정과 이후의 평가활동을 위한 체계적인 안내가 부족함에 따라 프로그램의 질적 개선은 물론 평생교육기관 및 단체의 활동에 대한 신뢰성마저 크게 위협받는 것도 사실이다. 그러므로 평생교육사가 사전에 계획한 프로그램들을 실천한 후에 그 가치와 효과를 체계적·과학적으로 평가하는 것은 그들의 중요한 책무이며, 나아가서는 평생교육의 질적 개선과 발전을 위해 매우 중요하다고 하겠다.

평생교육사가 일선 현장에서 이루어지는 여러 프로그램들을 평생교육기관의 목적과 이념에 적합한지, 혹은 사전에 의도했던 바가 성취되었는지, 아니면 프로그램에 참여했던 학습자가 의미 있게 체험했던 요소가 무엇인지 그리고 프로그램의 내용과 구성요소에 대한 학습자의 반응이 어떠한지를 구체적으로 판단하는 일은 매우 중요하다. 이렇게 하기 위해 평생교육사에게 프로그램을 체계적·과학적으로 평가하기 위한 전문적인 능력과 자질이 요구된다. 어느 수준까지의 평가는 누구나 행하고 있지만, 평가를 좀 더 체계적이고 전문적으로 실시하고자 한다면 평가와 관련된 기초이론 및 다양한 기법과 방법들에 대한 전문적인 능력을 필요로 한다.

2) 프로그램 평가의 개념

평생교육 프로그램의 운영을 순환적 관계로 설명할 때에 프로그램 평가는 설계된 프로그램을 실행한 후에 프로그램의 성과, 가치 및 효과를 판단하는 것으로 이해할 수 있다고 김진화(2012)는 설명한 바 있다. 다시 말해, 프로그램과 관련된 제반 요소에 가치를 부여하고 비평하는 일련의 과정이다. 여기에서 프로그램에 관련된 제반 요소는 매우 광범위하다. 프로그램에 투입된 제반 요소를 말할 수도 있고, 프로그램이 진행되는 과정을 의미할 수도 있으며, 프로그램 운영과 관련된 다양한 인적·요소를 지칭할 수도 있다. 또한 프로그램의 목적과 의도, 프로그램의 내용, 프로그램의 결과 등이 포함될 수도 있다. 이상의 내용을 토대로 할 때에 프로그램 평가란 프로그램과 관련된 제반 요소 중에서 프로그램의 의도, 프로그램의 내용, 프로그램 참여자 그리고 프로그램 운영을 평가의 주 대상으로 삼아 프로그램의 가치를 판단하고, 프로그램의 성과를 감정하며, 해당 프로그램의 목표, 내용, 활동 및 투입 등에 관한 정보를 제공하려는 일련의 절차로 정의된다.

실제 평생교육 현장에서 활용되고 있는 프로그램 평가는 다음 네 가지에 의도하여 이루어지고 있다. 첫째, 프로그램의 가치나 장점을 판단하거나 결정하는 것, 둘째, 프로그램의 효과 및 영향을 파악하고 판단하는 것, 셋째, 프로그램의 목적달성 정도를 확인하는 것 그리고 넷째는 프로그램에 대한 의사결정을 보조하는 것 등이다.

3) 평가의 중요성

교육활동과 관련한 모든 평가는 다양한 측면에서 그 중요성이 논의된다. 특히, 성인을 대상으로 하는 평생교육에 있어서 평가의 중요성은 해당 프로그램의 존립과 관련하여 큰 영향력을 행사할 수도 있다. 이런 맥락에서 김용현 외 3인(2017)은 배호순(2008)의 주장을 인용하여 평가의 중요성을 설명하고 있다.

모든 교육기관은 프로그램을 개발하여 운영하고, 그 결과를 평가하여 프로그램을 개선하는 일련의 교육체제를 구축하고 있다. 이러한 교육체제하에서 평가활동은 필요불가결한 것이다. 일반적으로 평가의 필요성이나 중요성은 다음과 같은 세 가지 사항을 근거(배호순, 2008)로 하고 있다. 첫째, 교육목표의 달성 정도를 확인할 수 있고, 둘째, 교육활동의 효과를 확인하고 명료화할 수 있으며, 셋째, 교육의 효과 증대와 질적 수준의 향상을 기할 수 있다. 다시 말해 평가는 직접적으로는 교육 프로그램의 효과와 가치를 확인하고 그 목표달성의 정도를 확인하기 위해 필요하며, 간접적으로는 교육의 질 개선, 효과 증대, 효율성 증대, 생산성 증대 등과 함께 교육 프로그램 개선을 위해 필요하다. 나아가 교육평가는 교육기관의 목적달성을 위해 필요한 합목적적인 활동인 동시에 교육기관 생존을 위해 필요불가결한 활동이라고 할 수 있다. 따라서 교육활동 전반에 걸쳐 평가활동이 요구되고 있으며 매우 중요한 교육활동 중의 하나이다.

그러나 일반적으로 평가가 프로그램을 실시한 후에 시행되고 시간과 노력 및 비용이 소요되며, 전문적인 지식과 기술 및 경험이 필요하기 때문에 평가를 기피하거나 소홀히 하는 경향이 있다. 그러나 교육에 있어 평가활동은 다음과 같은 상황을 고려하여 신중하게 실시되어야 한다.

- 측정대상의 불명확성에 따른 어려움: 교육에서의 평가는 측정대상이 인간이다. 사물을 측정하는 것과는 달리 인간행동의 특성을 측정해야 하며, 측정 대상이 명확하지 않기 때문에 많은 어려움이 따른다.
- 측정방법이나 도구의 불완전성에 따른 어려움: 교육평가에서 활용되는 측정방법은 질문지나 시험, 면담이나 관찰 등이다. 이러한 측정방법은 사물을 측정하는 자(尺), 저울, 시계 등에 비해 일관성이 적고 평가자마다

활용하는 도구도 다양하기 때문에 측정결과에 차이가 있다.

- 측정의 간접성에 따른 어려움: 교육측정은 인간의 내면이나 행동을 대상으로 하고 있어서 간접적으로 측정할 수밖에 없다. 이를테면 한 사람의 예절바른 행동을 평가하기 위해서는 그 사ㄴ람의 인사습관이나 남을 배려하는 행동 등을 측정하여 간접적으로 평가하게 된다.
- 결과의 수령화에 따른 어려움: 교육측정에서 산술적인 가감승제는 의미가 없다. 이를테면 지능지수 100은 50의 배라고 할 수 있다. 엄밀히 말하면 국어점수 60점과 사회점수 80점을 더하여 나눈 평균이 70점이라고 하는 것은 60kg와 80cm를 더해서 나눈 평균이 70이라는 것과 같다고 볼 수 있다.
- 효과의 지연에 따른 어려움: 교육 프로그램을 운영한 평가결과는 가시적으로 나타나지 않는 경우도 많고, 어떤 경우는 효과가 지연되어 나타난다. 따라서 교육프로그램의 결과를 즉시 평가하여 가치판단을 내리거나 의사결정하는 것은 신중해야 한다.
- 상황의 가변성에 따른 어려움: 평가하는 장소와 상황에 따라 평가결과는 차이가 있다. 서울에서 평가하는 것과 지방에서 평가하는 것이 다르고, 과거에 평가한 것과 현재 평가하는 것은 서로 상황이 다르고 평가결과에도 많은 차이가 날 수 있다는 점을 기억할 필요가 있다.

프로그램 평가자들은 항상 이러한 점들을 염두에 두고 신중하게 평가를 실시해야 한다. 하지만 평가가 중요하다고 해서 평가만을 강조하다 보면 교육이 평가를 위해 존재하는 것처럼 여겨질 수 있다. 분명한 점은 평가를 통해 프로그램의 효과를 확인하고 프로그램 실시의 타당성을 제공하는 것이 주된 목적임을 주지하는 것이다. 또한 평가를 통해 프로그램의 문제점을 진단하고 가치를 판단하며 피드백을 제공함으로써 학습의 질을 향상시킬 수 있어야 한다.

4) 평가의 분류

교육활동에서의 평가는 해당 프로그램이 추구하는 목적, 기관의 정체성, 평가주체의 가치관 그리고 평가의 대상 등에 대해 다양한 분류가 가능하다고 하겠다. 이처럼 평가의 분류와 관련하여 김용현 외 3인(2017)은 평가수준 및 범위에 따른 구분, 평가목적에 따른 구분, 평가시기에 따른 구분, 평가대상에 따른 구분, 평가준거에 따른 구분, 양적 평가와 질적 평가 그리고 인지적 특성 평가와 정의적 특성 평가 등 일곱 가지로 구분하여 설명하고 있다.

(1) 평가수준 및 범위에 따른 구분

평가수준 및 범위에 따라 평가를 구분할 때에는 교육평가, 교육기관 평가, 교육과정(프로그램) 평가 그리고 수업평가 등으로 대별할 수 있다.

- 교육평가: 평가 수준 및 범위에서 가장 넓은 의미로 사용된다. 교육기관에서 이루어지는 모든 수준의 평가를 총칭한다.
- 교육기관 평가: 교육기관 전체의 시설 여건이나 운영상태 등에 대한 평가이다. 일반적으로 일정한 평가기준을 충족한 경우에는 교육기관으로 적합하다는 것을 인증하는 인증평가로 시행된다.
- 교육과정(프로그램) 평가: 교육기관에서 개설되어 운영하는 교육과정이나 프로그램에 대한 평가이다. 교육이나 학습목표의 성취 여부, 교수·학습 과정, 교육이나 학습의 결과 등을 평가한다.
- 수업평가: 평가 수준 및 범위에서 가장 좁은 의미로 사용된다. 수업활동이나 학습활동에 대한 평가이다. 일정 단위의 수업이나 학습에 대한 학습자들의 성취도나 태도의 변화 정도를 평가하고, 교육만족도나 교수자의 교수방법 적합성 등을 평가한다.

(2) 평가목적에 따른 구분

평가목적에 따라서는 목표 중심 평가, 의사결정 중심 평가 그리고 가치판단 중심 평가 등으로 구분한다.

- 목표 중심 평가: 프로그램을 실시하기 전에 설정한 학습목표를 프로그램이 끝난 후에 학습자들이 어떻게 성취했는지를 확인하기 위해 사용하는 평가방법이다. 학습자들이 무엇을 할 수 있고, 학습목표에 얼마나 도달했는지를 확인하는 데에 관심이 있다.
- 의사결정 중심 평가: 의사결정자에게 필요한 정보를 제공하여 정책판단

이나 의사결정을 돕는 데에 사용하는 평가방법이다. 의사결정자에게 필요한 정보를 제공함으로써 의사결정을 보조하는 데에 관심이 있다.

- 가치판단 중심 평가: 프로그램의 가치나 장점을 판단하는 데에 초점을 두고 있다. 학습목표의 성취도 중요하지만 학습자들이 프로그램 참여를 통하여 부산물로 얻어진 성과나 학습자들의 정서나 태도 변화도 중요하다는 입장이다.

(3) 평가시기에 따른 구분

평가시기에 따라 평가를 구분할 때에는 진단평가, 형성평가 그리고 총괄평가로 분류할 수 있다.

- 진단평가: 프로그램이 실시되기 전에 프로그램의 효과를 극대화할 수 있는 제반 정보, 즉 학습자의 요구, 준비도, 교수자 교육환경 등을 평가하는 것이다(이기성, 2014). 학습자에게 적합한 학급편성과 학습실패 원인을 발견하여 대책을 마련하는 데에 그 목적이 있다.
- 형성평가: 프로그램을 실시하는 도중에 학습 진행과정을 수시로 평가하는 것이다. 프로그램 진행과정에서 문제점을 파악하여 일정을 조정하거나 학습자들의 학습상태를 수시로 평가하여 학습속도의 조절과 교정학습의 기회를 제공한다.
- 총괄평가: 프로그램을 마친 후에 프로그램의 효과를 종합적으로 평가하는 것이다.

(4) 평가대상에 따른 구분

평가대상에 따른 구분에서는 교육담당자 대상 평가, 학습자 대상 평가 그리고 교수자 대상 평가로 대별하게 된다.

- 교육담당자 대상 평가: 평생교육 프로그램을 운영하는 담당자들을 대상으로 업무 수행과정이나 교육내용, 교수자 등을 평가하는 것이다.
- 학습자 대상 평가: 프로그램에 참가한 학습자들을 대상으로 프로그램 전반에 대한 만족도와 교수자의 자질, 학습효과, 시설 여건 등을 평가하는 것이다.

- 교수자 대상 평가: 프로그램에 참여한 교수자들을 대상으로 학습 분위기와 학습자들의 태도, 학습지도상의 어려움, 프로그램 내용구성과 운영 전반에 대한 건의사항 등을 평가하는 것이다.

(5) 평가준거에 따른 구분

평가준거에 따라서는 상대평가와 절대평가로 나눌 수 있다.

- 상대평가(규준지향 평가): 학습자들 간의 차이를 밝혀 학습자의 상대적 위치를 판정하는 평가이다(이기성, 2014). 평가척도를 개발할 때 사용되며, 평가대상 간의 비교, 변별, 선발 등의 결정을 할 때 적절하다.
- 절대평가(준거지향 평가): 미리 정해놓은 준거에 따라 평가하고자 하는 특성의 성취도를 확인하는 평가이다(이기성, 2014). 프로그램 학습목표 달성이라는 기준에 비추어 평가하는 방법이다.

(6) 양적 평가와 질적 평가

양적 평가는 평가결과를 계량화하는 것이고, 질적 평가는 구성주의적 관점에서 평가자의 주관이 개입되는 평가이다.

- 양적 평가: 평가결과를 수량화하는 평가방법으로써 실증주의적 인식론에 바탕을 두고 있다. 일반적으로 가설을 설정하고 객관도와 타당도를 활용한 질문지법을 사용한다.
- 질적 평가: 구성주의적 인식론에 바탕을 둔 평가방법으로써 일반적으로 참여관찰법을 활용하며 평가자의 주관적인 해석으로 의미를 파악한다.

(7) 인지적 특성 평가와 정의적 특성 평가

인지적 특성 평가는 해당 교과나 프로그램을 지식 위주로 평가하는 것이고, 정의적 특성 평가는 정서적인 측면을 강조하는 평가이다.

- 인지적 특성 평가: 학습내용이 지식 위주로 구성되어 있을 때 평가하는 것으로써 질문지법 등을 활용한다.
- 정의적 특성 평가: 학습내용이 인간의 정서나 태도변화로 구성되었을 때 평가하는 것으로 참여관찰법 등을 활용한다.

2. 평생교육 프로그램 평가의 영역과 원리

1) 프로그램 평가의 영역

평생교육 프로그램의 평가에 대한 개괄적인 이해가 이루어진 후, 그다음 단계에서 관심을 가져야 할 부분은 평가의 영역이라고 할 것이다. 평생교육 프로그램의 평가영역을 정하는 일에 대해 김진화(2012)는 다음과 같이 설명하고 있다.

평가하고자 하는 거시적인 범위와 대상을 가리켜서 평가영역이라고 한다. D. L. Kirkpatrick(1987)은 평가의 영역으로 다음의 네 가지를 제시한 바 있다. 첫째, 학습자들의 반응을 통해 그들이 프로그램에 대해 느낀 호의의 정도를 평가하는 것으로써 학습자 만족도 평가 또는 효용도(매력도) 평가라고도 한다. 둘째, 프로그램을 통해 학습자가 어떤 지식·태도·기능을 습득했는가를 평가하는 것으로 학습정도 즉, 목표 도달도에 대한 평가 또는 효과성 평가라고 한다. 셋째, 교육 프로그램 이수 후 실생활에서 어떤 긍정적인 변화가 있었는지를 평가하는 것으로써 실생활 적용도 평가 또는 실제행동 평가라고 한다. 넷째, 프로그램 운영에 투자한 시간과 노력, 비용 등에 대비한 교육성과를 평가하는 것으로써 프로그램의 효율성 평가라고 한다.

이상의 내용을 종합하여 볼 때, 프로그램 평가의 핵심영역은 프로그램의 목적, 프로그램의 내용, 프로그램 참여자 그리고 프로그램 운영 등 네 가지로 요약할 수 있다(김진화, 2012).

첫째, 프로그램 목적에 대한 평가는 프로그램이 궁극적으로는 의도하는 바가 성취되었는가를 확인하는 데에 초점이 맞추어진다. 이는 주로 목표지향 평가의 원리와 절차에 따라 수행된다.

둘째, 프로그램 내용에 대한 평가는 프로그램의 질적인 측면에 관심을 가지고 프로그램 내용의 혁신성, 현실성, 즉시성, 적용성 및 요구반영 정도 등에 초점을 맞추는 것이다. 이는 탈목표 중심 평가의 원리와 절차에 따라 수행된다.

셋째, 참여자의 반응에 대한 평가는 프로그램에 참여했던 사람들의 프로그램에 대한 인식, 태도, 느낌, 호감도, 만족도 등을 파악하는 데에 초점이 맞춰진다. 이 평가 역시 탈목표 중심 평가와 참여자 중심 평가의 원리와 절차에 따라 수행된다.

넷째, 프로그램 운영에 대한 평가는 프로그램이 매끄럽고 원활하게 수행되었는가 혹은 프로그램 운영과 관련된 제반 요인, 즉 시설, 매체, 수강료, 강사의 자질 등을 종합적으로 확인하고 점검하는 데에 초점이 맞추어진다. 이는 의사결정 중심 평가의 원리와 절차에 따라 수행된다.

2) 프로그램 평가의 기능

교육활동과 관련한 일체의 평가는 다양한 기능을 가진다. 평생교육 프로그램 운영에서의 평가 역시 프로그램에 참여한 성인학습자를 이해하는 것에서부터 프로그램의 질적 수월성 제고의 기능까지를 논의할 수 있는데, 이런 일련의 평가의 기능을 살펴보면 다음(김진화, 2012)과 같다.

첫째, 평가는 대상에 대한 이해, 진단 및 치료의 기능을 가진다. 학습 개개인의 성취정도를 정확히 이해한다는 것은 마치 의사가 환자를 진단하는 것과 같다. 의사는 환자의 병의 내용을 정확히 진단해야만 바르게 치료를 할 수 있다. 교육평가는 학습자의 성취정도를 정확히 이해하는 것이 목적이다. 그리고 각 교과에 있어서의 발달상태, 특히 학력저하 요인들을 발견하고 확인함으로써 그 대책을 마련할 수 있다.

둘째, 교육의 구성요소들을 개선시켜 주는 기능이 있다. 일반적으로 평가란 학습만의 평가가 아니며, 학습자의 평가로 얻어진 자료는 교수자, 학습지도법, 교육 프로그램 등을 평가하는 데에 유용한 증가가 될 수 있다. 즉, 학습자를 평가하여 얻은 결과는 교수자 평가로 환원되는 생생한 증거가 된다. 평가결과가 교수자 자신이 반성하고 비판하여 새로운 자아의 성취나 개선이 이루어지도록 할 때에 그 효능적 가치는 더욱 클 것이다.

셋째, 평가는 학습자들의 학습을 촉진시키기 위해 필요한 학습동기를 유발해 주는 심리학적 기능을 수행한다. 다시 말하면 학습결과에 대한 정기적 또는 수시로 실시하는 평가는 학습자들의 학습동기를 유발시키며 평가결과의 확인으로 학습의욕이 촉진될 수 있다.

넷째, 평가결과를 학습자의 학습효과 판정에만 한정시키지 않고 생활지도나 상담의 자료로 활용할 수도 있다. 생활지도 역시 학습지도와 마찬가지로 교육의 중요한 기능이기 때문이다. 학습자의 적성, 흥미, 성격, 지능, 건강, 가치관, 태도 및 개인적 문제 등과 같은 일련의 특성에 대한 정확한 진단과 평가자료는 해당 학습자를 있는 그대로 정확히 이해할 수 있는 좋은 자료가 된다.

다섯째, 주기적으로든 불규칙적이든 간에 평가가 실시됨으로써 평생교육의 질적 수준이 유지될 수 있다.

실제로 한국의 평생교육기관 중의 한 기관에서 프로그램 평가의 기능으로 제시하고 있는 내용을 살펴보면 보다 쉽게 이해할 수 있다. 첫째, 프로그램에 참여한 학습자들이 단순히 교육 프로그램을 수료하는 것을 넘어서 바람직한 지식이나 기술을 습득했는가를 확인해 준다. 둘째, 하나의 교육 프로그램이 의도했던 목표가 실현되었는가를 설득력 있게 보여준다. 셋째, 하나의 교육 프로그램이 교육목표를 보다 더 잘 달성할 수 있도록 개선되기 위해서 어떠한 변화가 있어야 할 것인지를 탐색해 준다. 넷째, 그리고 주요 정책 결정자들로 하여금 전반적인 운영전략에 있어서 교육의 역할을 규정할 필요가 있다는 사실을 알 수 있도록 돕는 기능을 수행한다.

3) 프로그램 평가의 일반적 원리

프로그램 평가는 일반적인 원리에 따라 다양한 분석 측면과 함께 객관적이고 과학적이며 합리적으로 이루어져야 한다는 점이 가장 중요하다. 이를 바탕으로 프로그램 평가는 교육의 목적과 목표가 제대로 수행되었는지 여부를 판단·결정하는 데에 주된 목표가 있다. 또한 교육 프로그램을 평가하기 위해서는 몇 가지 기본적인 원리들을 생각해 볼 필요가 있는데, 김진화(2012)는 이와 관련하여 다음과 같이 서술하고 있다.

첫째, 평가는 교육의 과정 속에서 여러 가지 다양한 사상, 조건 또는 상태들에 대한 바람직성을 필연적으로 평가하게 된다. 일반적으로 평가는 상상, 조건 및 상태에 관련된 정보를 수집하고 조직하며 분석하고 해석하는 경험적·해석적 접근에 의해 이루어진다. 그러나 이러한 바람직성에 대한 평가는 가치체제의 수반을 필수적인 관건으로 한다. 그 평가기준이 가치의 응결을 가장 핵심 요인으로 생각하기 때문에 가치를 인식하고 표현하는 가치화 또는 가치적 판단행동이 평가자에게 끊임없이 요구된다.

둘째, 평가는 실험실의 제한된 상태 또는 이론적으로 가설화된 상태에서 이루어지는 평가가 아니라 현장에서, 사실 세계에서 그리고 지금 이루어지고 있는 실제 활동 상황 속에서 이루어진다. 또한 단순히 가설에 대한 검증을 위해 꾸며진 실험이 아니다. 그것은 지금 막 실천되고 있는 교육활동 상황 속에서 문제를 발견하고 진단하며 치유책을 강구하고 또 문제를 예방하는 활동이다. 한 걸음 더 나아가서는 그 활동을 보다 더 승화시켜 발전시킬 수 있는 방책을 강구하기 위한 노력이다. 교육 프로그램 평가는 결코 결과와 사실만을 발견해서 진위를 가리는 데서만 멈추는 것이 아니다.

셋째, 평가는 의사결정 또는 정책수립을 촉진하기 위한 필수 불가결한 활동이다. 교육 프로그램 평가가 해당 목적과 목표를 지향하는 과정에 관심이 있는 한, 그것은 차후의 의사결정과 정책수립을 위한 귀중한 출발점이 된다. 이를 위해 교육 프로그램 평가는 그 목적지향의 진행과정이 어떻게, 언제 그리고 어느 방향으로 이루어지고 있는지를 분명히 밝혀내야 할 것이다.

넷째, 프로그램 평가는 계속해서 종합적으로 전개되는 가운데 본래의 평가목적을 성취할 수 있다. 교육 프로그램 평가는 순환적·재생적·계속적인 활동이며, 모든 순간마다 다소의 차이는 있지만 평가는 언제나 필요한 계속적인 과정이다. 더불어 평가는 교육 프로그램의 목적과 목표에 관련된 모든 각양각색의 활동들을 통합시키는 종합적인 활동이다.

뿐만 아니라, 위의 내용을 숙지하고 실행하면서 평가 시에 범하기 쉬운 오류들을 주의해야 하는데, 그 예로는 <표 11-1>과 같다.

〈표 11-1〉 범하기 쉬운 프로그램 평가 오류들

구분	내 용
눈 가리고 아웅식 (Eye-Wash)	남 보기에 좋고 자랑할 만한 프로그램만을 선별 평가하여 약점이 많은 프로그램 평가에서 제외함으로써 방어·정당화한다.
흰색 칠하기 (White-Wash)	객관적인 평가를 회피하고자 프로그램의 실패를 은폐하려는 것으로 프로그램이 잘 운영되고 있는데 구태여 평가를 할 필요가 있겠느냐고 주장한다.

잠수함 (Submarine)	프로그램의 장단점에 관계없이 무조건 프로그램을 폐기시키려는 의도로 시행된다.
포즈형 (Posture)	겉보기에 좋도록 객관적이고 적문적인 평가를 하는 척한다.
지연작전형 (Postponement)	사실발견 및 평가연구를 핑계로 서비스 전달을 소홀히 하는 경우에 속한다.
대체 (Substitution)	프로그램 실패를 은폐하기 위해 중요하지는 않지만 보다 잘 운영된 프로그램을 평가의 대상으로 삼는다.

*출처; 김진화(2012). 평생교육 프로그램 개발론. 파주: 교육과학사. p.422의 내용을 저자가 표로 재구성함.

4) 프로그램 평가의 준거

평생교육 프로그램 평가의 준거는 평생교육 프로그램의 특성, 대상자 그리고 기간 등의 요인에 따라 다양하지만 공통된 준거로는 효과성, 효율성, 적정성, 형평성, 대응성, 적절성 등을 들 수 있다.

〈표 11-2〉 프로그램 평가의 준거

평가 준거	질문	예시적 준거
효과성 (effectiveness)	가치로운 산출이 성취되었는가?	교육효과 평가
효율성 (efficiency)	교육을 위해 어느 정도의 노력이 투입되었는가?	교육비용/수익률
적정성 (adequacy)	교육결과에 의해 문제해결이 어느 정도 이루어졌는가?	문제해결 능력 평가
형평성 (equity)	비용과 효율이 개인 혹은 집단 간에 공평하게 배분되었는가?	교육기회 및 자원배분 근거 평가
대응성 (responsiveness)	조직의 목표, 집단의 필요 등을 프로그램을 통해 만족할 수준으로 달성했는가?	조직체의 교육목표 달성 여부
적절성 (appropriateness)	기대된 산출이 실제로 가치로운가?	적정성을 제외한 모든 준거 검증

*출처; 김진화(2012). 평생교육 프로그램 개발론. 파주: 교육과학사. p.423.

3. 평생교육 프로그램 평가의 모형

일반적인 각종 프로그램의 평가는 어떤 목적을 가지고 평가하느냐에 따라 다양한 접근방법이 있을 수 있다. 또한 평가하고자 하는 내용이 무엇이냐에 따라서도 평가의 접근유형은 달라질 수 있는데, 이 중에서 평생교육 프로그램 평가모형으로 자주 논의되는 목표 중심 평가모형, 결과 중심 평가모형, 의사결정 중심 평가모형 그리고 가치판단 중심 평가모형에 대해 살펴보기로 한다.

1) 목표 중심 평가모형

목표 중심 평가모형은 R. Tyler에 의해 제안된 것으로, 목표달성 평가모형 또는 목표지향 평가모형 등으로 불리기도 한다. Tyler(1969)에 의하면, 교육과정은 교육목표를 중심으로 개발되어야 하고, 교육목표는 수업계획의 기초가 되어야 한다고 하였다. 또한 교육목표는 평가기준으로 제시되어야 하며, 교육의 성공 여부는 이러한 목표가 성취한 정도에 따라 판정되어야 한다고 주장했다. 특히, 그는 교육목표의 달성 정도를 평가하는 절차로 다음의 7단계를 제시(김용현 외 3, 2017)한 바 있다.

- 1단계: 학교의 광범위한 교육목표를 정한다.
- 2단계: 설정된 교육목표를 분류한다.
- 3단계: 분류된 교육목표를 행동적인 용어로 규정한다.
- 4단계: 교육목표의 달성이 측정될 수 있는 평가장면을 설정한다.
- 5단계: 측정방법과 도구를 새롭게 개발하거나 선택한다.
- 6단계: 측정방법과 도구를 사전 탐색적인 시행결과를 바탕으로 개선한다.
- 7단계: 실제로 측정하고 자료수집 및 처리를 하며 결과를 해석한다.

이러한 목표중심 평가는 프로그램을 실시하기 이전에 미리 설정해 두었던 프로그램의 의도와 목표에 학습자들이 어느 정도 도달하였는가를 판단하는 일련의 과정을 의미한다. 즉, 평가의 주목적이 프로그램의 목표를 어느 정도 달성했느냐를 확인하는 데에 있다. 또한 기계론적 교육관과 실증주의 패러다임에 근거하여 프로그램을 실시한 후에 학습자에게 나타나는 행동변화,

즉 학습자가 프로그램에 참여함으로써 사전에 의도한 목표에 얼마나 도달했는지를 살펴보고 그 증거를 평가하는 방법으로 규정하고 있다.

목표중심 평가모형은 프로그램이 해당 목표를 성취했는지에 대한 가장 기초적인 상식을 제공하고 있어서 매우 폭넓게 사용되고 있다는 장점이 있다. 논리적이고 합리적이며, 명확하게 절차를 제시하고 있어서 쉽게 적용할 수 있다. 또한 신뢰성도 매우 높으며, 프로그램 담당자로 하여금 결과에 대해 명백히 하며 결과물에 대해서도 책임감을 느낄 수 있게 한다. 뿐만 아니라, 평가자의 입장에서도 시간적인 소모 및 그에 따른 장애를 최소화하며, 프로그램 참가자의 성과를 쉽게 수량화할 수 있는 객관적인 정보를 제공한다.

그러나 교육목표에서 의도하지 않은 부수적인 효과까지 평가할 수는 없으며, 교육목표에만 치중함으로써 프로그램을 지나치게 단순화시킬 가능성이 있다는 단점도 가지고 있다. 또한 행동으로 표현되지 않고 측정하기 어려운 경험이나 태도변화 같은 학습결과를 평가하기가 어렵다는 한계가 있다고 김용현 외 3인(2017)은 설명하고 있다.

2) 결과 중심 평가모형

결과 중심 평가모형은 프로그램의 결과를 준거로 한 평가로서, Kirkpatrick의 모형에 의한 평가가 가장 대표적이다. Kirkpatrick(1994)는 평가를 위해 어떤 자료가 수집되어야 하는지를 결정하는 데에 도움이 되는 개념적 틀을 개발하고, 이를 4단계 모형으로 제시했다. 즉, 프로그램 진행과정에서 수시로 이루어질 수 있는 반응평가, 학습준비도와 학습 후의 결과를 측정하는 학습평가, 실질적인 행동변화를 검증하는 행동평가 그리고 최종적으로 행해지는 결과평가가 그것이다.

(1) 반응평가(reaction evaluation)

반응평가는 프로그램 참여 전후의 학습결과를 평가 및 비교하는 것으로써 학습자 만족도 평가라고도 한다. 이 평가의 기준은 프로그램 참여자의 프로그램에 대한 전반적인 반응(신용주, 2017)이라고 할 수 있다. 반응평가의 대상에는 학습자, 강사 그리고 진행자 등이 포함되는데, 이들은 각기 평가대상자가 될 수도 있고 평가자가 될 수도 있다. 프로그램 참여자들이 프로그램 진행 도중에 하는 반응이나 평가지 등을 통해 측정하며, 이 결과에 따라 프로그램의 지속 여부가 결정된다.

(2) 학습평가(learning evaluation)

학습평가란 프로그램에 참여한 학습자가 어떤 내용을 배웠는지를 평가하는 것이다. 즉, 프로그램 참여 후 나타나는 학습자들의 태도변화, 지식이나 기술의 향상 정도를 확인하는 것인데, 프로그램을 통해 제시된 원리나 사실, 기술, 기능에 대한 이해 및 습득 정도에 따라 평가수준이 결정된다. 평가내용은 프로그램의 목적에 따라 좌우되고, 학습자는 평가대상자가 그리고 강사와 진행자는 평가자가 된다. 평가도구로는 필답시험, 문답시험, 실기시험 등이 있으며, 평가시기는 프로그램 실시 전·후, 프로그램 진행 중 그리고 프로그램이 종료되고 일정 시간이 지난 후에도 가능하다. 그렇기 때문에 사전검사와 사후검사 모두를 포함한다고 하겠다.

(3) 행동평가(learning evaluation)

행동평가는 프로그램에 참여한 결과로 참여자들에게 어떤 행동변화가 나타났는가를 측정하는 것이다. 즉, 프로그램을 통해 습득한 지식이나 기술이 자신들의 실제 직무수행에 얼마나 기여하고 있는가를 평가하는 것인데, 전이평가(transfer evaluation)라고도 한다(김용현 외 3, 2017). 이 평가는 프로그램이 종료되고 어느 정도의 시간이 경과한 후에 실시하는데, 일반적으로 3개월이 지난 후에 이루어진다.

행동평가가 보다 타당한 자료로 인정되기 위해서는 학습자 자신보다는 주변의 상사, 동료, 부하직원 그리고 고객 등 전방위적으로 평가한 결과를 수집하는 것이 효과적이다. 그러나 교육 참여자들이 행동변화를 보이는 기회를 얻을 때까지 행동변화를 나타낼 수 없고, 행동변화가 발생할 시기를 예측할 수 없으며, 학습자가 학습결과를 실제에 활용할 때 여러 여건들로 인해 다른 판단을 내릴 수 있는 어려운 점이 있다.

(4) 결과평가(result evaluation)

결과평가는 프로그램에 참여한 후에 조직에 어떤 영향을 끼쳤는지를 파악하는 것이다. 즉, 프로그램의 참여결과가 조직의 개선에 기여한 정도와 더불어 기관의 발전 및 개선, 유지 및 산출 측면에 관련된 변화에 초점을 둔다. 따라서 비용절감, 작업결과의 개선 그리고 품질변화 등의 자료를 프로그램 실시 전·후로 비교분석하여 평가하게 된다고 최은수 외 6인(2016)은 안내하고 있다.

Kirkpatrick의 결과 중심 평가모형은 간결하고 실용적인 특성을 지닌다는 점 때문에 널리 활용되고 있다. 그러나 프로그램을 실시하는 이유에 대해 명백한 결과를 보여줄 수 있어야 하고, 확증적 증거가 거의 불가능하므로 지지적 증거에 만족해야 하며, 교육 프로그램 이외의 요인이 결과에 미치는 영향력을 완벽하게 배제할 수 없다는 난점을 가지고 있다.

3) 의사결정 중심 평가모형

의사결정 중심 평가모형은 의사결정자가 의사결정을 촉진할 수 있도록 다양한 정보를 제공해 주는 접근방법(배장오, 2012)이다. 즉, 평가의 목적이 의사결정자에게 필요한 정보를 제공함으로써 프로그램에 대한 의사결정을 돕는 데에 있다. 이 평가모형은 프로그램의 요구분석, 계획, 시행 및 평가 등 모든 국면을 평가하여 의사결정자에게 유용한 정보를 제공하고 있는데, 가장 대표적인 예로는 D. L. Stufflebeam의 CIPP 모형이 있다.

Stufflebeam(1973)은 평가를 "의사결정에 필요한 정보를 설계, 획득 및 제공하는 과정"이라고 하면서 이를 바탕으로 CIPP 모델을 제안했다. 즉, 의사결정의 유형에 따라 평가모형을 상황평가(context evaluation), 투입평가(input evaluation), 과정평가(process evaluation) 그리고 산출평가(product evaluation) 등 네 가지로 구분하고, 각 평가의 첫 글자를 따서 CIPP 모형이라고 명명한 것이다. 이 CIPP 평가모형은 의사결정의 내용과 성격에 관심을 두고 그에 대응하는 평가의 역할을 강조하고 있다.

(1) 상황평가(context evaluation)

상황평가는 배경평가라고도 하며, 프로그램 목표를 설정하기 위한 타당한 근거를 제공하는 가장 기본적인 평가형식이다. 다시 말하면, 의사결정을 계획하는 데에 필요한 평가(배장오, 2012)를 말한다. 따라서 이 평가에서는 프로그램의 요구분석과 상황분석을 통해 학습목표를 설정하고, 학습자들의 요구를 확인함으로써 그들의 참여전략을 구체화시키기 위한 근거를 파악(김용현 외 3, 2017)해야 한다.

상황평가에서는 프로그램을 위한 적절한 환경을 규정하고, 실제적인 환경을 기술하며, 학습자들의 충족되지 않은 욕구와 활용되지 않은 기회를 규정하게 되는데, 이를 위해 요구조사, 직무분석, 반성법 등이 사용된다.

(2) 투입평가(input evaluation)

투입평가란 의사결정을 구조화하는 데에 필요한 평가로, 프로그램의 목표달성을 위한 자원을 어떻게 활용하느냐와 관련된 의사결정에 필요한 정보를 제공(신용주, 2017)한다. 프로그램의 목표달성에 필요한 자원은 매우 다양한데, 프로그램 담당자의 역량, 적절한 예산계획과 시간계획, 프로그램 운영을 뒷받침하는 각종 시설 및 기자재 그리고 프로그램 운영기관의 각종 지원 등을 통해 파악(김용현 외 3, 2016)할 수 있다. 즉, 이런 상황에서는 어떤 교재가 가장 유용하게 사용될 수 있으며, 프로그램이 전개되는 시설과 장소는 어떤 것이 적절한지 그리고 어떤 매체를 사용하는 것이 효과적인지 등이 투입평가에서 다루어지는 것이다.

투입평가를 위한 자료는 집단합의, 전문가의 판단, 목표에 의한 관리 그리고 시험적인 실험과 방법 등을 활용하여 수집(김진화, 2012)할 수 있다. 또한 평가방법으로는 참고문헌 탐색, 현지방문이나 답사 그리고 사전 탐색적인 시행 등의 방법을 활용(김용현 외 3, 2016)한다.

(3) 과정평가(process evaluation)

과정평가는 의사결정을 실천하는 데에 필요한 평가이다. 즉, 실행에 책임을 지고 있는 사람들에게 피드백을 제공하는 데에 목적이 있는 평가형식이다.

따라서 프로그램 설계와 절차를 개선하고 실천하는 데에 주안점을 두며 프로그램의 실행에 도움을 준다. 특히, 과정평가에서는 프로그램 운영에 부정적인 영향을 제공하는 환경상의 장애요인을 사전에 확인하는 것이 중요하다고 김용현 외 3인(2016)은 설명하고 있다. 따라서 프로그램 운영과정에서 실제로 어떤 일이 일어나고 있는지를 기술하고, 프로그램 담당자들과 지속적인 접촉을 통해 운영과정상의 문제점이나 결함 및 실수 등을 파악하고, 이를 의사결정자에게 제공하는 데에 초점을 둔다.

과정평가를 위한 자료수집 방법으로는 교수자가 준비한 측정지침과 전문가가 제작한 측정도구 등이 있다(김진화, 2012).

(4) 산출평가(product evaluation)

산출평가는 프로그램의 실시단계와 종료단계에서 목표달성에 대한 결과를 측정 및 해석함으로써 프로그램의 지속 및 종료, 수정 여부 등을 결정하고자 하는 평가방식이다. 그렇기 때문에 산출된 결과를 프로그램의 목표나 상황, 투입 및 과정과 관련된 정보와 연계시키는 데에 중점(김용현 외 3, 2016)을 둔다. 또한 목표와 연계된 준거를 조작적으로 정의·측정하고, 그 결과를 사전에 결정된 기준이나 준거와 비교하며, 산출결과를 상황·투입·과정정보와 관련시켜 해석하고 환류하여 새로운 결정을 하는 데에 도움을 준다.

김한별 외 2인(2010)에 의하면, 산출평가는 사전에 의도한 결과뿐만 아니라 비의도적인 결과도 포함하며, 기간적으로도 프로그램 종료 후 즉각적으로 측정 가능한 결과와 함께 장기적인 결과까지도 평가대상에 포함된다.

Stufflebeam의 의사결정 중심 평가모형은 프로그램을 계획하고 실행하는 것이 하나의 연속적인 활동이므로 상황, 투입, 과정 및 산출평가가 순환적으로 계속 돌면서 산출평가가 다시 상황의 대상으로 재투입된다는 것을 나타내고 있다. 이 모형은 기존의 평가모형에 비해 평가대상의 폭이 넓고, 프로그램의 여러 상황에 대한 평가가 가능하며, 의사결정과 평가 간의 체계적인 접근이 가능하다는 장점(김용현 외 3, 2016)이 있다. 반면에, 평가자가 가치판단을 회피하고 주요한 가치판단을 의사결정자에게 위임한다는 약점을 가지고 있으며, 평가가 너무 복잡하고 완벽하게 실천되기 위해서는 많은 비용이 든다는 제한점(김용현 외 3, 2016)도 지니고 있다.

4) 가치판단 중심 평가모형

가치판단 중심 평가모형은 프로그램의 가치를 판단하는 데에 중점을 두고 있다. 즉, 프로그램 참여자들의 학습목표 달성도를 일률적으로 평가하는 것이 아니라, 이들이 프로그램에 참여함으로써 획득한 성찰 또는 인식이나 태도변화를 파악하는 접근법(신용주, 2017)을 의미한다. 이는 Tyler의 목표 중심 평가모형과는 반대되는 탈목표 평가모형으로, R. E. Stake에 의해 제안되었다.

Stake(1975)는 기술과 판단이 평가를 구성하는 가장 중요한 요소로 보았다. 즉, 특정 프로그램을 제대로 평가하려면 해당 프로그램을 충분히 기술하고 판단해야 한다는 것이다. 그에 의하면, 평가는 평가의뢰인을 중심으로 이루어짐으로써 의뢰인의 요구에 답하는 데에 중점을 두어야 하고, 평가대상 프로그램에 관련된 선행조건, 진행과정 및 산출결과를 기술해야 하며, 의도한 결과뿐만 아니라 부수적인 효과나 우발적인 결과에도 관심을 가져야 한다. 또한 평가자는 최종적인 결론을 독자적으로 내리지 말고, 평가대상 프로그램 관련자들의 판단을 수집・분석・반영하는 데에 비중을 두어야 한다고 주장(김용현 외 3, 2016)했다.

가치판단 중심 평가모형은 일반적으로 평생교육 현장에서 프로그램 참여자들의 반응을 확인하고, 그들의 만족도와 요구충족도를 파악하는 용도로 활용되고 있다. 그 이유는 프로그램 참여자들이 프로그램에 포함된 교재, 교수자, 시설, 방법 및 내용 등에 종합적으로 반응할 수 있도록 평가방법을 설계함으로써 초보 평가자라도 쉽게 접근할 수 있기 때문이다.

이 평가모형은 거시적인 관점에서 종합적으로 평가에 접근하며, 기술적인 자료와 판단자료를 구분하고 그 관계를 중시하는 한편, 평가에서 판단의 역할을 부각시켰다는 점에서 긍정적인 평가를 받고 있다. 그러나 지나치게 이상적인 측면으로 평가를 실행함에 있어서 적합한 자료수집 방법의 개발이 어려울 뿐만 아니라, 충분히 기술하고 판단하기 위해서는 지나치게 복잡한 과정과 막대한 비용이 소요된다는 단점이 있다(김용현 외 3, 2016).

4. 평생교육 프로그램 평가의 방법과 절차

프로그램 평가방법 및 절차는 평가과정의 설계 → 평가방법의 선정 및 개발 → 평가자료의 수집 및 분석 → 평가결과의 보고 및 활용 등의 단계를 거치는데, 이를 좀 더 구체적으로 살펴보기로 한다.

1) 평가과정의 설계

일반적으로 평가의 목표는 수립된 평생교육의 목표를 얼마나 달성했는지 또는 그 목표를 달성하기 위해 작성된 평생교육 프로그램의 계획이나 해당 프로그램이 얼마나 효율적으로 수행되었는지 등을 측정함으로써 보다 나은 다음의 교육을 실시하고자 하는 데에 있다. 따라서 프로그램 평가를 위해서는 평가가 실시되고 그 결과를 어떻게 활용할 것인가에 대해 구체적으로 계획을 세워야 한다고 신용주(2017)는 주장하고 있다. 또한, 배호순(2008)은 평과과정을 설계할 때 고려해야 할 요소를 여섯 가지로 들고 있다. 첫째, 어떤 목적으로 평가하고자 하는가, 둘째, 평가 요구자와 핵심 관련자는 누구인가, 셋째, 어떤 접근방법으로 평가하고자 하는가, 넷째, 특별히 고려할 점은 무엇인가, 다섯째, 중요한 평가준거와 기준은 무엇인가, 여섯째, 평가자원은 무엇인가 등이 그것이다.

뿐만 아니라 R. Caffarella(1994)는 평생교육과정을 체계적으로 설계하기 위해서는 다음과 같은 열두 가지 방법을 사용할 것을 제안한 바 있다.

- 평가결과에 영향을 미치는 사람 및 단체들로부터 평가에 대한 지원이나 지지를 확보해야 한다.
- 평가를 기획하고 감독할 사람을 선정해야 한다.
- 평가의 목적과 평가결과의 활용방법을 기술해야 한다.
- 평가의 내용과 문항을 구체화해야 한다.
- 평가를 누가 할 것인지를 결정해야 한다.
- 활용될 평가방법을 구체화해야 한다.
- 자료수집 방법과 시기를 결정해야 한다.
- 분석절차를 구체화해야 한다.

- 평가의 기준과 준거를 구체화해야 한다.
- 구체적인 평가일정과 예산을 결정해야 한다.
- 평가를 실시한 후에는 평가보고서를 작성해야 한다.
- 평가결과에 따른 제안사항에 대한 기관의 반응을 유도해야 한다.

이러한 점들을 살펴볼 때 평가과정의 설계는 평가를 위한 판단근거를 수집하고 설정하는 일을 어떻게 수행하며 전개할 것인가라는 질문에 답변하는 일(김용현 외 3, 2017)이라고 할 수 있다. 그러므로 먼저 거시적인 관점에서 평가의 골격을 정한 후에 미시적으로 구체적인 평가활동을 단계별로 계획하는 것이 필요하다.

2) 평가방법의 선정 및 평가도구의 개발

(1) 평가방법의 선정

평가과정을 설계한 후에는 평가자료를 수집하고 분석하게 되는데, 여기서 일차적으로 해야 할 일은 평가방법을 결정하는 것이다. 평가방법은 프로그램의 목표, 학습내용과 수준, 집단의 규모나 시설 여건, 학습자들의 특성 및 평가비용 등을 고려하여 선정되어야 한다. 그리고 한 가지 방법만이 아니라 여러 가지 방법을 병행하여 활용할 수 있다.

평생교육 프로그램 평가에서 자주 사용되는 방법을 차갑부(1999)와 권이종 외 8인(2001)은 질문지법, 면접법, 관찰법, 논평 그리고 녹음・녹화로 구분했고, 신용주(2017)는 관찰법, 인터뷰, 설문조사법, 시험 그리고 포트폴리오로 분류했다. 뿐만 아니라 Caffarella & Daffron(2013)은 관찰법, 면담법, 설문지법, 사전・사후검사법, 성과검토법, 수행검토법, 기관/지역사회 자료 및 서류, 포트폴리오, 손익분석법, 표적집단법, 자기평가법, 스토리텔링법 그리고 비공식적 상호작용 등 열두 가지로 분류(최은수 외 6, 2016. 재인용)한 바 있다. 이 중에서 질문지법, 관찰법, 면담법, 논평, 녹음・녹화, 포트폴리오, 자기평가법 그리고 스토리텔링법에 대해 간략하게 소개해 본다.

첫째, 질문지법은 가장 일반적으로 활용되는 기법이다. 이 방법은 질문지를 활용하여 프로그램의 설계, 진행 및 결과에 대한 조사대상자의 인식과 태도 등의 정보를 객관적이고 신속하게 수집할 수 있다는 장점이 있다. 그러나 예기치 않은 반응에 대해서는 평가하기 어려울 뿐만 아니라, 잘못 제작된 질문지는 프로그램에 대한 편향된 반응을 유도할 우려도 있다.

둘째, 관찰법은 프로그램 진행과정을 살펴보는 방법인데, 학습자들의 행동을 체계적으로 관찰하고 기록하며, 수행되는 과정에 강조점을 두고 있다. 그리고 교수자와 학습자의 행동이나 태도를 직접 파악할 수 있다는 장점이 있는 반면, 관찰자의 편견이나 선입관이 개입할 위험이 있다. 관찰이 효과적으로 이루어지려면 관찰자에게 관찰내용을 객관적이고 정확하게 기록 및 분석하는 능력이 요구된다.

셋째, 면접법은 인터뷰라고도 하며, 얼굴을 대면하고 평가자와 평가 대상자가 서로 개인적인 질문과 대답을 주고받는 것이다. 이 방법은 평가결과를 쉽게 수량화할 수 없고, 예기치 못한 생각과 반응을 찾아내는 데에 가장 적합하다. 또한 비교적 시간이 적게 들고 소규모 집단에 사용하는 것이 바람직하다. 성공적인 면접을 위해서는 면담자와 심리적인 친밀감을 형성하는 것이 중요하다.

넷째, 논평은 프로그램에 참여한 학습자들에게 프로그램 전반에 대해 자신의 소감을 기록하도록 하는 것이다. 이 방법은 사람들의 예기치 않은 반응을 알아보는 데에 매우 유용하다. 그러나 분석하기 어렵고 대표성이 없는 평가자료를 만들어 낼 가능성도 있다. 논평자료를 수집하는 일은 비교적 쉽지만 결과를 해석하기는 어렵다. 따라서 논평자료가 수집되면 모든 자료를 면밀히 검토하여 유사한 반응끼리 분류하고 묶어서 그 결과를 분석해야 한다.

다섯째, 녹음과 녹화는 녹음기나 비디오를 활용하여 프로그램 진행과정과 학습자들의 태도 등을 영구적으로 기록할 수 있는 방법이다. 이는 교수자의 질적 수준을 평가하는 방법으로 활용될 수 있다. 또한 교수자가 직접 자신의 교수활동을 녹음·녹화하고 이를 관찰함으로써 스스로 수정 및 보완하는 데에도 활용 가능하다. 이는 녹음과 녹화의 가장 큰 장점이 된다.

여섯째, 포트폴리오는 학습자가 일정 기간 동안 성취한 작업내용을 시간순으로 보여주기 위한 작품모음집을 말한다. 따라서 학습자의 학습과정을 쉽게 알 수 있다는 특징이 있다. 특히, 학습자의 초기 작품과 최근의 작품을 함께 제출하도록 함으로써 학습자의 발전과정까지도 파악이 가능하다.

일곱째, 자기평가법은 개인 또는 집단으로 학습자 스스로 평가하여 보고하도록 하는 방법이다. 개인적으로 작성한 일지나 비디오 녹화테이프, 포트폴리오, 학습과정에서의 토의내용 등을 토대로 평가할 수 있다. 뿐만 아니라 프로그램 개발자나 교수나 및 관리자 등도 이 과정을 활용할 수도 있다.

여덟째, 스토리텔링법은 학습자로 하여금 어떤 그림이나 사진 등을 보며 프로그램의 특정 부분과 연관 지어 이야기를 하게 하는 방법이다. 이 방법은 평가 대상자들에게 발생한 일이나 유익한 점, 잘 된 점이나 잘 되지 않은 부분에 대해 이야기를 하게 함으로써 이를 분석하고 더 나아가 특정 부분과 관련된 통찰을 제공하는 풍부한 자원이 될 수 있다.

(2) 평가도구의 개발

평가도구란 평가를 실시하는 데에 필요한 자료를 수집하고 해석할 수 있도록 돕는 장치라고 할 수 있다. 따라서 모든 평가는 평가목표의 달성을 위해 필요한 내용을 적절한 방법으로 측정할 수 있는 정확한 평가도구를 선정 또는 개발하는 데에 달려 있다고 해도 과언이 아니다. 평가에서 자주 사용되는 검사도구로는 조사용 질문지, 면접용 질문지, 관찰도구, 검사도구, 목록표, 현장방문 및 청문일지 등이 있다. 이 중에서 평가자는 수집할 자료의 성격, 측정활동의 효율성 그리고 대상자의 접촉 용이성 등을 고려하여 적합한 도구를 선정해야 한다.

특히, 좋은 평가도구가 되기 위해서는 타당도, 신뢰도, 객관도, 실용도 및 변별도 등이 갖추어져야 한다. 타당도는 평가도구가 원래 측정하고자 했던 것을 정확하게 측정하고 있느냐와 관련된 것이다. 신뢰도란 평가도구가 측정하고 있는 것을 오차 없이 측정하고 있느냐와 관련되어 있으며, 객관도는 평가자의 주관적인 편견이 얼마나 배재되어 있느냐와 관련된 것이다. 이 세 가지는 좋은 평가도구의 구비요건 중에서 이론적 지표인 반면에, 실용도는 실용적 지표에 해당한다. 실용도란 평가도구가 시간이나 돈 등을 적게 들이고도 유용하게 쓸 수 있느냐와 관련된 것이다. 마지막으로 변별도는 학습자의 교육목표나 프로그램 목표달성도를 측정하는 데에 있어서 가깝게 또는 좀 멀리 도달한 학습자를 어느 정도 구별해 내느냐와 관련이 있다.

3) 평가자료의 수집 및 분석

일반적으로 프로그램의 평가를 위한 자료의 수집은 프로그램이 시작되기 전부터 해당 프로그램이 진행되고 있는 중간이나 프로그램이 종료된 직후 그리고 프로그램이 종료되고 시일이 경과한 후에도 계속적으로 이루어져야 한다. 첫째, 프로그램 실시 전에는 참여대상자들의 수준을 파악하기 위한 기초자료를 수집하게 된다. 둘째, 프로그램 실시 중에는 현장에서 학습자나 교수자의 반응을 알아봄으로써 프로그램을 개선할 목적으로 활용된다. 셋째, 프로그램이 종료된 직후에는 만족도 조사를 통해 학습자들의 만족도나 반응을 확인한다. 이 결과를 프로그램이 시작되기 전에 수집된 평가자료와 비교해 봄으로써 학습자들의 수준이 얼마나 향상되었는지 혹은 프로그램 개선사항을 밝히는 데에 활용 가능하다. 마지막으로, 프로그램이 종료되고 일정한 시간이 경과한 후에는 추수평가를 통해 참여자들의 지식 수준, 수행능력, 가치와 태도의 변화 등을 살펴볼 수 있다.

이렇게 평가에 필요한 자료가 수집된 후에는 자료분석을 위한 절차를 거쳐야 하는데, 올바른 자료를 수집하기 위해서는 다음(차갑부, 1999)과 같은 지침을 활용하는 것이 필요하다.

- 질문지나 논평 등을 익명으로 해야 한다.
- 분명하고 정확한 안내문이 제시되어야 한다.
- 면접이나 토론, 관찰은 평가결과에 직접적으로 영향을 끼치지 않는 사람들에 의해 수행되어야만 공정하고 신뢰할 수 있는 결과를 얻을 수 있다.
- 자료수집의 형식이나 방법을 결정하기 위한 적절한 시간이 주어져야 한다.
- 시험이나 휴일 등 특별한 날의 직전이나 직후에 정보가 수집되어서는 안 된다.
- 학습자들이 교수자와 학습내용에 익숙해질 수 있는 충분한 시간이 주어진 후에 자료가 수집되어야 한다.
- 타인을 의식하는 상황하에서는 응답자가 자유롭게 기술하지 못하므로, 자연스러운 상황에서 정보가 수집되어야 한다.
- 부정확한 정보나 편파적인 판단을 해서는 안 되기 때문에 가능하다면 자신의 정보와 다른 정보를 대조하여 검토하는 것이 필요하다.

자료분석 시에는 자료의 종류에 따라 주로 양적 방법, 질적 방법, 다중 방법 등 세 가지 방법이 활용된다. 첫째, 양적 방법은 설문지, 검사, 2차 자료 등을 통해 수집된 자료를 수량화하여 분석하는 방법이다. 주로 통계절차를 활용한다. 둘째, 질적 방법은 다양한 자료에 대한 풍부한 서술과 시각적 묘사 등을 통해 분석하는 방법이다. 셋째, 다중방법은 양적 및 질적 방법을 모두 활용하여 자료를 분석하는 방법이다. 다중분석 방법의 가장 큰 장점은 평가방식을 유연하게 하고 예상하지 않은 결과와 새로운 질문이 나타나는 상황에 적합하다는 데 있다. 그러나 다중방법은 매우 까다로워서 프로그램 개발자들은 잘 활용하지 않는다.

4) 평가결과의 보고 및 활용

평가자료를 분석한 후에는 그 결과를 어떻게 보고하고 활용할 것인가를 결정해야 하는데, 그 이유를 배호순(2008)은 평가결과를 통해 프로그램을 개선하고 홍보하는 데에 활용할 수 있기 때문이라고 했다.

이 단계에서 평가자는 우선 평가보고의 목적을 설정해야 한다. 평가목적의 성격에 따라 어떤 내용을 담을 것인지, 평가자료를 어떻게 제시할 것인지, 보고서 양식을 어떤 방식으로 할 것인지, 제출시기나 그 대상자를 어떻게 결정할 것인지가 달라지기 때문이다.

다음으로 평가보고서를 작성해야 하는데, 이는 평가에 대한 공식적인 기록이라고 할 수 있다. 여기에는 평가기간 동안 진행된 모든 활동과 그 결과들이 담겨 있어야 한다. 그리고 읽는 사람이 쉽게 이해할 수 있도록 작성되어야 하는데, 일반적으로 평가결과 보고서에는 평가의 근거와 목적, 평가대상 프로그램의 간략한 설명, 평가준거의 설정, 평가자료의 수집방법 및 절차, 평가결과 및 결론, 권고 및 제언 등이 포함된다. 특히, 평가보고서는 프로그램의 평가결과를 토대로 프로그램에 관한 다양한 의사결정을 내리는 데에 활용된다고 신용주(2017)는 밝힌 바 있다. 따라서 보고서는 프로그램 개선을 위한 기초자료인 동시에 프로그램의 성과에 대한 좋은 홍보자료로 활용될 수 있는 것이다.

뿐만 아니라, 이화정 외 2인(2005)은 평가보고서 작성이 끝난 후에는 관련자회의를 통해 프로그램의 결과를 검토하고 기관에 최종보고서를 제출하게 된다고 했는데, 그 이유는 평가모임에서 문제점 분석과 과정 개선방안을 찾아 해당 단계별로 피드백을 함으로써 다음 프로그램 개발을 위한 개정작업이 진행되기 때문이다.

제3부

평생교육 프로그램 개발 및 운영사례

제12장

평생교육 프로그램 개발사례*

1. 프로그램 개발의 필요성 및 목적
2. 상황분석과 요구분석
3. 학습내용과 교수방법
4. 자원확보 및 관리
5. 홍보와 마케팅
6. 평가

* 공저자 정지수가 평화교육활동에서 사용할 목적으로 개발한 자료를 본 저서의 집필 취지에 부합하도록 수정·보완한 사례임.

1. 프로그램 개발의 필요성 및 목적

급격한 산업화와 도시화는 사람들의 생활을 바꾸어 놓았고, 가족의 모습도 변화시켰다. 과거에는 여러 세대가 함께 모여 사는 대가족이 많았지만 오늘날에는 핵가족 및 1인 가족이 많아졌으며 이와 더불어 한부모가족, 조손가족, 입양가족 등 다양한 형태의 가족이 늘어났다. 이는 가족 간에 있어서 관계의 어려움을 만들어내고 있다.

우리의 생활을 편리하게 해 주는 문명의 이기는 소통을 단절시키는 원인이 되고 있다. 가족들이 모여 있는 시간에도 TV를 보거나 스마트폰을 놓지 못하고 서로 대화를 나누는 대신, 각자의 물건들과 시간을 보내는 경우가 많아졌다.

맞벌이 부부의 증가와 아이들의 바쁜 스케줄도 가족 간의 대화를 단절시키는 요인이 된다. 가족 구성원 모두가 바쁜 현대인들은 모두가 한 자리에 모일 수 있는 시간이 부족하다. 이러한 소통의 부재는 갈등이 생겼을 때 더욱 해결하기 어렵게 만든다.

부부 간, 부모와 자녀 간 갈등의 원인은 대화의 단절, 소통의 부재에서 비롯되며, 그 관계는 더욱 악화된다. 효과적인 의사소통 방법을 배우고 익힌다면 자신의 생각과 감정을 잘 전달할 수 있고, 진정한 소통을 나눌 수 있게 된다. 이는 곧 가족 관계를 회복시키고, 행복한 가정을 만들어 나가는 출발점을 만들어 줄 것이다.

가정은 사회의 기본 단위로, 행복한 가정의 성립은 건강한 사회의 뿌리 역할을 한다. 가족 구성원들이 서로를 이해하는 가운데 이루어지는 민주적 의사소통은 친밀한 가족 관계를 유지할 수 있게 하며, 나아가 사회에서 원만한 인간관계를 형성할 수 있게 한다.

이에, 본 프로그램은 가족 간 갈등해결을 위한 평화공감소통학교 프로그램으로서 가족 구성원들의 원활한 의사소통을 통해 행복한 가정을 만들 수 있도록 돕는 데 그 목적이 있다. 서로 존중하고 배려하는 가정 내 문화를 만들어 행복한 삶의 창조를 위한 밑거름을 만들고자 한다. 이 프로그램의 세부적인 목적은 다음과 같다.

첫째, 가족 구성원 각자의 차이를 인식하고 서로를 이해한다.

둘째, 긍정적인 의사소통의 방법을 습득함으로써 가족 간 갈등을 감소시키고 관계를 개선한다.

셋째, 존중하고 배려하는 가족 문화를 만든다.

2. 상황분석과 요구분석

1) 상황분석

(1) 학습자분석

예상 학습자는 두 명 이상의 가족관계로 이루어진 집단들로, 과거에 갈등을 경험했거나 현재까지 갈등이 이어지고 있다는 특성을 지닌다. 또한 갈등 상황은 없지만 더 나은 의사소통을 배우기 원하는 경우도 있다.

함께 참여하는 학습자들의 관계는 부부 사이일 수도 있고, 부모와 자녀 사이일 수도 있어서 특정하기 어렵다. 갈등의 상황 또한 다양하다. 학습자 간의 관계가 다양하기 때문에 학습자의 연령도 노년층부터 청소년층까지 다양하다.

이처럼 학습자의 연령, 상황, 배경지식 등의 특성이 모두 다르기 때문에 다양한 학습자를 아우를 수 있는 참여형 교육이 적절하다.

(2) SWOT 분석

Strength (강점)	Weakness (약점)
1. 가족 내 갈등이 있는 경우와 그렇지 않은 경우 모두 교육에 참여할 수 있기 때문에 많은 수요가 있을 것이다. 2. 프로그램이 진행되는 동안 가족 간의 대화를 시작할 수 있어서 만족감이 높아질 것이다.	1. 갈등 상황이 심각할 경우 짧은 교육 시간 내에 눈에 보이는 결과를 얻기 어려울 수 있다. 2. 후속 및 심화 프로그램의 부재가 약점이 될 수 있다.

Opportunity (기회)	Threat (위협)
1. 의사소통 방법을 익혀 가족뿐만 아니라 사회 활동을 하면서 타인과도 원활한 소통을 해 나갈 수 있다. 2. 가정 내 폭력, 불화, 해체 등의 문제가 증가하고 있는 현실 속에서 문제를 해결할 수 있는 하나의 대안이 될 수 있다.	1. 관계 회복이 필요한 사람들이 함께 지속적으로 참여하는 것이 쉽지 않다. 2. 일상에 돌아가서 실천하지 못한다면 갈등 상황이 지속될 가능성이 있다.

(3) SWOT 전략

내적 요소 / 외적 요소	Strength (강점)	Weakness (약점)
Opportunity (기회)	<S-O> 2-2 실제 자신의 가정 사례를 가지고 실습하고, 갈등의 주체들이 함께 해결방안 모색 1-1 바람직한 의사소통 방법의 제시 및 실습	<W-O> 1-2 배려하고 존중하는 가정 내 문화 확립을 위한 약속만들기 2-1 바람직한 의사소통을 위한 실천 매뉴얼
Threat (위협)	<S-T> 2-1 교육일정에 모두 참가해야 함을 사전에 안내 2-2 교육 후 일상에 돌아가서 실천해야 할 과제 제시	<W-T> 1-1 모든 일정에 참여하고 열심히 한 가족에게 상을 줌 2-2 참여자들끼리 후속 동아리 모임이 추진될 수 있도록 지원

2) 요구분석

(1) 설문지를 통한 학습자의 요구분석

프로그램 요구조사 설문지

'가족 간 갈등해결을 위한 평화공감소통학교'는 가족 간 원활한 의사소통을 돕기 위한 프로그램입니다. 다음은 이 프로그램에 대한 요구조사 설문지입니다. 질문을 잘 읽고, 성심껏 대답해 주시기 바랍니다.

◈ 기본 사항

1. 성별 ① 남자 ② 여자
2. 연령대 ① 10대 ② 20대 ③ 30대 ④ 40대 ⑤ 50대 ⑥ 60대 이상
3. 거주지역 ① 종로구 ② 용산구 ③ 마포구 ④ 관악구 ⑤ 강남구 ⑥ 기타 ( )
4. 학력 ① 초등학교 재학 ② 중·고등학교 재학 ③ 고졸 ④ 대학 재학 ⑤ 대졸 ⑥ 대학원 이상
5. 직업 ① 학생 ② 회사원 ③ 공무원 ④ 자영업 ⑤ 주부 ⑥ 기타 ( )

◈ 요구조사 관련

6. 가족 간 갈등이 자주 있습니까? ( )
   ① 매우 그렇다 ② 그렇다
   ③ 보통이다 ④ 그렇지 않다
   ⑤ 전혀 그렇지 않다

7. 갈등의 주체는 어떤 관계입니까? ( )
   ① 부부 ② 부모와 자녀
   ③ 조부모와 손주 ④ 형제, 자매
   ⑤ 기타 ( )
8. 갈등을 해결하기 위해 대화나 노력을 하고 있습니까? ( )
   ① 매우 그렇다 ② 그렇다
   ③ 보통이다 ④ 그렇지 않다
   ⑤ 전혀 그렇지 않다

9. 서로 공감하고 대화하는 방법이 갈등해결에 도움이 될 수 있을 것이라고 생각합니까? ( )
   ① 매우 그렇다 ② 그렇다
   ③ 보통이다 ④ 그렇지 않다
   ⑤ 전혀 그렇지 않다

10. '가족 간 갈등해결을 위한 평화공감소통학교' 프로그램에 참여할 의향이 있습니까? (　　　)

① 매우 그렇다　② 그렇다
③ 보통이다　④ 그렇지 않다
⑤ 전혀 그렇지 않다

♧ 설문에 응해 주셔서 감사합니다.

(2) 요구분석 결과

항목	①	②	③	④	⑤	⑥
1	5	15	-	-	-	-
2	2	1	4	6	5	2
3	2	4	4	2	4	4
4	0	3	7	2	7	1
5	6	2	1	5	5	1
6	1	2	10	5	2	-
7	6	8	0	2	4	-
8	1	7	6	5	1	-
9	2	10	6	1	1	-
10	4	8	7	1	0	-

3. 학습내용과 교수방법

1) 프로그램 세부내용

• 1차시

수업명	자기 존중과 타인 이해	장소	○○구 평생교육관
담당	강사 1명, 보조 1명	시간	120분
참가대상	관계 회복이 필요한 가족 또는 평화로운 의사소통을 실천하고 싶은 가족	참가인원	20명
수업목표	1. 프로그램의 목적과 내용, 방법을 안다. 2. 의사소통의 방법을 이해한다.		
단계	내용		
도입	1. 강사와 보조강사를 소개한다. 2. 프로그램의 목적과 내용, 방법을 안내한다. 3. 수업목표를 확인한다.		
전개	4. 돌아가며 말하기(연결하기)[1]의 방식으로 토킹스틱[2]을 활용하여 모두의 목소리를 들어본다. 이 프로그램에 참여하게 된 동기가 무엇인지, 무엇을 기대하는지에 대해서 이야기를 나눈다. 5. 프로그램이 진행될 동안 수업과 관련하여 서로 어떤 것을 지키면 좋을지 이야기를 나누고, 모두가 지킬 수 있는 약속을 정한다. 사소한 사항부터 중요한 것까지 구체적인 약속을 만든다. 6. 동심원으로 앉아 짝과 등을 대고 앉는다. 한 명은 진행자가 제시하는 것을 종이에 그린다. 그림이 완성되면 다른 한 명은 짝의 설명만 듣고 짝이 그린 그림을 추측해서 똑같이 그린다.		

1) 참여자 모두가 한 마디씩 돌아가며 말하는 방식. 소외되는 사람을 막을 수 있고, 소극적인 참여자의 의견도 들을 수 있다.

2) 토킹스틱(talking stick)은 아메리카 원주민 부족회의에서 발언권을 표시하기 위해 사용하던 도구이다. 이것을 가지고 있는 사람이 말을 하고, 다른 사람들은 온전히 듣는 방식으로 사용한다.

-계속-	반대로 한 번 더 진행한다. 이때는 추측해서 그림을 그리는 사람이 궁금한 점들을 질문할 수 있다. 활동을 통해 의사소통과 관련하여 깨달은 점을 나눈다. 7. 간단한 게임으로 분위기를 전환하고 친밀감을 형성한다. 8. 4명씩 조를 만든다. 각자가 만들고 싶은 모양을 상상한다. 각 조에 한 장씩 종이를 나누어 준다. 종이를 살짝 찢어서 옆 사람에게 주는 것을 반복하며 자신이 생각했던 모양으로 만들어 나간다. 이때 서로 말을 할 수 없고, 자신이 어떤 모양을 만들고 싶은지 설명할 수 없다. 마지막에 완성된 모양과 자신이 생각했던 모양이 같은지, 다른지 확인한다. 활동을 통해 의사소통과 관련하여 깨달은 점을 나눈다.
마 무 리	9. 교육내용을 정리하고, 소감을 나눈다. 10. 다음 수업까지 일상에서 실천해야 할 과제를 제시한다. 11. 다음 차시 계획을 공지한다.

• 2차시

수 업 명	상호 존중	장 소	○○구 평생교육관
담 당	강사 1명, 보조 1명	시 간	120분
참가대상	관계 회복이 필요한 가족 또는 평화로운 의사소통을 실천하고 싶은 가족	참가인원	20명
수업목표	1. 공감 대화와 의사소통의 방법을 이해한다. 2. 경청과 비언어적 표현의 중요성을 이해한다.		
단 계	내 용		
도 입	1. 지난 수업내용을 돌아본다. 2. 수업목표를 확인한다. 3. 약속을 확인하고, 수정할 사항이 있다면 수정한다. 4. 과제를 잘 수행했는지 확인한다.		
전 개	5. 토킹스틱을 사용한 돌아가며 말하기. 누군가가 자신의 말이나 행동에 공감을 해주었던 경험과 공감을 해주지 않았던 경험을 서로 나눈다.		

-계속-	6. 황당하거나 억울하거나 미안한 상황을 제시하며 어떤 느낌인지 나누고, 같은 상황인데 내가 아닐 경우에 어떤 느낌인지 나눈다. 같은 상황에서 '나'일 때와 '너'일 때 어떤 차이가 있는지 살펴보고, 공감이 무엇일지에 대해 이야기를 나눈다. 7. 간단한 게임으로 분위기를 전환하고 친밀감을 형성한다. 8. 평소에 공감해줄 때 하는 문장이 무엇인지 나눈다. 각자가 듣고 싶지 않은 말을 하나씩 생각하고, 평소에 공감해 주는 문장들로 공감해본다. 그 문장이 공감에 도움이 되는지 각자가 느낀 점을 나눈다. 9. 가족끼리 서로 마주 보고 대화를 나누는 시간을 갖는다. 진행자의 질문을 듣고 주제에 맞는 이야기를 나누도록 한다. 첫 번째는 상대의 이야기를 온전히 듣는 시간을 갖는다. 두 번째는 들은 이야기를 그대로 재진술한다. 세 번째는 말하는 사람의 느낌을 반영한다. 네 번째는 말하는 사람의 욕구까지 반영한다. 공감대화를 나누며 느낀 점을 나누고, 어려운 점은 무엇인지 확인한다.
마 무 리	10. 교육내용을 정리하고, 소감을 나눈다. 11. 다음 수업까지 일상에서 실천해야 할 과제를 제시한다. 12. 다음 차시 계획을 공지한다.

• 3차시

수 업 명	새로운 갈등 대응 방식	장 소	○○구 평생교육관
담 당	강사 1명, 보조 1명	시 간	120분
참가대상	관계 회복이 필요한 가족 또는 평화로운 의사소통을 실천하고 싶은 가족	참가인원	20명
수업목표	1. 갈등에 대응하는 방법을 이해한다. 2. I-message를 이해하고 실습할 수 있다.		
단 계	내 용		
도 입	1. 지난 수업내용을 돌아본다. 2. 수업목표를 확인한다.		

-계속-	3. 약속을 확인하고, 수정할 사항이 있다면 수정한다. 4. 과제를 잘 수행했는지 확인한다.
전 개	5. 토킹스틱을 사용한 돌아가며 말하기. 갈등상황이 생길 때 평소에 자신이 어떻게 대응했는지에 대해 나눈다. 6. 평소의 갈등 대응 방식들을 포스트잇에 적어 전지에 붙인다. 상대방이 간섭, 공격, 거부, 배척, 무관심할 때 자신의 대응 방식을 떠올리게 한 후 적게 한다. 전지에 붙여진 포스트잇의 내용 중 비슷한 것들은 묶어서 분류한다. 7. 소그룹 대화를 통해 A와 B 두 사람에게 과일이 딱 한 개만 주어졌을 때 무엇을 할지 브레인스토밍한다. 최대한 많은 아이디어를 내도록 한다. 아이디어를 비슷한 것끼리 묶어 분류한다. 8. 새로운 갈등 대응 방식을 설명한다. 칠판 또는 전지를 사용하거나 ppt를 활용한다. A 또는 B 한 사람이 이기는 방식, 둘 다 손해를 보는 방식, 둘이 한 발씩 양보하여 타협하는 방식, A와 B가 모두 좋은 방식을 설명하고, 브레인스토밍에서 나온 아이디어들이 어디에 속하는지 이야기 나눈다. 9. 각자가 가지고 있는 갈등사례 중 함께 나누고 싶은 것을 선정한다. Role plays(역할연기)를 통해 갈등 당사자들 모두에게 좋은 해결방식을 찾도록 한다. 이때 갈등사례의 주인공은 자신과 갈등상황에 있는 상대방을 연기하도록 한다. 다른 사람 속으로 들어가서 역할연기를 하는 동안 통찰을 얻을 수 있다. 외부의 사람들은 상황을 지켜보다가 연기를 하는 사람들에게 조언을 해주는 역할을 한다.
마 무 리	10. 교육내용을 정리하고, 소감을 나눈다. 11. 다음 수업까지 일상에서 실천해야 할 과제를 제시한다. 12. 다음 차시 계획을 공지한다.

• 4차시

수 업 명	우리 가족의 '존중의 약속' 만들기	장 소	○○구 평생교육관
담 당	강사 1명, 보조 1명	시 간	120분
참가대상	관계 회복이 필요한 가족 또는 평화로운 의사소통을 실천하고 싶은 가족	참가인원	20명
수업목표	평화 감수성을 기반으로 서로 존중하고 협력하는 태도를 기른다.		
단 계	내 용		
도 입	1. 지난 수업내용을 돌아본다. 2. 수업목표를 확인한다. 3. 약속을 확인하고, 수정할 사항이 있다면 수정한다. 4. 과제를 잘 수행했는지 확인한다.		
전 개	5. 앞으로 자신의 가족이 어떤 모습으로 변하게 될지 상상하게 하고, 미래의 가족사진을 그림으로 표현한 후 돌아가며 말하기 방식으로 함께 나눈다. 6. 짝과 함께 두 사람이 모두 동의할 수 있는 '우리 가족 약속'을 만든다. 4절지에 약속의 제목과 항목을 적고 예쁘게 꾸민다. 활동이 끝난 후 발표한다. 7. 간단한 게임으로 분위기를 전환하고 친밀감을 형성한다. 8. 종이의 가장 왼쪽에 0을 적고, 몇 살까지 살고 싶은지 생각한 후 가장 오른쪽에 그 나이를 적는다. 지금까지의 자신의 삶을 돌아보며 0에서 시작해서 현재 시점까지를 그림으로 표현한다. 현재 이후에 어떤 삶이 펼쳐질지 상상하며 그림을 마무리한다. 활동을 마친 후 벽에 붙여 전시하고 함께 구경한다.		
마 무 리	9. 교육내용을 정리하고, 소감을 나눈다. 10. 배운 내용을 일상에서 계속해서 실천할 수 있도록 독려하고, 참여자들이 후속 모임을 통해 가족 내 갈등이 잘 해결되었는지 서로 확인하고, 어려운 점이 있다면 조언을 받을 수 있는 자리를 만들 수 있도록 돕는다. 지역 동아리를 제안할 수 있다.		

2) 프로그램 교수방법

(1) 프로그램 교육방법 선정

① 시범실습식 교육

가족 간 갈등해결을 위한 평화공감소통학교는 학습자가 직접 경험을 통한 지식을 습득하도록 돕는다. 단순히 지식을 전달하는 것이 목적이 아니므로 강의법보다는 시범실습식 교육이 적합하다. 설명단계에서 교수자의 설명으로 학습자의 이해도를 높이고, 시범 단계에서 직접 시범을 보인다. 그 후 실습단계와 감독단계가 이루어진다. 학습자들이 실제로 직접 해 보고, 교수자는 이를 세밀하게 관찰한다. 마지막으로는 전체적인 학습효과를 평가하는 평가단계를 거쳐 학습을 마무리한다.

② 가치학습

학습자의 가치에 대한 사고력과 판단력 향상을 위해 가치학습 모형들을 활용할 수 있다. 갈등사태를 확인하고, 대안을 검토하며, 선택한 대안에 대한 결과를 예측하고 평가 후 결정하는 '가치탐구학습'을 활용하여 실제 갈등 사례와 그 대안에 대해 생각해 볼 수 있다. 또한 교육의 과정 중 필요에 따라 역할놀이 수업모형을 활용하여 모의상황 속에서 인간 상호작용의 기술을 배울 수 있다.

(2) 프로그램 교육매체 선정

주로 학습자가 직접 경험하며 배우는 실습으로 학습이 이루어지므로 다양한 매체가 필요하지는 않다. 교수자가 설명하는 부분에서 학습자의 이해를 돕기 위해 괘도 또는 칠판을 이용하여 판서를 하거나 컴퓨터 프레젠테이션 프로그램을 활용할 수 있다.

4. 자원확보 및 관리

1) 인적자원 선발 및 관리

다양한 학습자가 참여하고, 갈등상황에 있는 학습자도 있으므로 의사소통 능력을 가진 지도교사가 필요하다. 또한 실습이 교육 중 많은 부분을 차지하기 때문에 참여자들을 함께 도울 수 있는 보조교사가 필요하다. 보조교사는 학습자들이 실습을 할 때 질문에 답을 하고 진행을 도와야 하기 때문에 지도교사와 마찬가지로 의사소통 능력을 가져야 한다.

소통과 공감, 갈등관리 및 해결에 대한 교육경력이 풍부한 지도교사 및 보조교사를 선발해야 한다. 또한 다양한 연령층을 교육한 경험이 있고, 상황에 따라 유연하게 대처할 수 있어야 한다.

2) 물적자원과 관리

프로그램을 진행하기 위해 20~30명이 둥글게 앉을 수 있는 크기의 공간이 필요하고, 개별 의자와 칠판 또는 컴퓨터가 필요하다. 이와 같은 시설과 설비가 잘 갖추어져 있고, 접근성이 좋은 지역 내 평생교육관을 선정하였다.

공간 구성은 책상을 모두 뒤쪽으로 치우고 참여자와 진행자의 수만큼 의자만 동그랗게 놓는다. 궤도나 칠판 또는 컴퓨터를 미리 사용할 수 있게 준비해 놓는다. 간단한 간식과 차를 교육이 이루어지는 교실 입구에 준비해 놓아 교육 전과 쉬는 시간에 자유롭게 이용할 수 있도록 한다.

장소사용◇ 시간은 교육진행 시간보다 여유 있게 설정하여 교육 전에 교육에 필요한 세팅을 하고, 교육 후에는 원래 상태로 되돌려 놓을 수 있도록 한다. 또한 지도교사와 보조교사가 교육 전후에 회의하고 평가할 수 있도록 한다.

5. 홍보와 마케팅

1) 홍보대상

가정 내 갈등이 있는 참여자 또는 의사소통 방법을 배우고 익히고자 하는 참여자에게 홍보한다. 갈등이 있었던 경우 프로그램이 진행되는 과정에서 자기 자신과 상대방에 대한 깊은 이해를 바탕으로 대화를 나누며 갈등을 전환시킬 수 있는 기회를 만들 수 있음을 홍보한다. 가족 간 대화가 줄어들고 있는 현대사회에서 가족과의 소중한 대화의 시간을 만들 수 있다는 점과 의사소통 방식을 배우고 익히는 것은 가정 내에서뿐만 아니라 사회에서 타인과 소통할 때 도움이 된다는 것을 홍보한다.

2) 홍보방법

첫째, 교육이 진행될 평생교육원에 포스터 부착한다.
둘째, 기관 홈페이지 내에 팝업창을 띄운다.
셋째, 지역 주민센터나 복지관, 공원 등에 포스터를 부착한다.
넷째, 지역의 아파트 내 포스터를 부착하고 안내방송도 한다.
다섯째, 지역 내 각급학교에 프로그램을 홍보한다.

3) 모집

(1) 회원모집

- 교육이 진행될 평생교육원이 있는 지역의 주민 및 서울시 거주 주민
- 가족 내 갈등상황이 있어나 의사소통 방법을 배우고 실천하고자 하는 가족 단위의 주민

(2) 강사모집

- 소통, 공감, 갈등 해결 등의 강의 경험이 풍부한 자
- 다양한 연령의 학습자와 만나본 경험이 있는 자

6. 평가

프로그램을 모두 마친 후 참여자들의 만족도를 조사하고 차후에 개선해야 할 점을 파악하고자 한다. 만족도 조사는 설문지를 활용해 평가한다.

<가족 간 갈등해결을 위한 평화공감소통학교> 만족도 조사

본 프로그램에 참가하신 분들을 대상으로 만족도 조사를 실시하고자 합니다. 조사 결과는 본 프로그램에서 개선해야 할 점을 파악하는 자료로 활용됩니다. 질문을 잘 읽고, 성심껏 대답해 주시기 바랍니다.

1. 프로그램에 대해 전반적으로 만족하셨습니까? (　　　　)
   ① 매우 그렇다　② 그렇다
   ③ 보통이다　④ 그렇지 않다
   ⑤ 전혀 그렇지 않다

2. 교육내용이 도움이 되었다고 생각하십니까? (　　　　)
   ① 매우 그렇다　② 그렇다
   ③ 보통이다　④ 그렇지 않다
   ⑤ 전혀 그렇지 않다

3. 본 프로그램을 통해 가족 간 대화의 양과 질이 개선되었습니까? (　　　　)
   ① 매우 그렇다　② 그렇다
   ③ 보통이다　④ 그렇지 않다
   ⑤ 전혀 그렇지 않다

4. 차후에 심화과정이 생긴다면 참여할 의향이 있습니까? (　　　　)
   ① 매우 그렇다　② 그렇다
   ③ 보통이다　④ 그렇지 않다
   ⑤ 전혀 그렇지 않다

5. 본 프로그램에서 가장 좋았던 수업은 무엇입니까? (   )

6. 본 프로그램에서 아쉬웠던 수업은 무엇입니까?

♧ 설문에 응해 주셔서 감사합니다.

제13장

평생교육 프로그램 운영사례**

1. 다문화 대안학교 소개
2. 다문화가정 학생들을 위한 역사교육 프로그램 개발의 필요성 및 목적
3. 프로그램 운영의 실제

** 공저자 정지수가 다문화 대안학교의 동료와 함께 기획하여 개발한 자료로서, 〈아힘나 평화학교〉의 교장 내외와 진행을 맡아 준 김령순 교사의 도움을 받아 외국 국적의 학생들에게 일본 현지에서 운영한 프로그램임.

1. 다문화 대안학교 소개

한국은 다문화사회로 빠르게 변화하고 있다. 다양한 문화의 공존은 더 이상 새로운 이슈가 아니며, 외국인과의 만남은 더 이상 낯설지 않다. 다문화가정은 지속적으로 증가하고 있으며, 다문화가정 자녀들 역시 교육의 주요한 학습자로 등장하고 있다.

다문화가정 자녀들 중 많은 학생은 언어문제 및 문화적 차이, 편견과 차별로 인한 학교 부적응 문제를 겪고 있다. 이는 곧 학교생활의 어려움, 학업중단 등의 학습결손으로 이어지고 있다. 이러한 현상은 다문화가정 자녀들이 일반 학생들과의 교육편차가 가중됨을 의미하기도 한다.

이와 같은 어려움을 겪는 다문화가정 학생들의 문제를 해결하기 위해 다문화 대안학교가 운영되고 있다. 대부분의 다문화 대안학교는 공교육에 적응하기 어려운 다문화가정 학생들이 소외받지 않고 스스로 성장할 수 있는 교육적 환경을 마련하며, 한국 사회의 구성원으로 자라날 수 있도록 돕고 있다.

2. 다문화가정 학생들을 위한 역사교육 프로그램 개발의 필요성 및 목적

오늘날 전 세계는 다양한 문화가 공존하는 사회로 진입했다. 한국도 다문화사회로 변화되는 단계로써 여러 형태의 시행착오를 겪는 중이다. 다문화가정이 증가함에 따라 다문화학생의 비율도 높아지고 있다. 한국교육개발원에 따르면, 2012년 이후 모든 각급학교의 다문화학생 비율은 매년 증가하고 있다. 특히 다문화학생 비율이 가장 높은 초등학교의 경우 2012년 1.1%에서 2016년 2.8%로 2배 이상 증가했으며, 중학교와 고등학교도 2012년 대비 약 2~4배 정도 증가하고 있는 것으로 나타났다.[1]

---

1) 이희동(2017.07.28.). “다문화정책 10년…이젠 자녀교육에 역점 둬야.” 농촌여성신문.

다문화가정 자녀들은 자신의 출생 국가로 인해, 혹은 한국에서 태어났다고 해도 부모님의 다른 문화적 배경으로 인해 일반 한국 학생들과는 다른 교육적 환경을 맞이하게 된다. 특히 성장에 있어서 예민한 청소년 시기는 그러한 배경이 더욱 큰 어려움으로 다가오기도 한다. 따라서 다문화청소년들의 교육 지원은 한국 사회의 미래를 위해서도 시급히 요청되는 부분이다. 다문화청소년들은 특별한 환경적 배경 속에 있다 하더라도 한국 땅에서 살아가는 사회의 구성원이다. 앞으로 살아갈 한국의 정치·경제·사회·문화적 특징을 이해해야 하는 것은 당연한 일이며, 이에 초석이 되는 역사적 흐름에 대한 수용은 다문화청소년들의 삶에 큰 도움이 될 것이다.

한국과 가까운 옆 나라 일본에는 많은 코리안(Korean)[2]들이 살고 있다. 그러나 재일코리안은 타민족들의 일본 이주와는 다른 배경을 하나 더 갖고 있다. 일제하 식민지시기에 강제 연행되어 일본에 뿌리를 내리게 되었다. 이 역사는 후손들의 정착으로 인해 현재까지 상처로 남아 있으며, 최근에 개봉한 영화 <군함도>에서도 주요 소재로 다루어졌다. 특히 강제 이주한 코리안들이 첫 발을 내디딘 곳인 큐슈 지역은 더 큰 의미를 지니고 있다.

본 역사교육 프로그램은 재일코리안들이 일본에서 어떻게 살아왔으며, 어떤 고난과 고통을 겪었는지 이해하고, 현재 일본사회 속 코리안의 위상과 현실을 살펴보는 데에 그 목적이 있다. 또한 그들의 삶과 역사적 사실을 이해하며 다문화사회 속 자신의 모습을 성찰하고, 미래 한국사회의 주역으로 살아갈 모습을 그려봄으로써 자아정체성을 확립하는 목적도 있다.

뉴스 기획연재. http://www.rwn.co.kr/news/articleView.html?idxno=41151에서 검색. [2017. 08.24.].

2) 일본에는 남한과 북한을 각각 조국으로 삼는 교포들이 있어서 경우에 따라 '한국'보다는 '코리안'이라는 용어를 사용한다.

3. 프로그램 운영의 실제

1) 프로그램 개발 계획

본 프로그램은 다문화청소년을 위한 역사교육 프로그램은 한국 역사를 깊이 이해하고, 현재 우리 사회에서 벌어지는 다양한 현상에 자신을 투영하여 주류 집단 및 소수자 그룹 간 소통에 대해 다시금 살펴보는 데에 세부적인 목표가 있다. 다문화청소년들이 인식하는 한국인들은 주류 집단의 대표성을 띠고 있겠지만, 한일 관계 속 그들은 사회적 마이너리티로써 생활상을 보여줄 것이다. 현재 사회적 약자로 자신들을 정의하는 다문화청소년 역시 또 다른 사회에서는 주류집단으로 그 권력을 행사할 수 있으므로, 서로 간의 이해 및 공존에 대한 목표설정은 중학교에 다니는 다문화청소년들에게 유익한 이정표를 제시할 것이다. 이를 위해 프로그램 개발과정에서 중점을 둘 사항은 다음과 같다.

첫째, 한국 역사의 아픔인 일제강점기를 이해한다.

둘째, 현재까지 이어지고 있는 반일 감정에 대한 해석을 할 수 있다.

셋째, 한국인의 한(恨)을 어떤 방식으로 해소할 수 있을지에 대해 서로 논의할 수 있다.

넷째, 현재 한국에서 소수자로 살아가고 있는 다문화청소년들이 일본이라는 땅에서 소수자의 삶을 살아야 했던 재일코리안을 간접 체험한다.

2) 프로그램 요구진단 및 분석결과

(1) 설문지

다문화청소년을 위한 역사 캠프는 특정 다문화 대안학교(중학교)의 학생을 대상으로 한다. 따라서 이에 적합한 프로그램을 개발하기 위해 다문화 대안학교에 재학 중인 중학생 1~3학년 30명을 대상으로 다음과 같이 사전에 요구조사를 실시하였다.

역사체험학습 사전 설문지

다음은 ○○중학교 학생들을 위한 체험학습 요구조사 설문지입니다.
20○○년에는 '역사'를 주제로 체험학습을 실시하고자 합니다.
질문을 잘 읽고, 성심껏 대답해 주시기 바랍니다.

◈ 기본 사항

1. 성별 ① 남자 ② 여자
2. 학년 ① 1학년 ② 2학년 ③ 3학년
3. 국적 ① 한국 ② 중국 ③ 베트남 ④ 러시아 ⑤ 우즈베키스탄 ⑥ 기타 ( )

◈ 요구조사 관련

4. 역사체험학습으로 가고 싶은 장소는 어디입니까?
   ① 국내 ( )
   ② 국외 ( )

5. 역사체험학습을 통해 배우고 싶은 시대는 언제입니까?
   ① 삼국시대 ( )
   ② 고려시대 ( )
   ③ 조선시대 ( )
   ④ 일제강점기 ( )
   ⑤ 기타 ( )

6. 역사체험학습 프로그램에 참석하고 싶습니까? ( )
   ① 매우 그렇다 ② 그렇다
   ③ 보통이다 ④ 그렇지 않다
   ⑤ 전혀 그렇지 않다

7. 역사 체험학습 프로그램에 꼭 포함되었으면 하는 것은 무엇입니까?

8. 제안하고 싶은 것이 있다면 적어주세요.

(2) 요구조사 결과

항목	①	②	③	④	⑤
1	14	16	-	-	-
2	12	10	8	-	-
3	16	7	3	2	2
4	4	26	-	-	-
5	0	1	3	25	1
6	28	2	0	0	0
7	① 유물 관람 및 유적지 탐방 ② 박물관 견학 ③ 자유 관람				
8	① 맛있는 식사와 간식 ② 통역 및 가이드 선생님 ③ 자유 시간				

(3) 분석결과

첫째, 성별, 학년을 막론하고 90% 이상이 일제강점기 시기에 가장 큰 관심을 보였다. 사실 고대, 중세의 역사보다는 비교적 시기적으로 가까운 근대 시기의 역사가 익숙했을 수도 있다. 또한 언론에서 등장하는 한일 간 역사 문제가 호기심을 자극했다는 답변도 있었다.

둘째, 외국으로의 체험활동을 대다수가 원했다. 학생들 입장에서는 국내보다는 기대감이 클 것으로 쉽게 예상된다. 예산 제약이 있어서 추진이 쉽진 않겠지만, 다문화대안학교에서 간과하지 말아야 할 부분이 있다. 바로 외국국적 학생들의 비자 문제다. 이들은 일본으로의 출국이 쉽지 않기 때문에 고려할 사항이 많았다. 실제로 일본 대사관에서 중국 및 러시아, 우즈베키스탄 청소년들의 비자처리가 까다로웠다.

셋째, 다문화 구성원으로서 또 다른 모습의 다문화사회를 체험한다는 사실에 기대감이 매우 높았다. 어렸을 때부터 사회적 약자로 살아온 이들에게 다른 성격의 소수자-그것도 그들이 인식하기에 주류집단으로 보아왔던 한국인들-를 간접 체험한다는 사실은 고무적이었을 것으로 판단된다.

넷째, 역사적 유물, 유적지에 대한 관심이 많았다. 따라서 눈으로 보고 느낄 수 있는 프로그램을 기획했다. 또한 역사교육 프로그램은 이동경로 및 머무는 지역에 대한 의미 부여가 필요하다고 생각하여 일본으로의 이동 수단을 배로 선택했다. 강제 이주 당한 재일코리안들의 발자취를 따라 그들의 흔적을 살펴볼 수 있도록, 긴 시간 동안 배 안에서 했을 생각들을 느껴 볼 수 있도록 프로그램을 기획했다.

3) 프로그램 운영 개요

- 일시: 20○○년 ○○월 ○○일 ~ ○○일
  (5박 6일, 일본 현지에서는 3박 4일)
- 장소: 일본 기타큐슈 일대
- 참가대상: 중・고등학교의 다문화 학생 20명 내외
- 지도교사: 담임 및 인솔교사, 현지 가이드 및 통역(재일교포)

· 수송대책: 관광버스 및 선박

(서울↔부산: 관광버스, 부산↔일본: 선박, 일본 현지: 관광버스)

· 일정표

<table>
<tr><th>구분</th><th>첫째 날</th><th>둘째 날</th><th>셋째 날</th></tr>
<tr><td>07:30</td><td rowspan="2">-</td><td>선내 아침식사</td><td>기상</td></tr>
<tr><td>08:00</td><td>시모노세키 도착</td><td>호텔 조식</td></tr>
<tr><td>09:00</td><td>학교 집합</td><td rowspan="2">히노야마 전망대</td><td rowspan="3">재일조선인 역사 및
인권 자료관,
고쿠라 교회</td></tr>
<tr><td>10:00</td><td rowspan="2">부산으로 출발
(전세 버스)</td></tr>
<tr><td>11:00</td><td>칸몬터널</td></tr>
<tr><td>12:00</td><td>점심 식사</td><td>야키니쿠(고기구이)
정식</td><td>회전초밥</td></tr>
<tr><td>13:00</td><td rowspan="3">부산으로 이동
(전세 버스)</td><td rowspan="2">치쿠호 탄광</td><td rowspan="2">타가와시 석탄역사
박물관</td></tr>
<tr><td>14:00</td></tr>
<tr><td>15:00</td><td rowspan="2">호텔 도착 및 체크인</td><td rowspan="3">오다야마 묘지,
조선인 순난자
위령비,
고쿠라탄광 희생자
위령비</td></tr>
<tr><td>16:00</td><td>부산 도착</td></tr>
<tr><td>17:00</td><td>부관훼리[3] 탑승</td><td>아루아루시티
(애니메이션 가게)</td></tr>
<tr><td>18:00</td><td>선내 저녁식사</td><td>저녁식사</td><td>에키나카히마도우리
(자유 선택)</td></tr>
<tr><td>19:00</td><td rowspan="3">일본으로 출발</td><td rowspan="2">호텔 도착 및
하루를 돌아보기</td><td rowspan="2">호텔 도착 및
하루를 돌아보기</td></tr>
<tr><td>20:00</td></tr>
<tr><td>21:00</td><td>자유시간 및 취침</td><td>자유시간 및 취침</td></tr>
</table>

3) 부산과 시모노세키를 연결하는 선박, 관부 연락선.

구분	넷째 날	다섯째 날	여섯째 날
07:30	기상	기상	선내 아침 식사
08:00	호텔 조식	호텔 조식	부산 도착
09:00	키타큐슈모노레일 탑승 체험	친환경 기업 샤봉다마 공장	서울로 출발 (전세 버스)
10:00	키타큐슈 시청		
11:00			
12:00	이탈리안 뷔페	죠이플 패밀리 레스토랑	점심식사
13:00	코쿠라성, 야사카 신사, 물환경관	일본 온천	서울로 이동 (전세 버스)
14:00			
15:00			학교 도착
16:00	키타큐슈 시내 모둠별 여행	부관훼리 탑승	
17:00			
18:00	일본식 샤브샤브	선내 저녁식사	
19:00	호텔 도착 및 하루를 돌아보기	한국으로 출발	
20:00			
21:00	자유시간 및 취침		

4) 프로그램 세부내용

① 1일차: 부관훼리 역사를 통해 본 일제 침략사

활동	학습내용
서울에서 부산으로 이동 부관훼리 탑승 (부산항) 한이 서린 '군함도' 부산에서 일본 시모노세키로 이동	1. 이동 시 안전수칙 공지 2. 탑승예절 교육 3. 아픔이 많은 바다, 현해탄 4. 군함도 속에 드러난 강제징용 5. 역사에 대한 난상토론 6. 일정 소개 및 약속 정하기

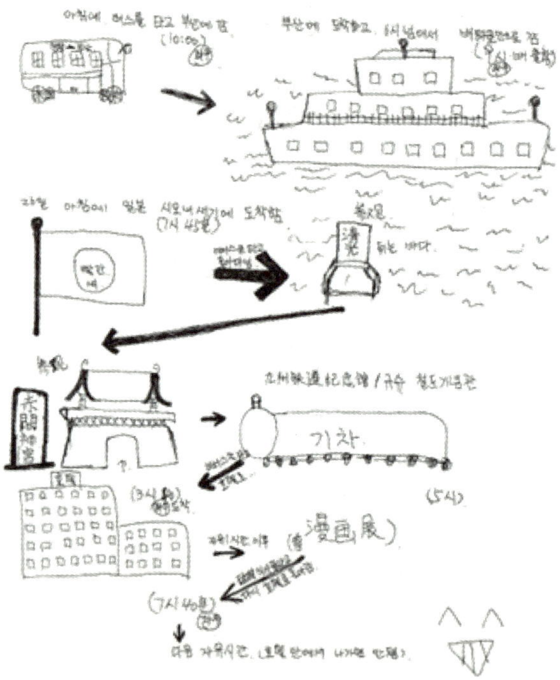

*자료; 학생의 기행보고서 중 일부[4]

4) 학생들의 기행보고서 내용 중에는 한국어가 서툰 학생의 글이 일부 있어서 문법적으로 맞지 않는 표현이 등장하지만, 체험의 생생함을 살리기 위해 원문 그대로 담았다.

② 2일차: 현해탄을 건너 시모노세키로 끌려온 조선인들

활동1	학습내용
히노야마 전망대 방문	1. 관부연락선의 역사 2. 조선인 강제 징용의 시작
 <히노야마 전망대>	히노야마 전망대는 해발 268미터의 낮은 산 위에 있는데, 키타큐슈의 모지항과 시노모세키 항구 전경을 한눈에 볼 수 있다. 전망대에 올라가면 관부연락선 역사에 대한 내용을 볼 수 있다.

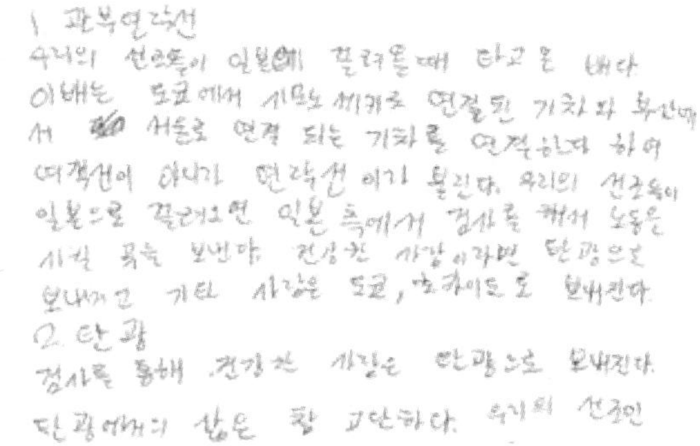

1. 관부연락선
우리의 선조들이 일본에 끌려올때 타고 온 배다
이배는 도쿄에서 시모노세키로 연결된 기차와 부산에
서 서울로 연결 되는 기차를 연결한다 하여
여객선이 아니고 연락선 이라 불린다. 우리의 선조들이
일본으로 끌려오면 일본 측에게 검사를 해서 노동은
시킬 곳을 보낸다. 건강한 사람이라면 탄광으로
보내지고 기타 사람은 도쿄, 홋카이도로 보내진다
2. 탄광
검사를 통해 건강한 사람은 탄광으로 보내진다.
탄광에서의 삶은 참 고단하다. 우리의 선조인

*자료; 학생의 기행보고서 중 일부

활동2	학습내용
칸몬터널의 비밀	1. 칸몬터널 건설의 역사 2. 조선인 강제 징용의 흔적이 남아있을까?
 <칸몬대교[5]>	히노야마 전망대는 해발 268미터의 낮은 산 위에 있는데, 키타큐슈의 모지항과 시노모세키 항구 전경을 한눈에 볼 수 있다. 전망대에 올라가면 관부연락선의 역사에 대한 내용을 볼 수 있다.

활동3	학습내용
치쿠호탄광과 재일조선인	1. 치쿠호 탄광의 역사 2. 조선인 강제징용에 의한 재일조선인 탄생
치쿠호 지역은 탄전에서 생산되는 석탄을 바탕으로 한 광공업이 발달해 지역이 번성하였다. 그러나 탄광이 폐광된 후에는 인구가 절반 이하로 떨어진 지자체도 있다.[6] 이처럼 당시 석탄은 중요한 광물이었고, 폐광이 지역 경제에 큰 영향을 끼쳤다.	

③ 3일차: 강제징용노동자들의 한(恨)의 현장과 죽은 자들의 인권을 지켜가는 지쿠호오 사람들과의 만남

활동1	학습내용
재일조선인 역사 및 인권 자료관 방문 고쿠라 교회 방문	1. 일제 강점기와 재일조선인의 역사 2. 재일조선인을 죄인 취급하는 지문 날인 거부 운동 3. 소수자의 인권
 <재일조선인 역사 · 인권 자료관>	
일제강점기 때 조선인들이 일본으로 끌려가 열악한 환경에서 노동을 해야 했다. 특히 큐슈 지역은 조선인 강제징용 피해자가 많았던 곳이다. 강제징용으로 일본에 갔다가 돌아오지 못한 조선인들은 일본에 정착해서 살게 되었는데, 외국인이라는 이유로 많은 차별을 당했다. 일본은 외국인을 통제, 감시하기 위해 일본에 1년 이상 거주하는 외국인은 반드시 지문을 날인하도록 의무화하고, 이를 위반할	

5) 김종수(2010.08.17.). "칸몬해저터널에서 찾아보는 강제징용의 흔적." 오마이뉴스. 민족 · 국제면. http://www.ohmynews.com/NWS_Web /view/at_pg.aspx?CNTN_CD=A0001431777에서 검색. [2017.08.24.].

6) 일본 구글. https://translate.google.co.kr/translate?hl=ko&sl=ja&u=https://ja.wikipedia.org/wiki/%25E7%25AD%2591%25E8%25B1%258A&prev=search에서 검색. [2017.08.24.].

때에는 징역, 벌금 등을 부과했다.
고쿠라 교회는 재일한국인을 죄인 취급하는 지문날인 거부운동을 이끌었으며, 지금도 '재일조선인 역사·인권 자료관'을 운영하며, 재일동포들의 인권 회복을 위한 활동을 계속 하고 있다.

활동2	학습내용
타가와시 석탄역사박물관 방문	1. 안전을 보장할 수 없는 '막장'에서 일해야 했던 조선인 2. 차별 당했던 조선인의 삶
 <창문이 없는 조선인 숙소>	 <창문이 있는 일본인 숙소>
최대 석탄생산지였던 타가와 지역에 석탄박물관을 세워 일본의 석탄생산 역사를 기록해 놓았다. 석탄이 만들어지는 과정, 탄광노동자 등을 설명해 놓았고, 탄갱주택을 복원해 놓았다. 석탄박물관 뒤쪽 가장 높은 곳에 조선인 징용노동자 추모비가 세워져 있다.	

활동3	학습내용
오다야마 묘지 방문 조선인 순난자 위령비 방문 고쿠라탄광 희생자 위령비 방문	1. 조선인 희생자들을 위한 추모 2. 징용 희생자 묘지와 위령비를 통해 본 조선인들의 한

<재일조선인 묘지 앞에서 묵념하는 학생들>	

도착했을 때 봉분을 찾지 못해 모두가 당황했다. 알고 보니 잔디밭으로 보이는 평평한 땅이 재일조선인들이 묻혀 있는 묘지였다.
우리가 조선인 희생자 위령비에 갔다. 거기가 시청에서 운영하는 묘지인데 거기에 조선인들이 100명 정도가 묻어 있다고 하셨다. 다른 묘처럼 각각 있는 게 아니라 100명 정도가 한 곳에 묻혀있는 것이다. 그걸 보면서 마음이 너무 아팠다.
이번 여행을 통해 모르고 있던 한국역사 공부도 했고 또 책으로 봐서 몰랐던 것들을 직접 가서 보니까 좋았다. 선생님이 설명도 너무 재있게 해주셨고 너무 재미있었다.
한국인징용희생자위령비는 그 쪽에서 제일 높은 곳에 위치해 있다. 이유는 매일 매일 어느 곳보다 제일 낮은 곳에서 힘들게 일을 하셨기 때문에 이제는 제일 높은 곳에서 쉬시라는 의미가 있고, 또 하나는 그 위령비는 한국을 향해 있다.

*자료; 학생의 기행보고서 중 일부

④ 4일차: 조선인 희생자들의 추모 위령

<table>
<tr><th>활동1</th><th>학습내용</th></tr>
<tr><td>키타큐슈 시청 다문화 공생 센터 방문</td><td>1. 일본의 다문화 공생정책
2. 질의응답</td></tr>
<tr><td>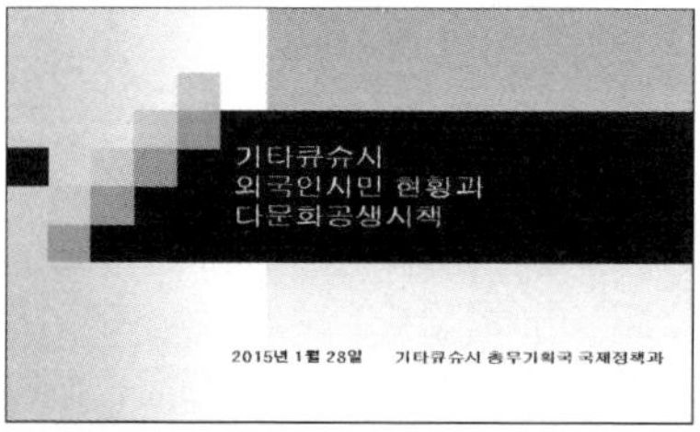
</td><td>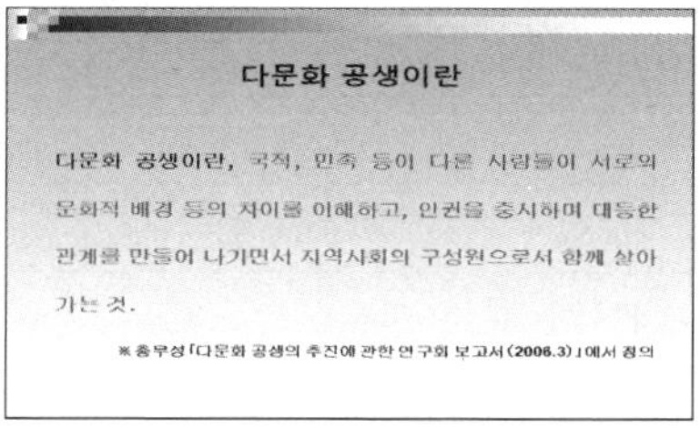
</td></tr>
<tr><td>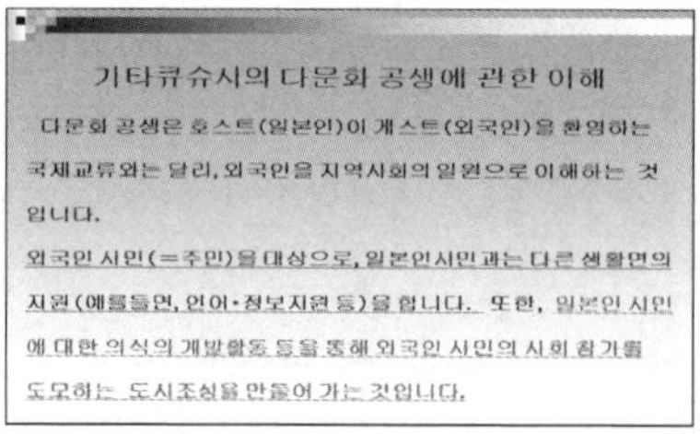
</td><td>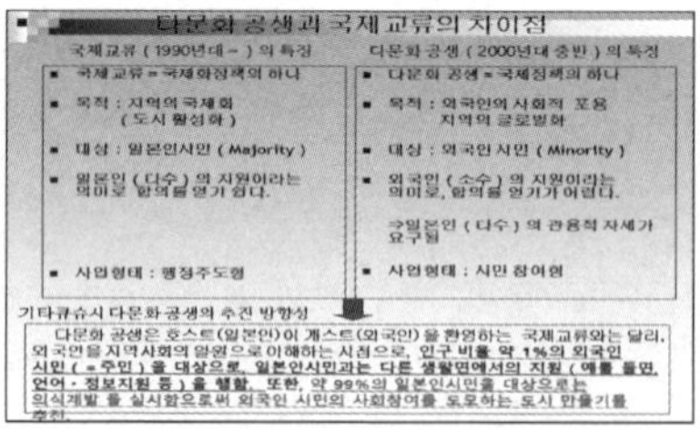
</td></tr>
</table>

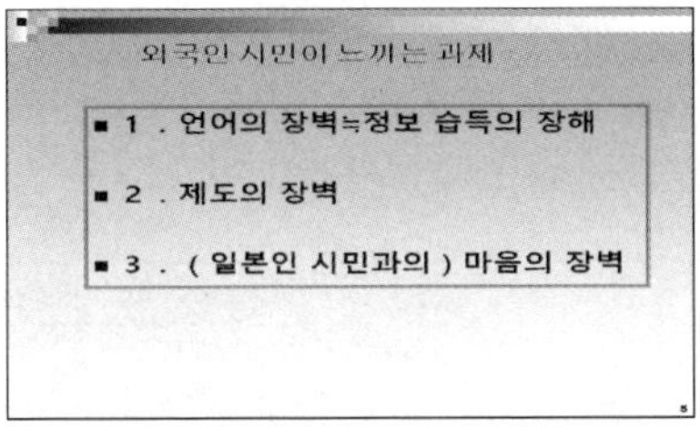

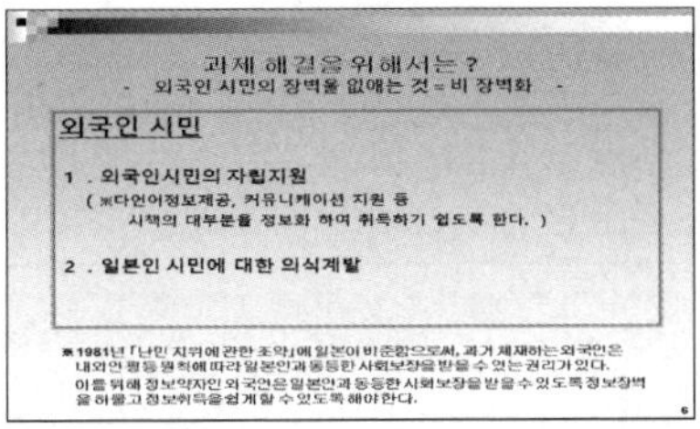

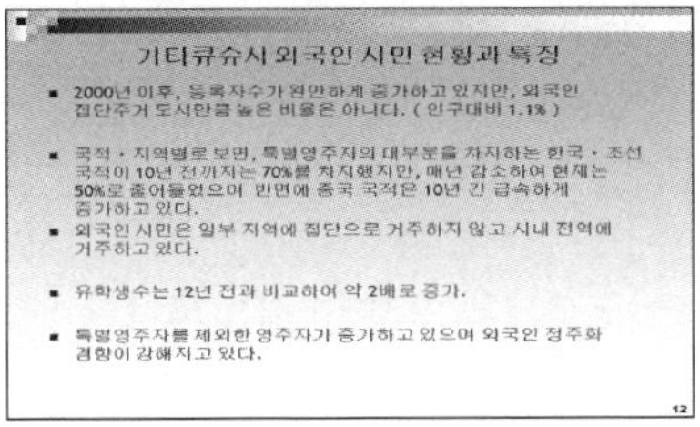

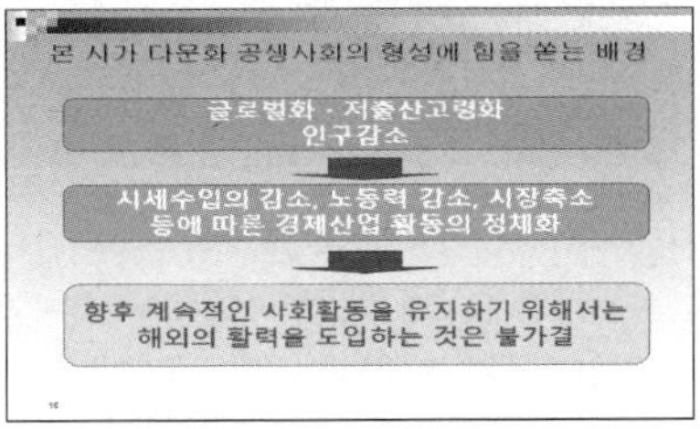

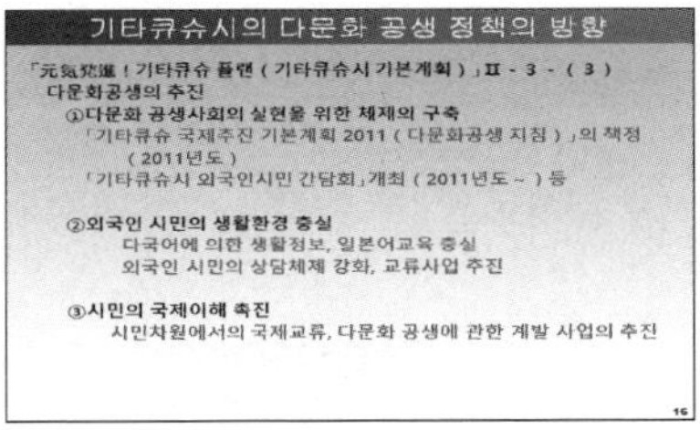

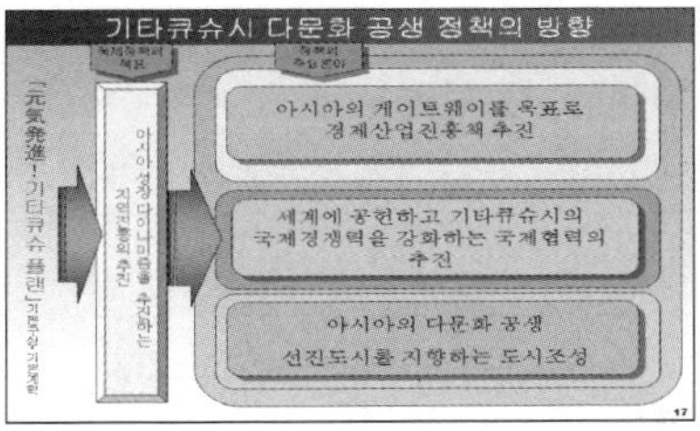

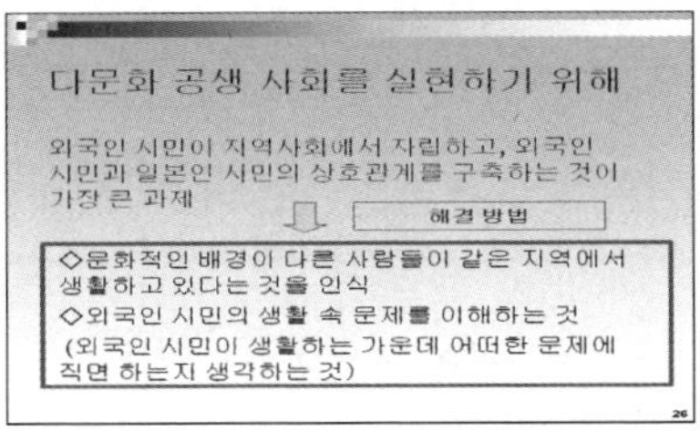

*자료; 키타큐슈 시(市)의 '다문화 공생' 발표자료

<table>
<tr><th>활동2</th><th>학습내용</th></tr>
<tr><td>코쿠라성
야사카신사
물환경관</td><td>1. 일본 문화 체험
2. 환경오염 극복 사례</td></tr>
<tr><td></td><td></td></tr>
<tr><td colspan="2">애들이랑 다 같이 물환경박문관 갔다. 물 볼 수 있는 지하실을 갔다. 거기서 물고기, 개구리, 새우 다 있었다. 그거 보고나서 선생님의 말씀을 들어보니까 이 강은 원래 엄청 더러웠다. 엄청 검은 색이었다.
하지만 사람들이 이런 물을 깨끗하게 만들려고 의지를 갖고 청소하기 시작했다. 정말 힘들게 했었겠지만, 그런 사람들 때문에 이 강이 더 깨끗해 졌다고 한다! 그래서 전 세계에서 환경 모델 4위 안에 드는 아시아에서 유일하게 하나인 일본 키타큐슈가 되었다.
*자료; 학생의 기행보고서 중 일부</td></tr>
</table>

<table>
<tr><th>활동3</th><th>학습내용</th></tr>
<tr><td>키타큐슈 시내 모둠별 여행</td><td>자유산책 및 미션수행</td></tr>
</table>

⑤ 5일차: 역사를 되새기는 하루

<table>
<tr><th>활동1</th><th>학습내용</th></tr>
<tr><td>친환경 기업 방문(샤봉다마 비누공장)</td><td>1. 환경오염 극복 사례
2. 친환경 제품 제조과정</td></tr>
<tr><td colspan="2">키타큐슈가 원래는 공업도시여서 오염이 심한 곳이었는데 깨끗이 가꿔서 친환경 도시로 성장했다.
마지막 날 천연비누를 만드는 공장에 갔다. 거기서 비누도 선물 받았다. 화학첨가제가 전혀 들어있지 않은 비누라고 맛없지만 먹어봐도 된다고 했다. 몇 명이 먹어봤는데 정말 맛이 없었다.
*자료; 학생의 기행보고서 중 일부</td></tr>
</table>

활동2	학습내용
일본 온천 체험	일본의 온천문화 체험

활동3	학습내용
시모노세키에서 부산으로 이동 부관훼리 탑승 (시모노세키항) 나에게 한국 역사란?	1. 느낌 및 소감 2. 사회적 소수자 바라보기 3. 사회제도 개선에 대해 토의
지금 배를 타고 바다를 건너고 있는데 이 바다가 바로 아직 나오지 못한 분들의 무덤이다. 뭔가 마음이 찡하고 아프다. 이분들은 일본에 있을 때도 힘드셨고 광복해서 나오는데도 이런 일이 발생했다. 다음엔 이런 일이 절대로 없었으면 좋겠다. *자료; 학생의 기행보고서 중 일부	

⑥ 6일차: 역사캠프의 마무리

활동1	학습내용
부산에서 서울로 이동	1. 소감 나누기 2. 일본기행이 어떤 의미를 주었고, 앞으로 살아가는 데 있어서 어떤 영향을 끼칠 수 있을지 이야기 나누기 3. 기행보고서 작성 숙제 안내
1945년 8월 15일 광복 이후에 일본에 잡혀있던 사람들이 해방되어 이제 막 집을 가는 길만 남았는데, 그래서 일본군인들이 쉽게 보내주지 않았다. 계속 기다리고 기다리다가 1945년 9월 17일 1달 후에 가게 되었다. 하지만 불행하게도 9월 17일에 조선으로 가는 도중에 태풍을 만나 배가 뒤집어지고 말았다. 배가 뒤집어져서 아무것도 못했던 사람들은 그 자리에서 바로 죽었다. 다음날 바닷가에서 그 사람들의 시체들이 있었다. 그걸 보던 사람들이 마음이 아파서 그런지 시신들을 묻어 주었다. 만약 내가 이 시체들을 봤다면 아무 것도 못하고 모른 척 했을 것이다. 내가 그런 것들을 약간 무서워하기 때문이다. 80명이 바닷가로 올라오긴 했으나 나머지 사람들은 바다 밑에 아직도 있을 것이다. 마음이 아프다. 이 일을 아무도 모르다가 지금으로 부터 얼마 안된 1995년도에 사람들은 이런 일이 있었다고 증언을 하기 시작했다. 그런 사람들 때문에 지금의 그 비석이 세워졌을 것이라고 나는 생각한다. *자료; 학생의 기행보고서 중 일부	

5) 프로그램 개선을 위한 학생들의 의견조사 및 분석결과

○○중학교 역사 캠프 만족도 조사

1. 역사 캠프에 대해 전반적으로 만족하셨습니까? (　　　)
   ① 매우 그렇다　② 그렇다
   ③ 보통이다　④ 그렇지 않다
   ⑤ 전혀 그렇지 않다

2. 역사 캠프의 교육내용이 도움이 되었습니까? (　　　)
   ① 매우 그렇다　② 그렇다
   ③ 보통이다　④ 그렇지 않다
   ⑤ 전혀 그렇지 않다

3. 역사 캠프를 통해 일제강점기에 대해 더욱 잘 알게 되었습니까? (　　　)
   ① 매우 그렇다　② 그렇다
   ③ 보통이다　④ 그렇지 않다
   ⑤ 전혀 그렇지 않다

4. 역사 캠프 프로그램에서 가장 좋았던 점은 무엇입니까?

5. 역사 캠프 프로그램에서 아쉬웠던 점은 무엇입니까?

항목	①	②	③	④	⑤
1	27	3	0	0	0
2	13	11	6	0	0
3	14	12	4	0	0
4	① 일제강점기 역사를 재미있게 배울 수 있었다. ② 시청에 초대받아 다문화 공생 토론을 한 것이 좋았다. ③ 모둠별 미션 수행 여행이 재미있었다.				
5	① 노는 시간이 부족했다. ② 비가 와서 아쉬웠다. ③ 일본어와 한국어가 모두 어려워서 무슨 말인지 이해하기 어려운 내용이 있었다.				

6) 다문화청소년을 위한 역사 캠프 프로그램의 의의 및 개선점

한국에서 살아가야 할 다문화청소년들로 하여금 역사적으로 가장 큰 아픔이었던 일제강점기에 대해 알도록 함으로써 한국 사회와 문화를 더욱 깊이 있게 이해할 수 있는 계기를 만들어 주었다. 일본과의 스포츠 경기에서만큼은 이기고 싶어 하는 한국인들의 감정이 역사적 배경에서 비롯되었다는 것을 파악할 수 있고, 독도 문제를 비롯한 한일 관계에 영향을 미치는 사건들을 보는 시야가 넓어졌다.

다문화청소년들은 자신들의 시각에서 일제강점기를 이해했고, 역사적인 아픔으로 인해 반일감정을 표현하는 것은 한일 관계에 도움이 되지 않으며, 다문화 시대에 올바른 자세가 아니라는 것이라고 판단했다. 우리는 함께 더불어 사는 사회를 만드는 구성원으로서 과거의 역사적 문제를 오늘날에 어떻게 평화롭게 해결할 것인가에 대해 고민하는 것이 필요하다.

그러나 역사교육 프로그램에 참여하는 대상이 다문화청소년이라는 점에서 개선해야 할 점들이 보인다. 첫째, 준비과정에서 비자문제를 해결할 시간이 필요하다. 한국인이 일본에 갈 때에는 비자에 대한 문제가 없지만, 외국 국적인 경우는 좀 더 복잡한 과정을 거쳐야 한다. 이러한 점을 고려하여 충분한 시간과 철저한 서류준비가 필요하다. 둘째, 다문화청소년의 한국어 실력은 개별적인 차이가 크다. 그러므로 한국어를 이해하는 데 어려움을 느끼는 학생에게는 모국어가 통하는 짝을 배정하거나 팀을 만들어 함께 협력하는 방법 등을 활용한다면 역사 캠프를 좀 더 수월하게 진행할 수 있을 것이다. 셋째, 사전에 역사교육을 할 필요가 있다. 다문화학생들이 일제강점기에 대한 프로젝트 수업을 진행한 후 역사 캠프에 참가했다면, 현장에서 더 많은 것을 배우고 느낄 수 있었을 것이다.

참고문헌

1. 국내문헌

가영희 · 성낙돈 · 안병환 · 임성우(2013). 성인학습 및 상담. 서울: 동문사.
강이철(2014). 교육 프로그램 평가. 파주: 양서원.
계도원(2004). 고객만족 마케팅: CEO와 고객이 함께 읽는. 서울: 좋은책만들기.
교학사 편(2004). 새국어사전. 서울: 교학사출판부.
국립중앙박물관(2010). 국립중앙박물관 교육 프로그램 자료집. 서울: 국립중앙박물관.
권대봉(1999). 성인교육방법론. 서울: 학지사.
______(2002). 평생교육의 다섯 마당. 서울: 학지사.
______(2006). 성인교육방법론. 서울: 학지사.
권두승(1994). "프로그램의 실행." 한국청소년개발원 편. 프로그램 개발과 운영. 청소년지도자 교재총서. 서울: 한국청소년개발원.
______(2000). 성인학습 지도방법의 이론과 실제. 서울: 교육과학사.
권두승 · 조아미(2004). 성인학습 및 상담. 서울: 교육과학사.
권두승 · 최운실(2009). 평생교육경영론. 파주: 교육과학사.
권영성 · 이성복(1999). 기획론. 전정증보판. 서울: 법문사.
권영찬(1967). 기획론. 서울: 법문사.
권이종 · 이상오(2001). 평생교육: 이론편. 서울: 교육과학사.
권이종 · 김승호 · 소창영 · 심의보 · 안승열 · 양병찬 · 이관춘 · 임상록 · 조용하(2001). 평생교육방법론. 서울: 교육과학사.
권인탁(2009). 평생교육경영론. 서울: 학지사.
권인탁 · 임영희(2011). 평생교육경영론. 서울: 학지사.
기영화(2004). 평생교육방법론. 서울: 학지사.
______(2009). 평생교육 프로그램 개발. 서울: 학지사.
______(2010). 평생교육론. 서울: 학지사.
______(2010). 평생교육 프로그램 개발 매뉴얼. 서울: 학지사.
김경배 · 김재건 · 이홍숙(2001). 교과교육론. 서울: 학지사.
김경희(2011). 사회복지행정론. 서울: 청목출판사.
김남선(2001). 평생교육개론. 서울: 형설출판사.
______(2013). 최신 평생교육방법론. 서울: 도서출판 두남.
김명한 · 박병량 · 박종렬 · 이문용(1988). 신간 교육행정 및 경영. 서울: 문음사.
김미숙(1999). 사회교육 프로그램 평가론. 서울: 원미사.
김상곤 · 최승희 · 안정선(2012). 사회복지 프로그램 개발과 평가. 서울: 학지사.
김선희 · 박성민 · 권정언(2004). 기업교육 프로그램 개발의 실제. 고양: 서현사.
김신일 · 김재웅(2002). 평생교육경영학. 서울: 한국방송통신대학교 출판부.
김영숙 · 김욱 · 엄기욱 · 오만록(2002). 사회복지 프로그램 개발과 평가. 서울: 교육과학사.

김영종(2004). 사회복지행정. 개정판. 서울: 학지사.
김용현(2009). 평생교육방법론. 서울: 법원사.
김용현 · 김종표 · 문종철 · 이복희(2017). 평생교육 프로그램 개발론. 파주: 양서원.
김용현 · 정기수 · 강무섭 · 김노마 · 김진한 · 성낙돈 · 송병국 · 심의보 · 양병찬 · 윤여각 · 이상오 · 정찬남 · 조병규 · 하광호(2011). 평생교육경영론. 파주: 양서원.
김인식 · 최호성(2001). 최신 교육과정 및 평가. 서울: 교육과학사.
김재춘 · 부재율 · 소경희 · 채선희(2005). 교육과정과 교육평가. 서울: 교육과학사.
김종서(1996). 평생교육원론. 서울: 교육과학사.
김종철(1982). 교육계획론. 서울: 교육출판사.
김종표(2016). 평생교육방법론. 파주: 양서원.
김종표 · 이복희(2007). 평생교육방법론. 파주: 양서원.
김진화(2001). 평생교육 프로그램 개발론. 서울: 교육과학사.
______(2002). "평생교육 프로그램 개발의 전문성 탐구와 평생교육학의 과제." 평생교육학연구, 8(1), 69-96. 한국평생교육학회.
______(2006). 평생교육방법 및 실천론. 고양: 서현사.
______(2010). "평생교육 프로그램 분류체계 개발 연구." 평생교육학연구, 16(3), 211-236. 한국평생교육학회.
______(2012). 평생교육 프로그램 개발론. 파주: 교육과학사.
김진화 · 김소현 · 전은선(2012). 평생교육 프로그램 운영과 자료개발. 고양: 서현사.
김진화 · 정지웅(1997). 사회교육 프로그램 개발의 이론과 실제. 서울: 교육과학사.
김창걸(1985). 교육행정학. 서울: 박문각.
______(1994). 교육행정학신론: 교육행정 및 교육경영. 서울: 형설출판사.
김한별(2010). 평생교육론. 서울: 학지사.
김한별 · 박소연 · 유기웅(2010). 평생학습을 위한 프로그램 개발 및 평가. 파주: 양서원.
김혜숙(2014). 교육프로그램 평가의 이론과 실제. 파주: 교육과학사.
남세진 · 조흥식(1996). 집단지도 방법론. 서울: 서울대학교출판부.
남억우 · 박준희 · 백현기 · 서명원 · 성래운 · 정우현 · 함종규 · 황정규(1988). 최신 교육학 대사전. 서울: 교육과학사.
남정걸(1994). 사회교육행정론. 서울: 교육과학사.
______(2007). 평생교육경영학. 서울: 교육과학사.
______(2009). 교육행정 및 교육경영. 제5판. 파주: 교육과학사.
맹영임 · 조혜영 · 김민 · 김영호(2011). 청소년수련시설 인증방안 연구 청소년수련관·청소년문화의집을 중심으로. 한국청소년정책연구원 연구보고, 11-R03. 서울: 한국청소년정책연구원.
문종철(1986). "교육사회학 이론에서의 재생산, 헤게모니, 저항, 의식화 개념에 대한 비교분석." 중앙대학교 대학원 석사학위논문.
박병학 · 신윤철 · 한각수(1998). 교육과정과 수업. 서울: 교육출판사.
박성정(1995). "포스트모던 시대의 사회교육 논의." 평생교육연구, 1(1), 서울대학교 사범대학 교육연구소.
박성익(1998). 교수-학습방법의 이론과 실제. 서울: 교육과학사.
박성희 · 송연선 · 나항진 · 황치석 · 문정수 · 박미숙(2013). 평생교육방법론. 서울: 학지사.
박찬수(2007). 마케팅 원리. 파주: 법문사.
배석영 · 박성희 · 박경호 · 황치석(2007). 평생교육개론. 파주: 양서원.
배을규(2006). 성인교육의 실천적 기초: 이론과 방법. 서울: 학지사.
배장오(2001). 교육학의 본질과 전망. 서울: 코람데오.
______(2007). 사회교육론. 고양: 서현사.
______(2012). 학교경영과 학급경영. 고양: 서현사.
______(2013). 평생교육개론. 개정판. 고양: 서현사.
______(2015). 교육학 교과교육론. 개정판. 고양: 서현사.
배호순(2008). 교육 프로그램 평가론. 서울: 원미사.
변영계 · 김영환 · 손미(2012). 교육방법 및 교육공학. 서울: 학지사.
변영계 · 이상수(2008). 수업설계. 서울: 학지사.
서울대학교 교육연구소(1998). 교육학 대백과사전. 춘천: 하우동설.
서울대학교 사범대학 교육연구소(1981). 교육학 용어사전. 서울: 배영사.
성낙돈 · 김창엽(2010). 평생교육 프로그램 개발론. 서울: 청목출판사.
성낙돈 · 안병환 · 가영희 · 임성우(2015). 평생교육학개론. 서울: 청목출판사.
손승남(1998). Klafki의 비판-구성적 교수법에 관한 연구. 교육학연구, 36(4), 201-218. 한국교육학회.
손준종(2000). "평생학습 논리의 의미와 한계 검토." 교육학연구, 38(1), 289-308. 한국교육학회.
송병국 · 김진화 · 김경준 · 권두승(2005). 청소년 프로그램 개발 및 평가론. 파주: 교육과학사.
송병순 · 이영호(2000). 평생교육의 이론과 실제. 서울: 원미사.
신나민(2007). 원격교육입문. 고양: 서현사.
신용주(2012). 평생교육방법론. 서울: 학지사.
______(2017). 평생교육 프로그램 개발론. 서울: 학지사.
심재형 · 고영희(1998). 교육과정의 이론과 실제. 서울: 교육출판사.
양병찬 편(2002). 평생교육경영. 천안: 천안외국어대학 평생교육과.
오세덕 · 이명재 · 강제상 · 임영제(2008). 행정관리론. 서울: 대영문화사.
오세조 · 박충헌(2008). 고객중심과 시너지 극대화를 위한 마케팅. 서울: 박영사.
오혁진(2004). 평생교육경영학. 서울: 학지사.
유네스코한국위원회(1973). 평생교육 세미나 보고서.
윤옥한(2014). 평생교육 프로그램 개발론. 파주: 양서원.
이경섭(1990). 학교교육과정론. 서울: 교육과학사.
______(1996). "교육과정 내용조직에 있어서의 주요 쟁점." 교육과정연구, 14(1), 212- 234. 한국교육과정학회.
이규호 · 임길진 · 강상진(2000). 평생교육 어떻게 할 것인가. 서울: 민음사.

이기성(2014). 인력자원개발론. 서울: 학지사.
이덕주(1993). 태화기독교사회복지관의 역사. 태화기독교사회복지관.
이돈희 · 황정규 · 윤희원 · 조영달 · 권오량 · 우정호 · 최승언 · 강신복(1995). 교과교육학 탐구. 서울: 교육과학사.
이무근(1990). 직업 · 기술교육에서의 교육과정. 서울: 배영사.
이복희 · 김종표 · 김지환(2011). 청소년교육론. 서울: 학지사.
이성호(1982). 교육과정: 개발전략과 절차. 서울: 문음사.
______(1985). 교육과정과 평가. 서울: 양서원.
______(1987). 교수방법의 탐구. 서울: 양서원.
______(2009). 교육과정론. 파주: 양서원.
이영덕(1969). 교육의 과정. 서울: 배영사.
______(1990). 교육의 과정. 서울: 배영사.
이종수(2009). 행정학사전. 서울: 대영문화사.
이해주(2003). 평생교육 프로그램 개발. 서울: 한국방송통신대학교출판부.
이해주 · 최운실 · 권두승(2006). 평생교육 프로그램 개발. 서울: 한국방송통신대학교출판부.
이해명 역(1994). 교육과정과 학습지도의 기본원리. 서울: 교육과학사.
이홍우(1997). 지식의 구조와 교과. 서울: 교육과학사.
이홍우 · 유한구 · 장성모(1995). 교육과정 이론. 서울: 한국방송통신대학출판부.
이화정 · 양병찬 · 변종임(2005). 평생교육 프로그램 개발의 실제. 서울: 학지사.
임철일(2015). 교수설계 이론과 모형. 제2판. 파주: 교육과학사.
장진호(1985). 평생교육과 사회교육. 서울: 대은출판사.
전해황 · 문종철 · 김호순 · 김진숙(2014). 평생교육방법론. 파주: 정민사.
정무성(2005). 사회복지 프로그램 개발론. 파주: 학현사.
정범모(1961). 교육과정. 서울: 중앙교육출판사.
______(1986). 교육과 교육학. 서울: 배영사.
정익준(1999). 비영리조직의 마케팅. 서울: 한국능률협회.
정지웅 · 김지자(1986). 사회교육학개론. 서울: 서울대학교출판부.
진동섭 · 이윤식 · 김재웅(2009). 교육행정 및 학교경영의 이해. 파주: 교육과학사.
차갑부(1993). 성인교육방법론. 서울: 양서원.
______(1999). 사회교육방법의 탐구: 성인교육방법의 새로운 지평. 서울: 양서원.
______(2004). 평생교육의 이해. 서울: 학지사.
______(2009). 텔리아고지. 파주: 교육과학사.
______(2010). 명강의를 위한 40가지 이야기: 교수법 자기개발서. 파주: 교육과학사.
______(2012). 평생교육론. 파주: 교육과학사.
최덕철(1995). 서비스 마케팅. 서울: 학문사.
최은수 · 김미자 · 윤한수 · 진규동 · 임정임 · 최연희 · 이재남(2016). 평생교육 프로그램 개발론. 고양: 공동체.
최은수 · 배석영(2011). 평생교육경영론. 파주: 양서원.

한국교육개발원 편(2013). 2013 한국 성인의 평생학습 실태. SM 2013-09. 서울: 한국교육개발원.

한국여성평생교육회(2005). 여성평생교육의 이론과 실제. 서울: 교육과학사.

한준상(1995). "평생교육의 개념의 이해." 평생교육의 이론과 실제. 서울: 서울특별시 교육연구원.

현대경영연구소(2004). 기업홍보 · CI · 현대광고. 서울: 승산서관.

황성철(2005). 사회복지 프로그램 개발과 평가. 고양: 공동체.

Gagné, R. M., & Driscoll, M. P. (1988). 홍성윤 · 김유미 역(1993). 효과적인 교수-학습의 기본. 서울: 교육과학사.

Gordon, D., & Jannette, V. 저. 김재영 · 오세웅 역(1999). 학습혁명. 서울: 해냄.

Ronald G. W., & DiSilvestro, F. R. 저. 배장오 · 진서현 · 전영일 역(2015). 대학과 전문대학의 평생교육 도전과 기회. 고양: 서현사.

2. 국외문헌

Apps, J. (1990). "Providers of Adult and Continuing Education : A Framework." In Merriam, S. B. & Cunningham, P. M. (1990). *Handbook of Adult and Continuing Education*. San Francisco: Jossey-Bass Publishers.

Blank(1982). *Handbook of development competency-based training program.*

Booms, B., & Bitner, M. J. (1981). Marketing strategies and organization structures for service firms. in Donnelly, j., & George, W. R. (ED.). *Marketing of services.* Chicago: American Marketing Association.

Boone, E. J. (1985). *Developing programs in adult education*. San Francisco. CA: Jossey-Basss.

Boyle, P. G. (1982). *Planning better program*. New York: McGraw-Hill Books.

Bruner, J. S. (1971). The Process of Education Reconsidered. Robert R. Leeper (ed.). *Dare to Cave/Dave to Act*. ASCD Annual Conference Report.

Caffarella, R. S. (1994). *Planning program for adult learner*. San Francisco, CA: Jossey-Bass.

______(1998). *Planning program for adult learners: A practical guide for adult educators, trains, and staff developers*. San Francisco, CA: Jossey-Bass.

______(2002). *Planning programs for adult learners*. (2nd ed.). San Francisco, CA: Jossey-Bass.

Cevero, R. M., & A. L. Wilson (1994). "The Politics of Responsibility of Program Planning Procedures: Planning Practice for Adult Education." *Journal of Adult Quarterly.* *45*(1). 249-268.

Dave, R. H. (1976). *Foundation of Lifelong Education*. UNESCO Institute for Education.

Driscoll, M. (2005). *Psychology of Learning for Instruction*. 양용칠 역(2007). 수업설계를

위한 학습심리학. 서울: 교육과학사.

Dror, Y. (1963). The planning process. *International Review of Administrative science, 29*(1), 44-68.

______(1968). *Public Policy-making Reexamined.* San Francisco: Chandler Publishing Co..

Drucker, P. F. (1959). Long-range planning: Challenge to management science. *Management Science*, 5.

Dunlop, C. & Lewis, C. (1991). Successful and unsuccessful adult education programs: Perceptions, explanations and implications. In T. Sork (Ed.). *Mistakes Made and Lessons Learned; Overcoming Obstacles to Successful Program Planning*. San Francisco: Jossey-Bass.

Elias, J. L., & Merriam, S. B. (1980). *Philosophical foundations of adult education*. New York: Robeit E. Krieger Publishing Company.

Fayol, H. (1949). *General and industrial management*. (Constance Stories, Trans.). London: Sir Issac Pitnam & Sons.

Flash, P., & Tzenis, C., & Waller, A. (1995). *Using student evaluations to increase classroom effectiveness*. Minneapolis: University of Minnesota.

Forester, J. (1989). *Planning in the Face of Power*. Berkeley: University of California Press.

Forest, L., & Mulcahy, S. (1976). *First Things First: A Handbook of Priority Setting in Extension*. Madison: Division of Program and Staff Development. University of Wisconsin-Extension.

Freire, P. (1970). *Pedagogy of the oppressed*. NY: Seabury.

Galbraith, M. W., Sisco, B. R., & Guglielino, L. M. (1997). *Administering Successful Programs for Adults: Promoting Excellence in Adult, Community, and Continuing Education*. Malabar, FL: Krier Publishing Company.

Gilbert, N., & Specht, H. (1977). *Planning for social welfare*. Englewood Cliffs, NJ: Prentice-Hall.

Gulick, L. (1937). Note on the theory of organization. In L. Gulick, & L. Urwick (Eds.). *Paper on the science of administration*. New York: Institute of Publick Administration, Columbia University.

Houle, C. O. (1980). *Continuing learning in the professions*. San Francisco, CA: Jossey-Bass.

Hyman, R. (1973). *Approaches in Curriculum*. NJ: Prentice-hall.

Illich, I. (1971). *Deschooling Society*. NY: Harper and Row.

Ingram, J. B. (1979). *Curriculum Integration and Lifelong Education*. Paris: UNESCO. 배진수·이영만 공역(1996). 교육과정 통합과 평생교육. 서울: 학지사.

Kellew, J. M., & Kopp, T. (1987). Application of the ARCS model of motivational design, in C. M. Reigeluth (Ed.). *Instructional theories in a action: Lessons illustrating selected theories and models*. Hillsdale, NJ: Lawrence Erlbaum, Publisher.

Kirkpatrick, D. L. (1987). Evaluation. in R. L. Craig. (ed.). *Training and development hand-book*. New York : McGraw-Hill.

______(1994). *Evaluating training program: The four levels*. CA: Bernett-Foehler publishers.

Klafki, W. (1985). *Nene Studien zur Bildungsthorie und Didaktif*. Weinheine: Beltz.

Klafki, Y., & Resnick, M. (1996). *Constructionism in practice*. Mahwah, NJ: Erlbaum.

Klein, M. F. (Ed.) (1991). The Polities of Curriculum Decision-Making. State University of New York Press.

Knowles, M. S. (1970). *The Modern Practice of Adult Education*. NY: Association Press.

______(1975). *Self Directed Learning*. Chicago: Associated Press. Follett Publishing Co..

______(1975). *Self-Directed Learning: A Guide for Learners and Teachers*. New york: Association Press.

______(1977). *The Modern Practice of Adult Education*. New York: Association Press.

______(1983). *The Modern Practice of Adult Education*. New York: Cambridge.

______(1989). *The making of an adult educator*. San Francisco, CA: Jossey-Bass.

______(1996). Andragogy: An emerging technology for adult education. In R. Edwards(ed.). *Boundaries of adult learning*. London: The open university.

Koontz, H., & C. O'Donnell(1959). Principles of Management. (2nd ed.). New York: McGraw-Hill Book Co..

Kotler, P. (1982). *Marketing for Nonprofit Organization*. NJ: Prentice Hall.

Kowalski, T. J. (1988). *The organization and planning of adult education*. New York: State University of New York Press.

Lengrand, P. (1970). *Introduction to Lifelong Education*. Paris: UNESCO.

Leshin, C. B., Poolock, J., & Reigeluth, C. M. (1992). *Instructional design strategies theories and tactics*. Englewood Cliffs, NJ: Educational Technology Publication.

Lindbloom, C. E. (1959). The science of mudding trough. *Public Administration Review, 19*(1). 79-88.

Long, H. B. (1983). *Adult learning: Research and practice*. Cambridge. NY: The Adult Education Company.

______(1987). *New Perspectives on the Education of Adults in the Unite States*. New York: Nichols Publishing Company.

Merriam, S. B. & Brockett, R. G. (1997). *The Profession and Practice of Adult Education: An Introduction*. San Francisco, C. A.: Jossey-Bass.

Millett, J. D. (1947). *The Process and Organization of Government Planning*. New York: Columbia Univ. Press.

Nadler, L. (1982). *Designing Training Programs*. Reading: Addison-Wesley.

Ornstein, A. C. & Hunkins, F. P. (1998). *Curriculum: Foundations, Principles and Issues*. NJ: Prentice-Hall. 김인식 역(1990). 교육과정-원리, 과제, 전망-. 서울: 교육과학사.

Patterson, C. H. (1973). *Humanistic Education*. Englewood Cliffs, NJ: Prentice- Hall.

Ragan, W. B. (1963). *Modern Elementary Curriculum.* New York: Menry Holt and Co..

Reigeluth, C. M. (ED.). (1983). Instructional-design theories and models: An overview of their current status. Hillsdale, NJ: Lawrence Erbaum Associates.

______ 편(1983). Instructional-design theories and models: A new paradigm of Instructional Theory. Volume Ⅱ. 최욱 · 박인우 · 변호승 · 양영선 · 왕경수 · 이승수 · 이인숙 · 임철일 · 정현미 역(2005). 교수설계 이론과 모형. 서울: 아카데미프레스.

______(ED.). (1987). *Instructional theories in action: lessons illustrating selected theories and models*. Hillsdale, NJ: Lawrence Erbaum Associates.

______(1989). Educational technology at the crossroads: New mind sets and new directions. *Educational technology Research Development, 37*(1), 67- 80.

Reigeluth, C. M., & Kim, Y. (1993). *Recent advances in task analysis and Sequencing.* paper presented at the NSPI national conference, Chicago, Ⅱ.

Rossi, P. H., Lipsey, M. W., & Freeman, H. E. (2004). *Evaluation: a systematic approach.* Thousand Oaks, CA: Sage.

Simerly, R. (1989). *Handbook of marketing for continuing education.* San Francisco: Jossey-Bass Publishers.

Simon, H. A., & Smithburg, D. W., & Thompson, V. A. (1950). *Public administration.* New York: Knopf.

Skager, R., & Dave, R. H. (1977). *Curriculum Evaluation for Lifelong Education*. Oxford: Pergamon Press. UNESCO Institute for Education.

Skidmore, R. A. (1995). *Social administration: dynamic management and guidelines for social work practice*. (3ed ed.). Boston, MA: Allyn & Bacon.

Skilbeck, M. (1976). *School Based Curriculum Development and Teacher Education Policy in Teachers as Innovators*. OECD. Paris.

Skilbeck, M. (1984). *School-Based Curriculum Development.* London: Harper & Row, Publishers.

Sork, T. J. (1999). Program Priorities, Purpose, and Objectives. in Cookson, P. S. *Program Planning for the Training and Continuing Education of Adults: North American Perspectives*. (Ed.). Malaba, Florida: Krieger Publishing Company.

Stake, R. E. (1975). *Evaluating the Arts in Education: A Responsive Approach*. Columbus, OH: Charles E. Merrill.

Steele, S. M. (1974). Developing a Questionnaire-Information Gathering Series. Division of Program and Staff Development. Madison: University of Wisconsin- Extension.

Stufflebeam, D. L. (1973). Evaluation as Englishment for Decision-Making. In B. R. Sanders & J. R. Sanders. *Education: Theory and Practice*. Belmont, CA: Wadworth.

Taba, H. (1962). *Curriculum Development: Theory and Practice.* NY: Harcourt, Brace & World. 이경섭 · 김원희 · 김민남 · 정호표 공역(1982). 교육과정론. 서울: 형설출판사.

Tyler, R. W. (1949). *Basic Principles of Curriculum and Instruction*. Chicago, IL: The University of Chicago Press.

______(1950). Basic Principles of Curriculum and Instruction. Chicago: University of Chicago Press.

______(1969). *Education Evaluation: New Roles, New Mew Means*. Chicago: The University of Chicago Press.

Walker, D. F. (1971). A Naturalistic Model for Curriculum Development. *The School Review, 80*(1), 51-65.

Walker, D. F., & Soltis, J. F. (1992). *Curriculum and aims*. 허숙 역(2004). 교육과정과 목적. 서울: 교육과학사.

Waterstone, A. (1965). *Development planning: Lessons of experience*. Baltimore: Johns Hopkins.

Weidemann, C. D. (1989). Making customers and quality service a priority. R. G. Simerly (Eds.). *Handbook of Marketing for Continuing Education*. San Francisco: Jossey-Bass Publishers.

Wlodkowski, R. J. (1986). *Enhancing adult motivation to learn*. San Francisco, California: Jessy-Bass.

______(1999). *Enhancing adult motivation to learn*. (2nd.). San Francisco, California: Jessy-Bass.

Yong, K. M. (1977). "Educational Planning." In H. J. Burbach and L. E. Decker (ed.). *Planning and assesment in community education*. Michigan: Pendell Publishing Company. 29-38.

3. 인터넷 자료

김종수(2010.08.17.). "칸몬해저터널에서 찾아보는 강제징용의 흔적." 오마이뉴스. 민족·국제면. http://www.ohmynews.com/NWS_Web/view/at_pg.aspx?CNTN_CD=A0001431777에서 검색. [2017.08.24.]

네이버 국어사전 http://krdic.naver.com/ [2017.08.01.]

네이버 어학사전 http://dic.naver.com/ [2018.01.01.]

네이버 지식백과 http://terms.naver.com/ [2017.11.20.]

신인섭(2016.01.28). "미국PR협회의 오랜 발자취." THE PR. 신인섭의 글로벌PR-히스토리 PR. http://www.the-pr.co.kr/news/articleView.html?idxno=14195에서 검색. [2018.01.28.]

이희동(2017.07.28.). "다문화정책 10년… 이젠 자녀교육에 역점 둬야." 농촌여성신문. 기획연재. http://www.rwn.co.kr/news/articleView.html?idxno=41151에서 검색. [2017.08.24.]

일본 구글. https://translate.google.co.kr/translate?hl=ko&sl=ja&u=https://ja.wikipedia.org/wiki/%25E7 %25AD%2591%25E8%25B1%258A&prev=search에서 검색. [2017.08.24.]

찾아보기

인명

용어

저자소개

배장오

〈학력〉 · 마산교육대학 졸업
· 강남대학교 교육학과 졸업
· 연세대학교 교육대학원 졸업(교육학 석사)
· 세종대학교 대학원 졸업(교육학 박사)

〈경력〉 · 마산중앙 · 성호초등학교 근무(교사 · 주임교사)
· (서울)경복초등학교 근무(교사 · 부장교사)
· 前, **강남대학교 교육학과 교수**
(교양학부장 · 교양교수부장 · 교수학습지원센터 교수부장 · 평생교육원장 · 미래인재개발대학장 · 학생처장 · 기획처장 · 경영부총장 역임)
· 전국현장교육연구대회, 전국교육자료전, EBS연구대회 논문부문 심사위원,
· 한국교원단체총연합회 연구위원,
· 한국교육개발원 초 · 중등 · 대안학교 종합평가 위원,
· 한국대학교육협의회 대학종합평가 방문평가 단장,
· 경기도 대학발전협의회 부회장,
· 2015 대학구조개혁 평가위원 역임

〈논문 및 저서〉 · 영아기 자녀를 둔 어머니의 양육지식과 자기효능감, 양육 스트레스 간의 종단적 관계(2016) 외 31편
· 교사교육론(2016) 외 22권

진서현

〈학력〉 · 강남대학교 부동산학과 졸업
· 강남대학교 교육대학원 졸업(평생교육학 석사)
· 강남대학교 대학원 졸업(교육학 박사)

〈경력〉 · 現, **강남대학교 산학협력중점 취창업지원센터 조교수**
· 경희대학교 취업스쿨 겸임교수
· 유한대학교 NCS전담 외래강사
· 고려대학교 진로 · 직무강사
· 홍익대학교 진로 · 직무전담 컨설턴트
· 한국취업진로학회 부회장
· 한국취업진로교육원 전임연구원
· 前, 엘리트코리아 교육본부 교육개발 및 대학 강의
· 前, 삼성전자 유통연구소 교육담당

〈논문 및 저서〉 · 다문화가정 청소년의 교육성취욕구에 관한 연구(2015) 외 6편
· 이미지 캐스팅(공저, 2018) 외 5권

정지수

〈학력〉 · 강남대학교 교육학과 졸업(국어국문학과 복수전공)
· 통일부 통일교육원 학교통일교육 강사과정 수료
· 서강대학교 교육대학원 재학(평생교육 전공)

〈경력〉 · 現, **비폭력 평화물결**(NPC) **평화교육 강사**
· 대안학교(틔움터 · 아란야 · 치유학교 샘 · 다솜) 강사 역임
· 지구촌학교 교사 역임
· 남북평화재단 간사 역임

〈연구물〉 · 일본 역사문화 기행집(2015)
· 다문화 대안학교(2015)

평생교육프로그램개발론

2018년 6월 15일 1판 1쇄 인쇄
2018년 6월 20일 1판 1쇄 발행

지은이 | 배장오 · 진서현 · 정지수
펴낸이 | 조재성
펴낸곳 | 서현사

등 록 | 2002년 8월 14일 제03-01392호
주 소 | (10447) 경기도 고양시 일산동구 중앙로 1055, 레이크하임 206호
전 화 | 031-919-6643
팩 스 | 031-912-6643

ISBN | 978-89-94044-99-6 93370
정 가 | 18,000원